Introducción a la
ÉTICA
DE SCIENTOLOGY

Introducción a la ÉTICA DE SCIENTOLOGY

L. RONALD HUBBARD

Bridge

Publications, Inc.

UNA
PUBLICACIÓN
HUBBARD®

Bridge Publications, Inc.
4751 Fountain Avenue
Los Angeles, California 90029

ISBN 978-1-4031-4684-7

LATIN AMERICAN SPANISH – *INTRODUCTION TO SCIENTOLOGY ETHICS*

Impreso en Estados Unidos

Nota Importante

Al leer este libro, asegúrate muy bien de no pasar nunca una palabra que no comprendas por completo. La única razón por la que una persona abandona un estudio, se siente confusa o se vuelve incapaz de aprender, es porque ha pasado una palabra que no comprendió.

La confusión o la incapacidad para captar o aprender vienen DESPUÉS de una palabra que la persona no definió ni comprendió. Tal vez no sean sólo las palabras nuevas e inusuales las que tengas que consultar. Algunas palabras que se usan comúnmente, a menudo pueden estar definidas incorrectamente y por lo tanto causar confusión.

Este dato acerca de no pasar una palabra sin definir es el hecho más importante en todo el tema del estudio. Cada tema que has comenzado y abandonado contenía palabras que no definiste.

Por lo tanto, al estudiar este libro asegúrate muy, muy bien de no pasar nunca una palabra que no hayas comprendido totalmente. Si el material se vuelve confuso o parece que no puedes captarlo por completo, justo antes habrá una palabra que no has comprendido. No sigas adelante, sino regresa a ANTES de que tuvieras dificultades, encuentra la palabra malentendida y defínela.

Glosario

Para ayudar a la comprensión del lector, L. Ronald Hubbard dispuso que los editores proporcionaran un glosario. Este se incluye en el Apéndice: *Glosario Editorial de Palabras, Términos y Frases.* Las palabras a veces tienen varios significados. El *Glosario Editorial* sólo contiene las definiciones de las palabras como se usan en este texto. Se pueden encontrar otras definiciones en un diccionario normal del idioma o en un diccionario de Dianética y Scientology.

Si encuentras cualquier otra palabra que no comprendes, búscala en un buen diccionario.

PRÓLOGO

Los scientologists y, de hecho, toda la Humanidad, son extremadamente afortunados de tener, por primera vez en la historia, un sistema práctico de Ética y Justicia basado únicamente en la *razón*.

Desarrollado por L. Ronald Hubbard después de décadas de investigación intensiva, aquí se encuentra la tecnología poderosa por la cual uno garantiza la supervivencia y la libertad a pesar de la espiral descendente de la civilización. Provee los medios por los cuales las personas pueden volverse más éticas y recuperar su infinita capacidad para sobrevivir.

Esta nueva edición de *Introducción a la Ética de Scientology* contiene todo lo que se necesita para usar efectivamente la Tecnología de Ética en la vida diaria. Este *es* el Manual Básico de la Ética. Y, con él, se puede revertir honestamente *cualquier* tendencia en deterioro.

Si bien los datos y la tecnología relativos a las Personas Supresivas y las Fuentes Potenciales de Problemas están contenidos en este libro, la riqueza plena de esta tecnología sólo se encontrará en los diversos *Cursos de PTS/SP*, que incluyen todos los Boletines, Cartas de Política y conferencias sobre el tema.

Adicionalmente, si bien este libro provee las bases de la Ética para ser aplicadas a la vida y al puesto propios, el *Curso Hubbard de Especialista de Ética y Justicia* contiene el cuerpo completo de la tecnología y es el entrenamiento requerido para los Oficiales de Ética en las Organizaciones de la Iglesia.

Sin embargo, en este libro *está* contenido todo lo que se necesita para que el scientologist individual pueda tanto promover individualmente su supervivencia personal como beneficiarse del amplio e impresionante conjunto del primer Sistema de Justicia basado en la misericordia y la honestidad.

El arma más grande del Hombre es su razón. La Ética *es* razón.

Por lo tanto, es nuestro deseo sincero que te beneficies de estos datos valiosos, los comprendas completamente y los emplees de manera efectiva.

—*Los Editores*

CONTENIDO

C A P Í T U L O   5

LAS FÓRMULAS DE LAS CONDICIONES

LAS FÓRMULAS DE LAS CONDICIONES: APLICACIÓN Y REMEDIOS

UN ENSAYO SOBRE EL PODER

LOS FUNDAMENTOS DE LA SUPRESIÓN

LA ÉTICA EN LAS ORGANIZACIONES DE SCIENTOLOGY

INFORMES DE ÉTICA

EL TERCER PARTIDO

LOS CÓDIGOS DE JUSTICIA DE SCIENTOLOGY Y SU APLICACIÓN

LOS FUNDAMENTOS DE LA ÉTICA

LOS FUNDAMENTOS DE LA ÉTICA

A través de los tiempos, el Hombre ha tenido dificultades con los temas de lo correcto y lo incorrecto, de la ética y la justicia.

El diccionario define *ética* como "el estudio del carácter general de los principios morales y de las elecciones morales concretas que el individuo hace en su relación con los demás".

El mismo diccionario define *justicia* como "conformidad con lo moralmente correcto o con la razón, la verdad o los hechos fehacientes", o "la administración de la ley".

Como puedes ver, estos términos se han vuelto confusos.

Desde tiempos inmemoriales, todas las filosofías se han ocupado de estos temas. Y nunca los han resuelto.

El hecho de que se hayan resuelto en Dianética y Scientology, es un avance impresionante de magnitud. La solución se encuentra, en primer lugar, en su *separación.* A partir de ahí, se podría llegar hasta una tecnología funcional para cada uno de ellos.

La *ética* consiste simplemente en las medidas que el individuo toma consigo mismo. Es algo personal. Cuando uno es ético o "tiene su ética dentro", es por su propio determinismo y lo hace él mismo.

La *justicia* son las medidas que el grupo toma con el individuo cuando él no las ha tomado por sí mismo.

HISTORIA

Estos temas son realmente la base de toda filosofía. Pero en cualquier estudio de la historia de la filosofía, queda claro que han dejado perplejos a los filósofos durante mucho tiempo.

Los antiguos discípulos griegos de Pitágoras (filósofo griego del siglo VI a. C.) intentaron aplicar sus teorías matemáticas al tema de la conducta humana y la ética. Poco después, Sócrates (filósofo y maestro griego, ¿470?–399 a. C.) abordó el tema. Demostró que todos los que proclamaban poderle mostrar a la gente cómo vivir eran incapaces de defender sus puntos de vista o de siquiera definir los términos que usaban. Él mantenía que debemos saber lo que son el valor, la justicia, la ley y el gobierno, antes de que podamos ser valientes, buenos ciudadanos o gobernantes justos o buenos. Esto estaba bien, pero luego se negó a dar definiciones. Decía que todo pecado era ignorancia, pero no tomó las medidas necesarias para librar al Hombre de su ignorancia.

El discípulo de Sócrates, Platón (filósofo griego, ¿427?–347 a. C.) siguió las teorías de su maestro, pero insistió en que estas definiciones sólo podían hacerse mediante la razón pura. Esto significaba que uno tendría que aislarse de la vida en alguna torre de marfil y resolverlo todo, lo cual no es muy útil para el hombre de la calle.

Aristóteles (filósofo griego, 384–322 a. C.) también se ocupó de la ética. Explicó el comportamiento no ético diciendo que la racionalidad del Hombre quedaba anulada por su deseo.

Esta cadena continuó durante siglos y siglos. Filósofo tras filósofo intentaron resolver los temas de la ética y la justicia.

Desgraciadamente, hasta ahora no ha habido una solución funcional, como lo demuestra el decadente nivel ético de la sociedad.

Ves así que el avance que se ha logrado en este tema no es pequeño. Hemos definido los términos, cosa que Sócrates no hizo, y tenemos una tecnología funcional que puede servirle de ayuda a cualquiera para salir del fango. Se han encontrado y se han hecho asequibles, para uso de todos, las leyes naturales que hay tras este tema.

ÉTICA

La ética es tan innata al individuo, que cuando esta se descarría, él siempre tratará de vencer su propia falta de ética.

En el momento en que toma cuerpo un punto débil en cuanto a su ética, él lo sabe. En ese momento comienza a intentar poner la ética dentro en sí mismo, y en la medida en que pueda vislumbrar conceptos de supervivencia a largo plazo, puede tener éxito, aunque carezca de la verdadera Tecnología de Ética.

No obstante, demasiado a menudo una situación fuera-de-ética hace que se dispare el banco, y si el individuo no tiene tecnología con qué manejarla analíticamente, su "manejo" es hacer mock-up de motivadores. En otras palabras, tiende a creer o a fingir que se le hizo algo que provocó o justificó su acción fuera-de-ética, y en ese punto empieza a ir de mal en peor.

No es su intento de poner su ética dentro lo que lo destruye. Es la automaticidad del banco que se activa en él y su uso de un mecanismo del banco en ese punto lo que le hace sumirse en el vertedero. Cuando eso ocurre, realmente nadie lo sume más en el vertedero que él mismo. Y una vez en declive, sin la tecnología básica de Ética, no tiene forma de salir del vertedero y volver a ascender: simplemente se hunde directa y deliberadamente. Y aunque tenga montones de complejidades en su vida, y haya otras personas acabando con él, todo ello comienza con su falta de conocimiento de la Tecnología de Ética.

Este es, básicamente, uno de los instrumentos primarios que usa para desenterrarse.

LA NATURALEZA BÁSICA DEL HOMBRE

No importa lo criminal que sea un individuo, de una forma u otra, estará tratando de poner la ética dentro en sí mismo.

Esto explica por qué Hitler invitó al mundo a destruir Alemania. Tenía la guerra entera ganada antes de septiembre de 1939, antes de que declarara la guerra. Los aliados le estaban dando todo lo que él quería; tenía una de las mejores organizaciones de inteligencia que hayan existido jamás; había hecho que Alemania avanzara enormemente en cuanto a recuperar sus colonias ¡y el idiota declaró la guerra! Y simplemente se hundió directamente a sí mismo y a Alemania. Su genialidad iba a una velocidad disparatada en una dirección, y su sentido innato de la ética le hacía hundirse a una velocidad disparatada en dirección opuesta.

El individuo que carece de la Tecnología de Ética es incapaz de poner la ética dentro en sí mismo y refrenarse de realizar acciones contra la supervivencia; así que se hunde a sí mismo. Y el individuo no cobrará vida a menos que se haga con la tecnología básica de Ética y se la aplique a sí mismo y a los demás. Al principio puede que la encuentre un poco desagradable, pero cuando uno se está muriendo de malaria, normalmente no se queja del sabor de la quinina: puede que no te guste, pero sin duda te la tomas.

JUSTICIA

Cuando el individuo no logra poner su propia ética dentro, el grupo toma medidas contra él, y a esto se le llama justicia.

He descubierto que al Hombre no se le puede confiar la justicia. La verdad es que al Hombre realmente no se le puede confiar el "castigo". Con este, no busca realmente la disciplina, sino que siembra la injusticia. Dramatiza su incapacidad para poner su propia ética dentro tratando de hacer que los demás pongan dentro la suya: te invito a que examines lo que irrisoriamente pasa por "justicia" en nuestra sociedad actual.

Muchos gobiernos son tan susceptibles acerca de su divina rectitud en asuntos judiciales que apenas abre uno la boca y estallan con violencia incontrolada. En muchos lugares, caer en manos de la policía es de por sí una catástrofe, incluso cuando uno es simplemente el demandante, por no hablar del acusado. Así pues, los disturbios sociales están al máximo en esas zonas.

Cuando no se conoce la Tecnología de Ética, la justicia se convierte en un fin en sí misma. Y eso simplemente degenera en sadismo. Los gobiernos, puesto que no comprenden la ética, tienen "comisiones de ética", pero todas ellas se expresan en el marco de la justicia. Incluso violan la etimología de la palabra *ética*. Continuamente transfieren el concepto de la ética en el de la justicia, con las comisiones de ética de medicina, comisiones de ética de psicología, comisiones parlamentarias, etc. Todas ellas basadas en la justicia porque no saben realmente lo que es la ética. Lo llaman ética, pero entablan procesos judiciales y castigan a las personas, y hacen que les sea más difícil poner su propia ética dentro.

La justicia adecuada es algo con lo que se cuenta y tiene un uso claro. Cuando no hay un estado de disciplina, todo el grupo se hunde. Se ha observado continuamente que el fracaso de un grupo comenzaba con la falta o pérdida de disciplina. Sin ella, el grupo y sus miembros mueren. Pero tienes que comprender la ética *y* la justicia.

Al individuo se le puede confiar la ética, y cuando se le enseña a poner su propia ética dentro, la justicia ya no resulta el tema tan absolutamente importante que se ha hecho que sea.

AVANCE DECISIVO

El avance decisivo en Scientology es que *tenemos* la tecnología básica de Ética. Por primera vez, el Hombre *puede* aprender cómo poner su propia ética dentro y volver a ascender desde el vertedero en el que se había sumido.

Este es un descubrimiento totalmente nuevo. Antes de Scientology, jamás había visto la luz del día, en ninguna parte. Marca un momento crucial en la historia de la filosofía. El individuo puede aprender esta tecnología, aprender a aplicarla a su vida, y puede así poner su propia ética dentro, cambiar las condiciones y comenzar a ascender hacia la supervivencia por su propio impulso.

Espero que aprendas a usar muy bien esta tecnología, por tu propio bien, por el bien de los que te rodean y por el futuro de esta cultura en general.

ÉTICA, JUSTICIA Y LAS DINÁMICAS

LA SUPERVIVENCIA

l Principio Dinámico de la Existencia es: ¡SOBREVIVE!

No se ha encontrado ningún comportamiento o actividad que exista sin este principio. No es nuevo que la vida esté sobreviviendo. Sí es nuevo que la totalidad del impulso dinámico de la vida sea *únicamente* la supervivencia.

Es como si, en algún momento extraordinariamente distante, el Ser Supremo hubiera dado una orden a toda vida: "¡Sobrevive!". No se dijo cómo sobrevivir ni tampoco por cuánto tiempo. Sólo se dijo: "¡Sobrevive!". Lo opuesto de "¡Sobrevive!", es "Sucumbe". Y ese es el castigo por no participar en actividades que fomenten la supervivencia.

Un individuo sobrevive o sucumbe en proporción a su capacidad para adquirir y mantener los recursos para la supervivencia. La seguridad de un buen trabajo, por ejemplo, significa cierta garantía de supervivencia: siempre que otras amenazas a la existencia no se vuelvan demasiado aplastantes. El hombre que se gana bien la vida puede permitirse mejor ropa para protegerse de la intemperie, una casa más firme y mejor, cuidado médico para sí mismo y su familia, buen transporte y, lo que es importante, el respeto de sus compañeros. Todas estas cosas son supervivencia.

LAS OCHO DINÁMICAS

l examinar la confusión que es la vida o la existencia para la mayoría de las personas, se pueden descubrir ocho divisiones principales.

Podría decirse que existen ocho impulsos (empujes, ímpetus) en la vida.

A estos los llamamos *dinámicas.*

Son motivos o motivaciones.

Los llamamos *las ocho dinámicas.*

Aquí no se piensa ni se afirma que ninguna de estas ocho dinámicas sea más importante que las demás. Aunque son categorías (divisiones) del amplio juego de la vida, no son forzosamente iguales entre sí. Se verá, entre los individuos, que cada persona pone más énfasis en una de las dinámicas que en las demás, o puede poner más énfasis en que una combinación de dinámicas sea más importante que otras combinaciones.

El propósito de establecer esta división es aumentar la comprensión de la vida distribuyéndola en compartimentos. Una vez subdividida la existencia de esta forma, se puede inspeccionar cada compartimento (como tal y por sí mismo) en su relación con los demás compartimentos de la vida.

Para resolver un rompecabezas, es necesario empezar por tomar las piezas de color y tipo similares y colocarlas en grupos. Al estudiar un tema, es necesario avanzar de una manera ordenada.

Para fomentar este orden, es necesario adoptar (para nuestros fines) estos ocho compartimentos arbitrarios de la vida.

La Primera Dinámica es el impulso hacia la existencia como uno mismo. Aquí tenemos la individualidad expresada plenamente. A esta se le puede llamar la *Dinámica de Uno Mismo.*

La Segunda Dinámica es el impulso hacia la existencia como actividad sexual. Esta dinámica tiene en realidad dos divisiones. La Segunda

Dinámica (a) es el acto sexual en sí. Y la Segunda Dinámica (b) es la unidad familiar, incluyendo la crianza de los hijos. A esta se le puede llamar la *Dinámica del Sexo*.

La Tercera Dinámica es el impulso hacia la existencia en grupos de individuos. Cualquier grupo, o parte de una clase completa, podría considerarse una parte de la Tercera Dinámica. La escuela, la sociedad, la ciudad, la nación son cada una de ellas *parte* de la Tercera Dinámica, y cada una *es* una Tercera Dinámica. A esta se le puede llamar la *Dinámica de Grupo*.

La Cuarta Dinámica es el impulso hacia la existencia como Humanidad o de la Humanidad. Mientras que una raza podría considerarse una Tercera Dinámica, a todas las razas se les consideraría la Cuarta Dinámica. A esta se le puede llamar la *Dinámica de la Humanidad*.

La Quinta Dinámica es el impulso hacia la existencia del reino animal. Esto incluye a todas las criaturas vivas, ya sean vegetales o animales: los peces del mar, las bestias del campo o del bosque, la hierba, los árboles, las flores o cualquier cosa que esté animada directa e íntimamente por la *vida*. A esta se le puede llamar la *Dinámica Animal*.

La Sexta Dinámica es el impulso hacia la existencia como el universo físico. El universo físico se compone de Materia, Energía, Espacio y Tiempo. En Scientology tomamos la primera letra de cada una de estas palabras [en inglés, *Matter, Energy, Space* y *Time*] y creamos una palabra: MEST. A esta se le puede llamar la *Dinámica del Universo*.

La Séptima Dinámica es el impulso hacia la existencia como espíritus o de los espíritus. Todo lo espiritual, con o sin identidad, entraría en el apartado de la Séptima Dinámica. A esta se le puede llamar la *Dinámica Espiritual*.

La Octava Dinámica es el impulso hacia la existencia como infinito. También se le identifica como el Ser Supremo. Se llama la Octava Dinámica porque el símbolo del infinito, ∞, en posición vertical es el número 8. A esta se le puede llamar la *Dinámica del Infinito o de Dios*.

Los scientologists normalmente las llaman por su número.

Otra manifestación de estas dinámicas es que como mejor se les podría representar es como una serie de círculos concéntricos, donde la Primera Dinámica sería el centro, y cada nueva dinámica sería, sucesivamente, un círculo alrededor de este.

La característica básica del individuo incluye su capacidad para expandirse así hacia las otras dinámicas. Pero sólo cuando se haya alcanzado la Séptima Dinámica en su totalidad, descubrirá uno la verdadera Octava Dinámica.

Como ejemplo del uso de estas dinámicas, nos damos cuenta de que un bebé, al nacer, no percibe más allá de la Primera Dinámica. Pero conforme el niño crece y se amplían sus intereses, puede verse que el niño abarca otras dinámicas.

Como un ejemplo más sobre su uso, una persona que es incapaz de funcionar en la Tercera Dinámica es, de inmediato, incapaz de formar parte de un equipo, y podría decirse entonces que es incapaz de llevar una existencia social.

Como comentario adicional sobre las ocho dinámicas, ninguna de estas dinámicas de la uno a la siete es más importante que ninguna de las otras en lo referente a orientar al individuo.

Las capacidades y deficiencias de los individuos pueden comprenderse examinando su participación en las diversas dinámicas.

ESCALA DE GRADIENTE DE CORRECTO E INCORRECTO

La palabra *gradiente* se usa para definir "grados de reducción o aumento de una condición". La diferencia entre un punto de una escala de gradiente y otro punto podría ser tan diferente o tan amplia como el ámbito total de la escala misma. O, podría ser tan minúscula como para requerir del discernimiento más diminuto para establecerla.

Términos como *bueno* y *malo, vivo* y *muerto, correcto* e *incorrecto,* sólo se usan en conjunción con escalas de gradiente.

En la escala de correcto e incorrecto, todo lo que estuviera por encima de cero o del centro sería cada vez más correcto, acercándose a una corrección infinita; y todo lo que estuviera por debajo de cero o del centro sería cada vez más incorrecto, acercándose a una incorrección infinita. La escala de gradiente es una forma de pensar acerca del universo, que se asemeja a las verdaderas condiciones del universo más que ningún otro método lógico existente.

La resolución de todos los problemas es un análisis cuidadoso en cuanto a corrección e incorrección. Todo el problema de obtener respuestas correctas y respuestas incorrectas es un problema de grados de corrección e incorrección.

Las acciones o soluciones son, o bien más correctas que incorrectas (en cuyo caso son correctas) o más incorrectas que correctas (en cuyo caso son incorrectas).

Una incorrección máxima para el organismo sería la muerte: no sólo del organismo en sí, sino de todos los que están involucrados en las dinámicas de este. Una corrección máxima para el organismo sería supervivencia durante un periodo razonable para sí mismo, sus hijos, su grupo y la Humanidad. Una INCORRECCIÓN ABSOLUTA sería la extinción del Universo y de toda la energía y de la fuente de la energía: el infinito de una muerte completa. Una CORRECCIÓN ABSOLUTA sería la inmortalidad del individuo mismo, sus hijos, su grupo, la Humanidad y el Universo y de toda la energía: el infinito de una supervivencia completa.

GRÁFICA DE LA LÓGICA

(Simplificada para ilustración)

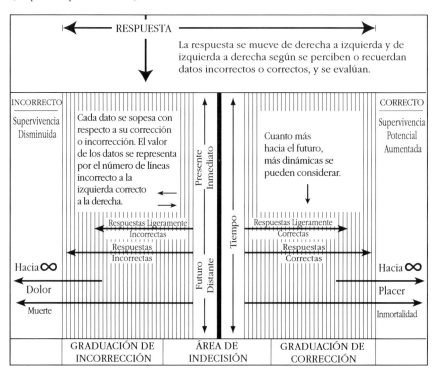

Si un hombre, un grupo, una raza o la Humanidad lleva a cabo sus razonamientos en un plano suficientemente racional, sobrevive. Y la supervivencia, ese impulso dinámico a través del tiempo hacia alguna meta sin anunciar, es placer. El esfuerzo creativo y constructivo es placer.

Si un hombre, un grupo o una raza o la Humanidad lleva a cabo sus razonamientos en un plano suficientemente irracional (por falta de datos, por tener un punto de vista distorsionado o simplemente por aberración) la supervivencia se reduce; se destruye más de lo que se crea. Eso es dolor. Esa es la ruta hacia la muerte. Eso es maldad.

La lógica no es ni buena ni mala en sí misma, es el nombre de un procedimiento de computación: el procedimiento de la mente en su esfuerzo por alcanzar soluciones a los problemas.

ÉTICA, JUSTICIA Y LAS DINÁMICAS

 odo ser tiene una capacidad infinita para sobrevivir. Lo bien que llegue a lograrlo depende de lo bien que use la ética en sus dinámicas.

La Tecnología de Ética existe para el individuo.

Existe para darle al individuo una forma de aumentar su supervivencia y así liberarse a sí mismo de la espiral descendente de la cultura actual.

LA ÉTICA

El tema completo de la ética es un tema que, con la sociedad en el estado en que se encuentra actualmente, ha llegado casi a perderse.

De hecho, la ética consiste en racionalidad hacia el más alto nivel de supervivencia para el individuo, la raza futura, el grupo, la Humanidad y las demás dinámicas tomadas colectivamente.

La ética es razón.

El arma más poderosa del Hombre es su razón.

El nivel más alto de ética serían conceptos de supervivencia a largo plazo con destrucción mínima, a lo largo de todas las dinámicas.

La solución óptima a cualquier problema sería aquella solución que produjera los mayores beneficios al mayor número de dinámicas. La peor solución sería aquella solución que produjera el mayor daño al mayor número de dinámicas.

Las actividades que aportaran un mínimo de supervivencia a un menor número de dinámicas y dañaran la supervivencia de un mayor número de dinámicas no se podrían considerar actividades racionales.

Una de las razones de que esta sociedad esté muriéndose y todo lo demás, es que ha llegado a estar demasiado fuera-de-ética. La conducta racional y las soluciones óptimas han dejado de usarse hasta un punto en que la sociedad está en vías de extinción.

Con *fuera-de-ética* queremos decir una acción o situación en la que el individuo está involucrado, o algo que el individuo hace, que va en contra de los ideales, los mejores intereses y la supervivencia de sus dinámicas.

Que un hombre desarrolle un arma capaz de destruir toda la vida en este planeta (como en el caso de las armas atómicas y ciertas drogas ideadas por el ejército de los EE.UU.) y la ponga en manos de políticos criminalmente dementes, obviamente no es un acto de supervivencia.

Que el gobierno provoque y cree activamente la inflación hasta tal punto que la depresión sea una verdadera amenaza para los individuos de esta sociedad, es una acción contra-supervivencia por no decir algo peor.

Esto llega a ser una chifladura tal, que en una de las sociedades del Pacífico Sur, el infanticidio se convirtió en una pasión dominante. Había un suministro limitado de alimento y querían mantener bajo el índice de natalidad. Comenzaron a usar el aborto, y si esto no daba resultado mataban a los niños. Su Segunda Dinámica se vino abajo. Esa sociedad prácticamente ha desaparecido.

Estos son actos calculados para ser destructivos y dañinos para la supervivencia de la gente de la sociedad.

La ética son las medidas que el individuo toma consigo mismo para alcanzar la supervivencia óptima para sí mismo y para los demás en todas las dinámicas. Las acciones éticas son acciones de supervivencia. Sin el uso de la ética no sobreviviremos.

Sabemos que el Principio Dinámico de la Existencia es: ¡SOBREVIVE!

A primera vista eso puede parecer demasiado básico. Puede parecer demasiado simple. Cuando uno piensa en la supervivencia, está propenso a cometer el error de pensar en términos de "lo estrictamente necesario". Eso no es supervivencia. La supervivencia es una escala graduada, con el infinito o la inmortalidad en la parte superior y la muerte y el dolor en la parte inferior.

EL BIEN Y EL MAL, LO CORRECTO Y LO INCORRECTO

Hace años descubrí y demostré que el Hombre es básicamente bueno. Esto significa que la personalidad básica y las intenciones básicas del individuo hacia sí mismo y hacia los demás son buenas.

Cuando una persona se descubre a sí misma cometiendo demasiados actos dañinos contra las dinámicas, se convierte en su propio verdugo. Esto nos da la prueba de que el Hombre es básicamente bueno. Cuando se descubre a sí mismo cometiendo demasiadas maldades, entonces, ya sea causativamente, inconscientemente o inadvertidamente, el Hombre pone la ética dentro en sí mismo destruyéndose, y acaba consigo mismo sin ayuda de nadie más.

Esta es la razón de que el criminal deje pistas en el escenario del crimen, de que las personas desarrollen extrañas enfermedades que las imposibilitan y de que se provoquen accidentes a sí mismas e incluso decidan tener un accidente. Cuando violan su propia ética, comienzan a decaer. Esto lo hacen por sí mismas, sin que nadie más haga nada.

El criminal que deja pistas tras él, lo hace con la esperanza de que aparezca alguien que le impida continuar dañando a los demás. Él es *básicamente* bueno y no quiere dañar a los demás. Y al carecer de la capacidad de detenerse completamente a sí mismo, trata de poner la ética dentro en sí mismo haciéndose encarcelar para así no poder cometer más crímenes.

De manera similar, la persona que se imposibilita con una enfermedad o se involucra en un accidente, está poniendo la ética dentro en sí misma reduciendo su capacidad de dañar y puede que incluso alejándose totalmente del entorno que ha estado dañando. Cuando tiene intenciones malignas, cuando está siendo "intencionalmente malvada", aún sigue teniendo un impulso de detenerse a sí misma también. Trata de suprimir esas intenciones y cuando no puede hacerlo directamente, lo hace indirectamente. El mal, la enfermedad y la decadencia a menudo van de la mano.

El Hombre es básicamente bueno. Es básicamente bienintencionado. No quiere ni dañarse a sí mismo ni a los demás. Cuando un individuo daña a las dinámicas, se destruirá a sí mismo en un esfuerzo por salvar a esas dinámicas. Esto se puede demostrar y se ha demostrado en innumerables casos. Es este hecho lo que prueba que el Hombre es básicamente bueno.

Sobre esta base, tenemos los conceptos de correcto e incorrecto.

Cuando hablamos de ética, estamos hablando de conducta correcta e incorrecta. Estamos hablando del bien y el mal.

Se puede considerar que el bien es cualquier acción constructiva de supervivencia. Resulta que no puede haber ninguna construcción sin alguna pequeña destrucción, al igual que se debe derribar el destartalado bloque de pisos con el fin de hacer sitio para el nuevo edificio de departamentos.

Para que algo sea bueno, debe contribuir al individuo, a su familia, a sus hijos, a su grupo, a la Humanidad o a la vida. Para que algo sea bueno, debe contener construcción que supere la destrucción que contenga. Una nueva cura que salva cien vidas y mata una es una cura aceptable.

El bien es supervivencia. El bien es tener más razón que lo equivocado que se esté. El bien es tener más éxito que fracaso en cuestiones constructivas.

Las cosas que complementan la supervivencia del individuo, su familia, su prole, su grupo, la Humanidad, la vida y el MEST, son buenas.

Los actos que son más beneficiosos que destructivos en estas dinámicas, son buenos.

El mal es lo opuesto al bien, y es cualquier cosa que sea más destructiva que constructiva en cualquiera de las diversas dinámicas. Algo que causa más destrucción que construcción es maligno desde el punto de vista del individuo, la raza futura, el grupo, la especie, la vida o el MEST que destruye.

Cuando un acto es más destructivo que constructivo es maligno. Es fuera-de-ética. Cuando un acto ayuda a sucumbir más de lo que ayuda a la supervivencia, es un acto maligno en la medida en que destruye.

El bien, lisa y llanamente, es supervivencia. La conducta ética es supervivencia. La conducta maligna es contra-supervivencia. La construcción es buena cuando fomenta la supervivencia. La construcción es maligna cuando inhibe la supervivencia. La destrucción es buena cuando mejora la supervivencia.

Un acto o conclusión es correcto en la medida en que fomenta la supervivencia del individuo, la raza futura, el grupo, la Humanidad o la vida que llega a la conclusión. Tener razón completamente sería sobrevivir hasta el infinito.

Un acto o conclusión es incorrecto en la medida en que es contra-supervivencia para el individuo, la raza futura, el grupo, la especie o la vida responsable de realizar ese acto o de llegar a esa conclusión. Lo más equivocada que una persona puede estar en la Primera Dinámica es muerta.

El individuo o grupo que, por término medio, está más en lo correcto que en lo incorrecto (puesto que estos términos no son absolutos, ni mucho menos) debería sobrevivir. Un individuo que, por término medio, está más en lo incorrecto que en lo correcto, sucumbirá.

Aunque no podría existir la corrección absoluta ni la incorrección absoluta, una acción correcta dependería de que ayudara a la supervivencia de las dinámicas directamente involucradas, una acción incorrecta impediría la supervivencia de las dinámicas involucradas.

Veamos ahora cómo encajan estos conceptos de correcto e incorrecto en nuestra sociedad actual.

Esta es una sociedad agonizante. La ética es algo que ha llegado a estar tan fuera y que se comprende tan poco, que esta cultura va camino de sucumbir a una velocidad peligrosa.

Una persona no se va a reanimar, esta sociedad no va a sobrevivir, a menos que la Tecnología de Ética se comprenda bien y se aplique.

Cuando vemos Vietnam, la inflación, la crisis del petróleo, la corrupción del gobierno, la guerra, el crimen, la demencia, las drogas, la promiscuidad sexual, etc., estamos viendo una cultura en vías de extinción. Este es el resultado directo de que los individuos no apliquen la ética a sus dinámicas.

Esto en realidad comienza con la ética individual.

La conducta deshonesta es contra-supervivencia. Cualquier cosa que produzca la destrucción de los individuos o de los grupos o inhiba el futuro de la especie, es irracional o maligna.

El que una persona mantenga su palabra cuando esta se ha dado solemnemente, es un acto de supervivencia, puesto que entonces se le tendrá confianza, pero sólo mientras mantenga su palabra.

Para el débil, para el cobarde, para el censurablemente irracional, los tratos deshonestos y clandestinos, perjudicar a los demás y frustrar sus esperanzas, parecen ser la única forma de conducirse en la vida.

La conducta no ética es en realidad la conducta de la destrucción y el miedo. Las mentiras se dicen porque uno tiene miedo de las consecuencias si dijera la verdad. Los actos destructivos por lo general se hacen por miedo. Así pues, el mentiroso es inevitablemente un cobarde, y el cobarde es inevitablemente un mentiroso.

La mujer sexualmente promiscua, el hombre que falta a la palabra dada a un amigo, el pervertido insaciable, se dedican todos a asuntos tan contra-supervivencia que la degradación y la desdicha son parte fundamental e inseparable de su existencia.

Es probable que a algunos les parezca completamente normal y perfectamente bien vivir en una sociedad sumamente degradada, llena de criminales, drogas, guerra y demencia, en la que nos encontramos ante una amenaza constante de aniquilación total de la vida en este planeta.

Bueno, permíteme decirte que esto no es normal y no es necesario. *Es* posible llevar vidas felices y productivas sin que los individuos tengan que preocuparse de si les van a robar o no si salen a la calle, o de si Rusia va a declarar la guerra a los Estados Unidos. Es una cuestión de ética. Es simplemente una cuestión de que los individuos apliquen la ética a sus vidas y tengan sus dinámicas en comunicación y sobreviviendo.

LOS PRINCIPIOS MORALES

Ahora tenemos la ética como supervivencia. Pero ¿qué hay de cosas como los principios morales, los ideales, el amor? ¿No están estas cosas por encima de la "mera supervivencia"? No, no lo están.

Las novelas románticas y la televisión nos enseñan que el héroe siempre vence y que el bien siempre triunfa. Pero parece ser que el héroe no siempre vence y que el bien no siempre triunfa. Adoptando una perspectiva limitada, podemos ver que la maldad triunfa por todas partes a nuestro alrededor. La verdad del asunto es que tarde o temprano la maldad va a perder. Uno no puede ir por la vida convirtiendo en víctimas a sus semejantes sin acabar de otra forma que no sea atrapado: siendo la víctima él mismo.

No obstante, uno no observa esto en el curso normal de la vida. Uno ve que los granujas tienen éxito por doquier, amasando dinero de manera evidente, desollando vivos a sus semejantes, beneficiándose de los fallos de los tribunales y llegando a gobernar a los hombres.

Si uno no observa la consecuencia final de esto, que está ahí precisamente con tanta seguridad como que el Sol sale y se pone, uno comienza a creer que el mal triunfa, aunque se le haya enseñado que sólo triunfa el bien. Esto puede hacer que la persona misma experimente un fracaso y, de hecho, puede causar su perdición.

En cuanto a los ideales, a la honestidad, al amor que uno tiene por su prójimo, uno no puede encontrar una buena supervivencia para sí mismo ni para muchos cuando estas cosas están ausentes.

El criminal no sobrevive bien. El criminal común pasa la mayor parte de su madurez enjaulado como si fuera una bestia salvaje y vigilado por los rifles de buenos tiradores que le impiden escapar.

A un hombre conocido por su honestidad se le recompensa con supervivencia: buenos trabajos, buenos amigos. Y el hombre que tiene sus ideales, independientemente de cuánto se le pueda persuadir para que los abandone, sobrevive bien sólo en la medida en que sea fiel a esos ideales.

24

¿Alguna vez has visto a un médico que, motivado por el beneficio personal, comienza a atender secretamente a criminales o a traficar con drogas? Ese médico no sobrevive mucho después de abandonar sus ideales.

Los ideales, los principios morales, la ética, son parte todos de esta forma de entender la supervivencia. Uno sobrevive mientras sea fiel a sí mismo, a su familia, a sus amigos, a las leyes del universo. Cuando falla en cualquier aspecto, su supervivencia se reduce.

En los diccionarios modernos, encontramos que la *ética* se define como "principios morales", y que los *principios morales* se definen como "ética". Estos dos conceptos *no* son intercambiables.

Los *principios morales* deberían definirse como un código de buena conducta establecido por la experiencia de la humanidad para servir como criterio uniforme para la conducta de los individuos y los grupos.

Los principios morales son en realidad leyes.

El origen de un código moral se produce cuando se descubre, mediante experiencia real, que cierto acto es más contra-supervivencia que pro-supervivencia. La prohibición de este acto entra entonces a formar parte de las costumbres de la gente y puede a la larga convertirse en una ley.

A falta de mayores poderes de razonamiento, los códigos morales, siempre y cuando proporcionen una supervivencia mejor para su grupo, son una parte vital y necesaria de cualquier cultura.

No obstante, los principios morales se convierten en una carga onerosa y se protesta contra ellos cuando se vuelven anticuados. Y aunque la rebelión contra los principios morales pueda tener como objetivo expreso el hecho de que el código ya no es tan pertinente como lo era en su día, las rebeliones contra los códigos morales generalmente ocurren porque los individuos del grupo o el grupo en sí se han vuelto fuera-de-ética hasta tal punto que desean practicar el libertinaje contra estos códigos morales, no porque los códigos en sí sean irrazonables.

Si un código moral fuera completamente racional, se podría considerar, al mismo tiempo, completamente ético. Pero sólo en este nivel superior se podría decir que los dos son lo mismo.

Lo máximo en cuanto a razón es lo máximo en cuanto a supervivencia.

La conducta ética incluye la adhesión a los códigos morales de la sociedad en que vivimos.

JUSTICIA

Cuando un individuo no consigue aplicar la ética en sí mismo y no consigue actuar de acuerdo a los códigos morales del grupo, la justicia entra en acción.

En general, la gente no se da cuenta de que el criminal no sólo es antisocial, sino que también es anti-sí-mismo.

Una persona que está fuera-de-ética, que tiene sus dinámicas fuera de comunicación, es un criminal potencial o activo, pues continuamente perpetra crímenes contra las acciones pro-supervivencia de otros. El *crimen* podría definirse como la reducción del nivel de supervivencia a lo largo de cualquiera de las ocho dinámicas.

La justicia se usa cuando el propio comportamiento fuera-de-ética y destructivo del individuo comienza a afectar demasiado seriamente a otros.

En una sociedad regida por criminales y controlada por una policía incompetente, los ciudadanos identifican reactivamente cualquier acción o símbolo de justicia con la opresión.

Pero tenemos una sociedad llena de gente que no se aplica la ética a sí misma, y a falta de verdadera ética, uno no puede vivir con los demás y la vida resulta lamentable. Por lo tanto tenemos la justicia, que se desarrolló para proteger al inocente y al decente.

Cuando un individuo no consigue aplicarse la ética a sí mismo ni actuar de acuerdo a los códigos morales, la sociedad toma medidas de justicia contra él.

La justicia, aunque por desgracia no se puede dejar en manos del Hombre, tiene como intención y propósito básicos la supervivencia y el bienestar de aquellos a quienes sirve. No obstante, la justicia no sería necesaria si tuvieras individuos lo bastante cuerdos y éticos para no intentar cercenar la supervivencia de los demás.

La justicia se usaría hasta que la ética propia de la persona la convirtiera en compañía adecuada para sus semejantes.

LA ÉTICA, LA JUSTICIA Y TU SUPERVIVENCIA

En el pasado, el tema de la ética en realidad no se ha mencionado demasiado. La justicia sí que se mencionó, sin embargo. Los sistemas de justicia se han usado durante mucho tiempo como sustitutivo de los sistemas de ética. Pero cuando tratas de reemplazar la ética por la justicia, te metes en dificultades.

El Hombre no ha tenido un auténtico medio funcional de aplicarse la ética a sí mismo. Los temas de la ética y de la justicia han estado terriblemente aberrados.

Ahora hemos puesto en orden la tecnología de la Ética y de la Justicia. Este es el único camino de salida que tiene el Hombre en este tema.

La gente ha estado intentando poner su ética dentro durante eones sin saber cómo. La ética evolucionó con los intentos del individuo de obtener una supervivencia continua.

Cuando una persona hace algo fuera-de-ética (daña su supervivencia y la de los demás), intenta enmendar este daño. Por lo general acaba simplemente hundiéndose en un cave-in. (*Cave-in* significa un colapso mental y/o físico hasta el punto en que el individuo no puede funcionar de manera causativa).

Ellos se causan un cave-in porque, en un esfuerzo por refrenarse a sí mismos e impedirse a sí mismos cometer más actos dañinos, comienzan a retirarse y a apartarse del área que han dañado. Una persona que hace esto se vuelve cada vez menos capaz de influir sobre sus dinámicas y así se convierte en víctima de estas. Se observa aquí el hecho de que uno tiene que haberle hecho a otras dinámicas esas cosas que ahora estas parecen tener el poder de hacerle a él. Por lo tanto está en posición de ser dañado y pierde el control. De hecho, puede convertirse en una nulidad en cuanto a influencia y en un imán para las dificultades.

Esto se produce porque la persona no tiene la tecnología básica de Ética. Nunca se le ha explicado. Nadie le dijo jamás cómo podía salir del atolladero en que ella misma se había metido. Esta tecnología ha permanecido completamente desconocida.

Así que la persona ha acabado sumida en el vertedero.

La ética es uno de los instrumentos primarios que una persona usa para desenterrarse.

Sepa o no cómo hacerlo, toda persona intentará desenterrarse. No importa quién sea o lo que haya hecho, va a intentar poner su ética dentro, de una forma u otra.

Incluso en los casos de Hitler y Napoleón, hubieron tentativas de auto-restricción. Es interesante, al observar las vidas de esta gente, lo concienzudamente que trabajaron hacia la autodestrucción. La autodestrucción es su intento de aplicarse la ética a sí mismos. Trabajaron en esta autodestrucción en varias dinámicas. No pueden poner la ética dentro en sí mismos, no pueden refrenarse de hacer estos actos dañinos, así que se castigan a sí mismos. Se dan cuenta de que son criminales y ellos mismos se causan cave-in.

Todos los seres son básicamente buenos y tratan de sobrevivir lo mejor que pueden. Tratan de poner la ética dentro en sus dinámicas.

La ética y la justicia se desarrollaron y existen para ayudar al individuo en su impulso hacia la supervivencia. Existen para mantener las dinámicas en comunicación. La Tecnología de Ética es la auténtica tecnología de la supervivencia.

Las dinámicas de un individuo estarán en comunicación en la medida en que él esté aplicando la ética a su vida. Si uno conoce la Tecnología de Ética y la aplica a su vida, puede mantener las dinámicas en comunicación y aumentar continuamente su supervivencia.

Para eso existe la ética: para que podamos sobrevivir como queremos sobrevivir, por medio de tener nuestras dinámicas en comunicación.

La ética no se debe confundir con la justicia. La justicia se usa sólo después de que el individuo haya fracasado en usar la ética consigo mismo. Teniendo la ética personal dentro en las dinámicas, la justicia de Tercera Dinámica desaparece como un asunto de gran importancia. Ahí es donde logras un mundo sin crimen.

Un hombre que le roba a su patrón tiene su Tercera Dinámica fuera de comunicación con respecto a su Primera Dinámica. Va camino de una condena a prisión o, en el mejor de los casos, camino del desempleo, que no es lo que uno llamaría supervivencia óptima en la Primera y Segunda Dinámicas (por no mencionar el resto). Es probable que crea que al robar está mejorando su supervivencia; sin embargo, si conociera la Tecnología de Ética, se daría cuenta de que está dañándose a sí mismo y a otros, y que sólo acabará sumiéndose más en el vertedero.

El hombre que miente, la mujer que engaña a su marido, el adolescente que toma drogas, el político que está involucrado en tratos deshonestos, todos ellos están cavando su propia tumba. Están dañando su propia supervivencia al tener sus dinámicas fuera de comunicación y no aplicar la ética a sus vidas.

Puede que te sorprenda, pero un corazón limpio y unas manos limpias son la única manera de lograr felicidad y supervivencia. El criminal nunca tendrá éxito a menos que se reforme; el embustero nunca será feliz ni estará satisfecho consigo mismo hasta que empiece a tratar con la verdad.

La solución óptima para cualquier problema que presente la vida, sería la que llevara a un aumento de la supervivencia en la mayoría de las dinámicas.

Vemos así que es necesario un conocimiento de la ética para la supervivencia.

El conocimiento y la aplicación de la ética son el camino de salida de la trampa de la degradación y el dolor.

Todos y cada uno de nosotros podemos alcanzar la felicidad y una supervivencia óptima para nosotros mismos y para los demás usando la Tecnología de Ética.

QUÉ PASA SI LAS DINÁMICAS SE VAN FUERA-DE-ÉTICA

Es importante recordar que estas dinámicas comprenden la vida. No funcionan individualmente sin interacción con las demás dinámicas.

La vida es un esfuerzo de grupo. Nadie sobrevive solo.

Si una dinámica se va fuera-de-ética, queda fuera de comunicación (en mayor o menor medida) con respecto a las demás dinámicas. Para permanecer en comunicación, las dinámicas deben permanecer con la ética dentro.

Tomemos el ejemplo de una mujer que se ha apartado completamente de la Tercera Dinámica. No quiere tener nada que ver con ningún grupo ni con la gente de su ciudad. No tiene amigos. Se queda encerrada en su casa todo el día, pensando (con alguna idea descarriada de independencia o individualidad) que está sobreviviendo mejor en su Primera Dinámica. En realidad ella es bastante desdichada y solitaria, y vive atemorizada de los demás seres humanos. Para aliviar su desdicha y su aburrimiento, comienza a tomar sedantes y tranquilizantes, a los que se vuelve adicta, y luego comienza también a beber alcohol.

Está ocupada "resolviendo" su dilema con más acciones destructivas. Puedes ver cómo ha hecho que su Primera, Segunda y Tercera Dinámicas estén fuera de comunicación. Está destruyendo activamente su supervivencia en sus dinámicas. Estas acciones son fuera-de-ética en extremo, y no sería de extrañar que al final se quitara la vida con la mortífera combinación de sedantes y alcohol.

O tomemos al hombre que está cometiendo actos destructivos en el trabajo. No es necesario que estos actos sean grandes, pueden ser tan sencillos como llegar tarde al trabajo, no hacer un trabajo tan profesional en cada producto como de lo que él es capaz, estropear el equipo u ocultarle cosas a su patrón. No tiene que dedicarse abiertamente a la destrucción total de la empresa, para saber que está cometiendo actos dañinos.

Ahora, a medida que pasa el tiempo, este hombre se encuentra a sí mismo yéndose cada vez más fuera-de-ética. Siente que debe esconder más y más, y no sabe cómo detener esta espiral descendente. Es muy posible que nunca se le haya ocurrido siquiera que podría detenerla. Carece de la Tecnología de Ética. Es probable que no se dé cuenta de que sus acciones están haciendo que sus dinámicas se salgan de comunicación.

Esto puede afectar a sus demás dinámicas de varias maneras. Es probable que sea un poco desdichado y, puesto que es básicamente bueno, se sentirá culpable. Llega a casa por la noche y su mujer dice alegremente: "¿Qué tal te fue hoy?", y él se encoge un poco y se siente peor. Comienza a beber para mitigar la desdicha. Está fuera de comunicación con su familia. Está fuera de comunicación en su trabajo. Su rendimiento en el trabajo empeora. Comienza a descuidarse a sí mismo y sus pertenencias. Ya no disfruta de la vida. Su vida feliz y satisfactoria se le escapa entre las manos. Como no conoce la Tecnología de Ética y no la aplica a su vida ni a sus dinámicas, la situación se sale fuera de su control en buena medida. Sin darse cuenta, se ha convertido en efecto de su propio fuera-de-ética. A menos que enderece su vida usando la ética, morirá indudablemente siendo un hombre desdichado.

Ahora te pregunto: ¿qué clase de vida es esa? Por desgracia, es demasiado común en nuestros días.

La ética de una persona no puede irse fuera en una dinámica sin que esto tenga consecuencias desastrosas en sus otras dinámicas.

Es realmente muy trágico, y la tragedia se agrava por el hecho de ser tan innecesaria. Si el Hombre tan sólo conociera la simple tecnología de Ética, podría lograr para sí el amor propio, la satisfacción personal y el éxito que sólo cree ser capaz de soñar, no de lograr.

El Hombre busca la supervivencia. La supervivencia se mide en placer. Eso significa, para la mayoría de los hombres, felicidad, autoestima, la satisfacción personal de un trabajo bien hecho y éxito. Un hombre puede tener dinero, puede tener muchas posesiones personales, etc., pero no será feliz a menos que realmente tenga su ética dentro y sepa que consiguió esas cosas con honestidad. Esos ricos políticos y criminales financieros no son felices. Puede que el hombre común los envidie por su riqueza, pero son gente muy desdichada que la mayoría de las veces acaba fatal con la adicción a las drogas o al alcohol, el suicidio o algún otro medio de autodestrucción.

Echemos un vistazo al fuera-de-ética actual tan y tan habitual en la Segunda Dinámica. Por lo general, se considera que este comportamiento es perfectamente aceptable.

Es fácil ver cómo el fuera-de-ética en la Segunda Dinámica afecta a las demás dinámicas.

Digamos que tenemos a una mujer joven que tiene un matrimonio más o menos feliz y decide tener una aventura con su jefe, quien resulta ser un buen amigo de su marido. Esto es muy claramente fuera-de-ética, y también va contra la ley, aunque un número sorprendente de gente encontraría aceptable esta clase de comportamiento o, a lo sumo, ligeramente censurable.

No obstante, este es un acto muy destructivo. Ella sentirá culpa, se sentirá falsa y desdichada porque sabe que ha cometido un acto negativo contra su marido. Sin duda, su relación con él sufrirá, y puesto que su jefe está experimentando algo muy parecido en su casa, ella y su jefe comenzarán a sentirse mal el uno con el otro a medida que empiezan a culparse mutuamente de su desgracia. Sus dinámicas acaban bastante enredadas y fuera de comunicación. Ella se sentirá desdichada en su Primera Dinámica, pues ha abandonado su propio código moral. Su Segunda Dinámica estará fuera de comunicación y puede que incluso comience a criticar a su marido y que empiece a sentir antipatía hacia él. La situación en el trabajo es tensa, pues ella ahora ha perdido la comunicación con su jefe y sus compañeros de trabajo. Su jefe ha echado a perder su relación y amistad con el marido de ella. Ella está tan embrollada en estas tres dinámicas, que quedan totalmente fuera de comunicación con respecto a su Cuarta, Quinta y Sexta Dinámicas. Todo esto es el resultado de que la ética se vaya fuera en una sola dinámica.

Las repercusiones se extienden insidiosamente por todas las dinámicas.

Nuestra supervivencia se asegura sólo mediante nuestro conocimiento y aplicación de la ética a nuestras dinámicas para mantenerlas en comunicación.

Con la ética, podemos alcanzar supervivencia y felicidad para nosotros mismos y para el planeta Tierra.

HONESTIDAD

Definiciones

Moral:

Capaz de distinguir lo correcto de lo incorrecto en la conducta; decidiendo y actuando a partir de esa comprensión.

Código Moral:

Código acordado de conducta correcta e incorrecta. Es la serie de acuerdos a los que se ha suscrito una persona para garantizar la supervivencia del grupo. El origen de un código moral se produce cuando se descubre, mediante experiencia real, que cierto acto es más contra-supervivencia que pro-supervivencia. La prohibición de este acto entra entonces a formar parte de las costumbres de la gente y puede, al final, convertirse en ley.

Acto Hostil:

Se llama "acto hostil" u "overt" a un acto dañino o transgresión contra el código moral del grupo. Cuando una persona hace algo contrario al código moral con el que se ha comprometido, o cuando omite hacer algo que debería haber hecho de acuerdo a ese código moral, ha cometido un acto hostil. Un acto hostil infringe aquello con lo que uno se ha comprometido.

Es un acto realizado por la persona o individuo, que tiene como resultado dañar, reducir o degradar a otro, a otros o a sus beingnesses, sus personas, sus posesiones, relaciones o dinámicas. (Véase *Las Ocho Dinámicas*). Puede ser deliberado o involuntario.

Un acto hostil no es sólo dañar a alguien o algo. Un acto hostil es un acto de omisión o comisión que hace el menor bien al menor número de dinámicas o el mayor daño al mayor número de dinámicas.

Acto Hostil de Omisión:

Inacción que da como resultado el daño, reducción o degradación de otro u otros o de sus beingnesses, sus personas, sus posesiones o dinámicas.

Motivador:

Acto recibido por la persona o individuo que causa daño, reducción o degradación de su beingness, su persona, sus relaciones o dinámicas.

Un motivador se llama "motivador" porque tiende a incitar un acto hostil. Le da a la persona un motivo, razón o justificación para un acto hostil.

Cuando una persona comete un acto hostil o un acto hostil de omisión sin motivador, tiende a creer o finge que ha recibido un motivador que en realidad no existe. Esto es un *motivador falso*. De los seres que padecen esto se dice que están "hambrientos de motivadores", y a menudo se ofenden por nada.

Secuencia Acto Hostil-Motivador:

Cuando una persona comete un acto hostil, creerá entonces que tuvo que tener un motivador o que ha tenido un motivador. Por ejemplo, si golpea a alguien, te dirá inmediatamente que esa persona lo ha golpeado, incluso cuando no haya sido así.

O simplemente, cuando uno tiene un motivador, es probable que se ahorque él mismo cometiendo un acto hostil.

Si Pepe le pega a Guillermo, ahora cree que Guillermo debería haberle pegado a él. Y lo que es más importante, en realidad tendrá un somático para demostrar que Guillermo le *ha* pegado, aun cuando Guillermo no lo haya hecho. Él hará que esta ley sea verdadera a pesar de las circunstancias reales. Y la gente va por ahí todo el tiempo justificando, diciendo que "Guillermo le ha pegado, Guillermo le ha pegado, Guillermo le ha pegado".

Ocultación:

La transgresión, no expresada ni mencionada, contra un código moral al que la persona se ha comprometido se llama "ocultación". Una ocultación es un acto hostil que la persona ha cometido del cual no habla. Es algo que la persona cree que si se revelara, pondría en peligro su propia preservación. Toda ocultación viene *después* de un acto hostil.

Responsabilidad:

El no-reconocimiento y la negación del derecho de intervención entre uno mismo y cualquier ser, idea, materia, energía, espacio, tiempo o forma, y la asunción de todo el derecho de determinación sobre ello.

La Responsabilidad Total no es *culpa,* es el reconocimiento de ser *causa*.

Responsabilidad significa el estado, cualidad o hecho de ser responsable. Y "responsable" significa ser legal o éticamente capaz de rendir cuentas del cuidado o el bienestar de otro; lo cual implica poder rendir cuentas personalmente de ello o la capacidad para actuar sin orientación ni autoridad superiores; ser la fuente o causa de algo; capaz de tomar decisiones morales o racionales por uno mismo, y por lo tanto poder responder por el comportamiento propio; que puede confiarse en él o depender de él (fiable, digno de confianza); basado en o caracterizado por un buen juicio o una manera de pensar sensata.

Responsabilidad (Proceso): proceso que aborda la capacidad de uno de ser responsable.

Irresponsabilidad:

Negación de participación, acuerdo o autoría pasados.

Los *actos hostiles* proceden de la *irresponsabilidad.* Por lo tanto, cuando la responsabilidad disminuye, pueden ocurrir actos hostiles. Cuando la responsabilidad disminuye hasta cero, entonces una persona que está cometiendo actos hostiles ya no los considera actos hostiles.

Justificación:

Mecanismo social usado por una persona cuando ha cometido un acto hostil y lo ha ocultado. Es un medio por el que una persona puede apaciguar su consciencia de haber cometido un acto hostil tratando de *reducir el acto hostil*. Esto se hace criticando o echando la culpa a otras personas o cosas. Es dar explicaciones de las equivocaciones más flagrantes.

Las razones de que los actos hostiles no sean actos hostiles para la gente son las *justificaciones*.

Vuelos

La Tecnología de Scientology incluye la explicación basada en los hechos de las partidas repentinas y relativamente inexplicables de sesiones, puestos, trabajos, lugares y zonas.

Esta es una de las cosas sobre las que el Hombre pensaba que lo sabía todo, y por tal razón nunca se tomó la molestia de investigar. No obstante, esta, de entre todas las cosas, es la que le causó más dificultades. El Hombre lo había explicado todo a su satisfacción, pero esa explicación no reducía la cantidad de dificultades procedentes de la sensación de "tener que irse".

Por ejemplo, el Hombre se ha desesperado con el elevado porcentaje de divorcios, los frecuentes reemplazos en las fábricas, el malestar laboral y muchos otros elementos, todos ellos procedentes de la misma fuente: las partidas repentinas o las partidas graduales.

Vemos que una persona con un buen trabajo, que probablemente no conseguirá otro mejor, súbitamente decide irse, y se va. Vemos que una esposa, con un marido y una familia perfectamente buenos, se va y lo deja todo. Vemos que un marido, con una esposa guapa y atractiva, rompe la afinidad y se va.

En Scientology, tenemos el fenómeno de preclears que están en sesión, o de estudiantes que están en curso, que deciden irse y nunca vuelven. Y eso nos causa más dificultades que la mayoría de las demás cosas combinadas.

El Hombre se explicaba esto diciéndose que se le habían hecho cosas que no toleraba, y que por tal motivo se tenía que ir. Pero si esta fuera la explicación, todo lo que tendría que hacer el Hombre sería hacer que las condiciones laborales, las relaciones conyugales, los trabajos, los cursos y las sesiones fueran excelentes, y el problema quedaría resuelto. Pero, por el contrario, un examen cuidadoso de las condiciones laborales y las relaciones conyugales demuestra que mejorar las condiciones, a menudo empeora la cantidad de vuelos, como se podría llamar a este fenómeno. Probablemente las mejores condiciones laborales en el mundo las logró en su planta el Sr. Hershey (de la famosa marca de chocolate) para su planta de trabajadores. Sin embargo, se sublevaron e incluso le dispararon. Esto, a su vez, condujo a una filosofía industrial que dice que cuanto peor se trate a los trabajadores, más dispuestos estarán a quedarse; lo que en sí es tan falso como decir que cuanto mejor se les trate, más rápido volarán.

Uno puede tratar a las personas tan bien que lleguen a avergonzarse de sí mismas (sabiendo que no lo merecen) y se precipite un vuelo. Y sin duda se les puede tratar tan mal, que su única opción sea irse. Pero estas son condiciones extremas, y entre ellas se encuentra la mayoría de las partidas: el auditor se está esforzando al máximo por el preclear y, sin embargo, el preclear se pone más y más difícil y vuela de la sesión. La esposa se esfuerza al máximo para hacer que su matrimonio tenga éxito, y su marido se aleja tras las huellas de una fulana. El gerente se esfuerza por mantener las cosas en marcha, y el trabajador se va. Estas situaciones que no se explican trastornan las organizaciones y las vidas, y ya es hora de que las entendamos.

LAS PERSONAS SE VAN DEBIDO A SUS PROPIOS ACTOS HOSTILES Y OCULTACIONES.

Ese es el hecho objetivo y la regla inalterable. A un hombre con un corazón limpio no se le puede dañar. El hombre o mujer que tiene, tiene, tiene que convertirse en una víctima y partir, se va debido a sus propios actos hostiles y ocultaciones. No importa si la persona abandona una ciudad, un trabajo o una sesión. La causa es la misma.

Casi cualquiera, sin importar su posición, puede remediar una situación, sin importar lo que esté mal, si realmente lo desea. Cuando la persona ya no quiere remediarla, sus propios actos hostiles y ocultaciones en contra de las demás personas implicadas en la situación han reducido su propia capacidad para hacerse responsable de ello. En consecuencia, no remedia la situación. La partida es la única respuesta obvia. Para justificar la partida, la persona que vuela imagina cosas que se le han hecho en un esfuerzo por minimizar el acto hostil degradando a aquellos contra los que lo hizo. El mecanismo implicado es muy sencillo.

Es una irresponsabilidad por nuestra parte, ahora que sabemos esto, permitir tanta irresponsabilidad. Cuando una persona amenaza con abandonar una ciudad, un puesto, un trabajo, una sesión o una clase, la única cosa bondadosa que se puede hacer es sacar los actos hostiles y ocultaciones de esa persona. Hacer menos, causa que la persona se vaya con la sensación de que se le ha degradado y se le ha dañado.

Es asombroso qué actos hostiles triviales causarán que una persona vuele. En una ocasión, pesqué a un miembro del staff justo antes de que volara, y le seguí la pista hasta el acto hostil original contra la organización, que fue que no la había defendido cuando un criminal habló con virulencia acerca de ella. Al hecho de no haberla defendido, se acumularon más y más actos hostiles y ocultaciones, como no transmitir mensajes, no completar tareas, hasta que al final esto degradó tanto a la persona que la llevó a robar algo sin valor. Este robo causó que la persona creyera que sería mejor irse.

Es un comentario más bien noble sobre el Hombre decir que *cuando una persona se encuentra a sí misma siendo incapaz* (según cree) *de refrenarse de dañar a un benefactor, lo defenderá yéndose*. Esta es la verdadera causa de los vuelos. Si mejoráramos las condiciones de trabajo de una persona a la luz de esto, veríamos que sólo habríamos amplificado sus actos hostiles y nos habríamos asegurado de que se fuera. Si castigamos, podemos reducir el valor del benefactor un poco y así reducir el valor del acto hostil. Pero ni la mejora ni el castigo son la respuesta. La respuesta está en Scientology y en procesar a la persona hasta un nivel lo bastante alto de responsabilidad en el que pueda tomar un trabajo o un puesto y llevarlo a cabo sin todo ese abracadabra de: "Tengo que decir que me estás haciendo cosas, para poder irme y protegerte de todo lo malo que te estoy haciendo". Así es como va la cosa y no tiene sentido no hacer algo al respecto ahora que lo sabemos.

Antes de que una persona pueda cobrar el último cheque de paga de la organización que está dejando por su propia voluntad, tiene que escribir todos sus actos hostiles y ocultaciones contra la organización y el personal relacionado con ella, y hacer que se le verifiquen al E-Metro*.

*En la actualidad, la política requiere que el staff reciba un Confesional de Salida del Staff antes de dejar el staff.

41

Hacer menos que esto es la crueldad misma. La persona vuela por sus propios actos hostiles y ocultaciones. Si estos no se sacan, entonces cualquier cosa que la organización o su gente le haga se le clava como una jabalina y la deja con una zona oscura en su vida y un sabor pútrido en la boca. Además, va esparciendo mentiras acerca de la organización y el personal relacionado con ella. Y cada mentira que dice aumenta proporcionalmente su malestar. Al permitir un vuelo sin limpiarlo, estamos degradando a la gente. Pues te aseguro (y con algo de tristeza) que la gente a menudo no se ha recuperado de los actos hostiles contra Scientology, contra sus organizaciones y personas relacionadas. No se recuperan porque en sus corazones saben, incluso mientras dicen mentiras, que están tratando injustamente a gente que ha hecho y que está haciendo un enorme bien en el mundo, y que sin duda no merece calumnias ni difamación. Esto, literalmente, los mata. Y si no lo crees, te puedo enseñar la larga lista de defunciones.

El único mal que estamos haciendo es ser buenos, si eso tiene sentido para ti. Puesto que por ser buenos, lo que se nos hace por descuido o malicia es totalmente desproporcionado con respecto al mal que se hace a otros. Esto a menudo se aplica a personas que no son scientologists. Tuve a un electricista que robó dinero de la HCO con facturas falsas y trabajo mal hecho. Un día, se dio cuenta de que la organización a la que estaba robando ayudaba a personas en todas partes, en un grado mucho mayor que la capacidad que él tendría para ayudar jamás a alguien. A las pocas semanas, contrajo tuberculosis y estaba moribundo en un hospital de Londres. Cuando se fue, nadie le sacó sus actos hostiles y ocultaciones. Y esto realmente lo estaba matando: un hecho que no es imaginación mía. Hay algo un poco aterrador en esto, a veces. Una vez le dije a un cobrador qué y quiénes éramos y que había tratado injustamente a una buena persona. Y media hora más tarde, se tragó seis gramos y medio de Veronal y lo llevaron a rastras al hospital: un suicidio.

Esta campaña va orientada directamente a los casos y a hacer que la gente llegue a Clear. Va orientada a preservar al staff y las vidas de las personas que creen que nos han fallado.

La cabeza de quien tiene una mala consciencia no descansa tranquila. Límpiala, recórrele Responsabilidad y tendrás a una persona mejor. Y si alguien siente deseos de irse, examina simplemente los registros, siéntate y haz una lista de todo lo que me ha hecho y me ha ocultado a mí y a la organización y mándamela. Salvaremos a mucha gente de esa forma.

Y por nuestra parte, seguiremos siendo tan buenos directores, tan buenas organizaciones y tan buen campo como nos sea posible. Y nos desharemos de todos nuestros actos hostiles y ocultaciones, también.

¿Piensas que esto producirá un punto de vista nuevo e interesante?

Bueno, Scientology se especializa en eso.

LA JUSTIFICACIÓN

Cuando una persona ha cometido un acto hostil y después lo oculta, generalmente él o ella usa el mecanismo social de la justificación.

Todos hemos oído a la gente tratar de justificar sus acciones y todos sabemos por instinto que la justificación equivale a una confesión de culpabilidad. Pero nunca antes habíamos comprendido el mecanismo exacto que hay tras la justificación.

Sin la auditación de Scientology, no había medio alguno por el que una persona pudiera apaciguar su consciencia de haber cometido un acto hostil, excepto tratar de *reducir el acto hostil.*

Algunas iglesias usaron un mecanismo de confesión. Fue un esfuerzo limitado por aliviar a la persona de la presión de sus actos hostiles. Posteriormente, el mecanismo de la confesión se empleó como una especie de chantaje, por el que se podía conseguir un aumento en la contribución de la persona que se confesaba. De hecho, este es un mecanismo hasta tal punto limitado que puede ser peligroso en extremo. La confesión religiosa no conlleva ningún énfasis real en la responsabilidad del individuo sino que intenta, por el contrario, dejar la responsabilidad en manos de la Divinidad: una especie de blasfemia en sí. La confesión, para que no acarree peligro y sea efectiva, tiene que ir acompañada de una aceptación plena de la responsabilidad. Todos los actos hostiles son producto de la irresponsabilidad en una o más de las dinámicas.

Las ocultaciones son un tipo de acto hostil en sí mismas, pero tienen un origen diferente. Por extraño que parezca, acabamos de demostrar de forma concluyente que el Hombre es básicamente bueno; un hecho que desafía las creencias religiosas antiguas de que el Hombre es básicamente maligno. El Hombre es bueno hasta tal punto que, cuando se da cuenta de que está siendo muy peligroso y está errado, trata de minimizar su poder. Y si eso no funciona y aún se encuentra cometiendo actos hostiles, intenta entonces deshacerse de sí mismo, ya sea alejándose o dejándose atrapar y ejecutar. Sin esta computación, la policía se encontraría impotente para detectar el crimen: el criminal siempre ayuda a que lo atrapen. Por qué castiga la policía al criminal que ha atrapado es el misterio. El criminal atrapado quiere volverse menos dañino para la sociedad y quiere rehabilitación. Bueno, si esto es cierto, entonces ¿por qué no se descarga él mismo? El hecho es este: él considera que descargarse es un acto hostil. La gente oculta los actos hostiles porque conciben que decirlos sería otro acto hostil. Es como si los thetanes trataran de absorber y mantener fuera de la vista toda la maldad del mundo. Eso es una obstinación desatinada. Al ocultar los actos hostiles, se les mantiene a flote en el universo y son en sí mismos, como ocultaciones, la única causa de la maldad continua. El Hombre es básicamente bueno, pero no había podido alcanzar la expresión de esto hasta ahora. Nadie más que el individuo podría morir por sus propios pecados: disponer las cosas de otra forma sería mantener al Hombre encadenado.

En vista de estos mecanismos, cuando la carga se hizo demasiado grande, el Hombre se vio obligado a usar otro mecanismo: el esfuerzo por reducir el tamaño y la presión del acto hostil. Sólo podía hacer esto tratando de reducir el tamaño y la reputación del terminal. De ahí, Not-isness. De ahí que cuando un hombre o una mujer ha cometido un acto hostil, generalmente lo que sigue ahí es un esfuerzo para reducir la bondad o importancia del blanco del acto hostil. De ahí que el marido que traiciona a su mujer deba entonces afirmar que ella no era buena de alguna manera. Así, la esposa que traicionó al marido tiene que rebajar al marido para reducir el acto hostil. Esto funciona en todas las dinámicas. En vista de esto, la mayoría de la crítica es una justificación de haber cometido un acto hostil.

Esto no quiere decir que todo esté bien y que una crítica nunca tenga razón de ser en ninguna parte. El Hombre no es feliz. Se enfrenta a la destrucción total a menos que fortalezcamos nuestros postulados. Y el mecanismo del acto hostil simplemente es una sórdida condición de juego en la que el Hombre se ha deslizado sin saber adónde iba. Por lo tanto, en la conducta, en la sociedad y en la vida en general, hay aspectos correctos y equivocados; pero la crítica malintencionada y a diestra y siniestra en 1.1, cuando no está confirmada por hechos, es sólo un esfuerzo para reducir el tamaño del blanco del acto hostil, para que la persona pueda vivir (o eso espera) con el acto hostil.

Por supuesto, criticar injustamente y rebajar la reputación es en sí un acto hostil, así que este mecanismo no es, de hecho, funcional.

Aquí tenemos el origen de la espiral descendente. Uno comete actos hostiles involuntariamente. Trata de justificarlos sacando defectos o echando la culpa a otros factores. Esto lo lleva a cometer más actos hostiles contra los mismos terminales, lo cual lo conduce a la degradación de sí mismo y, a veces, a la de esos terminales.

Los scientologists han tenido toda la razón al oponerse a la idea del castigo. El castigo sólo es otro elemento que empeora la secuencia del acto hostil y degrada al que castiga. Pero las personas que son culpables de actos hostiles, exigen el castigo. Lo usan como ayuda para refrenarse (o eso esperan) de más transgresiones a las dinámicas. Es la víctima quien exige el castigo, y es la sociedad, en su necio desatino, quien se lo concede. La gente se postra y suplica que se les ejecute. Y si no los complaces, la reacción de la mujer despreciada es afable en comparación. Yo debería saberlo: la gente que trata de erigirme en su verdugo es más de la que te imaginas. Y muchos preclears que se sientan en tu silla de pc para recibir una sesión, están ahí sólo para que se les ejecute. Y cuando insistes en mejorar a ese pc, bueno, tienes problemas. Porque comienzan con este deseo de ejecución como una nueva cadena de actos hostiles y tratan de justificarlos diciéndole a la gente que eres un mal auditor.

Cuando escuches críticas mordaces y brutales contra alguien, que parezcan sólo un poco excesivas, date cuenta de que tienes los ojos puestos en actos hostiles contra la persona criticada y, a la próxima oportunidad que tengas, saca los actos hostiles y quita del mundo esa cantidad exacta de maldad.

Tenemos aquí en nuestras manos el mecanismo que hace de este un universo demencial, así que simplemente juguémonos el todo por el todo y acabemos con él de una vez por todas.

RESPONSABILIDAD

Para decidir ser responsable de las cosas es necesario superar la idea de que a uno se le está obligando a ser responsable.

El poder de elección sigue siendo superior a la responsabilidad. Lo que uno hace en contra de su voluntad actúa como un acto hostil contra uno mismo. Pero cuando la disposición de hacer se ha deteriorado hasta convertirse en renuencia a hacer cualquier cosa, la falta de disposición es en sí una aberración.

Básicamente, no hay nada malo en el doingness. Pero cuando uno está haciendo algo que no está dispuesto a hacer, el resultado es aberración. En un caso así, uno hace mientras no está dispuesto a hacer. El resultado es doingness sin responsabilidad.

En la decadencia de cualquier estado hacia la esclavitud (como en Grecia) o en la estrangulación económica del individuo (como en nuestra moderna sociedad occidental), el doingness es cada vez más impuesto, y la disposición para hacer es cada vez menos obvia. Al final, la gente hace sin ser responsable. El resultado de esto es mano de obra de mala calidad, crimen, indigencia y la necesidad que esta conlleva de un sistema de beneficencia. Al final, hay tanta gente que no está dispuesta a hacer, que los pocos que quedan tienen que asumir toda la carga de la sociedad sobre sus espaldas. Cuando existe una gran renuencia a hacer, la democracia es entonces imposible, porque sólo se vota por las prestaciones más grandes.

Cuando existe una gran renuencia a hacer, se tiene, entonces, una reestimulación constante de todo lo que uno no está realmente dispuesto a hacer, como los actos hostiles. Obligar a la gente que no quiere trabajar a que aun así trabaje, reestimula el mecanismo de los actos hostiles, lo que, de este modo, va acompañado de un porcentaje cada vez más alto de crimen, cada vez más huelgas, y cada vez menos comprensión de lo que trata todo esto.

El individuo que ha hecho algo *malo* que no estaba dispuesto a hacer, identifica entonces cualquier cosa que haga con cualquier renuencia a hacer; cuando, por supuesto, ha hecho esto muchas veces. Por lo tanto, todo el doingness se vuelve malo. Bailar se vuelve malo. Jugar se vuelve malo. Incluso comer y procrear se vuelven malos. Y todo porque la renuencia a hacer algo malo ha evolucionado y se ha identificado con renuencia a hacer.

La persona que ha hecho algo malo, se contiene refrenando el doingness en esa dirección. Cuando al final concibe que ha hecho muchas, muchas cosas malas, se convierte en una restricción total. A medida que la procesas, te encuentras con el fenómeno recurrente de que se da cuenta de que no ha sido tan mala como pensaba que había sido. Y eso es lo maravilloso de esto. Las personas nunca son tan malas como creen serlo; y, sin duda, los demás nunca son tan malos como uno cree que han sido.

La maravilla básica es que las personas se regulan a sí mismas. A partir de un concepto del bien, conciben que son malas y después de eso buscan cualquier forma posible de proteger a los demás de ellas mismas. Una persona hace esto reduciendo su propia capacidad. Lo hace reduciendo su propia actividad. Lo hace reduciendo su propio knowingness.

Cuando veas a un thetán que duerme demasiado y hace demasiado poco, cuando veas a una persona que concibe doingness malo en todas partes, estás viendo a una persona que está protegiendo a los demás de su propia maldad.

Ahora, hay otro extremo. Una persona que tiene que hacer a causa de azotes económicos o de otro tipo y que, sin embargo, debido a su propio concepto de su propia maldad, no se atreve a hacer, es probable que se vuelva criminal. La única respuesta de esa persona al doingness es hacer sin asumir responsabilidad alguna. Y esto, cuando examinas las dinámicas, cae fácilmente en una pauta de actos hostiles dramatizados. Aquí tienes un cuerpo que no está siendo controlado, donde la mayoría del conocimiento está oscurecido y donde hay una carencia de responsabilidad por los demás o incluso por sí mismo. El paso de la criminalidad a la demencia es fácil, si en realidad existe un paso en absoluto. Tales personas no pueden ser supervisadas, porque el serlo admite algo de obediencia. Al carecer de control, no hay capacidad de obedecer y así acaban simplemente detestando a la policía y eso es todo.

Sólo cuando las ataduras económicas son tan rígidas o la presión política es tan grande, como lo es en Rusia, tenemos altos índices de criminalidad, de neurosis o psicosis. Siempre que el hacer vaya acompañado de falta de disposición para hacer, eso puede dar como resultado irresponsabilidad por los actos propios.

Básicamente, entonces, cuando procesamos a un pc buscamos rehabilitar la disposición para hacer. Con el fin de lograr esto, tenemos que eliminar del caso la renuencia a haber hecho ciertas cosas y tenemos que rehabilitar la capacidad del preclear para refrenar (por su propio determinismo, no por medio del castigo) más malas acciones. Sólo entonces estará el pc dispuesto a recuperarse de cualquier cosa que ande mal con él; pues cualquier cosa que le pase al pc se la impuso él mismo para impedir fechorías en algún momento pasado.

La responsabilidad se *puede* rehabilitar en cualquier caso.

LA GENTE HONESTA
TIENE DERECHOS, TAMBIÉN

Después de que hayas alcanzado un elevado nivel de capacidad, serás el primero en insistir en tu derecho a vivir con gente honesta.

Cuando conoces la tecnología de la mente, sabes que es un error usar los "derechos individuales" y la "libertad" como argumentos para proteger a aquellos que sólo destruirían.

Los derechos individuales no se originaron para proteger a los criminales, sino para proporcionar libertad a los hombres honestos. Dentro de esta área de protección es donde se lanzaron entonces aquellos que necesitaban "libertad" y "libertad individual" para encubrir sus propias actividades sospechosas.

La libertad es para las personas honestas. Ningún hombre que no sea honesto puede ser libre; él es su propia trampa. Cuando sus propias acciones no se pueden revelar, es entonces un preso; tiene que ocultarse de sus semejantes y es un esclavo de su propia consciencia. La libertad se tiene que merecer antes de que cualquier libertad sea posible.

Proteger a personas deshonestas es condenarlas a sus propios infiernos. Al hacer de los "derechos individuales" un sinónimo de "proteger al criminal" se ayuda a crear un estado de esclavos para todos; porque donde se abusa de la "libertad individual" surge con ello una intranquilidad que a la larga se nos lleva a todos por delante. Los blancos de todas las leyes disciplinarias son los pocos que yerran. Tales leyes, desafortunadamente, también dañan y restringen a quienes no yerran. Si todos fueran honestos, no habría amenazas disciplinarias.

Sólo hay un camino de salida para la persona deshonesta: encarar sus propias responsabilidades en la sociedad y volverse a poner en comunicación con sus semejantes, con su familia y con el mundo en general. Al intentar invocar sus "derechos individuales" para protegerse de una inspección de sus actos, reduce, exactamente en esa medida, el futuro de la libertad individual: porque ella misma no es libre. Sin embargo, infecta a otros que son honestos al usar el derecho *de ellos* a la libertad para protegerse a sí misma.

La cabeza del que tiene una consciencia culpable no descansa tranquila. Y no descansará más tranquila tratando de proteger las malas acciones con alegatos de que "la libertad significa que nunca debes mirarme". El derecho de una persona a sobrevivir está directamente relacionado con su honestidad.

La libertad del Hombre no significa libertad para perjudicar al Hombre. La libertad de expresión no significa libertad para dañar con mentiras.

El Hombre no puede ser libre mientras existan a su alrededor quienes sean esclavos de sus propios terrores.

La misión de una sociedad tecnoespacial es subordinar y controlar al individuo con coacción económica y política. La única víctima en una era de la máquina es el individuo y su libertad.

Para preservar esa libertad, uno no debe permitir que los hombres oculten sus intenciones malignas bajo la protección de esa libertad. Para que un hombre sea libre, debe ser honesto consigo mismo y con sus semejantes. Si un hombre usa su propia honestidad para protestar contra el desenmascaramiento de la deshonestidad, entonces ese hombre es un enemigo de su propia libertad.

Podemos permanecer a la luz del Sol sólo en la medida en que no permitamos que las acciones de los demás traigan la oscuridad.

La libertad es para los hombres honestos. La libertad individual sólo existe para aquellos que tienen la capacidad de ser libres.

Hoy en día, en Scientology, sabemos quién es el carcelero: la persona misma. Y podemos restaurar su derecho a permanecer a la luz del Sol erradicando el mal que los hombres se hacen a sí mismos.

Así que no digas que la investigación de una persona o del pasado es un paso hacia la esclavitud. Porque, en Scientology, ese paso es el primer paso hacia liberar a un hombre de su propia culpabilidad.

Si la intención del scientologist fuera castigar al culpable, entonces, y sólo entonces, el mirar en el pasado de otra persona sería algo incorrecto.

Pero nosotros no somos la policía. Nuestra mirada es el primer paso para abrir las puertas, pues están atrancadas desde *dentro*.

¿Quién castigaría cuando pudiera salvar? Sólo un loco rompería un objeto deseado cuando pudiera repararlo, y nosotros no estamos locos.

El individuo no debe perecer en esta era de la máquina, haya derechos o no haya derechos. El criminal y el loco no deben triunfar con sus instrumentos de destrucción recién descubiertos.

La persona menos libre es la que no puede revelar sus propios actos y que protesta por la revelación de los actos inapropiados de los demás. Sobre este tipo de personas se construirá una esclavitud política futura, en la que todos tendremos un número (y nuestra culpa) a menos que actuemos.

Es fascinante que el chantaje y el castigo sean característicos de todas las operaciones oscuras. ¿Qué ocurriría si estas dos cosas ya no existieran? ¿Qué ocurriría si todos los hombres fueran lo bastante libres como para hablar? Entonces, y sólo entonces, tendrías libertad.

El día en que podamos confiar plenamente los unos en los otros, habrá paz sobre la Tierra.

No obstaculices el camino hacia esa libertad. Sé libre, tú mismo.

Las Manos Limpias Suponen una Vida Feliz

Por primera vez en la cenagosa corriente que es la historia para la raza humana, es posible que la felicidad exista.

Esta meta, repetida muchas veces y buscada tan intensamente, ha sido inaprensible como las motas de polvo iluminadas por un rayo de Sol, inalcanzable como el suspiro del ser amado.

¿Qué hace que la Humanidad, formada en su totalidad por seres básicamente buenos, sea tan ajena y lejana a la felicidad?

El rico derrocha como un géiser su riqueza. El pobre escudriña en cada rendija. Pero la riqueza no compra nada y las grietas están vacías. El niño espera alcanzarla cuando crezca y, cuando ya ha crecido, desearía ser tan feliz como un niño.

La captamos pero, como con el hilo sutil de una telaraña, se queda en nada. Nos casamos con la mujer o el hombre más perfectos y luego, a lo largo de nuestras vidas, sollozamos para lograr que el otro nos haga dichosos.

A menudo buscada, pero rara vez hallada, no hay riquezas, gemas ni palacios tan valorados como la mera felicidad.

Pero, ¡escucha! Aquí está la felicidad, justo al alcance de nuestras manos, esperando sólo las palabras mágicas: "Comienza la Sesión", para comenzar su búsqueda.

Pero igual que caminamos a través de la lluvia hacia el salón de un banquete, nuestra felicidad en el procesamiento se obtiene pasando a través de las sombras fantasmagóricas de nuestros "pecados".

¿Qué ha hecho de todo Hombre un indigente en su felicidad?

¡Las transgresiones contra las convenciones morales de su raza, su grupo, su familia!

Poco nos importa cuáles fueron o son estas convenciones morales. Fue la transgresión la que lo causó.

Estamos de acuerdo con doctrinas morales fijas y luego, sin pensarlo, transgredimos o, con una "buena causa", ofendemos, y ahí lo tienes; los primeros barrotes oscuros de la amargura acechan a hurtadillas tras nosotros.

Y conforme seguimos caminando sin rumbo, transgrediendo más, estando de acuerdo con nuevas convenciones morales y luego transgrediéndolas, entramos a ese lugar lúgubre y sombrío, al que no llega la luz del Sol, la prisión de nuestras lágrimas y suspiros y de lo que pudo haber sido, la desdicha.

———————

La acción mutua es la clave de todos nuestros actos hostiles. El acuerdo con lo que debería ser y luego un destrozo de lo prometido, conjura todo el hechizo que se necesita para una receta de amargura.

Tiene que haber dolor. Así lo acordamos. Pues el dolor refrena y advierte, desconecta, prohíbe. Pero la bondad tiene entonces que consistir en no ocasionar ningún dolor.

Estamos de acuerdo con un movimiento mutuo. Y luego discrepamos, nos apartamos, y así ya no estamos atados; atados no estamos, excepto allá atrás, en nuestras mentes, con cicatrices de fe quebrantada. La fe que quebrantamos y dijimos que así tenía que ser.

Todos estamos de acuerdo en sentir el sol y luego nos quejamos de que quema. Todos estamos de acuerdo en besar y amar, y luego nos sorprendemos de que a eso le pueda seguir tal dolor.

El movimiento mutuo está bien... hasta que actuamos con crueldad hacia los demás.

Ligados por acuerdos y acciones conjuntas, nos atrevemos a ser crueles hacia aquello a lo que nos han sujetado las férreas abrazaderas de las promesas.

Y así, al ser crueles con una parte de nosotros mismos (la ampliación de uno mismo, como en una pareja o en un grupo) encontramos entonces dolor en nuestro ser con gran sorpresa.

La secuencia del acto hostil es ahora fácil de captar. El ámbito es limitado. Pero comenzó cuando por primera vez tuvimos un impulso cruel hacia otros que estaban ligados a nosotros por convenciones morales o acciones conjuntas.

¿Por qué sufre alguien dolor en su propio brazo cuando ha golpeado el de otro?

Porque el impulso cruel ha sido la ruptura de un vínculo con otros, donde una vez hubo una promesa.

El único acto hostil que le puede ocasionar dolor a uno mismo es aquel acto cruel que transgrede, entonces, cosas con las que habíamos estado de acuerdo.

Comparte la acción con un grupo o persona en tu vida, ponte de acuerdo con sobrevivir mutuamente según algún código concreto, y luego sé cruel con ellos y transgrede, y tendrás dolor.

———————

Toda la Humanidad vive y cada hombre se esfuerza según códigos de conducta mutuamente acordados. Quizá estos códigos sean buenos, quizá sean malos; sólo es obvio que son códigos. Las convenciones morales unen a la especie.

Ocurre entonces la acción conjunta. El pensamiento y el movimiento de común acuerdo. Se da, entonces, una unidad de propósito y supervivencia.

Pero ahora, contra ese código, hay una transgresión. Y entonces, como el código se había adoptado (no importa qué código fuera), y el Hombre había buscado consuelo en compañía del Hombre, él retiró su pacto y así entró entonces en el dominio donde ningún ser ríe ni tiene libertad alguna en su corazón.

Así cae el telón sobre el resplandor del día, y nubes de oscura faz empañan toda circunstancia placentera. Pues uno ha transgredido malévolamente y no puede hablar de ello por miedo a que *toda* felicidad muera.

Y así nos aislamos de la luz y entramos en una melancolía de cenicienta faz. Y sellamos en el interior de nuestra bóveda más profunda las razones por las cuales no nos atrevemos a mirar de frente a nuestros amigos.

Y después seguimos haciendo que otros se sientan culpables por todo lo demás cuando, como algún espantajo de sacerdote descarnado cuyas inmundas y harapientas vestiduras están ásperas por la sangre de los sacrificios, indicamos el camino al infierno para aquellos que matan.

Y muy dentro de nosotros nos aquejan remordimientos secretos. Y así, al final ni siquiera podemos llorar.

———————

El camino al Infierno: el Hombre es muy hábil para pintar horribles señales que indican su curso y su camino.

El camino al Cielo: al Hombre se le envía a menudo pero nunca ha llegado, más bien encontró el "otro lugar".

Pero ahora se ha abierto un camino que es amplio: en Scientology.

El E-Metro y los Procesos de Verificación, cuando los hacen auditores con destreza, pueden abrir el torrente de las transgresiones y soltar una cascada hasta agotar el Infierno.

Y el día una vez más tendrá una gota de rocío sobre la rosa de la mañana.

TÚ PUEDES TENER RAZÓN

Tener razón y estar equivocado forman una fuente común de discusión y conflicto.

El concepto de lo que es correcto alcanza niveles muy altos y muy bajos en la Escala Tonal.

Y el esfuerzo por tener razón es la última batalla consciente de un individuo agonizante. Yo-tengo-razón-y-ellos-están-equivocados es el concepto más bajo que puede formular un caso inconsciente.

Lo que *es* correcto y lo que *es* incorrecto no necesariamente se puede definir para todo el mundo. Esto varía de acuerdo a los códigos morales y disciplinas existentes y, antes de Scientology, a pesar de su uso en el derecho como prueba de "cordura", no se basaba en hechos, sino sólo en la opinión.

En Dianética y Scientology se originó una definición más precisa. Y la definición se convirtió también en la verdadera definición de acto hostil. Un acto hostil no es simplemente dañar a alguien o a algo: un acto hostil es un acto de omisión o comisión que hace el menor bien al menor número de dinámicas o el mayor daño al mayor número de dinámicas. (Véase *Las Ocho Dinámicas*).

Así, una acción incorrecta es incorrecta en la medida en que dañe al mayor número de dinámicas. Y una acción correcta es correcta en el grado en que beneficie al mayor número de dinámicas.

Mucha gente piensa que una acción es un acto hostil sólo porque es destructiva. Para ellos, todas las acciones u omisiones destructivas son actos hostiles. Esto no es cierto. Para que un acto de comisión u omisión sea un acto hostil, tiene que dañar al mayor número de dinámicas. Por lo tanto, no destruir algo puede ser un acto hostil. Ayudar a algo que dañaría al mayor número de dinámicas también puede ser un acto hostil.

Un acto hostil es algo que daña ampliamente. Un acto beneficioso es algo que ayuda ampliamente. Puede ser un acto beneficioso dañar algo que fuera dañino para el mayor número de dinámicas.

Dañar a todo y ayudar a todo pueden ser por igual actos hostiles. Ayudar a ciertas cosas y dañar a ciertas cosas pueden ser, por igual, actos beneficiosos.

Tanto la idea de no dañar nada como la de ayudar a todo son, por igual, bastante demenciales. Es poco probable que pienses que ayudar a los que fomentan la esclavitud sea una acción beneficiosa, e igualmente poco probable que consideres la destrucción de una enfermedad como un acto hostil.

En lo relativo a tener razón o estar equivocado puede generarse mucha especulación confusa. No hay correcciones absolutas ni incorrecciones absolutas. Y tener razón no consiste en no estar dispuesto a dañar, y estar equivocado no consiste sólo en no dañar.

Hay cierta irracionalidad acerca de "tener razón" que no sólo descarta la validez del test legal de la cordura, sino que también explica por qué algunas personas realizan acciones muy equivocadas e insisten en que están haciendo lo correcto.

La respuesta se encuentra en un impulso, innato en todos, de *tratar de tener razón*. Esta es una insistencia que se desvincula con rapidez de la acción correcta. Y está acompañada de un esfuerzo por hacer que los demás estén equivocados, como vemos en los casos hipercríticos. Un ser que en apariencia está inconsciente, *aún* tiene razón y está haciendo que los demás estén equivocados. Es la última crítica.

Hemos visto a una persona que está "a la defensiva" intentar explicar las incorrecciones más flagrantes. Esto también es "justificación". La mayoría de las explicaciones de la conducta, sin importar lo inverosímiles que sean, le parecen perfectamente correctas a la persona que las da, pues sólo está afirmando que ella tiene razón y los demás están equivocados.

Hemos dicho desde hace mucho tiempo que aquello que no se admira tiende a persistir. Si nadie admira a una persona por tener razón, entonces persistirá la "característica de tener razón" de esa persona, sin importar lo insensato que pueda parecer esto. Los científicos que están aberrados no parecen tener muchas teorías. No las tienen porque están más interesados en insistir en su peculiar forma de tener razón que en encontrar la verdad. Por ello, tenemos extrañas "verdades científicas" de hombres que deberían tener más sensatez, incluyendo al difunto Einstein. La verdad la construyen quienes tienen el amplio criterio y el equilibrio de ver también en qué están equivocados.

Has oído algunas discusiones de lo más absurdas por ahí entre las masas. Date cuenta de que el orador estaba más interesado en *afirmar* lo correcto de su posición que en *tener razón*.

Un thetán *intenta* tener razón y *lucha* contra estar equivocado. Esto lo hace sin tener en cuenta el tener razón *con respecto a* algo, ni hacer lo auténticamente correcto. Es una *insistencia* que no tiene relación alguna con lo correcto de la conducta.

Una persona intenta *siempre* tener razón: hasta el último destello de vida.

Entonces, ¿cómo es que llegamos a equivocarnos?

De esta forma: realizamos una acción incorrecta, de forma accidental o por descuido. Lo incorrecto de la acción o inacción se encuentra, entonces, en conflicto con nuestra necesidad de tener razón. Así que es probable que entonces continuemos y repitamos la acción incorrecta para demostrar que es correcta.

Este es un fundamento de la aberración. Todas las acciones incorrectas son el resultado de un error al que le sigue una insistencia de haber tenido razón. En vez de corregir el error (lo que implicaría estar equivocado) uno insiste en que el error era una acción correcta y, así, la repite.

Conforme un ser baja por la escala, es más y más difícil que admita el haber estado equivocado. Y no sólo eso; admitir algo así bien podría ser desastroso para cualquier capacidad y cordura que aún le quedara.

Pues tener razón es la materia de la que está hecha la supervivencia. Y al acercarnos al nivel más bajo de supervivencia, sólo podemos insistir en haber tenido razón: pues creer por un instante que nos hemos equivocado es exponernos al olvido.

La última defensa de cualquier ser es: "Yo tenía razón". Eso concierne a cualquiera. Cuando esa defensa se derrumba, cae el telón.

Así que nos enfrentamos al desagradable cuadro de la afirmación de tener razón ante lo que es flagrantemente incorrecto. Y cualquier logro en conseguir que el ser se dé cuenta de su incorrección da como resultado una degradación inmediata, inconsciencia, o en el mejor de los casos, una pérdida de personalidad. Pavlov, Freud, al igual que la psiquiatría, nunca captaron lo delicado de estos hechos, y así, evaluaron y castigaron al criminal y al demente, llevándolos a más criminalidad y demencia.

Toda la justicia actual contiene en sí este error oculto: que la última defensa es la creencia personal de tener razón independientemente de las acusaciones o las pruebas, y que el esfuerzo por hacer que otro esté equivocado sólo tiene como resultado la degradación.

Pero todo esto sería una situación sin salida ni esperanza, que conduciría a condiciones sociales muy caóticas, si no fuera por un único hecho salvador:

Todas las incorrecciones repetidas e "incurables" tienen su origen en el ejercicio de una última defensa: "tratar de tener razón". Por lo tanto, la incorrección compulsiva puede curarse, no importa lo insensata que pueda parecer ni lo mucho que la persona insista en que tiene razón.

Hacer que el transgresor admita su incorrección es atraer más degradación e incluso la inconsciencia o la destrucción de un ser. Por lo tanto, el propósito del castigo queda frustrado y el castigo tiene funcionalidad mínima.

Sin embargo, al sacar al transgresor de la repetición compulsiva de la incorrección, se le cura de ella.

Pero, ¿cómo?

¡Rehabilitando la capacidad de tener razón!

Esto tiene aplicaciones sin límite: en el entrenamiento, en las destrezas sociales, en el matrimonio, en el derecho, en la vida.

Ejemplo: una esposa siempre quema la cena. A pesar de las reprimendas, las amenazas de divorcio y demás, la compulsión continúa. Se puede eliminar esta incorrección haciendo que explique qué es *correcto* con respecto a su forma de cocinar. En algunos casos extremos, esto bien puede provocar una diatriba iracunda. Pero si agotamos la pregunta, todo eso desaparece y, felizmente, ella deja de quemar la cena. Si se continuara en una proporción adecuada, aunque no sea enteramente necesario para terminar con la compulsión, se recuperaría un momento del pasado en el que ella quemó accidentalmente la cena y no pudo enfrentarse al hecho de haber cometido una acción incorrecta. Para tener razón, de ahí en adelante, ella tenía que quemar las cenas.

Ve a una prisión y encuentra un recluso cuerdo que acepte que obró mal; no lo encontrarás. Sólo los que están acabados lo dirán por terror a que les hagan daño. Pero ni siquiera ellos creen que lo que hicieron fuera incorrecto.

A un juez en el estrado, sentenciando criminales, le daría que pensar el darse cuenta de que ningún malhechor sentenciado piensa en realidad que ha obrado mal, y nunca lo creerá, de hecho, aunque puede intentar aplacar la ira de los demás afirmándolo.

El bienhechor se tropieza con esto continuamente, lo cual le ocasiona pérdidas.

Sin embargo, el matrimonio, el derecho y el crimen no representan todas las esferas de la vida en las cuales esto tiene aplicación. Estos hechos abarcan toda la vida.

El estudiante que no puede aprender, el trabajador que no puede trabajar, el jefe que no puede mandar, todos ellos están atrapados en uno de los lados de la cuestión de tener razón-estar equivocado. Están siendo completamente unilaterales. Están en la situación de "tener-razón-hasta-la-tumba". Y en el lado opuesto, quienes les enseñarían están firmemente en el otro extremo, "admite-que-estás-equivocado". Y de esto no sólo no obtenemos ningún cambio sino verdadera degradación cuando esto "triunfa". Pero no hay triunfos en este desequilibrio, sólo fracasos para ambos.

Los thetanes en su camino de descenso no creen estar equivocados porque no se atreven a creerlo. Y así, no cambian.

Muchos preclears, al recibir procesamiento, sólo tratan de demostrar que ellos tienen razón y que el auditor está equivocado, en especial en los niveles bajos de caso, y así a veces tenemos sesiones sin cambio.

Y aquellos que no quieren auditarse en absoluto están totalmente fijos en *afirmar que tienen razón,* y están tan cerca de estar muertos que cualquier duda respecto a haber tenido razón en el pasado, sienten ellos, los destruiría.

Yo recibo mi parte de esto cuando un ser, al borde de la extinción y que mantiene puntos de vista contrarios, capta por un momento la corrección de Scientology, y luego, en una defensa repentina, afirma sus propias "correcciones", a veces casi aterrorizado.

Sería un grave error continuar permitiendo que alguien que lance improperios contra Scientology continúe haciéndolo. El camino a seguir es hacer que explique en qué tiene él o ella *razón,* sin que explique lo equivocada que está Scientology, porque hacer esto último es permitirle cometer un acto hostil grave. "¿Qué es correcto acerca de tu mente?", produciría más cambio de caso y ganaría más amigos que cualquier cantidad de evaluación o castigo para hacer que alguien esté equivocado.

Tú puedes tener razón. ¿Cómo? Haciendo que otro explique cómo tiene razón, hasta que, estando ahora menos a la defensiva, pueda adoptar un punto de vista menos compulsivo. No tienes que estar de acuerdo con lo que él piense. Sólo tienes que dar acuse de recibo a lo que diga. Y de repente, él *puede* tener razón.

Es mucho lo que se puede hacer si se comprende y usa este mecanismo. Sin embargo, se requerirá un buen estudio de este artículo antes de que pueda aplicarse con elegancia, porque todos somos reactivos en cierto grado con respecto a este tema. Y los que buscaban esclavizarnos no descuidaron instalar muy atrás en la línea temporal un par de ítems correcto-incorrecto. Pero estos no se interpondrán realmente en tu camino.

Como scientologists nos enfrentamos a una sociedad atemorizada que cree que estaría equivocada si se comprobara que nosotros tenemos razón. Necesitamos un arma para corregir esto. Aquí tenemos una.

Y tú puedes tener razón, ¿sabes? Probablemente yo haya sido el primero en creer que podías, con o sin mecanismo. El camino hacia lo correcto es el camino a la supervivencia. Y cada persona está en algún lugar en esa escala.

Puedes hacer que tú mismo tengas razón, entre otras formas, haciendo que los demás tengan razón lo bastante como para permitirse cambiar de opinión. Entonces muchos más de nosotros lo lograremos.

ESCRITOS DE O/WS

Desde hace mucho tiempo se sabe en Scientology que cuando hay actos hostiles y ocultaciones no se producen ganancias.

Un acto hostil es un acto de omisión o comisión que hace el menor bien para el menor número de dinámicas, o el mayor daño al mayor número de dinámicas. Los actos hostiles son la mayor razón de que una persona se refrene y se retire de la acción.

El Hombre es básicamente bueno. Cuando la gente comete actos hostiles y después los oculta, es porque concibe que decirlos sería otro acto hostil. Al ocultar los actos hostiles, estos se mantienen a la deriva en el universo y ellos mismos son, como ocultaciones, la causa total del mal continuado.

La persona que tiene actos hostiles y ocultaciones se vuelve menos capaz de influir en sus dinámicas y deja de comunicarse con las personas y cosas contra las que ha cometido actos hostiles.

Escribir los propios actos hostiles y ocultaciones ofrece un camino de salida. Al confrontar la verdad, el individuo puede experimentar alivio y una recuperación de la responsabilidad.

TEORÍA BÁSICA

La teoría en que se basa la acción de escribir los actos hostiles y ocultaciones propios está contenida en los Axiomas de Scientology, publicados en su totalidad en el libro: *Scientology 0-8: El Libro de los Fundamentos.*

El Axioma 38 es pertinente en especial:

1: *La estupidez es el desconocimiento de la consideración.*

2: Definición Mecánica: *la estupidez es el desconocimiento del tiempo, lugar, forma y evento.*

1: La verdad es la consideración exacta.

2: La verdad es el tiempo, lugar, forma y evento exactos.

Así vemos que el fallar en descubrir la Verdad produce estupidez.

Así vemos que el descubrimiento de la Verdad produciría As-isness por experimentación real.

Así, vemos que una Verdad Fundamental no tendría tiempo, lugar, forma ni evento.

Así, percibimos entonces que podemos lograr persistencia sólo cuando enmascaramos una verdad.

Mentir es una alteración del tiempo, lugar, evento o forma.

Mentir se convierte en Alter-isness, se convierte en estupidez.

(La negrura de los casos es una acumulación de las mentiras del propio caso o de otros).

Cualquier cosa que persista tiene que evitar As-isness. Así, cualquier cosa para persistir tiene que contener una mentira.

Escribir los actos hostiles y ocultaciones propios puede lograr un As-isness y, por lo tanto, aliviar a la persona de la carga de sus transgresiones.

FORMATO PARA ESCRIBIR O/Ws

Cuando una persona hace escritos de O/Ws (actos hostiles y ocultaciones, del inglés *Overts and Withholds*), pueden ocurrir abusos si no se conocen y no se siguen los detalles de la acción.

El primer paso antes de emprender la acción de un escrito de O/Ws es hacer aclaración de palabras de cómo se deben hacer exactamente esos escritos. La experiencia ha demostrado que la gente se ha metido en problemas en los escritos de O/Ws cuando no hizo aclaración de palabras del formato (incluyendo las palabras y términos clave) antes de embarcarse en la acción.

tiempo: momento de un evento, proceso o condición. Un momento, hora, día o año definidos indicados o establecidos por un reloj o calendario; un instante o fecha precisos; el periodo durante el cual algo (como alguna acción) existe o continúa.

lugar: ubicación del suceso o acción; una ubicación concreta; una posición o punto en el espacio en particular.

forma: disposición de las cosas. El carácter, naturaleza o estructura particular de una cosa.

evento: algo que sucede o que pasa; un incidente preciso; algo que ocurre.

Formato:

El formato para escribir los actos hostiles de omisión, actos hostiles de comisión u ocultaciones de uno es el siguiente:

1. Escribe el acto hostil o la ocultación.

2. Luego enuncia explícitamente los detalles respecto a la acción o inacción, incluyendo:

   a. tiempo

   b. lugar

   c. forma

   d. evento

Uno tiene que obtener el tiempo, lugar, forma y evento y uno tiene que conseguir un "hecho" (o no se logrará un As-isness).

Ejemplo:

"1. Le di un golpe al coche de un amigo al dar marcha atrás en mi estacionamiento del trabajo, y le causé daños a su coche por valor de unos quinientos dólares.

"2. El 30 de junio de 1980, cuando salía del trabajo, estaba dando marcha atrás con mi coche y le di un golpe a la parte de atrás del coche de mi amigo Pepe. No había nadie por allí y el estacionamiento estaba casi vacío. Me fui conduciendo, sin dejar una nota ni decírselo a Pepe, sabiendo que le causé daños a su coche por valor de unos quinientos dólares que él tuvo que pagar".

Ejemplo:

"1. Engañé a mi mujer (Sara) manteniendo relaciones con otra mujer, y nunca se lo dije.

"2. Hace tres años, cuando me acababa de casar con Sara, la engañé viendo a otra mujer. Nunca le he dicho nada a Sara sobre esto. Una mañana en junio de 1980 le había dicho a Sara que la llevaría al cine esa noche. Al volver a casa del trabajo, cuando estaba en los Grandes Almacenes Pérez, vi a una ex-novia mía (Bárbara). Invité a Bárbara a cenar conmigo esa noche y aceptó (ella no sabía que yo estaba casado). Le dije que pasaría a buscarla a las ocho de la noche. Cuando llegué del almacén a casa, le dije a Sara que tenía que volver a la oficina para acabar algunas cosas y que no podría ir al cine con ella. Luego fui a cenar con Bárbara en otra ciudad (en el 'Parador del Campo'), para no arriesgarme a encontrarme con alguno de mis amigos".

———————

Escribir los actos hostiles y ocultaciones propios es un procedimiento sencillo que tiene una aplicación ilimitada*. Los escritos de O/Ws pueden producir gran alivio y capacitar a la persona para lograr una mayor felicidad.

---

*La tecnología completa de los escritos de actos hostiles y ocultaciones está contenida en Cartas de Política de la HCO y se exige su estudio para el staff de las organizaciones que los administran.

HONESTIDAD Y GANANCIA DE CASO

A DESHONESTIDAD PUEDE IMPEDIR LA GANANCIA DE CASO.

La ganancia de caso depende totalmente de la capacidad de la persona para ver la verdad de algo a fin de producir un As-isness.

Esta capacidad se gana o se recupera en una escala de gradiente. La Tabla de Grados está diseñada para ayudarle a uno a ver, en gradiente, áreas cada vez más grandes de verdad en cada nivel. A medida que uno progresa hacia arriba por la Tabla, su capacidad para ver la verdad de las cosas mejora y se expande. Las masas acumuladas, cargas, problemas y falsedades de una o varias vidas se disuelven y se desvanecen, dejando al ser libre y limpio y en control de su vida y su entorno.

Sin embargo, para recibir ayuda como pc o pre-OT, uno tiene que ser honesto con su auditor.

La gente deshonesta tiene ocultaciones, y las ocultaciones acumulan masa y producen estupidez. Acortan el alcance de la persona y su capacidad para percibir. Mantienen firmes en su sitio las masas que aprisionan y clavan al ser en el nivel de *Homo sapiens:* ¡un *Homo sapiens* miserable, además! ¿A quién está engañando realmente una persona así?

Así pues, uno puede obstruir su propio ascenso por El Puente con la deshonestidad.

Siempre me siento un poco triste cuando veo a alguien haciéndose daño de esta manera. Es tan inútil.

Vemos esto en aquellos que, por cualquier razón irracional, se aferran a las ocultaciones a sabiendas y acaban criticones, "natterosos" y generando hostilidad. Si uno se encuentra a sí mismo sintiéndose acosado o perseguido, debería preguntarse cuál es su condición en la Primera Dinámica, en lugar de ir por ahí persuadiendo a otros para que lo liquiden.

Después de todo, ¿qué tan preciadas son nuestras deshonestidades, ocultaciones y falsedades en comparación con la verdadera libertad que se puede obtener?

Uno *puede* ser honesto. Descubrirá que la existencia es más cómoda y más feliz cuando lo sea.

Y más importante: descubrirá que la ruta a las ganancias de caso estables está ahora abierta para él.

LA HONESTIDAD ABRE LA PUERTA A LA GANANCIA DE CASO.

Esa es la ruta a la cordura. Es la ruta hacia arriba del Puente a OT y a la verdadera libertad. Con honestidad, uno puede lograrlo, ¡y lograrlo hasta el final!

¿Por qué conformarse con menos?

LAS ESTADÍSTICAS
Y LAS CONDICIONES
DE LA EXISTENCIA

LAS CONDICIONES: ESTADOS DE FUNCIONAMIENTO

Una organización o sus componentes o un individuo pasan por diversos estados de existencia. Estos, si no se manejan de forma adecuada, producen contracción y sufrimiento, preocupación y muerte. Si se manejan de forma adecuada, producen estabilidad, expansión, influencia y bienestar.

Estos, dispuestos del más elevado al más bajo, son:

Poder

Cambio de Poder

Afluencia

Funcionamiento Normal

Emergencia

Peligro

Inexistencia

Riesgo

Duda

Enemigo

Traición

Confusión

Las fórmulas para estos son al parecer fórmulas de control para el livingness.

Lo primero que hay que saber acerca de ellas es que cada paso de la fórmula está en una secuencia exacta y se tiene que hacer en *esa* secuencia. Es absolutamente fatal cambiar el orden de la secuencia de dos o más acciones.

Ejemplo: en Emergencia, economizas antes de promocionar. Si la secuencia se altera, el resultado final será una org más pequeña o una persona con menos influencia.

Un dato clave es que si no se conocen las fórmulas o no se aplican correctamente, un organismo emerge de cada crisis cada vez más pequeño.

Lo siguiente que hay que saber es que uno sabe qué fórmula aplicar con sólo inspeccionar cuidadosa y continuamente las estadísticas. Por *estadística* se entiende el número de cosas, una medida de la cantidad, todo ello en relación con el tiempo. Una estadística que no se compara con el mismo tipo de estadística anterior, no predecirá ninguna estadística futura. Una sola estadística no significa nada. Las estadísticas son siempre peores, iguales o mejores que lo que fueron en un periodo anterior. Poner las estadísticas en gráficas e interpretarlas es, entonces, una necesidad vital al dirigir una org, un departamento o una persona y al aplicar las Fórmulas de las Condiciones en estos.

Esto es mucho más fácil de lo que parece. Si ganaste 1,000 dólares la semana pasada y sólo 200 dólares esta semana, obviamente estás yendo a menos; si has ganado 1,100 dólares esta semana, estás bastante estable; si esta semana has ganado 5,000 dólares, estás en afluencia. Todo ello comparado con los 1,000 dólares que ganaste la semana pasada.

¿Cuál es el Código de Conducta que deberías usar para permanecer floreciente bajo estas *condiciones*? Se trata de las Fórmulas de las Condiciones.

Lo tercero que hay que saber es que uno puede destruir una org, un departamento o una persona si aplica la Fórmula de la Condición incorrecta. La persona está en una Condición de Emergencia. Uno aplica la Condición de Afluencia o Poder o cualquier cosa excepto la Fórmula de Emergencia, y la persona se irá a la quiebra. El universo está hecho de esa manera. Se debe aplicar la condición *correcta*.

Algo vital de lo que hay que darse cuenta es que las fórmulas de las condiciones existen. Son parte fundamental e inseparable de cualquier actividad en este universo, y ahora que se conocen deben seguirse. Esto elimina alrededor del 90 por ciento de la suerte en el manejo de los negocios o la economía personal. Las únicas variables son qué tan bien se estime la situación y qué tan enérgico sea uno al aplicar las fórmulas.

Lo siguiente que hay que saber es que la aplicación correcta de la fórmula apropiada funciona. Funciona sin importar lo estúpidamente que se aplique, siempre y cuando se aplique la fórmula *correcta* y se lleven a cabo los pasos en la secuencia correcta. La brillantez sólo se refleja en la *velocidad* de la recuperación o de la expansión. Las aplicaciones muy brillantes se reflejan en expansiones rápidas y sólidas, de la noche a la mañana. Las aplicaciones torpes, siempre y cuando sean correctas, se reflejan en expansiones más lentas. En otras palabras, nadie tiene que ser un genio deslumbrante para aplicarlas o concebir las ideas necesarias para ellas. Sólo se tiene que estimar la condición con precisión y *actuar* de forma enérgica para aplicar sus pasos en el orden exacto. Cuanto más brillantes sean las ideas, más rápida será la expansión; eso es todo. La expansión o la mejoría es en sí inevitable. Sin embargo, si la torpeza incluye que se añadan pasos innecesarios, entonces uno puede fracasar. Y si uno es lo bastante estúpido como para hacer una estimación incorrecta de las condiciones y aplicar la fórmula incorrecta, ejecutando sus pasos en la secuencia equivocada, ¡entonces uno tiene bien merecido el fracaso!

Otra cosa que hay que saber es que estas condiciones son pertinentes por igual a un universo, a una civilización, a una org, a una porción de una org o a una persona.

Lo siguiente que hay que saber es que el conocer las fórmulas lleva consigo la responsabilidad de usarlas. De otra forma, ¡a uno se le podría acusar de suicidio voluntario! Porque estas *son* las fórmulas. Y funcionan *de hecho* como magia.

Si estas fórmulas no se conocen o no se usan, la expansión es totalmente una cuestión de suerte o de destino, sin importar lo buenas que sean las ideas de uno.

ESTADÍSTICAS: LO QUE SON

¿Qué es una *estadística*? Una estadística es un número o cantidad *comparado* con un número o cantidad anterior de lo mismo. Las estadísticas se refieren a la cantidad de trabajo hecho o a su valor en dinero.

Una *estadística descendente* indica que el número actual es menor de lo que era.

Una *estadística ascendente* indica que el número actual es mayor de lo que era.

Actuamos basándonos en estadísticas. Estas muestran si un miembro del staff o un grupo está trabajando o no está trabajando, pues el trabajo produce la estadística. Si no trabaja con eficacia, la estadística desciende inevitablemente. Si trabaja con eficacia, la estadística asciende.

ESTADÍSTICAS NEGATIVAS

Algunas cosas tienen estadísticas ascendentes cuando son malas (como los accidentes automovilísticos). Sin embargo, no usamos estadísticas negativas. Sólo usamos cosas que indican un bien cuando suben o que indican un mal cuando bajan.

GRÁFICAS DE ESTADÍSTICAS

na *gráfica* es una línea o diagrama que muestra cómo una cantidad depende de otra, se compara con otra o cambia a otra. Es cualquier sistema gráfico que se usa para mostrar relaciones numéricas.

Una gráfica no es informativa si su escala vertical produce en las líneas de la gráfica cambios que son demasiado pequeños. Es totalmente imposible trazar una gráfica si los cambios en las líneas son demasiado grandes.

Si los ascensos y descensos no se ven con claridad en una gráfica, entonces los que interpretan la gráfica cometen errores. Lo que aparece como una línea plana, en realidad debería parecer una cordillera.

Escala significa la cantidad de algo por centímetro vertical en la gráfica.

La manera de hacer una escala es la siguiente:

La escala es diferente para cada estadística.

1. Determina la cantidad mínima que esperas que alcance una estadística en particular; esta no siempre es cero.

2. Determina la cantidad máxima que crees que alcanzará la estadística en los próximos tres meses.

3. Réstale al (2) el (1).

4. Asigna las divisiones verticales proporcionalmente de acuerdo a lo que has obtenido en (3).

Tu escala será entonces muy real y mostrará los ascensos y descensos.

A continuación se presenta un ejemplo *incorrecto*.

Tomamos una org que funciona en un nivel de 5,000 dólares a la semana. Asignamos proporcionalmente las 100 divisiones verticales del papel milimetrado de forma que cada marca represente 1,000 dólares. Cuando se hace una gráfica de esto, se verá una línea baja prácticamente plana, sin importar cómo vaya el ingreso de la org, y así no atraerá la atención de los ejecutivos cuando se eleve o se hunda.

Esta es la manera *correcta* de hacer una gráfica del Ingreso Bruto de una org cuyo promedio sea de 5,000 dólares por semana.

1. Observando las gráficas antiguas de los últimos 6 meses encontramos que nunca bajó de 2,400 dólares. Así que tomamos 2,000 dólares como el punto más bajo en el papel milimetrado.

2. Estimamos que de vez en cuando, esta org debería llegar hasta 12,000 dólares en los próximos 3 meses; así que tomamos esto como el punto máximo del papel milimetrado.

3. Le restamos a los 12,000 dólares los 2,000 dólares y obtenemos 10,000 dólares.

4. Tomamos las 100 divisiones verticales y establecemos que cada una equivale a 100 dólares, empezando con 2,000 como la marca más baja.

Ahora trazamos la gráfica del Ingreso Bruto haciendo que cada división de la gráfica represente 100 dólares.

Esta tendrá un aspecto correcto, mostrará con mucha claridad los ascensos y descensos y así será útil para que los ejecutivos la interpreten.

Trata de usar unidades que sean fáciles de calcular, como 5, 10, 25, 50, 100, y muestra la escala en sí en la gráfica (1 div. = 25).

El factor de esperanza puede llegar a ser demasiado marcado en una gráfica. No es necesario determinar la escala para más de una gráfica a la vez. Si pasas a una nueva hoja de papel milimetrado, vuelve a determinar por completo la escala y, conforme aumente la actividad de la org, la escala se puede ir adaptando hoja tras hoja. Por ejemplo, se necesitaron 18 meses para que las estadísticas de una org se multiplicaran por 5 (5 veces el ingreso, etc.), y eso son varias hojas de gráfica; así que no permitas que la escala vaya más allá de la representación de las expectativas actuales.

En la escala horizontal de tiempo, trata de que esta no supere los 3 meses, pues uno también puede condensar demasiado la escala, y también puede extenderla demasiado, en cuyo caso podría parecer una vez más una línea plana y proporcionar datos engañosos.

Hacer escalas correctas es la esencia del buen trazado de gráficas.

GRÁFICA CON LA ESCALA INCORRECTA

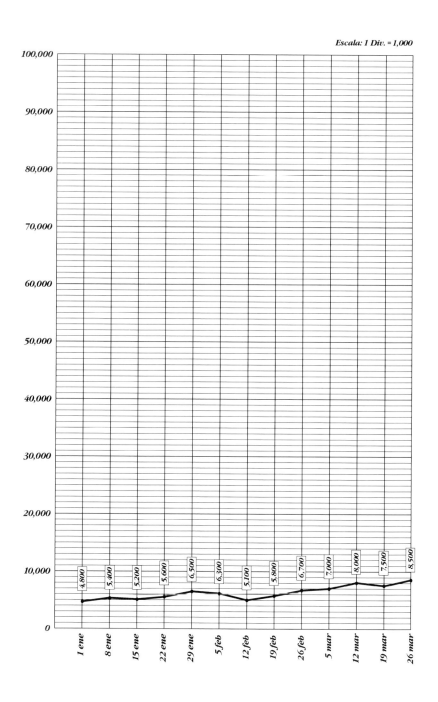

Escala: 1 Div. = 1,000

100,000

90,000

80,000

70,000

60,000

50,000

40,000

30,000

20,000

10,000

0

4,800 | 5,400 | 5,200 | 5,600 | 6,500 | 6,300 | 5,100 | 5,800 | 6,700 | 7,000 | 8,000 | 7,500 | 8,500

1 ene | 8 ene | 15 ene | 22 ene | 29 ene | 5 feb | 12 feb | 19 feb | 26 feb | 5 mar | 12 mar | 19 mar | 26 mar

GRÁFICA CON LA ESCALA CORRECTA

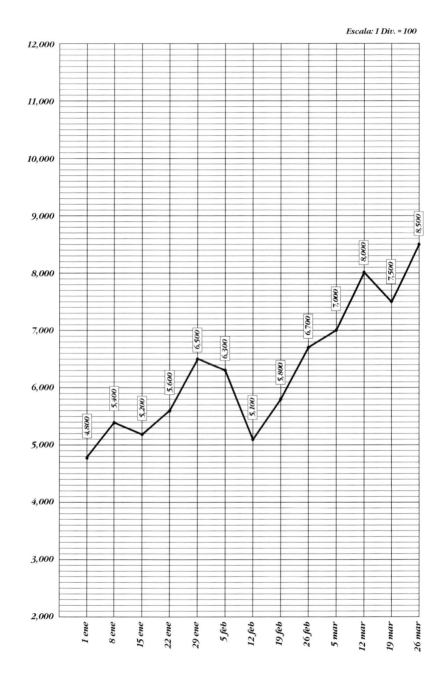

Escala: 1 Div. = 100

La Lectura de las Estadísticas

Se puede determinar la condición de una estadística según su inclinación en una gráfica.

Inclinación pronunciada, casi
vertical hacia abajo: **Inexistencia**

Hacia abajo: **Peligro**

Ligeramente hacia abajo o a nivel: **Emergencia**

Ligeramente hacia arriba: **Normal**

Inclinación pronunciada
hacia arriba: **Afluencia**

Inclinación pronunciada, casi vertical hacia abajo: **Inexistencia**

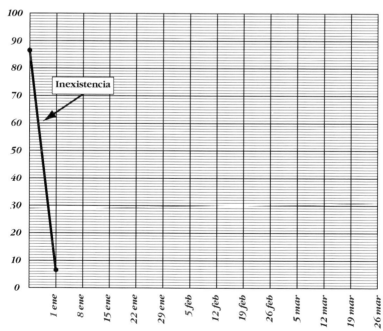

Hacia abajo: Peligro

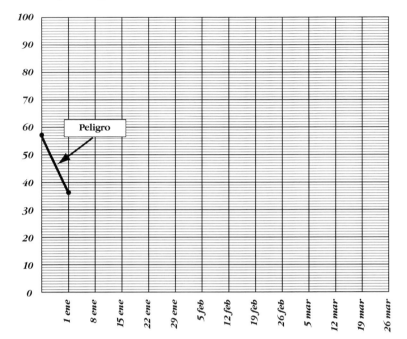

Ligeramente hacia abajo o a nivel: Emergencia

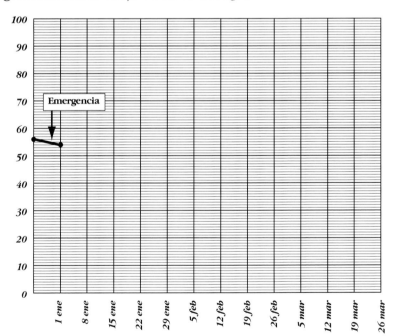

Ligeramente hacia abajo o a nivel: Emergencia

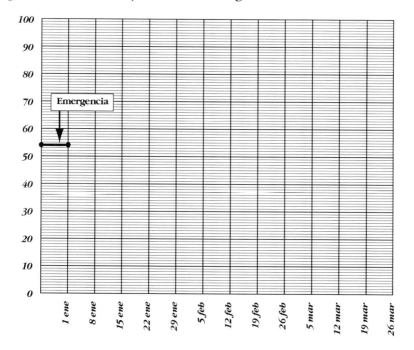

Ligeramente hacia arriba: Normal

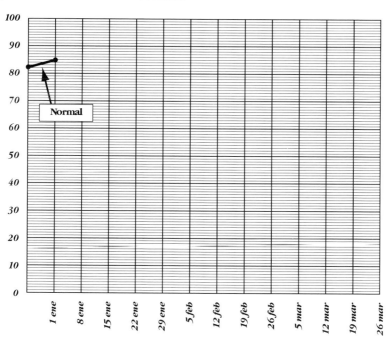

Inclinación pronunciada hacia arriba: **Afluencia**

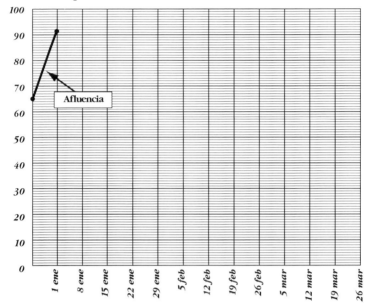

Como Poder es una *tendencia* (véase más adelante: *Tendencias de las Estadísticas, Interpretación de Estadísticas*), no se juzga sólo por una sola línea en la gráfica. Poder es una tendencia de Normal mantenida en un ámbito muy, muy alto. Por lo tanto, una Condición de Poder tiene que determinarse mediante el valor de las estadísticas de más de una semana.

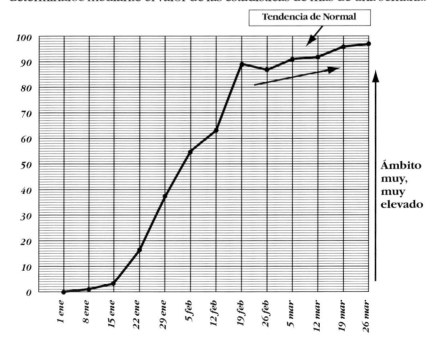

GRÁFICAS "INVERTIDAS"

La tecnología de hacer gráficas de estadísticas incluye estadísticas que deben trazarse "invertidas".

Existen varias formas de manejar esto, pero una gráfica que cuando baja trae buenas noticias y cuando sube trae malas noticias, debe trazarse de forma diferente a las demás. De otra manera puede que se le asignen condiciones incorrectas.

Una de las formas de manejar esto es invertir los números en el margen izquierdo de la gráfica, de tal forma que el cero esté en la parte superior. Simplemente se trata de hacer la gráfica "invertida" en lo que concierne a la escala numérica vertical del lado izquierdo.

Ejemplo: si se traza de la manera usual, con el cero en la parte inferior de la gráfica, una disminución en los desembolsos se puede etiquetar erróneamente como "Emergencia". Si estuviera trazada "invertida", con el cero en la parte superior de la escala, entonces se le podría asignar la condición adecuada. Cuando una gráfica así sube, se está desembolsando menos dinero, y cuando baja, se está desembolsando más, y encontrarás que se le pueden aplicar las Fórmulas de las Condiciones.

Cuando los desembolsos se trazan así en gráficas, se puede mantener bajo control el coste de una operación. Sin duda no se convierte en una situación de Emergencia el hecho de que el coste de una operación disminuya.

Uno tiene que observar y determinar si un número o cantidad creciente de algo es bueno o malo.

Si esto se pusiera en una escala regular tendría este aspecto:

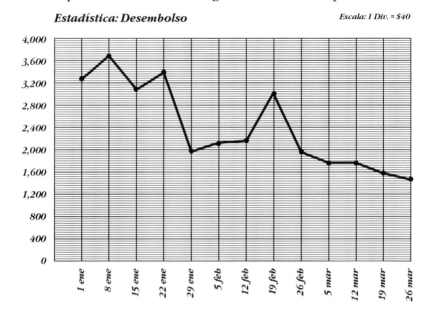

Trazado de esta manera, con el cero en la parte inferior de la gráfica, una disminución en los desembolsos se podría etiquetar erróneamente como Emergencia.

Aquí se ha hecho la escala de la gráfica "invertida", con el cero en la parte superior. Esto da una imagen precisa y muestra que la condición correcta es Normal.

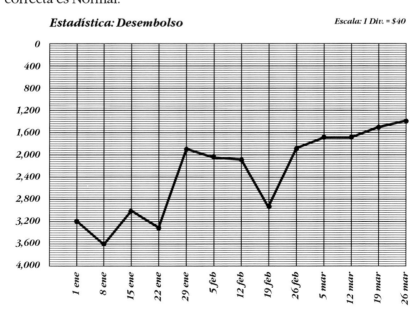

Tendencias de las Estadísticas Interpretación de Estadísticas

 a interpretación de estadísticas incluye la *tendencia*.

Con *tendencia* se quiere decir la propensión de las estadísticas a alcanzar un promedio ascendente, a nivel o descendente a lo largo de varias semanas o incluso meses, mientras dure la situación.

Cuanto más cerca se esté del escenario de la estadística, mucho más rápido se puede ajustar y menor será la cantidad de tiempo que se necesite para interpretar cada estadística.

Uno puede interpretar su propia estadística personal de hora en hora.

Un jefe de división puede interpretarla de manera diaria.

Un Secretario Ejecutivo necesita las estadísticas de unos cuantos días.

Un Director Ejecutivo usaría las estadísticas de una semana.

Un cuerpo de gobierno más distante usaría una *tendencia* (que sería de varias semanas) de estadísticas divisionales para interpretar.

En pocas palabras, cuanto más cerca se está de una estadística, más fácil es interpretarla y más fácil es cambiarla.

Uno sabe que no tuvo estadística el lunes: no vino a trabajar. Así que trata de compensarla el martes.

En el otro extremo de la escala, un Consejo Ejecutivo Continental tendría que usar una tendencia de semanas para ver qué estaba sucediendo.

LA LECTURA DE TENDENCIAS DE ESTADÍSTICAS

Una *tendencia* es una inclinación hacia un curso o dirección general.

Las *tendencias* pueden ser cualquier cosa desde Peligro hasta Poder, dependiendo de la inclinación y lo pronunciada que esta sea. También es posible tener una tendencia de Inexistencia.

Nota: en las siguientes gráficas se han trazado las líneas punteadas simple y únicamente para mostrar la tendencia (el curso o dirección general) que están tomando estas estadísticas a lo largo de un periodo de semanas. Se presentan aquí para instruir a una persona en la relación entre las líneas de tendencia y las condiciones, y no para ningún otro propósito. Uno, de hecho *no* determina una tendencia trazando una línea punteada ni ninguna clase de línea por la gráfica. Una tendencia se determina mirando. Se hace con el ojo. Uno tiene que visualizar un promedio de los picos y los valles de una estadística y uno mira el periodo de tiempo de forma global para determinar la orientación o grado de inclinación de la gráfica.

Una *tendencia* de **Inexistencia** tendría este aspecto:

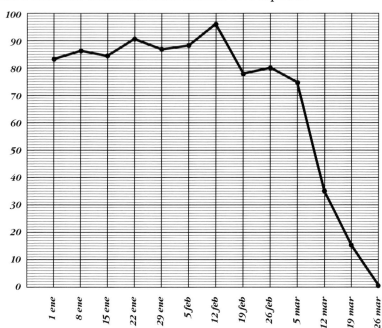

Esto también sería una *tendencia* de **Inexistencia:**

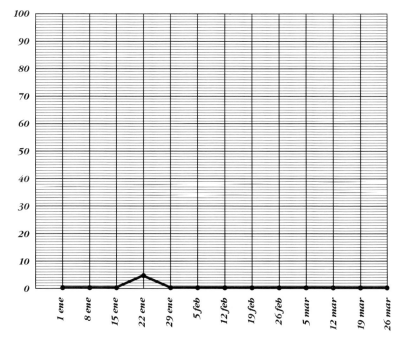

Esta sería una *tendencia* de **Peligro:**

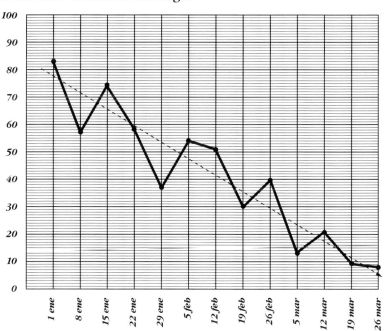

Esta sería una *tendencia* de Emergencia:

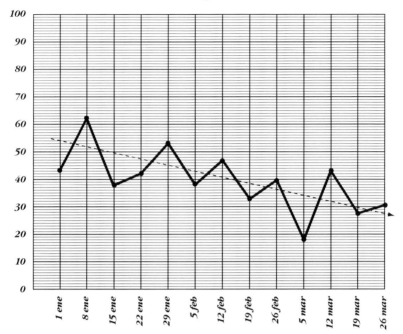

Como puedes ver, no es tan pronunciada.

Esta también sería una *tendencia* de **Emergencia**, porque se derrumbará: nada permanece en el mismo nivel durante mucho tiempo.

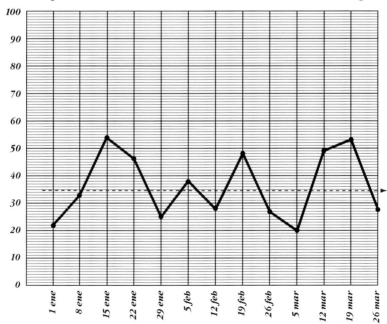

Esta sería una *tendencia* de Normal:

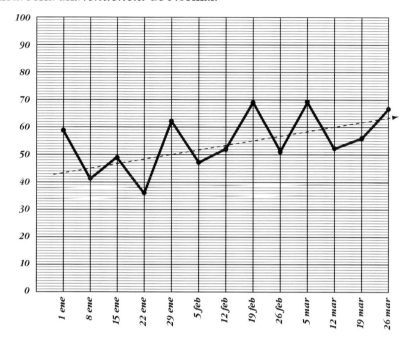

Cualquier ligero ascenso por encima de la línea horizontal es Normal.

Esta sería una *tendencia* de **Afluencia**:

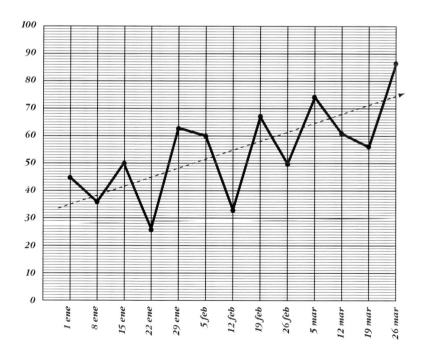

Esta también sería una *tendencia* de Afluencia:

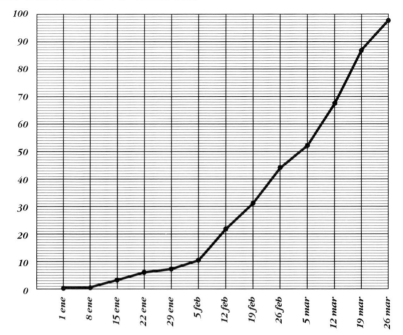

La gráfica tiene una pronunciada tendencia de Afluencia.

Esta gráfica muestra una **Afluencia entrando en Poder:**

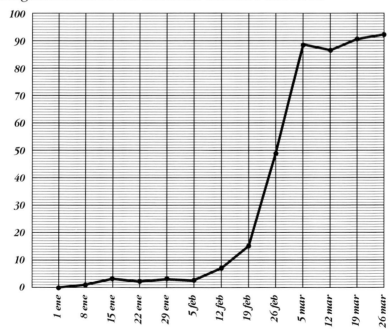

La *tendencia* de Afluencia se ha encumbrado en un nuevo ámbito elevado. Poder es una *tendencia* de Normal que se está manteniendo en un nivel muy, muy alto.

Una gráfica de un solo día o de una semana entra en **Afluencia** de manera diferente:

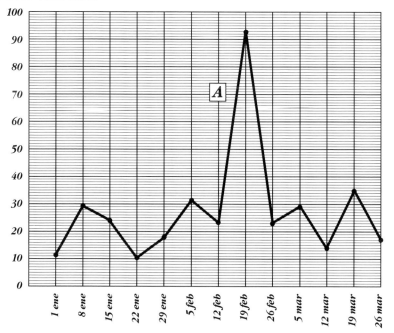

El punto A es la única Afluencia. Sin embargo la *tendencia* apenas es la de Normal, pues el único aumento en sí no se mantuvo.

LAS
FÓRMULAS DE
LAS CONDICIONES

Condición de Confusión

 a condición más baja es una Condición de Confusión.

En una Condición de Confusión, el ser o área estará en un estado de movimiento al azar. No habrá verdadera producción, sólo desorden o confusión.

Para salir de Confusión, uno tiene que descubrir dónde está.

Se verá que el progreso hacia arriba sería, en Confusión, descubre *dónde* estás; en Traición, descubre *que* eres tú; y para Enemigo, descubre *quién* eres.

FÓRMULA DE CONFUSIÓN

La fórmula para Confusión es:

DESCUBRE *DÓNDE* ESTÁS.

Nota: es importante que a la persona que está en Confusión se le aclare la definición de *confusión*. (Esto se hace antes de empezar la fórmula en sí).

Definiciones:

1. Cualquier conjunto de factores o circunstancias que no parecen tener una solución inmediata.

   Más ampliamente:

   Una confusión en este universo es movimiento aleatorio. Si estuvieras en medio de un tráfico intenso, seguramente te sentirías confuso debido a todo el movimiento zumbando a tu alrededor. Si estuvieras en medio de una fuerte tormenta con hojas y papeles volando por ahí, seguramente te sentirías confuso.

   Una confusión es sólo una confusión siempre y cuando *todas* las partículas estén en movimiento. Una confusión es sólo una confusión siempre y cuando no haya *ningún* factor claramente definido o comprendido.

La confusión es la causa básica de la estupidez.

Se podría decir que una confusión es una "aleatoriedad incontrolada". Sólo quienes pueden ejercer algo de control sobre esa aleatoriedad pueden manejar confusiones. Los que no pueden ejercer control, en realidad engendran confusiones.

2. Una confusión sólo es un flujo sin pautas. Las partículas chocan, rebotan entre sí y permanecen *en* el área. Así, no hay producto, puesto que para tener un *producto,* algo tiene que fluir hacia *fuera.*

———————————

La fórmula adicional para la Condición de Confusión es:

1. Locacional* en el área en que uno se encuentra.

2. Comparar donde uno está con otras áreas donde uno ha estado.

3. Repetir el paso 1.

FÓRMULA EXPANDIDA DE CONFUSIÓN

Cuando una persona está en Confusión y su propio MEST o el MEST de su puesto está hecho un lío o en un estado de desorden, entonces se hace la Fórmula Expandida de Confusión.

La Fórmula Expandida de Confusión consiste en todos los pasos mencionados anteriormente para la Fórmula de Confusión, con las siguientes adiciones:

4. La Lista de Verificación de Orden Frente a Desorden (véase *Orden Frente a Desorden*) enumera todos los puntos que se necesitan verificar y manejar con el fin de poner dentro los fundamentos de organización en un individuo o área, y todos estos puntos se verifican y manejan como parte de la Fórmula Expandida de Confusión.

Cada punto se verifica, y cualquier manejo que se necesite para ese punto se hace de inmediato antes de continuar con la lista de verificación.

5. Repetir el Paso 1 (Locacional).

Un locacional se hace caminando por ahí con la persona, tanto bajo techo como al aire libre, usando las órdenes: "Mira ese (objeto indicado). Gracias", usando objetos como una silla, un árbol, un coche, el suelo, el techo, una casa, etc. La persona que recorre el Locacional señalaría al objeto cada vez. Se recorre simplemente hasta que la persona se anima visiblemente y tiene una cognición.

Cuando existe una Condición de Confusión, se pueden hacer todos estos pasos para manejar la condición. Por otro lado, si alguien tiene un triunfo enorme en los primeros pasos y sale de Confusión, no se le obligaría a hacer todos los demás pasos y mantenerlo en la condición cuando en realidad ha salido de ella. Todavía debería manejar los puntos que se dan en Orden Frente a Desorden, pero esto *no* se debe usar para mantener a alguien en una Condición de Confusión y negarse a pasarlo a la siguiente cuando ha salido de la condición.

El propósito de la fórmula es hacer que alguien se ubique en su entorno de tiempo presente, sepa dónde está y dónde están las diversas cosas que necesita para funcionar, de forma que ya no esté en una Condición de Confusión.

Para alguien que realmente está en una Condición de Confusión, esta puede ser una ganancia enorme y lo pondrá en el camino hacia Poder. Puede ser un momento decisivo en su vida.

La fórmula está terminada cuando la persona ha logrado salir de Confusión, sabe dónde está, ha establecido orden en su área y sabe los fundamentos de cómo funcionar desde esa área.

Cuando se ha logrado este resultado final, la persona estará lista para que se le pase a la siguiente condición y ascender a través de las demás condiciones. El hecho de que no haya terminado todos los pasos de la fórmula no debe usarse como motivo para mantener a alguien en Confusión cuando honestamente ha logrado salir de esa condición.

Algunas veces la falta de esta condición ocasiona una asignación de Traición en la que la persona no puede descubrir en realidad aquello que es, y así ocasionalmente no logra subir las condiciones.

Muchas más personas se encuentran en esta condición de lo que se considera en general.

Con la expansión de la fórmula, cualquiera que esté en esta condición puede lograr salir realmente de Confusión y seguir hacia arriba a través de las demás condiciones.

Hacer la fórmula de Confusión de manera completa y adecuada le da a uno una base muy firme para lograr subir por las condiciones y tener verdaderamente éxito en su área.

FÓRMULA DE CONFUSIÓN DE GRUPO

La aplicación correcta de las Fórmulas de las Condiciones por parte de un grupo es vital para su supervivencia y expansión, y esto incluye las condiciones inferiores y sus fórmulas.

Un grupo en la Condición de Confusión estará en un estado de movimiento aleatorio; su personal andará tropezándose por ahí y estrellándose con las paredes, sin verdadera producción. Cuando se le asigna Confusión a una organización o a un grupo así, este *no* aplica la fórmula "Descubre *dónde* estás". Esa es una fórmula para la Primera Dinámica.

La fórmula que debe aplicar un grupo que esté en la Condición de Confusión es:

DESCUBRAN *QUÉ* SON.

Una vez que esta fórmula esté terminada, el grupo aplicará la Fórmula de Traición y continuará hacia arriba por las condiciones, llegando al final a Poder. Cada fórmula se aplica *para el grupo,* no como una fórmula personal o de Primera Dinámica.

Condición de Traición

 raición se define como deslealtad después de la confianza.

La fórmula para Traición es muy correcta y objetivamente: "Date cuenta de *que* eres tú".

Se encontrará, por horrible que parezca, que una persona que acepta un puesto o posición y luego no funciona como tal, inevitablemente trastornará o destruirá alguna porción de una org.

Al no darse cuenta de que él es el _____ (nombre del puesto), está cometiendo, de hecho, una traición.

Los resultados de esto se pueden encontrar en la historia. No ser lo que indica el nombre del puesto o la posición que uno tiene, resultará en una deslealtad a las funciones y propósitos del grupo.

Casi todos los trastornos de organización proceden de este único hecho:

Una persona en un grupo que, habiendo aceptado un puesto, no sabe *que* ella es un cierto beingness asignado o designado, está en Traición contra el grupo.

FÓRMULA DE TRAICIÓN

La fórmula para la Condición de Traición es:

DESCUBRE *QUE* ERES TÚ.

CONDICIÓN DE ENEMIGO

uando una persona es un enemigo reconocido e intencional de un individuo, grupo, proyecto u org, existe una Condición de Enemigo.

FÓRMULA DE ENEMIGO

La fórmula para la Condición de Enemigo consiste en un único paso:

DESCUBRE *QUIÉN* ERES TÚ REALMENTE.

CONDICIÓN DE DUDA

uando uno no puede decidirse acerca de un individuo, un grupo, una org o proyecto, existe una Condición de Duda.

FÓRMULA DE DUDA

La fórmula es:

1. Infórmate honestamente de las verdaderas intenciones y actividades de ese grupo, proyecto u org, dejando a lado todos los prejuicios y rumores.

2. Examina las estadísticas del individuo, grupo, proyecto u org.

3. Basándote en el "mayor bien para el mayor número de dinámicas", decide si se le debe o no atacar, dañar, suprimir o ayudar.

4. Evalúate a ti mismo o a tu propio grupo, proyecto u org en cuanto a intenciones y objetivos.

5. Evalúa tus propias estadísticas o las de tu grupo, proyecto u org.

6. Únete, permanece o ayuda a aquel que progrese hacia el mayor bien para el mayor número de dinámicas y anuncia el hecho públicamente a ambas partes.

7. Haz todo lo posible para mejorar las acciones y las estadísticas de la persona, grupo, proyecto u org en el que has permanecido o al que te has unido.

8. Soporta subir por las condiciones en el nuevo grupo si te has pasado a otro, o las del grupo en el que has permanecido si la vacilación acerca de este ha rebajado tu posición.

Condición de Riesgo

Por debajo de Inexistencia está la Condición de Riesgo. El ser ha dejado de ser simplemente inexistente como miembro del grupo y ha tomado el color de un enemigo.

Se asigna cuando se causa daño por negligencia o maliciosamente y a sabiendas a proyectos, orgs o actividades. Se decide que es malicioso y a sabiendas porque se han publicado órdenes en su contra o porque es contrario a las intenciones y acciones del resto del grupo o del propósito del proyecto u org.

Es un *riesgo* tener a esa persona sin vigilancia, pues la persona puede hacer o continuar haciendo cosas para parar o estorbar el progreso del proyecto u org y no se puede confiar en una persona así. Ninguna disciplina ni la asignación de condiciones por encima de esta ha dado ningún resultado. La persona simplemente ha continuado embrollándolo todo.

Normalmente se asigna la condición cuando se han asignado varias de Peligro e Inexistencia o cuando se ha detectado una pauta de comportamiento que lleva mucho tiempo sin cambio.

Cuando todos los demás están buscando la razón de que se pierda la correspondencia, un ser así continuará perdiendo la correspondencia encubiertamente.

La condición se asigna para el beneficio de los demás, para evitar que tropiecen por confiar en la persona de alguna manera.

FÓRMULA DE RIESGO

La fórmula de Riesgo es:

1. Decide quiénes son tus amigos.

2. Da un golpe eficaz a los enemigos del grupo al que uno ha estado fingiendo pertenecer, a pesar del peligro personal.

3. Compensa el daño que has causado mediante una contribución personal muy superior a lo que normalmente se le exige a un miembro del grupo.

4. Solicita volver a entrar en el grupo pidiendo permiso para volverte a unir a cada miembro de este y volviéndote a unir únicamente por permiso de la mayoría. Y si no se te acepta, repite los pasos (2) y (3) y (4) hasta que se te permita ser miembro del grupo otra vez.

CONDICIÓN DE INEXISTENCIA
(FÓRMULA DEL NUEVO PUESTO)

Cada persona recién nombrada para un puesto comienza en Inexistencia, ya sea por nuevo nombramiento, ascenso o degradación.

Normalmente está bajo la delusión de que ahora es *"EL _____"* (nuevo puesto). Intenta empezar en una Condición de Poder, pues normalmente es muy consciente de su nueva posición o incluso de una posición anterior. Pero en realidad, *él* es el único que es consciente de ello. Todos los demás, excepto quizá el Oficial de Personal, desconocen totalmente su nueva posición.

Por lo tanto, comienza en un estado de Inexistencia. Y si no comienza con la Fórmula de Inexistencia como su guía, estará usando una condición incorrecta y tendrá toda clase de dificultades.

FÓRMULA DE INEXISTENCIA:

La Fórmula de Inexistencia es:

1. Encuentra una línea de comunicación.

2. Date a conocer.

3. Descubre lo que se necesita o se desea.

4. Hazlo, prodúcelo y/o preséntalo.

Una persona que se hace cargo de un negocio próspero, a menudo piensa que más le vale darse a conocer cambiando todo aunque (a) no es lo suficientemente conocida para hacerlo y (b) no tiene ni idea de lo que se necesita o se desea todavía. Y así causa estragos.

Algunas veces supone que sabe lo que se necesita o se desea, cuando sólo es una idea fija que tiene y es sólo una idea suya y no es verdad en absoluto, y así fracasa en su trabajo.

Algunas veces no se molesta en averiguar lo que realmente se necesita o se desea, y simplemente lo supone o piensa que lo sabe, cuando no lo sabe. Pronto se convierte en un "fracaso".

De vez en cuando, una persona recién nombrada para un puesto está tan "contenta con su nueva posición", o tan insegura o tan retraída, que aun cuando su jefe o su staff vengan a ella y le digan lo que se necesita o se desea, no puede o ni siquiera lo reconoce, y realmente entra en Inexistencia de forma permanente.

Algunas veces encuentra que lo que se le *dice* que se necesita o se desea requiere reconsideración o más investigación. Así que lo más seguro es que haga siempre su propia inspección de ello y que obre de acuerdo a esto en cuanto adquiera su propia y firme realidad de lo que se necesita o se desea.

Si la fórmula se aplica inteligentemente la persona puede esperar entrar en una zona de bypass (pasar por alto), en la que todavía hay gente haciendo su trabajo para llenar el hueco que su predecesor pudo haber dejado. Esta es una Condición de Peligro, pero es la que se encuentra inmediatamente por encima de Inexistencia en la escala. Si defiende su trabajo y hace su trabajo y aplica la Fórmula de Peligro, la superará.

Puede entonces esperar encontrarse en una Condición de Emergencia. En esta, debe seguir la Fórmula de Emergencia en su puesto y superará *esta*.

Puede esperar ahora estar en Funcionamiento Normal, y si sigue la fórmula de esta condición, llegará a Afluencia. Y si sigue *esa* fórmula, llegará a Poder. Y si aplica la Fórmula de Poder, permanecerá ahí.

Así que uno no comienza ni mucho menos en Poder con su nuevo nombramiento, y si no *asciende* por la escala desde donde realmente está en un principio, él por supuesto fracasará.

Esto se aplica a grupos, organizaciones, países, así como a individuos.

También se aplica cuando una persona fracasa en su trabajo. Tiene que comenzar otra vez en Inexistencia, y progresará de la misma forma, condición tras condición.

La mayoría de los fracasos en los puestos están causados por no seguir y reconocer las condiciones y no aplicar la fórmula de la condición en la que uno está cuando está en ella, y cesar de aplicarla cuando ya ha salido de ella y se encuentra en otra.

Este es el secreto de llevar un puesto y tener éxito en un trabajo o en la vida.

EXPANSIÓN DE LA FÓRMULA DE INEXISTENCIA

Mucho staff aplica erróneamente la Fórmula de Inexistencia para el nuevo puesto o la Fórmula de Inexistencia por estadísticas y entonces se pregunta por qué parece continuar estando en dificultades.

Los ejecutivos a veces se preguntan por qué ciertos miembros del staff no parecen ser nunca capaces de hacer nada bien y debido a su exasperación, se meten en una Fase I y acaban ocupándose de toda el área ellos mismos.

La respuesta es una aplicación incorrecta de la Fórmula de Inexistencia en el puesto y no hacerla realmente.

La experiencia ha demostrado que incluso ejecutivos y miembros del staff experimentados de hecho no han salido nunca de Inexistencia. Y cuando la org funciona en lo más mínimo, se sostiene sobre los hombros de uno o dos superiores clave.

La frase "encuentra una línea de comunicación" se reduce para demasiadas personas a encontrar la canastilla de entrada de alguien y dejar ahí una petición de "lo que se necesita y se desea". Eso no es realmente encontrar una línea de comunicación.

Para ocuparse de *cualquier* puesto, se debe tener *información* y proporcionar *información*. Cuando esto no se hace, la persona se encuentra haciendo proyectos que se rechazan, proyectos que hay que rehacer, restricciones puestas a sus acciones, y se encuentra hundiéndose por las condiciones. Se enemista con sus superiores *porque no obtiene ni proporciona* la información vital de *lo que está pasando.*

Es el deber de cualquier miembro del staff, nuevo en el puesto o no, *reunir las líneas de comunicación que se relacionan con su puesto, descubrir quién necesita información vital de él* y *poner esas líneas dentro, dentro, dentro* como una acción continua.

Cuando una persona no hace exactamente eso, nunca sale de Inexistencia. Ni siquiera ha llegado hasta Peligro porque nadie sabe siquiera que le está haciendo bypass. En otras palabras, cuando un miembro del staff no hace eso, a los ojos de la organización es simplemente un *cero* a la izquierda.

Las órdenes que da normalmente terminan *canceladas* cuando algún superior las descubre, porque no son reales. Pepe ya estaba ocupándose de eso. El horario de Guillermo se ve trastocado por eso. Tesorería grita: "¿De dónde sale este Dev-T tan caro?".

Muy pronto, cuando el staff oye que son las órdenes de fulano de tal, simplemente las ignora.

Las prometedoras esperanzas de este miembro del staff acaban habitualmente en esperanzas de que se le pueda transferir, cuanto antes mejor. Todos están contra él.

Pero, ¿qué sucedió realmente?

Nunca aplicó la Fórmula de Inexistencia de verdad y, así, permaneció en Inexistencia. Sus acciones no están coordinadas porque *no tiene las líneas para dar* o *recibir información*.

Real y verdaderamente no es responsabilidad de nadie más reunir sus líneas por él más de lo que es responsabilidad de otros respirar por él. La inspiración y la espiración de una organización es el toma y daca de *información y partículas vitales*.

Cualquier miembro del staff que se encuentre en una obvia condición de Inexistencia, Riesgo o peor, debería encontrar a toda prisa las líneas de comunicación que corresponden a su actividad y a su puesto e insistir en que se le ponga en esas líneas.

A veces se ve obstaculizado por las medidas de seguridad. No es probable que vaya a sacarles fácilmente los mensajes que salen y entran codificados a los comunicadores, secretarios o a la oficina de correos. Bueno, existe una cosa llamada garantía de seguridad. Uno la firma y si no salvaguarda la información, está frito. La mayor parte de tal información no se relaciona con su puesto de todas formas. Pero puede que parte de ella sí.

Un miembro del staff o ejecutivo así tiene que poner por escrito la información que tiene que tener para ocuparse de su puesto y la información que otros tienen que obtener de él para ocuparse de los suyos.

Y luego disponer las líneas de comunicación de tal forma que los comunicadores en esas líneas le envíen copia a él de los comunicados.

Los ejecutivos superiores, como los jefes de una división o jefes de una org, tienen de hecho la responsabilidad de informar al staff. Pero por lo general se enfrentan a problemas de seguridad así como al deseo de causar una buena impresión. Y sus datos son generales para toda la división u org. Sí incluyen detalles como: "La Sra. Zutano llega a las 2 de la tarde", o "El representante de la compañía telefónica dice que la factura se tiene que pagar hoy a las 12 o nos quedamos sin teléfono".

El caos y la Fase I ocurren cuando la mayor parte del staff ha omitido ponerse en líneas de comunicación importantes y mantener esas líneas fluyendo. ¡No mandes a buscar por qué las estadísticas están bajas si el noventa por ciento de tu staff está en Inexistencia o peor! Es simplemente porque nunca encontraron realmente ninguna línea de comunicación.

FÓRMULA EXPANDIDA DE INEXISTENCIA

Por lo tanto, la Fórmula Expandida de Inexistencia es:

1. Encuentra y ponte en cada línea de comunicación que vayas a necesitar para dar y obtener información relativa a tus deberes y suministros.

2. Date a conocer, junto con la designación de tu puesto y tus deberes, a todos los terminales que necesitarás para la obtención de información y la entrega de datos.

3. Descubre de tus superiores, compañeros de trabajo y cualquier público con el que puedas necesitar ponerte en contacto en el cumplimiento de tus obligaciones, lo que cada uno de ellos necesita y desea.

4. Haz, produce y presenta lo que cada uno necesita y desea, que esté en conformidad con la política.

5. Mantén las líneas de comunicación que tienes y amplíalas para obtener otra información que ahora encuentres que necesitas de manera habitual.

6. Mantén tus líneas de originación para informar a otros de lo que estás haciendo exactamente, pero sólo a aquellos que realmente necesiten la información.

7. Simplifica y haz de forma más eficiente lo que estás haciendo, produciéndolo y presentándolo de modo que se acerque más a lo que realmente se necesita y se desea.

8. Dando y recibiendo información plena respecto a tus productos, haz, produce y presenta, de manera habitual en tu puesto, un producto mucho mejor.

───────────

Te puedo garantizar que si haces esto, y escribes tu información de manera concisa de forma que se pueda captar con rapidez, y obtienes tu información de manera que no obstruyas tus propias líneas, comenzarás a subir de verdad por las condiciones y, cuando corresponda, llegarás a Poder.

CONDICIÓN DE PELIGRO

uando la fórmula correcta para manejar una Condición de Peligro no se hace, una org, actividad o persona no puede a partir de ahí superar con facilidad esa condición.

Un Estado de Emergencia prolongado o amenazas a la viabilidad o a la supervivencia o un estado prolongado de manejarlo todo por uno mismo no mejorará a menos que se aplique la Fórmula de Peligro en sí.

FÓRMULA DE PELIGRO:

La fórmula es la siguiente:

1. Haz bypass (ignora al subordinado o subordinados normalmente encargados de la actividad y manéjala personalmente).

2. Maneja la situación y cualquier peligro que haya en ella.

3. Asígnale al área en que se tuvo que manejar la situación una Condición de Peligro.

4. Asígnale a cada individuo relacionado con la Condición de Peligro una Condición de Peligro para la Primera Dinámica, y haz que sigan la fórmula completamente, asegurándote de que lo hagan. Y si no lo hacen, haz una Investigación de Ética completa y toma todas las medidas indicadas.

5. Reorganiza la actividad para que la situación no se repita.

6. Recomienda cualquier política firme que en lo sucesivo detecte y/o impida que se repita la condición.

El ejecutivo superior presente en el lugar actúa, y actúa de acuerdo a la fórmula anterior.

Una Condición de Peligro se asigna normalmente cuando:

1. Una Condición de Emergencia ha continuado durante demasiado tiempo.

2. Una estadística cae en picado de forma muy pronunciada.

3. Un ejecutivo superior se encuentra de repente llevando él mismo el hat de jefe de la actividad porque está en problemas.

FÓRMULA PARA LA PRIMERA DINÁMICA

La fórmula se convierte para la Primera Dinámica en:

1ª 1. Pasa por alto hábitos o rutinas normales.

1ª 2. Maneja la situación y cualquier peligro que haya en ella.

1ª 3. Asígnate a ti mismo una Condición de Peligro.

1ª 4. Pon dentro tu propia *ética personal* encontrando qué estás haciendo que es fuera-de-ética, y usa autodisciplina para corregirlo y volverte honesto y recto.

1ª 5. Reorganiza tu vida para que la situación peligrosa no te esté ocurriendo continuamente.

1ª 6. Formula y adopta una política firme que de aquí en adelante detecte la misma situación e impida que continúe ocurriendo.

FÓRMULA DE PELIGRO PARA EL SUBORDINADO

Cuando se le asigna una Condición de Peligro a un subordinado, pide que él o toda el área escriban sus acto hostiles y ocultaciones y cualquier situación fuera-de-ética que conozcan y los entreguen en un momento determinado, teniendo en cuenta que si se hace así la sanción por estos se reducirá, pero si se descubre más tarde, después de la fecha límite, se doblará.

Una vez hecho esto, se requiere que el subordinado y el personal a los que se les ha tenido que hacer bypass, o cuyo trabajo ha tenido que hacerse por ellos o corregirse continuamente, escriban y ejecuten completamente cada uno de ellos, la *Fórmula de Peligro para la Primera Dinámica* para sí mismos personalmente y la entreguen.

Cuando la producción haya aumentado otra vez, la Condición de Peligro debe finalizarse formalmente y se debe asignar una Condición de Emergencia y seguir su fórmula.

CONDICIÓN DE EMERGENCIA

a Condición de Emergencia se aplica cuando:

1. Se ve que las estadísticas de una org, departamento o parte de una org o persona están *en declive*.

2. *No hay cambio* en las estadísticas de una org, parte de una org o persona.

FÓRMULA DE EMERGENCIA

1. Promociona. Eso se aplica a una organización. Para un individuo más vale que digas "produce". Esa es la primera acción, independientemente de cualquier otra acción, independientemente de cualquier otra cosa, eso es lo primero en lo que tienen que poner su atención.

   ¿Qué significa exactamente *promoción*? Bueno, míralo en el diccionario. Es dar a conocer las cosas. Es sacar cosas. Es darse a conocer, poner ahí afuera los productos propios.

2. Cambia tu forma de actuar. Si, por ejemplo, te metiste en una Condición de Emergencia y luego no cambiaste tu forma de actuar después de haber promocionado, simplemente te dirigirás a otra Condición de Emergencia. Así que eso tiene que ser parte de ello. Más te vale cambiar tu forma de actuar, porque esa forma de actuar te llevó a una Emergencia.

3. Economiza.

4. Prepárate para entregar servicio.

5. Endurece la disciplina. Parte de la Condición de Emergencia contiene esta pequeña línea de "tienes que endurecer la disciplina" o "tienes que endurecer la ética".

Para un individuo, esto significaría simplemente no ir al pub cada viernes por la noche. Endurece la disciplina. Quédate en casa y pártete el lomo y quémate las pestañas hasta altas horas, haz tus deberes, etc. Sé un poco más constante en el trabajo, trabaja un poco más duro, no metas la pata tanto, no cometas tantos errores. Todo esto formaría parte de endurecer la disciplina.

En lo que respecta a la organización, supón que la unidad no sale de emergencia cuando se asigna un Estado de Emergencia. Sin importar qué causó la emergencia, a pesar del hecho de que se le ha etiquetado como Estado de Emergencia, supón que la actividad simplemente no sale de emergencia. Se les ha indicado que "sigan la fórmula", se les ha dicho que se "pongan las pilas" y "que pongan las cosas en orden", y aun así se les encuentra holgazaneando y la estadística sigue bajando. ¿Qué es lo que haces? Sólo te queda una cosa por hacer, y se trata de disciplina. Porque la vida misma va a disciplinar al individuo.

Así que la regla del juego es: si se ignora un Estado de Emergencia y los pasos no se llevan a cabo con éxito ("no se llevan a cabo con éxito" es diferente de "no se llevan a cabo"), entonces se recibe un anuncio de que la condición ha continuado. Y si continúa más allá de un periodo específico, tiene que pasar a ser un asunto de ética. Porque, ¿de qué otra forma podrías enderezar esa actividad? Tiene que haber alguien metiendo la pata a lo loco, bloqueando la mayoría de las líneas de comunicación. Tienes algún problema de ética implicado en el asunto, alguien que no funcionará, alguien que tiene los frenos puestos hasta tal punto que puedes oler el humo. Así que pasas a una situación de ética.

113

Condición
de Normal

Podrías darle el nombre de Normal a una "condición de estabilidad" y probablemente se le debería llamar condición de estabilidad, excepto por este pequeño factor en particular: este universo no admite un estado estático. No admitirá que no haya aumento, que no haya disminución. En este universo, no puedes tener una condición en que no haya aumento y no haya disminución. Esa es una condición totalmente estable y no existe tal cosa en este universo, desde un extremo hasta el otro. No hay nada que permanezca igual siempre.

La Condición de Funcionamiento Normal, entonces, no es una condición de "estabilidad", porque esta no puede existir. El Funcionamiento Normal tiene que ser un aumento habitual o gradual. Y tiene que ser un aumento regular, habitual, gradual. Y si no hay ningún aumento gradual, no habrá una condición de estabilidad. No puedes tener un estado de existencia totalmente uniforme que no acabe dándose el batacazo a la larga. En el momento en el que obtienes este estado uniforme en este universo, empieza a deteriorarse. Así que un estado de estabilidad acabaría deteriorándose a la larga. Para impedir un deterioro, tienes que tener un aumento. Ese aumento no tiene que ser espectacular, pero tiene que ser algo. Tiene que haber un pequeño aumento ahí.

FÓRMULA DE NORMAL

1. No cambies nada. La manera en que mantienes un aumento, cuando estás en un estado de Funcionamiento Normal, es que no cambias nada.

2. La ética es muy poco severa. El factor justicia es bastante ligero y bastante razonable. No se toma ninguna medida brutal en particular.

3. Cada vez que una estadística mejora, examínala cuidadosamente y averigua *qué* la mejoró. Y luego haz eso sin abandonar lo que estabas haciendo antes. Esos son los únicos cambios que haces.

4. Cada vez que una estadística empeore ligeramente, encuentra rápidamente *por qué* y remédialo.

Y simplemente juegas con estos dos factores: la estadística que mejora, la estadística que empeora. Encontrarás, inevitablemente, que se ha hecho algún cambio en esa área en que la estadística empeora. Se ha hecho algún *cambio* y más te vale sacar el cambio de las líneas a toda prisa. Y cuando encuentras que una estadística está mejorando, más te vale averiguar *cómo* está mejorando.

Condición de Afluencia

uando en una gráfica tienes una línea con un ascenso muy pronunciado, eso es Afluencia. Ya sea que suba de forma muy pronunciada durante una semana o que lo haga a partir de su último punto semana tras semana tras semana, es Afluencia.

Cuando tienes una Afluencia, sin importar cómo lo hiciste, se aplica la Fórmula de Afluencia.

Tienes que aplicar la Fórmula de Afluencia o te meterás en problemas. Cualquiera que se encuentre en Afluencia debe ser consciente de las siguientes peculiaridades al respecto.

Afluencia es la condición más delicada que existe. ¡Equivócate al nombrarla o manéjala sin seguir la fórmula, y puede matarte! Por extraño que parezca, es la más peligrosa de todas las condiciones, pues si no la detectas y aplicas la fórmula, ¡te despanzurras salpicando toda la calle! Detéctala y manéjala correctamente y el ascenso será como el de un cohete.

FÓRMULA DE AFLUENCIA

1. Economiza. Ahora lo primero que tienes que hacer en Afluencia es economizar, y entonces asegurarte muy, muy bien de que no compres nada que suponga algún compromiso futuro. No compres nada con compromisos futuros, no contrates a nadie con compromisos futuros: nada. Todo eso es parte de esa economía. Ponte estricto.

2. Paga todas las facturas. Consigue todas las facturas posibles que puedas llegar a obtener en cualquier lugar, cada céntimo que debas en cualquier lugar sobre la faz de la Tierra, y págalo. Redúcelo todo por todas partes hasta que lo hayas bajado tan cerca de cero como puedas o hasta cero.

3. Invierte el resto en recursos para dar servicio. Haz que sea más factible entregar servicio.

4. Descubre qué *causó* la Condición de Afluencia y refuérzalo.

FÓRMULA DE AFLUENCIA DE ACCIÓN

Cuando hay una Afluencia basada en una estadística que mide las acciones propias, y que no está relacionada con las finanzas, esta es la fórmula que hay que aplicar.

1. *Economiza* en acciones dispersas o innecesarias que no contribuyeron a la condición actual. Economiza financieramente eliminando todo *derroche*.

2. Haz que toda acción cuente y no tomes parte en ninguna acción inútil. Cada nueva acción debe contribuir y ser del mismo tipo que la que *sí* contribuyó.

3. Consolida todas las ganancias. En cualquier área en que hayamos obtenido una ganancia, la conservamos. No dejes que las cosas se relajen o decaigan o hagan montaña rusa. Cualquier ventaja o ganancia que tengamos, la conservamos, la mantenemos.

4. Descubre por ti mismo y para ti mismo qué fue lo que *causó* la Condición de Afluencia en tu área inmediata y refuérzalo.

CONDICIÓN DE PODER

na estadística de Poder es una estadística en un nivel muy alto; un nivel totalmente nuevo en una tendencia Normal.

Una estadística de Poder no es sólo una estadística que está subiendo de forma pronunciada durante mucho tiempo. Poder tampoco es simplemente una estadística muy alta. Poder no es cosa de una semana. Poder es una *tendencia*.

Definición: *Poder* es una condición de Normal en un nivel estelar, tan alto que es una abundancia total, sin duda al respecto. Es una estadística que se ha elevado a un nivel completamente nuevo, pronunciadamente más alto y que se mantiene en ese nivel y ahora, en ese nuevo nivel alto, está en una tendencia de Normal.

Al actuar en este nuevo nivel, puede que tengas una pequeña caída en esa estadística de vez en cuando. Pero sigue siendo Poder.

Hay otro dato de importancia para reconocer y comprender correctamente esta condición:

¿Por qué lo llamamos Poder?

Porque hay tal abundancia de producción que las interrupciones o caídas momentáneas no pueden derribarla ni poner en peligro su supervivencia.

Y *eso* es *Poder.*

Se podría preguntar: "¿Cuánto trabajo puede hacer un individuo?". O, "¿Cuántos ladrillos puede colocar un individuo al día?".

Por supuesto, una persona sólo puede trabajar cierto número de horas al día. Sólo puede lograr determinada producción individual al día. Pero puede obtener suficiente producción en un día para mantenerse.

Puede elevar su producción a tal abundancia como para poder tomarse algo de tiempo libre. Eso depende de su eficiencia e inteligencia.

En cierto pico de Afluencia, llegará a la máxima cantidad de ladrillos que puede colocar. Aumentando su práctica y eficiencia, puede mantener ese nivel de producción en una condición de Normal.

Si coloca tantos ladrillos que nadie va a pensar nunca en despedirlo, bueno, es obvio que está en Poder. Esa es una Condición de Poder para un individuo.

FÓRMULA DE PODER

1. No te desconectes. La primera ley de una Condición de Poder es *no te desconectes.* Eso causará una catástrofe tanto para ti como para cualquier otro.

   Descubrirás que la gente lloriquea y se queja acerca de esto. ¿Qué hay del pez gordo? Ha sido un chico del lugar en alguna población y de repente se vuelve un pez gordo. Es muy poderoso en Wall Street y no vuelve a hablarle jamás a ninguno de sus amigos de su viejo pueblo natal. Esa gente resiente eso tanto que es casi imposible hablarles. Es decir, si has estado en una zona donde has sido muy conocido y de repente te vuelves una celebridad o algo así, esta gente no creerá que quieras hablarles, ¿lo ves? Así de acostumbrados están a que se viole la fórmula. ¿Captas la idea? En otras palabras, los seres en el universo esperan plenamente que violes la primera posición de la Condición de Poder, que es "no te desconectes". Creen que te vas a desconectar.

   ¡No! ¡Poder! ¡Posición de Poder! No te desconectes. Aun si te promovieron a general siendo coronel de un regimiento, no seas tan tonto como para pensar que puedes desconectarte totalmente de ese regimiento. Porque la única manera en que *no puedes* desconectarte del regimiento es *desconectándote* de él. No puedes simplemente renunciar a tus conexiones. Lo que tienes que hacer es asumir la *propiedad* y *responsabilidad* por tus conexiones.

2. Deja por escrito tu propio puesto.

   Ahora, la Condición de Poder es el hombre que entra en una Condición de Poder o la organización que entra en una Condición de Poder. Y la Condición de Cambio de Poder es realmente un individuo que asume una condición que se ha estado llevando desde Poder. ¿Captas la diferencia? Estás reemplazando a Guillermo, que estaba en una Condición de Poder. Ahora, cuando él se va, se desconecta, entonces el Cambio de Poder es el que tomó las riendas. La primera cosa que tiene que hacer una persona que asciende a Poder es hacer un registro de todas las líneas del puesto. Esa es la única manera en que él será capaz alguna vez de desconectarse. Y entonces la asunción de este estado de Poder, el Cambio de Poder, está gobernada por su propia fórmula.

Ahora, por ejemplo, te enseñaré cómo se aplica esto a gran escala y a pequeña escala. Supongamos que fueras un Recepcionista con mucho, mucho éxito en una organización y que tuvieras tanto éxito que te hicieran Registrador. Bueno, en realidad, eso es un ascenso de Poder. Ahora, tú no le permites a la persona que asume el puesto actuar en una condición de Cambio de Poder a menos que hagas un registro completo de tu puesto.

Así que, en una Condición de Poder, la primera cosa que tienes que hacer es dejar por escrito todo tu puesto. Encontrarás que si no dejas por escrito todo tu puesto, vas a quedarte atorado en una parte de ese cargo para siempre. Y un año más tarde o algo así, alguien seguirá viniendo a ti a preguntarte algo acerca de ese puesto que ocupaste porque no dejaste por escrito tu puesto. Así que al escribir el hat de tu puesto haces que sea posible para el siguiente individuo asumir ese estado de Cambio de Poder (de *no cambiar nada*) porque has mostrado lo que había ahí para que él sepa lo que *no* debe cambiar. Pero si no lo dejaste por escrito, entonces podría cambiarlo. Esa es la forma más segura en el mundo de verse absorbido de vuelta y de golpe a algún viejo puesto que has llevado, y esta es la forma de no alejarte nunca de un puesto. Y dices: "Esta gente nueva que toman estos puestos de la Recepción no sirven para nada y no les importa". Ahora, asegurémonos antes de ser demasiado críticos: ¿hemos dejado por escrito alguna vez este puesto? ¿Llegamos realmente a dejar este puesto alguna vez? ¿Lo dejamos en una condición en que pudiera dejarse? Y luego, ¿acaso simplemente negamos la existencia del puesto entero después de dejarlo? o pasábamos ocasionalmente por ahí y preguntábamos: "¿Cómo va el puesto?".

No es una desconexión repentina. A eso se reduce, realmente. No vayas por ahí desconectándote. Y la responsabilidad es hacer el escrito del puesto y ponerlo en manos del tipo que va a encargarse de él. Ahora, si el otro tipo no se encarga de él, esa es su línea temporal, no la tuya.

Haz todo lo posible para hacer que se pueda ocupar el puesto. Tarde o temprano alguien va a llegar y va a ocupar el puesto correctamente*.

*Véase Las Responsabilidades de los Líderes para más información sobre la Condición de Poder.

CONDICIÓN DE
CAMBIO DE PODER

Sólo hay dos circunstancias que requieren sustitución: la de mucho éxito y la de mucho fracaso.

¡Que fácil es heredar un par de botas con éxito y que andan solas! No tiene ningún misterio. Sólo ponte las botas y no te molestes en andar. Y esto de una forma u otra lo consideran censurable algunas personas. Se supone que tienes que "lanzarte a ello por ti mismo", se supone que tienes que "ponerle tu propia personalidad al puesto". ¡No! Ponte las botas, ¡pero no andes, hombre! Si estaba en un Estado de Funcionamiento Normal, en el que alguien normalmente debería haber estado para haber sido ascendido, simplemente no cambias nada.

Cambio de Poder: *no cambies nada.*

Sólo te sientas tranquilamente por un rato. Sabes de inmediato que todos los puntos de presión en la organización te van a llegar en seguida. El tipo que tenía el puesto antes que tú tenía todos estos puntos de presión, pero debió de haberse resistido a ellos con éxito porque todavía existen. ¿Ves? Así que, si alguien quiere que firmes algo que tu predecesor no firmaba, no lo firmes. Esa es una regla fácil de seguir, ¿verdad? Esta es sin duda la posición más perezosa que cualquiera pudiera ocupar. Y esa es la única manera en que se puede ocupar: con una pereza total. *¡No hagas nada!*

Mantén los ojos abiertos, apréndete bien el oficio y familiarízate con el funcionamiento de todo y, dependiendo de lo grande que sea la organización, después de un determinado tiempo, ve cómo está funcionando y llévala según la Condición de Funcionamiento Normal. Si no está sino en una Condición de Funcionamiento Normal, simplemente aplica la Condición de Funcionamiento Normal. Aparte de la pequeña rutina que se lleva a cabo, da vueltas y fisgonea por ahí y averigua qué fue lo que lo mejoró un poquito esa semana y refuerza eso. Y averigua lo que empeoró un poquito y elimina eso. Simplemente curiosea por ahí. Para entonces, estás tan familiarizado con el funcionamiento, conoces a todo el mundo por su nombre y apellidos, sabes esto, lo otro y lo de más allá, sabes dónde están todos los documentos, te sabes los trucos favoritos para escabullirse y has visto todas estas cosas en acción y, francamente, la actividad simplemente continuará ascendiendo. Continuará yendo adelante con mucho éxito.

Ve exactamente a través de la misma rutina diaria por la que pasaba tu predecesor, no firmes nada que él no firmaría, no cambies una sola orden. Repasa los documentos que se han publicado (esas son las órdenes vigentes) y ponte en marcha a tope simplemente haciendo que se cumplan esas órdenes y tu actividad aumentará más y más y más y más.

La clave del Estado de Cambio de Poder es el estudio de la org, las Cartas de Política, las líneas, las pautas y la actividad y *no emitir ninguna orden* que no sea habitual: no cambies nada, no innoves en nada. Deja por escrito completamente el puesto que acabas de dejar. Principalmente, observa en el puesto que acabas de asumir. Aprende el nuevo puesto antes de hacer nada.

Uno se hace cargo en Inexistencia de un puesto *nuevo* o de un puesto que se ha desmoronado. *Pero* de una actividad productiva, uno se hace cargo con la Fórmula de Cambio de Poder.

FÓRMULA DE CAMBIO DE PODER

La fórmula de la Condición de Cambio de Poder es:

Cuando asumas un nuevo puesto no cambies nada hasta que te hayas familiarizado totalmente con tu nueva zona de poder.

FÓRMULA DE REPARACIÓN DE LA VIOLACIÓN DE CAMBIO DE PODER

Se puede ocasionar una Condición de Peligro con una violación de la Condición de Cambio de Poder.

Se dio un ejemplo en algunas transferencias con el fin de constituir las directivas de algunas orgs.

Ninguna de estas orgs excepto una estaba por encima de Emergencia. Se había dado una condición falsa. La regla es que cuando se asigna una condición falsa, la org caerá a una más baja que aquella en la que realmente está.

Estas orgs agravaron entonces el delito pues sus nuevas directivas violaron la Fórmula de Cambio de Poder casi sin excepción.

Las nuevas directivas de las orgs y algunos subordinados, a quienes se les dieron nuevos puestos superiores, introdujeron nuevos cambios, violando el Cambio de Poder.

Al no estar informadas en cuanto a las pautas de éxito existentes y al no seguirlas, tres de estas orgs estaban tratando de funcionar siguiendo pautas enormemente cambiadas, perdiendo contacto con acciones anteriores.

La directiva y los superiores deberían haber seguido el Cambio de Poder. Deberían haber estudiado lo que estaba sucediendo previamente.

Por lo tanto, aquellos que hayan experimentado un Cambio de Poder, tienen que aplicar la Fórmula de Reparación de la Violación de Cambio de Poder:

1. Observa, pregunta y prepara una lista de qué tuvo éxito previamente en tu área o zona de control.

2. Observa y prepara una lista de todas aquellas cosas que no tuvieron éxito en tu área en el pasado.

3. Haz que *se realicen* las acciones de éxito.

4. Desecha las acciones sin éxito.

5. Deja de intentar arreglártelas como puedas o defenderte frenéticamente.

6. De manera sensata, vuelve a poner ahí una estructura funcional.

LAS FÓRMULAS DE LAS CONDICIONES: APLICACIÓN Y REMEDIOS

MANEJOS DE LAS CONDICIONES

no tiene que *hacer* los pasos de la Fórmula de una Condición para mejorar su condición.

Y esos doingnesses, que darán como resultado una condición cambiada, se van a reflejar en las estadísticas de uno.

Una comunicación que recibí de una miembro del staff ilustra esto perfectamente.

Durante años, esta miembro del staff comenzaba cada nueva semana con un plan de batalla que contenía las acciones exactas que ella había determinado realizar en su puesto, con el fin de aplicar de hecho los pasos de la fórmula para la condición en la que se encontraba.

Cualquiera que fuera su condición al final de la semana, ella hacía un escrito semanal de la Fórmula de la Condición, planeaba cómo aplicaría los pasos de la fórmula en relación con su puesto y añadía esas acciones al principio de su plan de batalla. También se incluían otros objetivos en su plan de batalla, pero los pasos del manejo de la condición para la semana siempre eran parte de este. Esto trajo buenos resultados con respecto a su estadística.

Cuando dejó de hacer esto y empezó simplemente a hacer un plan de batalla para las acciones necesarias sin tomar en cuenta la condición, también dejó de aplicar las fórmulas de manera habitual. El resultado fue que de pronto se encontró con unas estadísticas por los suelos y haciendo frente a situaciones de puesto y de producción que necesitaban resolverse rápidamente. Y experimentó el fenómeno de sentir que no había "ningún manejo aparente" para la situación.

Naturalmente, si uno no hace los pasos para manejar una condición (la fórmula), entonces uno ¡"no tiene un manejo" para la condición!

No hace falta decir que este miembro del staff, en cuanto reparó en lo que había sucedido, ¡volvió a escribir sus fórmulas semanales de inmediato!

Pienso que puede haber miembros del staff que no hacen nada de esto. Aparte de que posiblemente no sepan cuál es su estadística o cuál es realmente la estadística de la org, no terminan su semana asignándole una condición y escribiendo la fórmula. Y así, por supuesto, terminan por no hacer el manejo de la condición en la que se encuentran.

Hay sin duda algunos miembros del staff que piensan que no tienen que hacerlo de esta manera si no se encuentran en una condición *inferior*. Sin embargo, están dando al traste con sus condiciones superiores por no hacerlo así.

Hay una ley que se mantiene válida en este universo, según la cual si uno no designa correctamente la condición en la que se encuentra y aplica su fórmula a sus actividades, o si asigna y aplica la condición incorrecta, entonces sucede lo siguiente: caerá inevitablemente en una condición por debajo de la condición en que *de hecho* se encuentra. Así, si uno dice incorrectamente que está en Poder y trata de aplicar esa fórmula cuando *de hecho* está en Inexistencia, caerá inevitablemente a Riesgo. Si uno afirma incorrectamente que está en Normal cuando *de hecho* está en Emergencia, caerá a Peligro. Así que es vital averiguar exacta y honestamente la condición en que uno se encuentra y aplicar esa fórmula y de hecho hacerla. De lo contrario uno puede seguir hasta el final y caer hacia abajo por las condiciones sin entender jamás por qué. Naciones enteras hacen esto y es uno de los motivos de la decadencia de las civilizaciones. Y aunque uno no sea una nación, uno es aún lo bastante importante para manejar las condiciones de manera apropiada.

Y recuerda que no basta con hacer esto como un simple ejercicio administrativo; uno realmente tiene que *hacer* las fórmulas si espera alguna vez que su condición mejore.

La manera de no tener que vérselas jamás con situaciones en el puesto para las que parece "no haber ningún manejo" es averiguar y aplicar de manera habitual y regular las Fórmulas de las Condiciones al puesto y a las actividades de uno.

LA TERMINACIÓN DE LAS FÓRMULAS DE LAS CONDICIONES

Las Fórmulas de las Condiciones de Ética fluyen, una tras otra, yendo el primer paso de una fórmula justo a continuación del paso final de la fórmula anterior.

Pero, ¿qué haces si la gráfica de tu estadística te indica que has subido una condición antes de que ni siquiera hayas tenido la oportunidad de terminar la fórmula? ¿Te limitas a dejar esa fórmula y a comenzar con la siguiente? La respuesta es *"No"*. Uno termina la fórmula que ha empezado.

Te daré un ejemplo. Al examinar sus estadísticas, un ED ve que están en Emergencia. Inmediatamente se asegura de que se empiece el paso *"Promociona"* de la Fórmula de Emergencia. Una vez que está bajo control, empieza a *"Cambiar su forma de actuar"*. Pone a los Registradores a ejercitarse a diario y pone tres nuevos auditores en su HGC.

Pero antes de que tenga oportunidad de hacer los pasos restantes de la Fórmula de Emergencia, las estadísticas de ingreso y entrega suben a Funcionamiento Normal.

¿Qué hace? Bueno, ahora está en una Condición de Normal según las estadísticas. Pero la Fórmula de Normal también haría que terminara la Fórmula de Emergencia, porque en la Fórmula de Normal abandonas lo que no tiene éxito e insistes enérgicamente en lo que tuvo éxito; lo que tuvo éxito aquí fue la Fórmula de Emergencia. Por lo tanto, este ED puede tener una mejora continua en la gráfica *terminando* la Fórmula de Emergencia pues las acciones de la Fórmula de Emergencia son las que lo llevaron a Normal tan rápidamente. Así que él insistiría enérgicamente en realizarlas hasta que estuvieran totalmente terminadas. Esto no significa que todavía esté en una

Condición de Emergencia: ahora las estadísticas están subiendo y la condición *es* Normal. Es una cosa un poco rara.

Como otro ejemplo, supón que alguien esté haciendo una Fórmula de Peligro para el Subordinado. La persona hace el procedimiento paso a paso y escribe sus acto hostiles y ocultaciones y cualquier situación conocida de fuera-de-ética, comienza a aplicar la Fórmula de Peligro para la Primera Dinámica. Pero antes de que termine la fórmula, sus estadísticas suben. En realidad sería peligroso que esta persona no finalizara la Fórmula de Peligro (por ejemplo: llevar a cabo los pasos de la Fórmula de Peligro de: "Reorganiza tu vida" y "Formula y adopta una política firme").

Que las estadísticas de uno suban antes de terminar una fórmula, no significa que uno no pueda entrar en la condición superior que ahora indican las estadísticas. Sin embargo, sería un gran error no terminar los pasos incompletos de una fórmula anterior. Así, en los ejemplos anteriores, se tiene que terminar la fórmula anterior, luego terminar la siguiente fórmula y continuar según le dicte su gráfica.

La *terminación* de una fórmula es sumamente vital. Uno no se limita a nombrar una fórmula. Hace que se *termine*.

LA CONDICIÓN DE PELIGRO
RESPONSABILIDADES DE DECLARARLA

H ACER BYPASS = Saltarse al terminal apropiado en una cadena de mando.

Si declaras una Condición de Peligro, desde luego tienes que hacer el trabajo necesario para manejar la situación que es peligrosa.

Esto también es cierto a la inversa. Si empiezas a hacer el trabajo de un puesto haciendo un bypass, inadvertidamente producirás, por supuesto, una Condición de Peligro. ¿Por qué? Porque haces unmock de la gente que debería estar haciendo el trabajo.

Además, si haces habitualmente el trabajo de otros haciéndoles bypass, tú heredarás por supuesto todo el trabajo. Esta es la respuesta para el ejecutivo sobrecargado de trabajo. Él o ella hace bypass. Es así de sencillo. Si un ejecutivo hace bypass de forma habitual, él o ella llegará entonces a estar sobrecargado de trabajo.

También se dará lugar a la Condición de Inexistencia.

Así que cuanto más bypass hace un ejecutivo, más duro trabaja. Cuanto más duro trabaje haciendo bypass, más desaparecerá la sección en la que está trabajando.

Así que trabajar haciendo bypass, a propósito o de forma inadvertida, siempre dará como resultado lo mismo: una Condición de Peligro.

Si *tienes* que hacer el trabajo haciendo bypass, *tienes* que hacer que se declare la condición y seguir la fórmula.

Si declaras la condición, también tienes que hacer el trabajo.

Tienes que hacer que el trabajo se haga de forma competente, mediante un nuevo nombramiento, transferencia, entrenamiento o revisión de caso. Y la condición *no* se acaba cuando se acaban las Audiencias.

Se acaba cuando esa porción de la org se ha recuperado visiblemente según las estadísticas.

Así que existen grandes responsabilidades al declarar una Condición de Peligro. Estas se ven sobrepasadas en onerosidad por el hecho de que si *no* declaras una en las funciones que van mal manejadas por aquellos que están a tu cargo, muy pronto eso te alcanzará a ti; lo quieras o no y se declare o no, *tú* entrarás en una Condición de Peligro personalmente.

Ahí está la sartén, ahí está el fuego. Lo bueno de esto es que si la fórmula se aplica, tienes una magnífica oportunidad de no sólo subir otra vez, sino también de ser más grande y mejor que nunca.

Y esa es la primera vez que *eso* le haya sucedido a un ejecutivo que haya empezado a deslizarse por la larga caída ¡Hay esperanza!

Hay una observación adicional al margen sobre una Condición de Peligro. He estudiado cuidadosamente si los HCOBs y las Cartas de Política y acciones por mi parte eran o no un bypass. Y una investigación de las estadísticas lo refuta, pues cuando doy la máxima atención a todos los niveles de una org, dondequiera que esté la org, sus estadísticas suben, y cuando no lo hago caen. Por lo tanto debemos suponer que los consejos no son un bypass, como tampoco lo es una orden general mía.

Cuando existen desacuerdos en un conducto de mando que estoy intentando hacer avanzar, *entonces* ocurre un bypass.

Así que podemos dar por sentado correctamente, basándonos en la experiencia y en las estadísticas, que las Condiciones de Peligro ocurren únicamente cuando hay desacuerdos de base en un conducto de mando.

Entonces, si tú mismo indagas y sacas a la luz a aquellos que tienen desacuerdos de entre los que están a tus órdenes, limpiarás tus líneas de mando.

Revisión siempre puede encontrar los desacuerdos, cuando estos existen, con un E-Metro.

Cuando se declaran Condiciones de Peligro, el ejecutivo que las declara debería hacer un esfuerzo por encontrar el desacuerdo con él mismo, la política, la org o Scientology como una acción básica de

Revisión a llevar a cabo en las personas que se ha encontrado que son responsables de una Condición de Peligro. Los únicos errores son no buscar y no encontrar *todos* los desacuerdos que la persona tenga en el tema de sus superiores y su puesto, la política, la tecnología o las órdenes.

Esta es la razón por la que se puede esperar que una persona que tenga una puntuación baja en el test de liderazgo ponga en Peligro cualquier lugar en que se encuentre. Sus desacuerdos son demasiados y no ejecuta nada y por eso, secretamente hace que sus superiores hagan un bypass e inevitablemente se presenta una Condición de Peligro.

No es necesario que ocurra esto. Ahora tenemos los datos.

ATORADO EN DUDA

Puede suceder que una persona al subir a través de las condiciones inferiores de ética se quede atorada en Duda y no sea capaz de terminar la fórmula.

En estos casos, puede que se encuentre que existe una condición PTS (véase *Los Fundamentos de la Supresión*) o datos falsos.

PTS

En la Fórmula de Duda se siguen los pasos de la fórmula, y al hacer esto uno es capaz entonces de tomar una decisión en relación con el individuo, grupo, org o proyecto respecto al que se está aplicando la condición. Pero si la persona está PTS, está atorada en un problema y es incapaz de llegar a una decisión.

Cuando una persona encara la supresión, ya sea que la supresión real exista en tiempo presente o sea una supresión pasada reestimulada en tiempo presente, está encarando un contra-postulado.

Un problema es un postulado–contra-postulado que da como resultado indecisión. La primera manifestación y la primera consecuencia de un problema es la indecisión.

Por lo tanto, una condición PTS puede atorarlo a uno en Duda.

DATOS FALSOS

Los datos falsos también pueden causar un atoramiento en la Fórmula de Duda.

En un caso, se encontró que una persona que no podía pasar a través de Duda y terminarla estaba PTS de alguien de un grupo anterior en el que había estado. Este SP le había proporcionado un montón de datos falsos sobre la tecnología de cómo desempeñar su puesto y sobre cuál era el propósito de su puesto. En tiempo presente, él estaba todavía atorado con estos datos falsos supresivos: esto era parte de su condición PTS. Además de las acciones normales que se realizaron para eliminar la condición PTS, se limpiaron los datos falsos y entonces fue capaz de pasar a través de Duda y terminarla.

MANEJO

En alguien que está atorado en Duda, el Oficial de Ética o quienquiera que esté ocupándose de él, debe verificar si hay una condición PTS o datos falsos.

Puede ser lo uno o lo otro, o ambas cosas.

Por supuesto, una condición PTS se localiza y se resuelve según las publicaciones existentes sobre Tecnología de PTS.

Deshacerse de los datos falsos del individuo lo tendría que hacer alguien que hubiera recibido una comprobación en el HCOB que lo describe.

RESULTADOS

Cuando las Fórmulas de las Condiciones de Ética se aplican de forma correcta y estándar, los resultados no pueden ser nada menos que milagrosos.

Con este descubrimiento obtendrás los resultados con más facilidad y rapidez.

Úsalo.

Orden Frente a Desorden

El *orden* se define como una condición en la que todo está en el lugar apropiado y realiza la función apropiada.

Una persona con un sentido personal del orden sabe *cuáles* son las cosas de su área, sabe *dónde* están, sabe para *qué* son. Comprende su valor y su relación con la totalidad.

Un sentido personal del orden es esencial para sacar productos en un área.

Por ejemplo: una mecanógrafa ordenada tendría toda la información que se necesita mecanografiar, tendría abundante papel y papel carbón al alcance de la mano, tendría su líquido corrector a mano, etc. Con todas las acciones preparatorias hechas, se sentaría a mecanografiar con una máquina de escribir que funcionara bien, sabría lo que era esa máquina de escribir y sabría para qué servía.

Podría sentarse y obtener su producto, sin desperdicio de movimiento o paros.

Pero digamos que tuvieras un carpintero que no pudiera encontrar su martillo y ni siquiera supiera para qué servía un martillo y no pudiera encontrar su escoplo porque cuando lo tomó, lo dejó y ya no pudo encontrarlo otra vez, y luego no supiera dónde estaban sus clavos. Le das un suministro de madera y no sabe para qué es, así que no lo clasifica por categorías donde pueda tenerlo a mano.

¿Cuántas casas crees que construiría?

El hecho real es que una persona desordenada, trabajando en un área desorganizada, convierte un ciclo de diez minutos en un ciclo de tres semanas (créelo, esto es cierto) simplemente porque no podía encontrar su regla, perdió su goma de borrar, rompió su máquina de escribir, se le cayó una tuerca y no la pudo encontrar otra vez y tuvo que pedir otra a Seattle, etc., etc., etc.

FUNDAMENTOS

Trabajando con un grupo de técnicos improductivos descubrí algo interesante: fundamentos fuera. De hecho encontré un nivel que es aún más básico de lo que pensamos en general cuando decimos "fundamentos".

Estos técnicos según se informaba habían investigado una pieza clave de equipo y lo tenían todo resuelto. Pero encontré que ni siquiera sabían el fundamento básico de qué se suponía que hacía la máquina ¡y qué se suponía que debían hacer ellos en su área!

Eso me indicó de inmediato que no tenían archivos en orden ni datos de investigación. Estaban perdiendo cosas.

Ahora, si estaban perdiendo cosas, eso abrió la puerta a otro fundamento: no podían haber sabido dónde estaban las cosas. Dejaban una herramienta por allá, y cuando la necesitaban otra vez tenían que buscarla por todas partes porque no la habían dejado donde correspondía.

Su trabajo no estaba organizado de forma que pudiera hacerse, y no conocían las herramientas.

Así que verifiqué esto. ¿Estaban llevando un registro de la entrada y la salida de las cosas que estaban usando, de forma que las pudieran encontrar otra vez? ¿Estaban guardando las cosas cuando habían terminado de usarlas? No, no lo estaban haciendo.

Esto es simplemente admin básica unida al conocimiento de lo que son las cosas con las que uno está trabajando. Es una actitud ordenada, saber qué son las cosas, saber para qué son y dónde están, etc. Ese es el nivel más básico.

Si la gente no tiene un conocimiento verdadero de qué son las cosas con las que está trabajando, si hay herramientas que faltan, herramientas que no funcionan, si no saben qué se supone que hacen sus herramientas, si no hay archivos o, si una vez que se usan, los archivos no se recogen y se devuelven al cajón del archivero, si las cosas se pierden y la gente no sabe dónde están y todo eso, estarán corriendo de un lado para otro gastando tres o cuatro horas en tratar de localizar un pedazo de papel. Eso no es producción.

Si una persona no te puede decir qué son las cosas con las que trabaja, para qué son y dónde están, no va a sacar ningún producto. No sabe lo que está haciendo.

Es como el carpintero que intenta construir una casa sin saber con qué va a construirla, sin entender sus herramientas y sus materias primas y las acciones básicas que debe realizar para obtener su producto. Eso es lo que estaba retrasando la producción en el área; el desorden. Y los fundamentos estaban fuera.

Eso está en realidad muy por *debajo* de conocer la tecnología del área: las técnicas reales que se usan para conseguir el producto. La persona ni siquiera sabe cuáles son sus herramientas y su equipo, ni qué se supone que hacen. No sabe si funcionan o no funcionan. No sabe que cuando usas una herramienta, la vuelves a poner en su lugar apropiado; que cuando tienes un despacho, lo pones en un archivo del cual se puede volver a sacar. Este es un nivel incluso más básico que saberse las órdenes y Cartas de Política relativas a su hat.

¿Cuáles son los fundamentos que faltan? ¡Los fundamentos de sentarse en la mesa en la que se supone que uno debe sentarse para hacer el trabajo! Los fundamentos de saber cuáles *son* las herramientas, materiales y equipo con los que trabaja y qué se supone que debe *hacer* con ellos para obtener su producto: esos son los fundamentos que faltan.

Llegamos a una razón real de por qué una persona no puede sacar productos. Esto es lo que está deteniendo la producción de esa persona. Está muy por debajo de saber la técnica de su trabajo. Fundamentos fuera.

¿Sabe el individuo dónde está el archivo? Cuando termina con ese archivo, ¿lo deja esparcido por todos lados o lo recoge otra vez y lo pone en el archivo, donde se pueda encontrar?

Ahora, una persona que esté trabajando tendrá papeles por todas partes, pero ¿sabe dónde están y va entonces a reunirlos y a ponerlos en orden otra vez? ¿O simplemente los va a dejar ahí y va a amontonar más papeles encima de estos?

Si encuentras el proyecto núm. 2 esparcido encima del proyecto núm. 1, sabes algo acerca de esa área. Los fundamentos están fuera.

Esto es una pequeña porción de tecnología, y con esa porción de tecnología tienes discernimiento. Tendrías que tener una imagen general de qué aspecto tendría el área si estuviera ordenada y organizada apropiadamente; cómo estaría organizada para obtener producción óptima. Luego podrías inspeccionar el área e identificar qué está sucediendo. Inspeccionarías basándote en: ¿cómo está el área comparada con la forma en que debería estar organizada? Averiguarías si el personal no sabe cuáles son las cosas en su área o para qué son, verías si conoce el valor de las cosas en el área o si hay importancias alteradas, archivos o archivado omitidos, acciones que se realizan fuera de secuencia, herramientas o equipo que no funciona, cualquier cosa añadida al escenario que no fuera pertinente a la producción, etc. En otras palabras, puedes inspeccionar un área buscando puntos fuera comparándolos con este factor en particular de una disposición ordenada.

Esta clase de fundamentos fuera y desorden reducen la producción a nada. Simplemente, no habrá ninguna producción en absoluto. No se construirá ninguna casa.

De lo que estamos hablando aquí es de una actitud ordenada. Una persona con un sentido del orden y una comprensión de lo que está haciendo se sienta a escribir una novela o un informe y tendrá su papel a mano; lo tendrá preparado con papel carbón y tendrá sus notas de consulta a mano. Y antes de tocar la máquina de escribir, se familiarizará con cuál es la escena. Hará el trabajo preparatorio necesario para obtener su producto.

Ahora, otra persona podría sentarse, escribir algo, luego acordarse vagamente de que había una nota en algún lugar, después buscar durante una hora para encontrar dónde estaba la nota y no poder encontrarla; y entonces decidir que no es importante de todas formas, y luego ir y venir unas cuantas veces y finalmente darse cuenta de que lo ha mecanografiado todo sin papel carbón.

———————

Hay un manejo para esto. Cualquiera que trate de manejar a una persona o un área que no comprende los fundamentos de aquello con lo que está tratando, y que está en un estado de desorden total, tiene que adquirir una firme realidad sobre el hecho de que *hasta que no se aprendan los fundamentos y se maneje el desorden, el área no producirá satisfactoriamente.*

La siguiente inspección se usa para determinar y manejar el estado de un área así.

INSPECCIÓN

Esta inspección se hace para determinar el conocimiento de los fundamentos dc un área o su orden. Puede hacerla un superior del área con el propósito de localizar y corregir áreas desordenadas. La puede usar cualquiera que se dedique al asunto de la producción y de obtener productos.

La siguiente inspección completa se haría, portapapeles en mano, tomando notas de todo, y *luego* se determinarían los manejos basándose en lo que se encontró en la inspección (según la sección de Manejo y los manejos que se dan entre paréntesis más adelante).

1. *¿Sabe en qué organización, empresa o compañía está? ¿Sabe cuál es su puesto o trabajo?*

Este es un asunto de si: ¿sabe siquiera dónde está él mismo? ¿Sabe cuál es la organización o compañía para la que trabaja? ¿Sabe cuál es el puesto que está ocupando?

(Si está tan confuso y desorientado que ni siquiera sabe la compañía u org en la que está, o no sabe cuál es su puesto, necesita aplicar la Fórmula Expandida de Confusión y entonces ir subiendo a través de las condiciones. Por supuesto, la persona también necesitaría recibir entrenamiento instantáneo en el hat de su puesto: la organización, el título de su puesto, su posición relativa en el organigrama, qué se supone que debe producir en su puesto, etc. Si está haciendo este manejo como parte de su Fórmula Expandida de Confusión, simplemente haz que reciba entrenamiento instantáneo en el hat y que continúe con su Fórmula de Confusión).

2. *Pregúntale a la persona cuál es su producto.*

¿Lo conoce? ¿Te lo puede decir sin retardo de comunicación o confusión?

Puede que encuentres que no tiene ni idea de cuál es su producto o que tiene un producto equivocado o que tiene confusiones con respecto a su producto. Tal vez ni siquiera sepa que se supone que debe sacar productos.

(Si es así, tiene que averiguar cuál es su producto. Si el producto de la persona aparece en las referencias de política, debería consultarlas. Si de su producto no se ocupan referencias de tecnología ni de política, tendrá que determinar cuál es).

3. *¿Puede recitar rápidamente una lista de las acciones básicas, en el orden correcto, necesarias para sacar su producto, o titubea al respecto?*

¿Sabe qué hacer con su producto una vez que está terminado?

Puede que trate de decirte qué hace cada día o cómo maneja esto o aquello y qué dificultades está teniendo con su puesto. Anota esto, pero en lo que estás interesado es en: ¿conoce las acciones básicas que tiene que llevar a cabo para sacar su producto? ¿Y sabe qué hacer con el producto una vez que está terminado?

(Si no puede recitar rápidamente la sucesión de acciones en un 1, 2, 3, entonces más le vale hacer una demostración en plastilina de las acciones básicas, en el orden apropiado, necesarias para sacar su producto y luego ejercitar estas acciones hasta que pueda recitarlas en sueños. Si no sabe qué hacer con su producto una vez terminado, entonces necesitará averiguarlo y luego ejercitar el manejo del producto terminado).

4. *Pregúntale cuáles son las herramientas que le permiten obtener su producto.*

Anota su reacción. ¿Puede nombrar sus herramientas de alguna forma? ¿Incluye las herramientas significativas de su área? ¿Incluye su paquete de hat como una herramienta?

(Si no sabe cuáles son sus herramientas, más le vale averiguar con qué está trabajando y para qué sirve. Un buen trabajador conoce sus herramientas tan bien que las puede usar con los ojos vendados, parado de manos y con un brazo atado a la espalda).

5. *Pídele que te muestre sus herramientas.*

¿Están sus herramientas en el área de trabajo o las tiene fuera de su alcance, al otro lado del pasillo o en algún otro cuarto?

(Puede que tenga que volver a organizar su espacio de trabajo para poner sus herramientas fácilmente a su alcance y poner dentro algunos de los fundamentos de organización. El propósito de esta organización sería hacer la producción más fácil y más rápida).

6. *Pídele que te diga qué es cada una de sus herramientas.*

¿Las puede definir? ¿Sabe lo que es cada una de ellas y para qué sirven?

(Si no lo sabe, más le vale averiguarlo).

7. *Pídele que te diga cuál es la relación entre cada una de sus herramientas y su producto.*

(Si no puede hacerlo, haz que realice demostraciones en plastilina de los pasos que lleva a cabo con cada herramienta que usa para sacar sus productos, de forma que vea la relación entre cada herramienta y su producto).

8. *Pídele que te nombre las materias primas con las que trabaja. Pídele que te muestre sus materiales.*

¿Sabe cuáles son sus materias primas? ¿Están en su área de trabajo? ¿Están en orden? ¿Sabe de dónde obtenerlas?

(Puede que tenga que averiguar cuáles son las materias primas de su puesto [definiéndolas] y de dónde vienen. Debería ejercitarse en conseguirlas y manejarlas y luego recorrer Alcanzar y Retirarse en ellas).

9. *¿Tiene un archivero? ¿Archivos? Pregúntale qué son.*

¿Sabe para qué sirven? ¿Sabe lo que es un despacho, etc.?

(Puede que se le tenga que hacer comprender qué *son* los archivos, los archiveros, los despachos, etc., y qué tienen que ver con él y su producto. Puede que tenga que hacer una demostración en plastilina de la relación entre estas cosas. Tendrá que establecer un sistema de archivo).

10. *¿Tiene un sistema para localizar las cosas?*

Pide que te lo enseñe. Inspecciona sus archivos. ¿Lleva registros? ¿Toma nota de las cosas al sacarlas y corrige el registro cuando las devuelve? ¿Tiene etiquetas en las canastillas de comunicación? ¿Tiene un lugar específico para suministros? Pídele que encuentre algo en sus archivos. ¿Cuánto tiempo le lleva?

¿Tiene una colección ordenada de obras de consulta o una biblioteca que contiene los materiales de su campo? ¿Está organizada de forma que se pueda usar?

(Si no tiene un sistema para localizar las cosas, haz que establezca uno. Haz que establezca un sistema de archivo, un sistema de registro, que etiquete las canastillas de comunicaciones, que ordene los suministros, etc. Que establezca y organice una biblioteca de obras de consulta. Que se ejercite en usar el sistema que tiene).

11. *Cuando usa un artículo, ¿lo pone otra vez en el mismo sitio? ¿Lo pone otra vez en un sitio donde los demás lo puedan encontrar?*

Probablemente te dirá que sí, por supuesto que lo hace. Mira alrededor. ¿Hay objetos y archivos esparcidos por ahí? ¿Está el lugar ordenado o es un lío? Pídele que encuentre algo. ¿Sabe exactamente dónde está, o tiene que buscarlo? ¿Hay una acumulación de partículas sin manejar ahí?

(Haz que realice una demostración en plastilina de por qué podría ser conveniente volver a poner las cosas en el sitio en que las encontró. Haz que ejercite el volver a poner las cosas en su sitio cuando termine de usarlas. Haz que limpie el lugar, manejando cualquier acumulación de partículas sin manejar).

12. *Si es factible, ve de hecho con la persona al área personal donde vive.*

¿Está hecha la cama? ¿Está limpia el área? ¿Están guardadas las cosas? ¿Cuánta ropa sucia tiene? ¿Está guardada en una bolsa o una cesta o está tirada por todo el lugar? Cada una de las personas que tenían el MEST personal desordenado, una por una, *no* estaba obteniendo producto alguno en puesto; no tenían ningún sentido del orden.

(Si sus habitaciones personales son un desastre, haz que ordene su área personal (por supuesto, en su tiempo libre) y la mantenga así a diario. Esto le enseñará lo que *es* el orden).

MANEJO

Se encontrará, por supuesto, que algunas áreas están en excelente orden y pasarán la inspección. Muy probablemente, estas serán áreas de alta producción.

Se encontrará que otras áreas sólo tienen unos cuantos puntos fuera que se corregirán fácilmente con los manejos anteriores. Estas serán probablemente áreas en las que está habiendo algo de producción.

Cuando el personal tiene un concepto de lo que es el orden y por qué es importante, normalmente estará deseoso de corregir los puntos de desorden que han aparecido en la investigación, y puede que no necesite que se le apremie, ejercite o corrija más, sino que empezará rápidamente a remediar los puntos fuera. Para muchos miembros del staff inteligentes y dispuestos, el simple hecho de leer esta política será suficiente para que ordenen sus áreas de inmediato.

Hay, sin embargo, un sector que no tiene ningún concepto del orden, y puede que no tenga la menor idea de por qué alguien se preocuparía de eso. Lo más probable es que los encuentres en apatía, abrumados o desesperados con respecto a las áreas de sus puestos. No importa lo que hagan, simplemente no pueden sacar sus productos en una cantidad y calidad adecuadas. Lo intentan, lo intentan y lo intentan, pero todo parece actuar en su contra.

Cuando encuentras una situación así, date cuenta de que el área está en Confusión. Estás tratando de manejar un área que está en una firme y dedicada Condición de Confusión.

Un área o individuo así requeriría que se aplicara la Fórmula Expandida de Confusión incluyendo los manejos de arriba. Así que si estas cosas se confirman en un área, tienes que usar la Fórmula Expandida de Confusión y los manejos que se dan más arriba, hasta terminarlos totalmente. Porque, francamente, un área o individuo así, *está* en una condición de Confusión y permanecerá en Confusión hasta que se aplique la Fórmula Expandida de Confusión, incluyendo todos los manejos que resultaron de la inspección.

Una vez fuera de Confusión, se debe llevar a la persona hacia arriba, a través de las demás condiciones.

ADVERTENCIA

La Condición de Confusión es una condición muy baja, y nunca debería asignarse si no está justificada. Si se encontrara en la inspección anterior que uno o dos puntos estaban fuera en un área, y estos se corrigieran fácilmente, no habría razón para asignarle Confusión a esa área. De hecho, se puede empeorar un área al asignarle la condición incorrecta.

Pero cuando tienes una situación de larga duración de pocos productos o ninguno, combinada con un estado de desorden, date cuenta de que el área o individuo está en una Condición de Confusión, y que el aplicar la Fórmula de Confusión más los manejos dados aquí sacarán al área del lodazal y la llevarán hasta un punto de partida desde el que puede *comenzar* a producir.

Nota: Si la inspección se le hace a una persona o área y se encuentra que algunos puntos están fuera y se hacen los manejos, pero no se asigna la Condición de Confusión, se tiene que reinspeccionar el área algo así como una semana más tarde. De esta forma detectarás si se pasó por alto una verdadera Condición de Confusión, pues el área habrá vuelto a caer en el desorden o habrá empeorado.

145

RESUMEN

Un conocimiento de los fundamentos de un área y tener en orden un área son esenciales para la producción.

Cuando encuentras a una persona que está a un año luz de los fundamentos, no tiene ni idea acerca del tema del orden y está flotando allá arriba en las nubes en vez de simplemente tratar de construir lo que se supone que tiene que construir o hacer lo que se supone que tiene que hacer, has dado con el Porqué para su falta de producción.

Con la inspección y los manejos que se dan aquí, podemos ahora manejar cualquier grado de desorden y desorganización.

Y el orden reinará.

Las áreas improductivas se vuelven capaces de producir.

Las áreas que ya producen aumentan su producción.

Y la producción marchará sobre ruedas.

UN ENSAYO
SOBRE EL PODER

LAS RESPONSABILIDADES DE LOS LÍDERES

Unos cuantos comentarios sobre el *poder,* sobre ser una persona poderosa o trabajar cerca de una persona poderosa o bajo una persona poderosa, es decir, un líder o alguien que ejerce una influencia amplia y primordial en los asuntos de los hombres.

Lo he escrito de esta forma, usando a dos personas reales, para dar un ejemplo de magnitud suficiente que interese y proporcione una lectura agradable. Y he usado un ámbito militar para que pudiera verse con claridad, sin reestimulación de problemas de admin.

El libro al que se hace referencia es un libro fantásticamente logrado, por cierto.

LOS ERRORES DE SIMÓN BOLÍVAR Y MANUELA SÁENZ

Referencia: el libro titulado: *La Amante Inmortal: Las Cuatro Estaciones de Manuela Sáenz (The Four Seasons of Manuela),* de Victor W. von Hagen, una biografía.

Simón Bolívar fue el Libertador de Sudamérica del yugo de España.

Manuela Sáenz fue la Libertadora y Consorte.

Sus actos y destinos están bien registrados en esta conmovedora biografía.

Pero dejando a un lado cualquier valor puramente dramático, el libro pone al descubierto y motiva varias acciones de gran interés para quienes lideran, apoyan a líderes o están cerca de ellos.

Simón Bolívar era un personaje de gran temperamento. Era uno de los hombres más ricos de Sudamérica. Tenía una verdadera capacidad personal de la que sólo están dotados unos pocos en el planeta.

Fue un comandante militar sin par en la historia. La razón de que fracasara y muriera en el exilio para después ser deificado es por lo tanto, de gran interés. ¿Qué errores cometió?

Manuela Sáenz fue una mujer brillante, hermosa y capaz. Era leal, dedicada, bastante equiparable a Bolívar y muy superior al humanoide medio. ¿Por qué vivió, entonces, como una paria marginada, recibió un rechazo social tan violento, murió de pobreza y sigue siendo desconocida para la historia? ¿Qué errores cometió?

LOS ERRORES DE BOLÍVAR

La liberación de cosas es la dramatización tácita inversa (la otra cara de la moneda) con respecto a la esclavitud compelida por los mecanismos de la mente. A menos que haya algo *hacia* lo que liberar al hombre, el acto de liberar es simplemente una protesta contra la esclavitud. Y como ningún humanoide *es* libre mientras esté aberrado en el ciclo del cuerpo, liberarlo políticamente es por supuesto una mera formalidad, pues esto lo libera sólo para entrar en la anarquía de dramatizar sus aberraciones, sin *ningún* control en absoluto. Y sin algo exterior que combatir y sin ninguna exteriorización de su interés, simplemente enloquece ruidosa o silenciosamente.

Una vez que se ha cometido un daño tan grande como depravar seres, no hay, por supuesto, ninguna libertad excepto liberar a la persona de la depravación en sí o, *por lo menos,* de sus influencias más obvias en la sociedad. En pocas palabras, se tendría que desaberrar a un hombre antes de que se pudiera desaberrar toda su estructura social.

150 Si uno careciera por completo de la capacidad para liberar totalmente al Hombre de sus pautas reactivas, entonces podría liberar al Hombre por lo menos de sus reestimuladores en la sociedad. Si uno tuviera la totalidad de la información (pero careciera de la Tecnología de Scientology), simplemente usaría pautas de conducta reactivas para hacer pedazos la antigua sociedad y luego recoger ordenadamente los pedazos y formar con ellos un nuevo modelo. Si uno no tuviera ni la menor idea de lo reactivo que se puede volver alguien (y por supuesto Bolívar no tenía conocimiento alguno en ese campo), aún quedaba ahí una fórmula funcional que usan de manera "instintiva" la mayoría de los líderes políticos prácticos y con éxito:

Si liberas a una sociedad de aquello que ves mal en ella y usas la fuerza para exigir que haga lo correcto, y si progresas con decisión y rigurosidad y sin contemporizar continuamente, puedes, con la aplicación de tu encanto y tus dones, producir una gran reforma política o mejorar un país en decadencia.

Así que el primer error de Bolívar, y también fue el más constante, se encontraba en la vital palabra "ves" en el párrafo anterior. Él no miraba y ni siquiera escuchaba los informes fiables de los servicios de inteligencia. Estaba tan *seguro* de que podía *hacer con su resplandor* que las cosas salieran bien, hacer que las cosas salieran bien luchando o hacer que las cosas salieran bien con su encanto, que nunca buscó nada que estuviera mal para corregirlo hasta que fue demasiado tarde. Esto es el *non plus ultra* de la confianza personal que equivale a la vanidad suprema. "Cuando él apareciera, todo se enderezaría" no sólo era su creencia, sino su filosofía básica. Así que la primera vez que no funcionó, él se derrumbó. Todas sus destrezas y encanto estaban canalizados hacia esta prueba única. Sólo eso podía observar él.

Sin ánimo de compararme con Bolívar, sino para mostrar mi comprensión de esto:

Una vez ideé una solución similar: "Continuaría tanto como pudiera, y cuando se me detuviera, entonces moriría". Esta fue una solución bastante suave en cuanto a su expresión y verdaderamente difícil de comprender hasta tener una ligera idea de lo que yo quería decir con continuar. Los meteoros continúan; con gran rapidez. Y eso mismo hice yo. Luego, un día, hace muchísimo tiempo, finalmente *se me* detuvo (después de incontables pequeños paros por parte de conocidos y familiares para prepararme, que culminaron conmigo en una armada más dedicada a los galones que a acabar con el enemigo) y, literalmente, renuncié. Durante un tiempo, no tenía ni la menor idea de lo que andaba mal conmigo. La vida se volvió completamente imposible de vivir, hasta que encontré una *nueva* solución. Así que conozco la fragilidad de estas soluciones únicas. Sin ánimo de compararme, sino sólo para mostrar que nos pasa a todos, no sólo a los Bolívares.

Bolívar carecía por completo de percepción introspectiva profunda. Sólo podía tener percepción "extraspectiva", y aun así no miraba ni escuchaba. Él *hacía con su resplandor* que las cosas salieran bien. Lamentablemente, que él pudiera hacer eso fue la causa de su ruina. Hasta que ya no pudo hacerlo. Cuando ya no pudo hacer que las cosas salieran bien con su radiante entusiasmo, rugía y cuando ya no pudo rugir, libraba una batalla. Luego, los enemigos civiles no eran enemigos militares, así que no le quedó ninguna solución en absoluto.

Nunca se le ocurrió hacer más que *magnetizar* personalmente las cosas para que salieran bien y victoriosas.

Su ruina fue que hizo un uso desmesurado de una habilidad sólo porque era fácil. Él era demasiado bueno en esto en concreto, así que nunca prestó atención a ninguna otra habilidad y ni siquiera soñó jamás con que existiera otro curso de acción.

No tenía visión alguna de ninguna situación ni tenía idea de los pasos de organización o de preparación necesarios para lograr una victoria política y personal. Sólo conocía la organización militar, y su capacidad para tener una comprensión profunda de una organización terminaba ahí.

La educación que recibió estuvo inspirada en la embriagante revuelta francesa, notoria por su incapacidad de organización para formar culturas, y que fatalmente le impartió un maestro de su niñez que era extremadamente incapaz en su propia vida privada (Simón Rodríguez, un sacerdote exclaustrado convertido en tutor).

Bolívar no tenía ninguna habilidad financiera personal. Empezó siendo acaudalado y terminó siendo un indigente: una estadística que descendió desde ser uno de los hombres más ricos, si no el más rico, de Sudamérica, hasta acabar en un exilio y sepultado con un camisón prestado. Y *esto* mientras la propiedad de los realistas estaba enteramente a su disposición; lo más valioso de las tierras y minas de Sudamérica estaba totalmente al alcance de su mano, ¡y eso no es creíble! Pero es cierto. Nunca cobró sus propios préstamos a los gobiernos, ni siquiera estando a la cabeza de esos gobiernos.

Así que no es de extrañar que encontremos otros dos errores muy reales que lo llevaron a la ruina: no hizo que se *recompensara* a sus tropas o a sus oficiales, y no se esforzó por lograr solvencia alguna en los estados que controlaba. No había ningún problema con que ellos no recibieran ninguna paga si aún quedaban muchos años de batalla, pues todavía no habían ganado verdaderas riquezas, ¡pero no *recompensarlos* cuando todo el lugar estaba a su disposición! ¡Vaya!

El límite de su capacidad consistía en exigirle a las iglesias (que no estaban activamente en su contra al principio, pero a las que les molestó esto a más no poder) un poco de dinero en efectivo para pagos y algunos gastos domésticos.

Pudo haber reservado (y debería haberlo hecho) todos los bienes y las fincas de los realistas para dividirlos entre sus oficiales, sus hombres y sus partidarios. No tenían dueño ahora. Y este fallo le costó a la economía del país la pérdida de impuestos de todas esas fincas productivas (toda la riqueza de la tierra). Así que no es de extrañar que su gobierno, con sus propiedades gravables ahora inoperantes o, en el mejor de los casos, acaparadas y explotadas por algún oportunista o saqueadas por indios, fuera insolvente. Además, al no llevar a cabo una acción tan obvia, puso los bienes en manos de enemigos más previsores y dejó a sus oficiales y a sus hombres sin plata para financiar cualquier apoyo a su propia estabilidad en la nueva sociedad y, por lo tanto, la suya.

En lo que se refiere a las finanzas del estado, se ignoraron las grandes minas de Sudamérica, que de pronto quedaron sin dueño y luego fueron arrebatadas y explotadas por aventureros extranjeros que simplemente llegaron y las tomaron sin pagar.

España había dirigido el país basándose financieramente en diezmos sobre las minas y en impuestos generales. Bolívar no sólo no cobró los diezmos, sino que dejó que la tierra se volviera tan inservible que no se podía gravar. Debería haber puesto a las fincas a producir mediante cualquier recurso y debería haber administrado por medio del estado todas las minas realistas en cuanto las tuvo. No hacer estas cosas fue una completa, aunque típicamente humanoide, necedad.

Al hacer esta división de los bienes, debería haberlo dejado todo en manos de comités de oficiales que funcionaran como tribunales para demandas contra el gobierno, sin que él se manchara las manos en la corrupción natural. Se le dejó doblemente expuesto, puesto que no sólo no le prestó atención a esto, sino que también se ganaba una fama de corrupto cuando alguien se apoderaba de algo.

Tampoco reconoció la naturaleza distante y variada de sus países, pese a todo lo que cabalgó y luchó en ellos y, por lo tanto, buscó un gobierno fuertemente centralizado; no sólo centralizando los estados, sino también las diferentes naciones en un estado federal. Y esto en una masa continental inmensa, llena de cordilleras insalvables, selvas y desiertos infranqueables y sin correo, telégrafo, postas, caminos, vías férreas, barcos fluviales o ni siquiera puentes peatonales reparados después de una guerra de desgaste.

Un sistema de niveles jerárquicos de pueblo a estado, de estado a país y de país a estado federal sólo era posible (en esas inmensas extensiones de territorio, donde nunca se podría conocer personalmente a los candidatos en ninguna zona extensa, y cuyas opiniones ni siquiera podían hacerse circular más de unos cuantos kilómetros de senderos para burros) haciendo que únicamente el pueblo fuera democrático y los demás niveles serían simples nombramientos de pueblo hacia arriba, siendo él mismo quien los ratificaría si fuera necesario. Con sus propios oficiales y ejércitos controlando las tierras, como propietarios de todo lo que se les había arrebatado a los realistas y a la corona de España, no habría sufrido ninguna revuelta. Por supuesto, habrían ocurrido pequeñas guerras civiles, pero podría haber existido un tribunal en el nivel federal para resolver sus demandas finales, el cual, por una parte, los habría mantenido viajando tanto por esas vastas distancias que habría flaqueado su entusiasmo por litigar y, por otra parte, con resoluciones establecidas por medio de una lucha despiadada y feroz, Bolívar habría conseguido a los gobernantes más fuertes, de haber permanecido imparcial.

Él no se apartó abdicando de una posición dictatorial. Confundió la aclamación y capacidad militares con una herramienta de paz. La guerra sólo trae anarquía, así que consiguió anarquía. La paz es más que un "mandato por la unión", su frase favorita. Una paz productiva es hacer que los hombres estén ocupados y darles algo para que creen algo que *quieran* crear, y decirles que sigan adelante con ello.

Nunca llegó a reconocer a un Supresivo, y nunca consideró que se necesitara dar muerte a nadie excepto en un campo de batalla. Allí era glorioso. Pero alguien que estaba destruyendo su mismísimo nombre y alma, y la seguridad de todos sus seguidores y amigos, el SP Santander, su vicepresidente, que podría haber sido arrestado y ejecutado por un escuadrón de la guardia basándose en una centésima parte de las pruebas disponibles y que pudo sobornar a toda la tesorería y a toda la población poniéndolos en su contra, sin que Bolívar, continuamente advertido y cargado de pruebas, ni siquiera lo reprendiera jamás. Y esto causó su pérdida de popularidad y su exilio final.

De la misma manera, también dejó de proteger a sus allegados militares y a Manuela Sáenz de otros enemigos. Así que debilitó a sus amigos e ignoró a sus enemigos simplemente por descuido.

Su mayor error fue que al destituir a España del poder, no destituyó al esbirro más poderoso de esa nación, la Iglesia, y ni siquiera la hizo local, ni recompensó a una rama sudamericana separada para obtener su lealtad, ni le hizo absolutamente nada (excepto extorsionarla para sacarle dinero) a una organización que continuamente trabajaba para España como sólo ella podía hacerlo: influyendo en cada persona que vivía en el territorio para crear, entre bastidores, un reino de terror directamente anti-Bolívar. O sobornas a un grupo así o lo eliminas cuando deja de ser universal y se vuelve, o es, el cómplice del enemigo.

Como la Iglesia tenía bajo su poder una enorme cantidad de tierras y como a las tropas y seguidores de Bolívar *no se les pagaba* ni la escasa paga de un soldado raso, si se iban a ignorar las fincas realistas, por lo menos se deberían haber confiscado las tierras de la Iglesia y habérselas dado a los soldados. El General Vallejo hizo esto en 1835 en California, un acto casi contemporáneo, sin que ocurriera ninguna catástrofe por parte de Roma. O los países que estaban sin plata podrían haberlas ocupado. No dejas a un enemigo con recursos financieros y solvente, mientras permites que tus amigos mueran de hambre en un juego como el de la política sudamericana. Oh, no.

Desperdició a sus enemigos. Envió al extranjero a los "godos" o soldados realistas derrotados. La mayoría no tenía más hogar que Sudamérica. No publicó ninguna amnistía con la que pudieran contar. Se les envió fuera del país o se les dejó morir "como perros": con los mejores artesanos del país entre ellos.

Cuando uno de ellos (el General Rodil) se negó a entregar la fortaleza de El Callao después de que Perú se había *conquistado,* Bolívar, tras grandes gestos de amnistía, no logró que se rindieran, y entonces combatió el fuerte. Cuatro mil refugiados políticos y cuatro mil soldados realistas murieron, a lo largo de muchos meses, a plena vista de Lima, combatidos intensamente por Bolívar sólo porque *el fuerte* estaba peleando. Pero Bolívar tenía que poner orden en Perú con urgencia, no luchar contra un enemigo derrotado. La respuesta correcta a un comandante tan insensato como Rodil, pues Bolívar sí tenía las tropas para hacerlo, era cubrir los caminos con potencial de cañones enfilados para desanimar cualquier salida del fuerte, poner un número mayor de soldados de sus propias tropas en una posición ofensiva distante, pero en descanso y cómoda, y decir: "No vamos a luchar; la guerra ha terminado, idiota. Mira a esos idiotas, se alimentan de ratas cuando podrían simplemente salir y dormir en sus casas por la noche o irse a España o alistarse conmigo o simplemente irse de campamento", y permitir que cualquiera que así lo deseara, entrara y saliera, haciendo que el comandante del fuerte (Rodil) fuera presa de todas las esposas o madres suplicantes desde afuera, y de los que quisieran desertar o rebelarse desde dentro, hasta que desistiera con vergüenza de la farsa: un hombre no puede luchar solo. Pero la batalla era la gloria para Bolívar. Y llegaron a tenerle una fuerte aversión porque el incesante cañoneo, que no logró nada, era molesto.

Los honores significaban muchísimo para Bolívar. Agradar era su vida. Y probablemente eso significaba más para él que ver que las cosas realmente marcharan bien. Nunca hizo concesiones con respecto a sus principios, pero vivió de la admiración: una dieta bastante enfermiza, pues, a su vez, exige hacer un "teatro" continuo. Uno es lo que es, no aquello por lo que se le admira o se le detesta. Juzgarse a sí mismo por sus éxitos es simplemente observar que sus postulados funcionaron, y eso produce confianza en la capacidad de uno. Necesitar que se le *diga* a uno que sí funcionaron, no es más que una crítica hacia su propia vista y le entrega una lanza al enemigo para causar su herida de vanidad a voluntad. El aplauso es agradable. Está muy bien recibir agradecimiento y ser admirado. Pero, ¿trabajar sólo para eso?

Y su avidez por eso, su adicción a la droga más inestable de la historia (la fama) mató a Bolívar. Esa lanza que él mismo ofreció. Continuamente le dijo al mundo cómo matarlo: reduciendo su estima. Así como el dinero y la tierra pueden comprar cualquier cantidad de camarillas o conspiraciones, a él se le podía matar agriando la estima hacia él, que es lo que con más facilidad se puede lograr que haga el populacho.

Él tenía todo el poder. No lo usó ni para bien ni para mal. No se puede retener el poder y no usarlo. Esto viola la Fórmula de Poder. Pues entonces impide que *otros* hagan cosas si *ellos* tuvieran algo del poder, así que ven como su única solución la destrucción del que tiene el poder puesto que él, al no usarlo ni delegarlo, es, sin quererlo, el obstáculo para todos sus planes. Por lo tanto, incluso muchos de sus amigos y ejércitos finalmente estuvieron de acuerdo en que había que deshacerse de él. No eran hombres capaces. Estaban en un caos. Pero, malo o bueno, tenían que hacer *algo.* Tras catorce años de guerra civil, la situación era desesperada, estaban destrozados y desfallecían de hambre. Por lo tanto, tenían que tener *algo* de ese poder absoluto o si no, no se podría hacer absolutamente nada. No eran grandes mentes. Él no necesitaba "grandes mentes", eso pensaba, aun cuando las invitara verbalmente. Veía las soluciones mezquinas, a menudo asesinas, de estos, y los reprobaba duramente. Y así, ostentaba el poder y no lo usó.

No podría haber soportado otra amenaza a su *personalidad.*

Las dificultades en Perú llegaron cuando venció a su verdadero conquistador, San Martín (de Argentina), en un insignificante triunfo acerca de anexionar Guayaquil a Colombia. Bolívar quiso parecer triunfante una vez más, y no se dio cuenta de que en realidad les costó a él y a Perú el apoyo de San Martín: quien comprensiblemente renunció y se fue a casa, dejándole a Bolívar *Perú para que lo conquistara.* Por desgracia, Perú ya había estado en sus manos. San Martín necesitaba algunas tropas para acabar con un pequeño ejército realista, eso era todo. No necesitaba que Perú perdiera Guayaquil, ¡lo que de todas formas nunca le hizo ningún bien real a nadie!

Cuando afrontaba dos zonas de problemas, Bolívar se volvía inactivo. No sabía qué camino seguir. Así que no hacía nada.

Más valiente que cualquier general de la historia en el campo de batalla, en los Andes o en ríos torrenciales, realmente no tuvo la valentía necesaria para confiar en mentes inferiores y tolerar sus a menudo espantosos yerros. Le tenía miedo a sus yerros. Así que no se atrevió a desatar a su numerosa y dispuesta jauría de perros de presa.

Podía guiar a los hombres, hacer que se sintieran de maravilla, hacer que lucharan y dieran sus vidas después de sufrir privaciones que ningún ejército en ninguna otra parte del mundo ha afrontado jamás, ni antes ni después. Pero no era capaz de *usar* a los hombres, aun cuando estaban rogando que lo hiciera.

Es un nivel aterrador de valentía usar hombres que sabes que pueden ser crueles, maliciosos e incompetentes. Él no tenía ningún miedo de que alguna vez se volvieran contra él. Cuando finalmente lo hicieron, sólo entonces se quedó de piedra. Pero él protegió "al pueblo" de la autoridad concedida a hombres de dudosa competencia. Así que en realidad nunca usó más de tres o cuatro generales de temperamento afable y capacidad enormemente sobresaliente, y a los demás les negó el poder. Muy considerado con respecto al nebuloso "pueblo", pero muy malo en realidad para el bien general. Y esto realmente provocó su muerte.

No. Bolívar era teatro.

Todo era teatro. No se pueden cometer tales errores y seguir aparentando que uno considera vida a la vida, fogosa, ardiente y real. Los hombres reales y la vida real están llenos de situaciones peligrosas, violentas, vivas y las heridas *duelen* y la inanición es pura desesperación, en especial cuando la ves en alguien que amas.

Este extraordinario actor, respaldado por un potencial personal fantástico, cometió el error de pensar que el tema de la libertad y su propia gran actuación sobre el escenario eran suficiente para captar el interés de todas las horas de trabajo y de sufrimiento de los hombres, comprar su pan, pagar a sus rameras, pegarles un tiro a los amantes de sus esposas y vender sus heridas, o incluso poner suficiente drama en vidas sumamente oprimidas como para hacerles querer vivirla.

No, Bolívar era, por desgracia, el único actor en el escenario, y ningún otro hombre en el mundo era real para él.

Y así murió. Lo querían. Pero ellos también estaban en el escenario, en el que estaban muriendo de acuerdo al guión de Bolívar o al guión de Rousseau para la libertad, sin un guión para vivir sus vidas tan reales.

Fue el general militar más grande de la historia, si se le mide por los obstáculos que afrontó, por el pueblo y por la tierra en que luchó.

Y fue un fracaso total para sí mismo y para sus amigos.

Aun considerando que, encima, fue uno de los *hombres* más grandes que hubieran vivido. Así, vemos lo verdaderamente desastrados que otros, al calzarse las botas de los líderes entre los hombres, deben ser.

MANUELA SÁENZ

La tragedia de Manuela Sáenz, como amante de Bolívar, fue que nunca se le *utilizó,* nunca se le permitió participar en realidad, y no fue ni protegida ni honrada por Bolívar.

Aquí tenemos a una mujer inteligente, espectacular, de increíble fidelidad y destreza, con enormes "dotes", capaz de proporcionar gran satisfacción y servicio. Y sólo se tomó su habilidad para satisfacer y eso no continuamente y ni siquiera honestamente.

En primer lugar, Bolívar nunca se casó con ella. Él nunca se casaba con nadie. Esto abrió una fantástica brecha en cualquier defensa que ella pudiera haber ejercido jamás contra sus propios enemigos, o los de él, que eran legión. Así que su primer error estuvo en no habérselas ingeniado de alguna forma para contraer matrimonio.

Ella permitió que el hecho de tener un marido distanciado de ella, al que había sido más o menos vendida, arruinara su vida indirectamente.

Ella era demasiado desinteresada para ser real en todas sus muy hábiles maquinaciones.

Para este problema del matrimonio, pudo haber urdido cualquier cantidad de acciones.

Tenía la firme amistad de todos los consejeros de confianza de Bolívar, incluso de su viejo tutor. Aun así, no organizó nada para sí misma.

Era absolutamente dedicada, completamente brillante, y absolutamente incapaz de llevar realmente a cabo una acción definitiva de cualquier tipo.

Ella violó la Fórmula de Poder al no darse cuenta de que tenía poder.

Manuela tenía en frente a un hombre difícil de tratar. Pero ella no sabía lo suficiente para hacer que su propia corte fuera eficaz. Organizó una y no supo qué hacer con ella.

Su error más fatal fue no acabar con Santander, el principal enemigo de Bolívar. Eso le costó todo lo que tenía antes del final y después de que muriera Bolívar. Ella supo durante *años* que había que matar a Santander. Lo decía o lo escribía casi todos los días. Sin embargo, nunca le prometió a algún joven oficial una noche agradable o un puñado de oro por hacerlo, en una época en que *los duelos estaban de moda*. Es como quedarse por ahí discutiendo cómo se debe disparar al lobo que, claramente visible en el jardín, está comiéndose los pollos, incluso empuñando un arma pero sin siquiera levantarla, mientras todos los pollos de uno desaparecen durante años.

En una tierra en la que dominaban los sacerdotes, nunca se hizo con un sacerdote dócil para lograr sus propósitos.

Manuela era un fantástico oficial de inteligencia. Pero le proporcionó su información a un hombre que no podía actuar para protegerse a sí mismo ni a sus amigos; que sólo podía luchar dramáticamente contra ejércitos. Ella no vio esto ni tomó discretamente la cartera de jefe de la policía secreta. Su error fue esperar a que se le pidiera; que se le pidiera ir a él, para actuar. Ella era, voluntariamente, el mejor agente de inteligencia político que tenía Bolívar. Por lo tanto, también debió haber asumido más papeles.

Manuela protegía la correspondencia de Bolívar, mantenía una relación estrecha con sus secretarios, y aun así nunca reunió ni falsificó ni robó ningún documento para derrotar a enemigos, ya fuera con declaraciones ante Bolívar o ante un círculo de personas de su corte. Y en una zona con una ética tan baja, eso es fatal.

Ella escribió panfletos abiertamente y luchaba de forma violenta como en una batalla contra su chusma.

Tenía una gran cantidad de dinero a su disposición. En una tierra de indios en venta, nunca usó un céntimo para pagar por una puñalada rápida ni por una prueba sólida.

Aunque con sólo abrir la boca podía haber hecho suya cualquier finca realista confiscada, litigó por una herencia legítima que nunca ganó y por otra que ganó, pero que nunca le pagaron.

160

Ambos vivieron al borde de las arenas movedizas. Ella nunca compró un tablón o una cuerda.

Arrebatada por el torbellino de la gloria, dedicada por completo, siendo potencialmente capaz y un enemigo formidable, ella no *actuó*.

Ella esperó a que se le pidiera acercarse a él incluso cuando Bolívar yacía moribundo en el exilio.

El dominio de Bolívar sobre ella, quien nunca obedeció a ningún otro, era demasiado absoluto para la propia supervivencia de él o la de ella.

Las equivocaciones que se le imputaron a ella (señaladas en su época como su capricho y teatralidad) no fueron sus errores. Estas sólo la hacían interesante. Distaban mucho de ser fatales.

No era lo bastante despiadada como para compensar la falta de crueldad de Bolívar, ni lo bastante previsora como para compensar su falta de previsión.

Los caminos que se abrían ante ella para las finanzas, para la acción, carecían por completo de barreras. La senda se extendía hasta el horizonte.

Luchó con valentía, pero simplemente no actuó.

Era una actriz sólo para el teatro.

Y de eso murió ella. Y dejó morir a Bolívar a causa de eso.

Manuela nunca miró a su alrededor y dijo: "Mira, las cosas no deben marchar tan mal. Mi amante es dueño de medio continente, e incluso yo tengo la lealtad de batallones. ¡Sin embargo, esa mujer me arrojó un pescado!".

Manuela nunca le dijo al médico de Bolívar, de quien se rumoreaba que era su amante: "Dile a ese hombre que no vivirá si yo no me convierto en una parte constante de su séquito, y díselo hasta que se lo crea, o tendremos un nuevo doctor por aquí".

El mundo estaba abierto. Mientras Teodora, la esposa del emperador Justiniano I de Constantinopla, una mera muchacha circense y meretriz, gobernó con más dureza que su marido, pero para él y a sus espaldas, (e hizo además que se casara con ella) Manuela nunca hizo traer una cesta llena de oro para dársela a Bolívar para sus tropas que no habían recibido paga, con un: "La acabo de encontrar, querido" al "¿De dónde diablos...?", de Bolívar después de que su propio y emprendedor séquito les extrajera cuidadosamente a los prisioneros realistas un rescate para salir de la cárcel. Ella nunca le entregó a las tropas la hija de alguna familia que estuviera vociferando en su contra, para después decir: "¿Cuál es la siguiente familia que va a verborrear de más?".

Ella ostentaba incluso el rango de coronel, pero sólo lo usaba para vestir trajes de hombre por las tardes. Era una tierra brutal, violenta y despiadada, no un juego de sillas musicales para niños.

Y así, Manuela, sin plata, imprevisora, murió de mala manera y en la pobreza, exiliada por enemigos y abandonada por sus amigos.

Pero, ¿por qué no había de ser abandonada por sus amigos? Habían acabado todos ellos en tal pobreza que eran totalmente incapaces de ayudarla aunque quisieran hacerlo. Porque ella una vez tuvo el poder para hacerlos solventes. Y no lo usó. Estaban en la pobreza antes de triunfar, pero al final llegaron a controlar la tierra. Después de eso, ¿por qué hacer de la pobreza un mal hábito?

———————

Y vemos así a dos personajes patéticos, realmente queridos, pero de oropel, ambos en un escenario, ambos *muy* alejados de toda realidad.

Y uno puede decir: "Pero si no hubieran sido tan idealistas, nunca habrían luchado con tanta energía y liberado a medio continente", o "Si ella se hubiera rebajado a llevar a cabo tales tramas o si a él se le hubiera conocido por llevar a cabo violentas acciones políticas, nunca habrían tenido la fuerza y nunca se les habría querido".

Todo muy idealista en sí. Murieron "como perros", rechazados, odiados y despreciados: dos personas decentes y valientes, casi demasiado buenas para este mundo.

Un verdadero héroe, una verdadera heroína. Pero en un escenario y no en la vida. Imprácticos y con una falta total de previsión, y ambos sin el más mínimo don para usar el poder que eran capaces de acumular.

Esta historia de Bolívar y Manuela es una tragedia de lo más penosa.

Lucharon contra un enemigo oculto, la Iglesia; les dieron muerte sus propios amigos.

Pero que no se te escape lo poco práctico que es no darle a tus amigos suficiente poder cuando lo tienes y lo puedes dar. Siempre puedes darle algo de este a otro, si el primero colapsa por falta de habilidad. Y a alguien que intenta usar el poder que se le ha delegado para acabar contigo, siempre se le puede abatir como a una liebre en una cacería... si cuentas con los demás amigos.

La vida no es un escenario para posar y decir: "¡Mírenme!", "Mírenme", "Mírenme". Si vas a llevar una vida de mando o una vida cerca del mando, debes manejarla como la vida. La vida sangra. Sufre. Padece hambre. Y tiene que tener el derecho de dispararle a sus enemigos, hasta que llegue un momento como una edad de oro.

En su estado actual, el Hombre aberrado no es capaz de mantener ni durante tres minutos una edad de oro proclamada, aunque se le proporcionen todos los medios y riquezas del mundo.

162

Si uno viviera una vida de mando o cerca de este, entonces debería acumular poder tan rápido como fuera posible, delegarlo tan rápido como fuera factible, y usar a todo humanoide presente en un amplio radio al máximo de sus talentos y más allá si pretendiera vivir *en grado alguno*.

Si uno no elige llevar una vida así, entonces sube al escenario y sé un actor de verdad. No mates hombres mientras finges que no es real. O puedes convertirte en un ermitaño, un estudiante o un oficinista. O estudiar mariposas o dedicarte al tenis.

Porque, en el momento en que empiezas con una conquista, estás comprometido con ciertas leyes naturales irrevocables, ya sea que lo hagas como quien está al cargo, como una persona cercana a él, como miembro de su personal o de su ejército. Y la ley principal, si la ambición de uno es ganar, es por supuesto ganar. Pero también seguir proporcionando cosas que ganar y enemigos que conquistar.

Bolívar dejó que su ciclo llegara hasta "la libertad" y terminara ahí. Nunca tuvo otro plan más allá de ese punto. Se le acabó el territorio que liberar. Luego no supo qué hacer con él, y tampoco fue lo bastante listo para encontrar algún otro lugar que liberar. Pero, por supuesto, todos los juegos limitados llegan a su fin. Y cuando esto sucede, los jugadores caen en el campo y se vuelven muñecos de trapo, a menos que alguien les diga por lo menos que el juego ha terminado y que ya no hay más juego, ni camerinos, ni refugios, sino sólo ese campo.

Y yacen sobre el campo, sin darse cuenta de que ya no puede haber más juego, pues el otro equipo ha huido, y poco después tienen que hacer *algo*. Y si el líder y su consorte están ahí sentados, en la hierba, siendo también muñecos de trapo, por supuesto que no hay ningún juego. Y así los jugadores empiezan a pelear entre sí, sólo por tener un juego. Y si entonces el líder dice: "No, no" y su consorte no le dice: "Cariño, más vale que llames por teléfono a los Orioles de Baltimore para que vengan el sábado", entonces, por supuesto, los pobres jugadores, muertos de aburrimiento, dicen: "Que lo echen". "Que la echen". "Ahora vamos a dividir el equipo en dos y a jugar un juego".

Y eso es lo que les sucedió a Bolívar y a Manuela. *Había* que deshacerse de ellos porque no había juego y tampoco desarrollaron uno, mientras prohibían el único juego disponible: guerras civiles de poca monta.

Se dejaron ahí "liberadas" poblaciones enteras: *todo un continente* en el que estaban las minas más grandes del mundo de entonces. Pero nadie poseía nada de ello, a pesar de que los antiguos dueños se habían marchado. No se les dio. Ni se les hizo que lo administraran. No había juego.

Y si Bolívar no había sido lo bastante listo para eso, al menos podía haber dicho: "¡Bueno! Ustedes, diablos, se van a divertir mucho poniendo esto en marcha, pero ese no es mi trabajo. Decidan ustedes qué tipo de gobierno quieren y lo que debe ser. Los soldados son mi campo. Ahora me voy a hacer cargo de mis antiguas fincas, de las fincas realistas que están cerca y de las minas de esmeraldas, sólo como recuerdos, y Manuela y yo nos vamos a casa". Y debió haber dicho eso quince minutos después de que el último ejército realista cayera derrotado en Perú.

Y sus ayudantes oficiales con él y un millar de soldados a quienes él les estaba dando tierra, de inmediato se habrían retirado rápidamente con él. Y el pueblo, después de unos cuantos gritos de horror al ser abandonados, se habrían lanzado unos contra otros, habrían formado con mucho esfuerzo y a punta de sable un estado aquí y un pueblo allá y se habrían puesto manos a la obra por pura autoprotección, en un nuevo juego vital: "¿Quién va a ser Bolívar ahora?".

Luego, una vez en casa, debería haber dicho: "Oye, Manuela, esos lindos bosques me parecen terriblemente realistas y también ese millón de hectáreas de tierras de pastos. La propietaria una vez te arrojó un pescado realista, ¿recuerdas? Así que esas son tuyas".

Y el resto del país habría hecho lo mismo y habría seguido adelante con el nuevo juego de: "Tú 'fuiste' un realista".

Y a Bolívar y a Manuela se les habrían erigido estatuas a MONTONES en cuanto los agentes llegaran a París con los pedidos de un pueblo que los adoraba.

"Bolívar, ¡ven y gobiérnanos!", debería haber recibido como respuesta: "No veo parte alguna de Sudamérica que no sea libre. Cuando vean llegar algún ejército francés o español, regresen y avísenme".

Eso habría funcionando. Y esta pobre pareja habría muerto con la debida adoración de su pueblo y en la santidad de la gloria y (quizá lo más importante) en su cama, no "como perros".

Y si hubieran *tenido* que seguir gobernando, podrían haber declarado un nuevo juego de "pagar a los soldados y a los oficiales con tierras realistas". Y cuando ese juego se acabara: "Expulsar a la Iglesia y darle sus tierras a los pobres y amigables indios".

No se puede permanecer eternamente haciendo reverencias ante las candilejas sin ningún espectáculo, ni aun siendo todo un actor. Otra persona puede hacer un mejor uso de cualquier escenario que incluso el actor más apuesto que no esté dispuesto a usarlo.

El Hombre está demasiado aberrado para comprender al menos siete cosas acerca del poder:

1. La vida la viven muchas personas. Y si tú guías, debes o bien dejarlos seguir adelante con ella, o bien guiarlos activamente para que sigan adelante con ella.

2. Cuando termine el juego o el espectáculo, debe haber un juego o un espectáculo nuevo. Y si no lo hay, puedes estar seguro de que alguien más va a empezar uno, y si no permites que *nadie* lo haga, el juego se convertirá en "atraparte a ti".

3. Si tienes poder, úsalo o delégalo, o con toda seguridad no lo tendrás durante mucho tiempo.

4. Cuando tengas gente, utilízala, o pronto se volverá de lo más infeliz y ya no la tendrás.

5. Cuando te marches de un punto de poder, paga todas tus deudas de inmediato, da completamente el poder a todos tus amigos y márchate con los bolsillos llenos de artillería, chantaje potencial contra tus antiguos rivales, fondos ilimitados en tu cuenta privada, y las direcciones de asesinos experimentados y vete a vivir a Bulgravia y soborna a la policía. Y aun así, puede ser que no vivas mucho tiempo si has conservado un pedacito del dominio en cualquier campo que ahora no controles, o incluso si dices: "Apoyo al político Jiménez". Abandonar *por completo* el poder es peligroso de hecho.

Pero no todos podemos ser líderes o figuras que se pavonean bajo la luz de los focos y, por eso, hay más que saber sobre esto:

6. Cuando estés cerca del poder, haz que se te delegue algo, lo suficiente para hacer tu trabajo, protegerte y proteger tus

intereses, pues te pueden pegar un tiro, amigo, un tiro, porque la posición cercana al poder es deliciosa pero peligrosa, siempre peligrosa, expuesta a las pullas de cualquier enemigo de la persona poderosa que no se atreva realmente a darle una patada a este, pero que te la puede dar a ti. Por lo tanto, para vivir de alguna forma a la sombra o al servicio de una persona poderosa, debes tú mismo reunir y *usar* suficiente poder para mantener tu posición, sin hacerle natter a la persona poderosa para que "mate a Pedro", de manera directa o de formas más supresivas y veladas, pues esto destruye el poder que sustenta el tuyo. Él no necesita saber todas las malas noticias, y si es realmente una persona poderosa, no preguntará continuamente: "¿Qué hacen todos esos cadáveres en la puerta?". Y si eres listo, nunca permitirás que se piense que *él* los mató; eso te debilita y también daña a la fuente del poder. "Bueno, jefe, sobre todos esos cadáveres, nadie en absoluto supondrá que usted lo hizo. *Esa* de allá, esas piernas color de rosa que asoman, yo no le caía bien". "Bueno", dirá él, si es realmente una persona poderosa: "¿Por qué me molestas con esto, si ya está hecho y tú lo hiciste? ¿Dónde está mi tinta azul?", o "Patrón, tres miembros de la patrulla costera llegarán pronto con su cocinero, Domínguez, y querrán decirle que le dio una paliza a Sánchez". "¿Quién es Sánchez?". "Un empleado de la oficina del enemigo en el centro de la ciudad". "Bien. Cuando terminen, lleva a Domínguez al dispensario, para cualquier tratamiento que necesite. ¡Ah, sí! Súbele el sueldo". O "Señor, ¿podría yo tener poder para firmar órdenes divisionales?". "Claro".

7. Y por último y lo más importante, pues no todos estamos en el escenario con nuestros nombres en letreros luminosos, siempre impulsa poder en la dirección de aquél de cuyo poder dependes. Podría ser más dinero para el poder, más desahogo, una defensa airada de la persona poderosa ante una crítica o incluso el golpe seco de la caída de uno de sus enemigos en la oscuridad, o la gloriosa llamarada de todo el campamento enemigo como sorpresa de cumpleaños.

Si trabajas así, y la persona poderosa a la que estás próximo o de la que dependes es una persona poderosa que tiene al menos una noción de cómo serlo, y si haces que otros trabajen así, entonces el factor poder se expande, se expande y se expande, y tú también adquieres una esfera de poder mayor de la que tendrías si trabajaras solo. Los verdaderos poderes se desarrollan mediante estrechas conspiraciones de este tipo empujando hacia arriba a alguien en cuyo liderazgo tienen fe. Y si hacen lo correcto y también cuidan de su hombre e impiden que se derrumbe por exceso de trabajo, mal humor o mala información, se construye una especie de fuerza irresistible. Nunca te sientas más débil porque trabajes para alguien más fuerte. El único fallo está en agotar o reducir la fuerza de la que dependes. Todos los fracasos para seguir siendo el poder de un poder consisten en no contribuir a la fortaleza y longevidad del trabajo, salud y poder de ese poder. La dedicación requiere de una contribución activa de la persona poderosa, tanto hacia afuera como hacia adentro.

Si Bolívar y Manuela hubieran sabido esto, habrían vivido una epopeya, no una tragedia. No habrían muerto "como perros", él privado de las alabanzas que realmente mereció por sus verdaderos logros, aun hasta nuestros días. Y Manuela no sería desconocida, incluso en los archivos de su país, como la heroína que fue.

Personajes valientes, valientes de verdad. Pero si esto puede sucederle a personalidades tan estelares, dotadas de aptitudes diez veces mayores a las del más grande de los mortales, a personas que pudieron tomar una chusma en una tierra vasta e insoportable y que vencieron a una de las potencias más grandes de ese entonces en la Tierra, sin dinero y sin armas, sólo con personalidad, ¿cuál debe de ser entonces la ignorancia y la confusión de los líderes humanos en general, por no hablar de los hombrecillos que tropiezan a lo largo de sus vidas de hastío y sufrimiento?

Hagamos que abran los ojos ¿no? *No puedes* vivir en un mundo donde ni siquiera los grandes líderes pueden liderar.

LOS FUNDAMENTOS
DE LA SUPRESIÓN

DEFINICIONES

Persona Supresiva:

Persona que suprime a otra gente en su alrededor. Una Persona Supresiva estropeará o despreciará cualquier esfuerzo por ayudar a alguien y en particular atacará con violencia a todo aquello que esté destinado a hacer a los seres humanos más poderosos o más inteligentes.

El razonamiento total subyacente de la Persona Supresiva (SP, del inglés *Suppressive Person*) se basa en la creencia de que si alguien mejorara, el SP estaría prácticamente acabado, pues entonces los demás podrían vencerlo.

Está librando una batalla que libró alguna vez y nunca terminó de librar. Está en un incidente. Confunde a la gente de tiempo presente con enemigos del pasado que desaparecieron hace mucho. Por lo tanto, nunca sabe en realidad contra qué está luchando en tiempo presente, así que simplemente lucha.

"Persona Supresiva" es otro nombre para "Personalidad Antisocial".

Fuente Potencial de Problemas:

Persona que está relacionada con una Persona Supresiva que la está invalidando, que invalida su beingness, su vida. La persona es una Fuente Potencial de Problemas (PTS, del inglés *Potential Trouble Source*) porque está relacionada con una Persona Supresiva.

Fuente Potencial de Problemas significa que la persona va a subir y va a caer. Y es una fuente de problemas porque se va a trastornar y porque va a causar dificultades. Y realmente causa dificultades. Se ha nombrado con mucho cuidado.

Montaña Rusa:

Caso que mejora y luego empeora. La persona va bien o no va bien, y luego va bien, y luego no va bien. Eso es Montaña Rusa. Y cuando no va bien, a veces está enferma.

Una persona que hace Montaña Rusa *siempre* está relacionada con una Persona Supresiva y no tendrá ganancias estables hasta que se encuentre el Supresivo en el caso.

Suprimir:

Aplastar, impedir, minimizar, rehusarse a permitirle alcanzar, hacer que esté incierto acerca de su alcance, anular o reducir en cualquier forma posible, por cualquier medio posible, para perjuicio del individuo y para la protección imaginaria del supres*or*.

Supresión:

Intención o acción dañina contra la que uno no se puede defender. Por lo tanto, cuando uno puede hacer *alguna cosa* al respecto, se vuelve menos supresiva.

La supresión, en su sentido más fundamental, es eliminar el beingness o la ubicación de otro u otros.

Errores, su Anatomía:

En presencia de supresión, uno comete errores.

El que la gente cometa errores o haga cosas estúpidas es la prueba de que existe una Persona Supresiva en las inmediaciones.

Dos Tipos de Personas

Es probable que hayas especulado sobre esto muchas veces: ¿hay dos clases de personas: personas buenas y personas malas? La sociedad está más o menos organizada basándose en que las hay. Y sin duda se ve que algunas tienen éxito y algunas no, a algunas es bueno conocerlas y a otras no.

Incluso en la ficción televisiva moderna, tenemos los vaqueros de sombrero blanco y los de sombrero negro. De hecho, es probable que no pudiéramos tener historias en absoluto, según la forma de pensar del Hombre, si no hubiera héroes y ogros. Incluso la ficción está estructurada como una lección moral sobre personas buenas y malas.

Mucho antes de Grecia, los filósofos ponderaron sobre la conducta moral en términos del bien y del mal. Y Diógenes estaba buscando a un hombre honesto, lo que implicaba que algunos no lo eran.

La especulación más reciente en el siglo XIX calificó de malvados a todos los hombres, a menos que se les obligara a ser buenos.

Algunas escuelas de pensamiento trataron de eludir la cuestión diciendo que la más tierna infancia formaba el carácter. Pero otras escuelas afirmaban que el Hombre siempre sería malvado a menos que se le amenazara de forma personal, lo cual nos da la presencia de la policía en la sociedad. Pero incluso la policía en ocasiones opera basándose en la idea de que existen personas buenas y malas.

A partir de todo esto, se podría concluir que el Hombre tiene un problema en cuanto a si las personas son buenas o malas.

Probablemente, en este momento, puedas pensar en algunos ejemplos de gente buena y gente mala. Conoces a quienes se enfurecen y se exaltan con sólo pensar en Scientology ayudando a alguien; por lo tanto, debe de haber personas con una intención maligna hacia sus semejantes.

Y las hay.

Te interesarían los resultados de la investigación, que muestran con claridad que existen dos tipos de comportamiento: el que está calculado para ser constructivo y el que está calculado para causar desastres.

Estas son las dos pautas dominantes de comportamiento. Así, hay personas que están tratando de construir cosas y hay otras que están tratando de destrozar cosas.

Y no existen otros tipos. De hecho, ni siquiera hay matices intermedios.

Al tipo que causa desastres se le puede reprimir hasta la inactividad (y la enfermedad), y al tipo constructivo también se le puede reprimir (y hacer que se ponga enfermo).

Así pues, existen dos acciones básicas, cada una con muchas otras acciones secundarias.

Existe también un tipo cíclico, o combinado, que es constructivo y causante de desastres de forma alterna.

Así que hay vaqueros con sombrero blanco y vaqueros con sombrero negro. Y los vaqueros con sombrero gris están demasiado enfermos para participar en el juego.

Un individuo culto (un tipo muy enfermo) en una ocasión me dijo esperanzado que no había verdaderos villanos, que no había personas completamente malvadas. Estaba fingiendo que no había de qué preocuparse. Tal vez no haya personas malvadas, pero hay personas que en la actualidad se dedican a realizar acciones malvadas.

Todo ese tipo de conducta es obvia y dominante. Vemos gente así continuamente. Simplemente no queremos verlas.

A falta de procesamiento, las razones que están detrás de esto son fijas e inalterables en cualquier vida dada.

Como el Hombre conoce a un individuo sólo en una vida, no se han observado ni la causa básica ni los cambios. Por lo tanto, en la práctica, para el Hombre algunas personas son buenas y algunas son malvadas. Y si no tuviéramos Scientology, esto no sólo no se observaría, sino que no podría cambiarse jamás.

Que exista esta condición (que la mitad sean buenos y la otra mitad sean malvados de acuerdo a sus personalidades) por extraño que parezca no altera los conceptos básicos de Scientology. Esto explica por qué ciertas personas *parecen* ser malvadas y otras *parecen* ser buenas.

Al examinar las verdaderas metas de un individuo vemos por qué.

Cerca de la mitad de las metas de cualquier individuo son constructivas, el resto son destructivas.

Un ser requiere de *muchísimo* tiempo para vivir por completo a través del ciclo de una meta, y no digamos una *serie* de metas.

Por lo tanto, cualquier individuo, en cualquier periodo largo de su existencia, sólo está concentrado en el desastre y en un periodo largo subsiguiente está concentrado sólo en ser constructivo.

Así que el mismo ser, en diferentes vidas, es bueno y es malvado.

Si tiene una repentina experiencia abrumadora, una "persona buena" puede cambiar de forma violenta en cuanto a su propia pauta de metas y volverse malvada. Y una "persona mala" afectada fuertemente por la vida se volverá buena. Pero también se pone enferma. Su enfermedad procede de que se le saca de tiempo presente y se le lleva a pautas de energía pesadas del pasado. No es un remedio sacarla de tiempo presente de esta manera, pese a las afirmaciones de los mentalistas del siglo XIX y su "tratamiento" de choque. Esto muestra por qué, en ocasiones, el choque funciona, y por qué se producen cambios en el carácter. Y también muestra por qué esos cambios van acompañados de enfermedades graves y muerte prematura. Se saca con violencia a la persona de tiempo presente y se le introduce en un pasado doloroso.

Este no es un problema de cordura y demencia. Es un problema de motivos que causan desastres y motivos constructivos, y la medida en que cualquiera de ellos sea suprimido.

Al suprimir los motivos dañinos de un ser que en la actualidad se inclina al desastre, se puede obligar al ser a "comportarse". Pero al suprimir los motivos constructivos de un ser que en la actualidad se inclina a lo constructivo (como en las fuerzas armadas), también se puede obligar al ser a "comportarse". Pero ambos se pondrán físicamente enfermos, se volverán neuróticos o dementes a falta de procesamiento.

Así, el mismo ser, en un periodo largo es constructivo, y en el siguiente periodo largo causa desastres.

Como el Hombre mide el tiempo en pequeños trozos (como la juventud, la vejez o una vida) podría concebir que un ser es sólo constructivo o sólo causante de desastres.

Por fortuna para nosotros, esto también resuelve el antiguo enigma de que no se le puede otorgar poder a alguien sin que tenga también buenas intenciones. La única manera en que se le pueden devolver al individuo capacidades definitivas y potentes es librándolo de *todas* estas compulsiones ocultas.

Esto le da al scientologist una útil y profunda comprensión del carácter. Un ser enfermo es alguien que ha estado fuertemente inclinado hacia la violencia y se le ha suprimido, o alguien que estaba inclinado hacia ser constructivo y a quien se suprimió.

Y también nos dice que nadie que tenga intenciones obsesivas alcanzará jamás los niveles más elevados y poderosos con inclinaciones a causar desastres.

Pero en el nivel de la calle, sin introducir el procesamiento, tenemos estos dos tipos básicos: el bueno y el malvado.

Y estos se subdividen en los buenos que no pudieron ser buenos y se pusieron enfermos, y los malvados que no pudieron ser malvados y se pusieron enfermos.

Pero estos hechos son más que observaciones filosóficas. Nos proporcionan comprensión y una mayor oportunidad de tener razón al juzgar a las personas. Y también nos proporcionan una puerta abierta de par en par para hacer que las personas se pongan bien.

No se puede impulsar la investigación hacia la estratosfera, como yo lo he hecho en el último año, sin también aprender más a nivel del mar. Y esto es lo que ha ocurrido aquí.

La tribulación básica del Hombre es que está dividido entre los que construyen y los que destruyen y, en este conflicto de intenciones, su lucha (sin importar en qué lado esté) siempre se pierde.

O se perdía, hasta que llegó el scientologist.

La Personalidad Antisocial, El Anti-Scientologist

Hay ciertas características y actitudes mentales que ocasionan que aproximadamente el 20 por ciento de una raza se oponga violentamente a cualquier actividad o grupo de mejoramiento.

Se sabe que esas personas tienen tendencias antisociales.

Cuando la estructura legal o política de un país se transforma de tal manera que prefiere a personalidades así en puestos de confianza, entonces todas las organizaciones civilizadoras del país sufren supresión, y a esto le sigue una barbarie de criminalidad y opresión económica.

Los crímenes y los actos criminales son perpetrados por Personalidades Antisociales. Comúnmente, el origen del estado de los internos de instituciones mentales se halla en el contacto con personalidades así.

Por lo tanto, en los ámbitos del gobierno, actividades policiales y salud mental, por citar unos pocos, vemos que es importante poder detectar y aislar a este tipo de personalidad para proteger a la sociedad y a los individuos de las consecuencias destructivas que acompañan al hecho de darles rienda suelta a esas personas para dañar a los demás.

Dado que sólo comprenden el 20 por ciento de la población, y como sólo un dos y medio por ciento de este 20 por ciento son de verdad peligrosos, vemos que con muy poco esfuerzo podríamos mejorar considerablemente el estado de la sociedad.

Ejemplos muy conocidos, incluso estelares, de este tipo de personalidad son, por supuesto, Napoleón y Hitler. Dillinger, Pretty Boy Floyd, Christie y otros criminales famosos son ejemplos muy conocidos de la Personalidad Antisocial. Pero con semejante reparto de personajes en la historia, descuidamos los ejemplos menos estelares, y no percibimos que personalidades así existen en la vida real, son muy comunes y a menudo pasan desapercibidas.

Cuando buscamos la causa de que un negocio esté fracasando, inevitablemente descubriremos entre sus filas a la Personalidad Antisocial trabajando duro.

En las familias que se están desintegrando, comúnmente encontramos que una u otra de las personas implicadas tiene una personalidad así.

Cuando la vida se ha vuelto difícil y está fracasando, un cuidadoso examen del área, hecho por un observador entrenado, revelará a una o varias de estas personalidades en acción.

Dado que un 80 por ciento de nosotros trata de progresar, y sólo un 20 por ciento trata de impedirlo, nuestras vidas serían mucho más fáciles de vivir si estuviéramos bien informados respecto a las manifestaciones exactas de dicha personalidad. De esa manera, podríamos detectarla y ahorrarnos muchos fracasos y amarguras.

Es importante, entonces, examinar y enumerar los atributos de la Personalidad Antisocial. Influyendo como lo hace en la vida diaria de tantos, es necesario que la gente decente esté mejor informada sobre este tema.

ATRIBUTOS

La Personalidad Antisocial tiene los siguientes atributos:

1. Habla sólo en términos muy generales. *"Dicen…",* "Todo el mundo piensa…", "Todos saben…", y expresiones así son de uso continuo, especialmente al difundir un rumor. Cuando se le pregunta: "*¿Quién* es todo el mundo…?", por lo general resulta que es una sola fuente, y que a partir de esa fuente la Persona Antisocial ha inventado lo que quiere hacer creer que es la opinión de toda la sociedad.

   Esto le parece natural, pues para ella toda la sociedad es una gran generalidad hostil, concretamente contra el Antisocial.

2. Una persona así trafica principalmente con malas noticias, observaciones críticas u hostiles, invalidación y supresión general.

Antes se describía como "chismoso", o "pájaro de mal agüero" o "cizañero".

Es destacable que una persona así nunca transmite buenas noticias u observaciones elogiosas.

3. La Personalidad Antisocial, cuando transmite un mensaje o una noticia, altera la comunicación para empeorarla. Detiene las buenas noticias y sólo transmite las malas, que a menudo adorna.

Una persona así, también finge que está pasando "malas noticias" que en realidad son inventadas.

4. Una característica de la Personalidad Antisocial, y una de las cosas lamentables acerca de ella, es que no responde al tratamiento ni a la reforma ni a la psicoterapia.

5. Cerca de una personalidad así, vemos a compañeros o amigos acobardados o enfermos que, aun cuando no se vuelvan realmente locos, se conducen en la vida de manera incapaz, fracasando, sin triunfar.

Esta gente le causa dificultades a los demás.

Al tratar o educar a los compañeros íntimos de la Personalidad Antisocial, estos no tienen ninguna estabilidad en las ganancias, sino que recaen con rapidez o pierden las ventajas de su conocimiento, estando bajo la influencia supresiva de la otra persona.

Al tratar físicamente a estos compañeros, generalmente no se recuperan en el tiempo esperado, sino que empeoran y sus convalecencias son deficientes.

Es bastante inútil tratar, ayudar o entrenar a personas así mientras permanezcan bajo la influencia de la conexión antisocial.

La gran mayoría de dementes están dementes debido a estas conexiones antisociales y no se recuperan fácilmente por la misma razón.

Injustamente, muy pocas veces vemos realmente a la Personalidad Antisocial en un hospital psiquiátrico. Sólo sus "amigos" y su familia están ahí.

6. La Personalidad Antisocial elige habitualmente el blanco incorrecto.

Si un neumático se pincha por conducir sobre clavos, él o ella maldice a un compañero o a algo que no es la fuente causante del problema. Si en la casa de al lado la radio está demasiado fuerte, él o ella le da una patada al gato.

Si la causa obvia es A, la Personalidad Antisocial inevitablemente culpa a B o C o D.

7. El Antisocial no puede terminar un ciclo-de-acción.

Las personas así acaban rodeadas de proyectos incompletos.

8. Muchas Personas Antisociales confiesan abiertamente los crímenes más alarmantes cuando se les obliga a hacerlo, pero no tienen el más mínimo sentido de responsabilidad acerca de estos.

Sus acciones tienen poco o nada que ver con su propia voluntad; las cosas "simplemente sucedieron".

No tienen sentido alguno de la causa correcta y en especial, no pueden experimentar, por lo tanto, ninguna sensación de remordimiento o vergüenza.

9. La Personalidad Antisocial sólo apoya a grupos destructivos, y muestra enojo violento y ataca a cualquier grupo constructivo o de mejoramiento.

10. Este tipo de personalidad sólo aprueba acciones destructivas y lucha contra las acciones o actividades constructivas o de ayuda.

A menudo se encuentra que el artista, en especial, es un imán para individuos con personalidades antisociales, que ven en su arte algo que tiene que destruirse, y encubiertamente, "como un amigo", proceden a intentarlo.

11. Ayudar a los demás es una actividad que casi enloquece a la Personalidad Antisocial. Sin embargo, colabora estrechamente en actividades que destruyen en nombre de la ayuda.

12. La Personalidad Antisocial tiene un sentido incorrecto de la propiedad, y piensa que la idea de que alguien posea algo es un pretexto inventado para engañar a la gente. En realidad, nada se posee nunca.

LA RAZÓN BÁSICA

La razón básica de que la Personalidad Antisocial se comporte como lo hace radica en un terror oculto a los demás.

Para una persona así, cualquier otro ser es un enemigo, un enemigo al que se debe destruir de forma encubierta o manifiesta.

La obsesión es que la supervivencia misma depende de "mantener a los demás oprimidos" o "mantener a la gente en la ignorancia".

Si alguien prometiera hacer a otros más fuertes o más inteligentes, la Personalidad Antisocial sufriría la angustia extrema del peligro personal.

Su razonamiento es que si tiene tantas dificultades con la gente que le rodea siendo esta débil o estúpida, perecería si alguien se hiciera más fuerte o inteligente.

Una persona así carece de confianza hasta el punto del terror. Generalmente esto está enmascarado y no se manifiesta.

Cuando una personalidad así se vuelve loca, el mundo está lleno de marcianos o agentes del FBI y cada persona con la que se encuentra es, en realidad, un marciano o un agente del FBI.

Pero la mayoría de estas personas no muestra señales externas de locura. Parecen bastante racionales. Pueden ser *muy* convincentes.

Sin embargo, la lista antes mencionada consta de características que una persona así no puede detectar en sí misma. Esto es tan cierto que si pensaste que te encontrabas en alguno de los puntos anteriores, sin duda no eres antisocial. La autocrítica es un lujo que el Antisocial no puede permitirse. Tienen que tener *razón* porque, según ellos, están en un peligro continuo. Si demostraras que uno de ellos estaba *equivocado,* podrías incluso hacer que se pusiera enfermo de gravedad.

Sólo la persona cuerda, bien equilibrada, trata de corregir su conducta.

ALIVIO

Si eliminaras de tu pasado mediante una correcta Búsqueda y Descubrimiento a las Personas Antisociales que has conocido, y si luego te desconectaras de ellas, podrías experimentar un gran alivio.

De manera similar, si la sociedad reconociera a ese tipo de personalidad como a un ser enfermo, al igual que hoy en día aíslan al que tiene viruela, podrían darse recuperaciones tanto sociales como económicas.

No es muy probable que las cosas mejoren mucho mientras se permita que un 20 por ciento de la población domine y perjudique las vidas y el espíritu emprendedor del 80 por ciento restantes.

Como el estilo político a la orden del día es el gobierno por la mayoría, entonces debería expresarse en nuestras vidas diarias la cordura de la mayoría, sin la interferencia y la destrucción de los socialmente enfermos.

Lo lamentable de esto es que estas personas no permiten que se les ayude, y si se intentara hacerlo, no responderían al tratamiento.

La comprensión de estas personalidades y la capacidad de reconocerlas podría traer un cambio enorme a la sociedad y a nuestras vidas.

LA PERSONALIDAD SOCIAL

El Hombre, inmerso en sus preocupaciones, es propenso a las cacerías de brujas.

Todo lo que hay que hacer es designar a las "personas que llevan gorro negro" como los malos, y se puede empezar la masacre de personas con gorro negro.

Esta característica hace que sea muy fácil para la Personalidad Antisocial producir un entorno caótico o peligroso.

En su condición de ser humano, el Hombre no es sereno ni valiente por naturaleza. Y no es necesariamente malvado.

Incluso la Personalidad Antisocial, a su retorcida manera, está absolutamente segura de que está actuando para lo mejor y normalmente se ve a sí misma como la única persona buena en los alrededores, haciendo todo para el bien de todos; con el único error en su razonamiento de que si uno mata a todos los demás, no queda nadie a quien proteger de los males imaginarios. Su *conducta* en su entorno y hacia sus semejantes es el único método para descubrir tanto a las Personalidades Antisociales como a las Sociales. Los motivos que tienen para sí mismas son similares: la autoconservación y la supervivencia. Simplemente abordan la tarea de conseguirlos de formas diferentes.

Por lo tanto, como el Hombre no es ni valiente ni sereno por naturaleza, cualquiera tiende, en cierto grado, a estar alerta contra las personas peligrosas y por lo tanto, las cacerías de brujas pueden comenzar.

Por eso resulta aún más importante identificar a la Personalidad Social que a la Personalidad Antisocial. Así se evita "fusilar" a los inocentes por mero prejuicio, antipatía o debido a alguna mala conducta momentánea.

Se puede definir con más facilidad a la Personalidad Social mediante la comparación con su opuesta, la Personalidad Antisocial.

Esta distinción se hace fácilmente, y jamás debería idearse ninguna prueba que aísle sólo al Antisocial. En la misma prueba deben aparecer tanto el nivel más elevado como el más bajo de las acciones del Hombre.

Una prueba que declare sólo Personalidades Antisociales sin poder identificar también a la Personalidad Social sería en sí una prueba supresiva. Sería como responder "sí" o "no" a la pregunta: "¿Todavía le pegas a tu mujer?". Cualquiera que se sometiera a la prueba resultaría culpable. Aunque este mecanismo podría haber sido adecuado en los tiempos de la Inquisición, no se ajustaría a las necesidades modernas.

Como la sociedad funciona, prospera y vive *únicamente* mediante los esfuerzos de las Personalidades Sociales, es necesario conocerlas, pues son *ellas,* y no las Antisociales, las que valen la pena. Estas son las personas que deben tener derechos y libertad. Se presta atención a las Antisociales sólo para proteger y ayudar a las Personalidades Sociales de la sociedad.

Todos los gobiernos por la mayoría, las intenciones civilizadoras e incluso la especie humana, fracasarán a menos que uno pueda identificar y frustrar a las Personalidades Antisociales y ayudar y apoyar a las Personalidades Sociales de la sociedad. Porque la misma palabra "sociedad" implica conducta social, y sin esta no hay sociedad alguna, sólo una barbarie en la que todos los hombres, buenos o malos, están en riesgo.

El punto débil de enseñar cómo se puede reconocer a las personas dañinas es que estas pueden aplicar esas características a las personas decentes para hacer que se las persiga y erradique.

El canto del cisne de toda gran civilización es la melodía que tocan las flechas, las hachas o las balas que usa el Antisocial para asesinar a los últimos hombres decentes.

El gobierno sólo es peligroso cuando lo pueden emplear Personalidades Antisociales y para fines de Personalidades Antisociales. El resultado final es la erradicación de todas las Personalidades Sociales, y el derrumbamiento resultante de Egipto, Babilonia, Roma, Rusia o de Occidente.

Notarás, en las características de la Personalidad Antisocial, que la inteligencia no es una pista para descubrirla. Son inteligentes, estúpidas o de capacidad media. Por lo tanto, los que son extremadamente inteligentes pueden ascender a alturas considerables, incluso a la altura de jefe de estado.

La importancia y la capacidad o el deseo de ascender por encima de los demás tampoco son indicios de los Antisociales. Sin embargo, cuando llegan a ser importantes o a ascender, son bastante visibles por las amplias consecuencias de sus actos. Pero igualmente pueden ser personas sin importancia, o que ocupan cargos muy modestos y no desean nada mejor.

Así, las doce características presentadas son las únicas que identifican a la Personalidad Antisocial. Y estas doce, invertidas, son los únicos criterios de la Personalidad Social, si uno desea ser veraz respecto a ellas.

La identificación de una Personalidad Antisocial o la acción de ponerle la etiqueta como tal no se puede hacer con honestidad y exactitud a menos que en el mismo examen de la persona *también,* revisemos el aspecto positivo de su vida.

Todas las personas bajo tensión pueden reaccionar con arranques momentáneos de conducta antisocial. Eso no las hace Personalidades Antisociales.

La verdadera Persona Antisocial tiene una mayoría de características antisociales.

La Personalidad Social tiene una mayoría de características sociales.

Así que se necesita examinar lo bueno con lo malo, antes de poder etiquetar verdaderamente al Antisocial o al Social.

Al revisar asuntos como estos, lo mejor es obtener testimonios y pruebas muy amplios. Uno o dos casos aislados no determinan nada. Debemos buscar todas y cada una de las doce características sociales y todas y cada una de las doce antisociales, y decidir basándonos en pruebas reales, no en opiniones.

Las doce características primarias de la Personalidad Social son las siguientes:

1. La Personalidad Social es concreta cuando relata circunstancias. "Pepe Pérez dijo…", "El periódico *La Estrella* informó…", y proporciona las fuentes de la información cuando es importante o posible.

   Puede usar la generalidad "ellos" o "la gente", pero raras veces en relación con la atribución de declaraciones u opiniones de carácter alarmante.

2. La Personalidad Social está ansiosa por transmitir buenas noticias, y se muestra poco dispuesta a transmitir las malas.

   Es posible que ni siquiera se moleste en transmitir alguna crítica cuando no tiene importancia.

   Está más interesada en hacer que el otro sienta que los demás le tienen simpatía o aprecio más que antipatía y tiende más a errar tranquilizando que criticando.

3. Una Personalidad Social transmite la comunicación sin mucha alteración y, de omitir algo, tiende a omitir asuntos ofensivos.

   No le gusta herir los sentimientos de los demás. A veces yerra al retener malas noticias u órdenes que parecen críticas o crueles.

4. El tratamiento, la reforma y la psicoterapia (en particular de naturaleza leve) funcionan muy bien en la Personalidad Social.

   Aunque las Personas Antisociales a veces prometen reformarse, no lo hacen. Sólo la Personalidad Social puede cambiar o mejorar con facilidad.

   A menudo, es suficiente indicarle a una Personalidad Social una conducta indeseada para que la mejore por completo.

No son necesarios los códigos penales ni el castigo violento para regular a las Personalidades Sociales.

5. Los amigos y compañeros de una Personalidad Social tienden a estar bien, a ser felices y a tener buen estado de ánimo.

Una Personalidad Social verdadera muy a menudo produce una mejoría de salud o éxito con su sola presencia en el área.

Por lo menos, no reduce los niveles existentes de salud o estado de ánimo de sus compañeros.

Cuando se pone enferma, la Personalidad Social se cura o se recupera de la forma esperada y responde al tratamiento con buenos resultados.

6. La Personalidad Social tiende a seleccionar los objetivos correctos para su corrección.

Arregla el neumático que está desinflado, en vez de golpear el parabrisas.

Por lo tanto, en las artes mecánicas puede reparar cosas y hacer que funcionen.

7. En general, la Personalidad Social termina los ciclos de acción una vez comenzados, siempre que sea posible.

8. La Personalidad Social se avergüenza de sus fechorías y está poco dispuesta a confesarlas. Se responsabiliza de sus errores.

9. La Personalidad Social apoya a los grupos constructivos y tiende a oponer a los grupos destructivos o a protestar contra ellos.

10. La Personalidad Social protesta contra las acciones destructivas. Apoya las acciones constructivas o de ayuda.

11. La Personalidad Social ayuda a los demás y se opone activamente a actos que los dañen.

12. Para la Personalidad Social, la propiedad pertenece a alguien, e impide o desaprueba el robo o abuso de ella.

LA MOTIVACIÓN BÁSICA

La Personalidad Social actúa, de forma natural, basándose en el mayor bien.

No la persiguen enemigos imaginarios, sino que reconoce a los enemigos verdaderos cuando existen.

La Personalidad Social quiere sobrevivir y desea que los demás sobrevivan, mientras que la Personalidad Antisocial, de manera real y encubierta, quiere que los demás sucumban.

Básicamente, la Personalidad Social quiere que los demás sean felices y que les vaya bien, mientras que la Personalidad Antisocial es muy hábil en hacer que a los demás les vaya realmente mal.

Su éxito no es un indicio básico de la Personalidad Social, sino sus motivaciones. Cuando tiene éxito, la Personalidad Social es, a menudo, el blanco de la Antisocial, y por esta razón puede fracasar. Pero sus intenciones incluían que otros tuvieran éxito, mientras que la Antisocial sólo valora con gran estima la ruina de los demás.

A menos que podamos descubrir a la Personalidad Social y mantenerla a salvo de la represión inmerecida, y podamos descubrir también a la Antisocial y refrenarla, nuestra sociedad continuará sufriendo por la demencia, la criminalidad y la guerra, y el Hombre y la civilización no perdurarán.

De todas nuestras destrezas técnicas, esa diferenciación está en el lugar más alto, ya que de fallar, ninguna otra destreza puede continuar; pues la civilización, que es la base sobre la que actúa, no estará aquí para darle continuidad.

No aplastes a la Personalidad Social; y no dejes de hacer ineficaz a la Antisocial en sus esfuerzos por dañar a los demás.

El simple hecho de que un hombre ascienda por encima de sus semejantes o asuma un puesto importante no hace de él una Personalidad Antisocial. El simple hecho de que un hombre pueda controlar o dominar a otros no hace de él una Personalidad Antisocial.

Lo que distingue al Antisocial del Social son sus motivos al hacerlo y las consecuencias de sus actos.

A menos que nos demos cuenta de las verdaderas características de los dos tipos de personalidad y las apliquemos, continuaremos viviendo en la incertidumbre de quiénes son nuestros enemigos, y al hacer esto, discriminaremos a nuestros amigos.

Todos los hombres han cometido actos de violencia u omisión por los que podrían ser censurados. En toda la Humanidad no existe un solo ser humano que sea perfecto.

Pero existen los que tratan de hacer el bien y los que se especializan en el mal y basándose en estos hechos y características, los puedes conocer.

LA FUENTE POTENCIAL DE PROBLEMAS

Hay que saber qué es una Persona Supresiva (SP), qué es una Fuente Potencial de Problemas (PTS) y el mecanismo de cómo y por qué un caso hace Montaña Rusa, y lo que es eso.

PTS Y MONTAÑA RUSA

Una Montaña Rusa equivale a que hay una Persona Supresiva en la cercanía de esa persona. Si una persona hace Montaña Rusa, está PTS.

Una Fuente Potencial de Problemas es una conexión a un Supresivo. Te daré la mecánica exacta de ello:

Postulado–contra-postulado es la anatomía de un problema. Postulado frente a postulado. Esa es la definición de un problema y su anatomía. Y no hay *ninguna* otra definición para un problema.

El individuo ha tenido un propósito en la vida y alguien lo ha suprimido, o un individuo ha tenido un propósito durante un periodo de 24 horas y alguien suprimió ese propósito. En otras palabras, su propósito fue su postulado, la otra persona, al decir que no podía hacerlo, fue el contra-postulado.

Esa es simplemente la anatomía de un problema. Y no hay *ninguna otra razón* para una Montaña Rusa. Sencillamente no hay ningún otro dato.

Una conexión con una Persona Supresiva es una versión de esto. Es una versión de un problema y es un tipo especializado de problema, y eso es lo que causa la Montaña Rusa. La persona se ha topado con un postulado–contra-postulado desde la última vez que mejoró, lo que la convierte en una Fuente Potencial de Problemas.

189

Fuente Potencial de Problemas significa que un caso va a subir y a caer. Y él es una fuente de problemas porque se va a trastornar. Él es una fuente de problemas porque va a causar problemas. Y él es un problema para el auditor, es un problema para nosotros y es un problema para sí mismo, y demás. Y realmente crea problemas. El nombre se le ha dado con mucho cuidado.

El SP no está causando problemas. Sólo está envenenando todo el universo. Pero no está causando problemas. ¡Sólo está *aplastando*! Si alguien le dice algo, ¡lo *aplasta*! Es el PTS quien causa los problemas.

LOS TRES TIPOS DE PTS

Hay tres Tipos de PTS.

El Tipo I es el fácil. El SP en el caso está justo en tiempo presente, suprimiendo activamente a la persona.

El Tipo II es más difícil, pues la Persona Supresiva *aparente* que está en tiempo presente es sólo un reestimulador del Supresivo real.

El Tipo III está más allá de los medios de las organizaciones que no están equipadas con hospitales, pues estos están completamente psicóticos.

TIPO I

Al Tipo I normalmente lo resuelve un Oficial de Ética en el curso de una audiencia.

Se le pregunta a la persona si alguien la está invalidando a ella, a sus ganancias o a Scientology, y si el pc contesta con un nombre y se le dice entonces que maneje a esa persona o se desconecte de ella, los *buenos indicadores* aparecen de inmediato y la persona está *muy* satisfecha. Sin embargo, si no se tiene éxito en encontrar al SP en el caso, o si la persona empieza a nombrar como SP al personal de la organización u otras personas poco probables, el Oficial de Ética debe comprender que está manejando un PTS Tipo II y, debido a que la auditación llevará tiempo, envía a la persona a Técnica o a Calificaciones para una "Búsqueda y Descubrimiento"*.

*Una Búsqueda y Descubrimiento es un proceso que se usa para encontrar las supresiones que la persona ha sufrido en la vida. Localiza a los Supresivos en el caso y se usa para anular la influencia de las Personas Supresivas o cosas supresivas en un caso de manera que la persona sea capaz de recibir procesamiento y ya no vuelva a estar PTS. Los auditores se tienen que entrenar en el cuerpo completo de esta tecnología, así como en el cuerpo completo de la Tecnología de Ética antes de que puedan usar este procedimiento.

Es fácil distinguir a un PTS Tipo I de un Tipo II. El Tipo I se aviva de inmediato y deja de hacer Montaña Rusa en el momento en que reconoce al SP de tiempo presente. El pc deja de hacer Montaña Rusa. El pc no se retracta al respecto ni empieza a dar excusas. El pc no empieza a preocuparse por las consecuencias de la desconexión. Si el pc hace cualquiera de estas cosas, entonces el pc es Tipo II.

Puede verse que Ética maneja a la mayoría de los PTSes de manera rápida. No hay dificultades al respecto. Todo avanza con suavidad.

También puede verse que Ética no puede permitirse el tiempo para manejar a un PTS Tipo II. Por lo tanto, cuando Ética descubre que el enfoque de Tipo I no funciona rápidamente, debe mandar a la persona a la división adecuada que se esté ocupando de la Búsqueda y Descubrimiento.

TIPO II

El pc que no está seguro, que no se desconecta o que sigue haciendo Montaña Rusa, que no se anima, o que no puede nombrar a ningún SP en absoluto, es Tipo II.

Sólo la Búsqueda y Descubrimiento ayudará.

Lo primero que hay que saber es que *la única causa del empeoramiento de los casos es una situación PTS.*

Nunca habrá ninguna otra razón.

Tan pronto como dudes de este dato y pienses en "otras causas" o trates de explicarlo de alguna otra manera, ya no impedirás que los casos empeoren y ya no rescatarás a los que han empeorado.

Lo segundo que hay que saber es que *un Supresivo es siempre una persona, un ser o un grupo de seres.*

Un Supresivo *no* es una condición, un problema, un postulado. Los problemas y contra-postulados tienen que ver con esto, pero el SP como ser o como grupo siempre se debe encontrar como ser o como grupo, no como una mera idea.

Lo tercero que hay que saber es que *puede haber un SP verdadero, y otra persona o ser que se parece al verdadero pero que sólo es un SP aparente.*

Un SP *verdadero* realmente suprime a otra persona.

Un SP *aparente* sólo le recuerda al pc al verdadero, y así se le reestimula volviéndolo PTS.

El SP *verdadero* puede estar en tiempo presente (PTS Tipo I) o está en el pasado o está distante (PTS Tipo II).

El Tipo II siempre tiene un SP *aparente* que no es *el* SP en el caso, confunde a los dos y actúa como PTS sólo debido a la reestimulación, no a la supresión.

TIPO III

El PTS Tipo III está principalmente en los hospitales psiquiátricos o podría estarlo.

En este caso, el SP *aparente* del Tipo II está esparcido por todas partes y a menudo es más que toda la gente que existe, pues a veces la persona tiene fantasmas o demonios cerca de ella, y estos sólo son más SPs aparentes, pero como seres también son imaginarios.

Todos los casos internados en hospitales psiquiátricos son PTSes. Toda la demencia se resume en este único hecho.

El demente no es sólo un ser que está mal. El demente es un ser que ha sido agobiado por un SP real hasta que demasiadas personas son SPs aparentes. Esto hace que la persona haga Montaña Rusa continuamente en la vida. La Montaña Rusa es incluso cíclica (repetitiva como un ciclo).

Ocuparse de una persona demente como si fuera un Tipo II podría funcionar, pero probablemente no en todos los casos. Se podrían obtener suficientes ganancias con unos pocos como para hacer que uno fracasara completamente por tantas pérdidas en la mayoría.

De la misma manera que le dices a un Tipo II que se desconecte del SP real (dondequiera que se encuentre en la línea temporal), debes desconectar a la persona del entorno.

Poner a la persona en uno de los actuales hospitales psiquiátricos es ponerla en un Bedlam. Y cuando además la "tratan", este tratamiento puede acabar con ella. *Porque hará Montaña Rusa en cualquier tratamiento que se le dé* hasta que se le vuelva Tipo II y se le dé una Búsqueda y Descubrimiento.

La tarea con un Tipo III *no* es tratamiento en sí. Es proporcionarle un entorno relativamente seguro, tranquilidad y descanso, y no darle ningún tratamiento de naturaleza mental en absoluto. Puede que darle un patio tranquilo con un objeto inmóvil surta resultado, si se le permite que se siente ahí sin que se le moleste. Es necesario el cuidado médico con una carencia total de brutalidad pues pueden ser necesarios la alimentación intravenosa y los somníferos (fármacos para dormir y calmar). A veces estas personas también están físicamente enfermas de una enfermedad que tiene un remedio médico conocido.

El *tratamiento* con drogas, choques y operaciones sólo es más supresión. La persona no se pondrá bien realmente, recaerá, etc.

En estas personas, la auditación estándar está sujeta al fenómeno de Montaña Rusa. Empeoran después de mejorar. Los "éxitos" son esporádicos, suficientes para hacer que uno siga adelante, y normalmente empeoran otra vez, pues estas personas son PTS.

Pero, al alejarla de los SPs aparentes, mantenerla en entornos tranquilos, no molestarla, amenazarla ni atemorizarla, la persona sube a Tipo II y una Búsqueda y Descubrimiento debería terminar con el asunto. Pero siempre habrá algunos fracasos, pues el demente a veces se retrae a una rígida inconsciencia como defensa final, a veces no se le puede mantener vivo y a veces está demasiado agitado y turbado como para poder tranquilizarse alguna vez. Los extremos de demasiado tranquilo y nunca tranquilo tienen gran cantidad de nombres psiquiátricos como "catatonia" (totalmente retraído) y "maníaco" (demasiado agitado). La clasificación es interesante pero improductiva, pues todos son PTS, todos harán Montaña Rusa y no se puede entrenar ni procesar a ninguno con la idea de obtener resultados duraderos, a pesar de algún milagro temporal.

(Nota: estos párrafos sobre el Tipo III cumplen con una promesa hecha en *Dianética: La Ciencia Moderna de la Salud Mental,* de desarrollar la "Dianética para dementes").

Quita a un PTS Tipo III del entorno, dale a él o a ella descanso y tranquilidad, haz una Búsqueda y Descubrimiento cuando el descanso y la tranquilidad hayan convertido a la persona en Tipo II.

El hospital mental moderno con su brutalidad y sus tratamientos supresivos no es la manera de darle al psicótico tranquilidad y descanso. Antes de que se pueda hacer algo eficaz en este campo, se tendría que proporcionar una institución adecuada, que ofreciera sólo descanso, tranquilidad y asistencia médica proporcionando alimentación intravenosa y dosis para dormir cuando fueran necesarias, pero no como "tratamiento", y sin que se intentara *ningún* tratamiento hasta que la persona pareciera haberse recuperado, y sólo entonces hacer una Búsqueda y Descubrimiento según lo que se ha dicho anteriormente sobre el Tipo II.

Subsiguientemente a la publicación de los hallazgos y la tecnología contenidos en este capítulo, la investigación de LRH culminó en el descubrimiento de las causas mentales espirituales completas subyacentes a la psicosis y a las manifestaciones de PTS Tipo III, además de en el desarrollo de procedimientos para su resolución. Estos avances sensacionales están disponibles en los Boletines de la Oficina de Comunicaciones Hubbard que conforman el Recorrido de Introspección, lo cual hace que sea posible resolver esta condición abordando exclusivamente el espíritu con Tecnología de Ética y de Auditación. Por lo tanto, el uso o la necesidad de instalaciones médicas ya no es pertinente al manejo de personas que están PTS Tipo III. Puede ser que un Supervisor de Caso requiera un examen médico antes de comenzar el recorrido, y la aceptación de individuos para participar en el Recorrido de Introspección se deja a discreción de las Iglesias de Scientology.

DATOS ESTABLES
PARA MANEJAR AL PTS
(PTS = FUENTE POTENCIAL DE PROBLEMAS)

Existen dos datos estables que cualquiera tiene que tener, comprender y *saber que son ciertos,* a fin de obtener resultados en el manejo de personas conectadas con Supresivos.

Estos datos son:

1. Que toda enfermedad en mayor o menor grado y que todas las meteduras de pata provienen directa y únicamente de una condición PTS.

2. Que liberarse de la condición requiere tres acciones fundamentales:

   a. Comprender la tecnología de la condición.

   b. Descubrir.

   c. Manejar o desconectarse.

Las personas a quienes se les pide que manejen a personas PTS pueden hacerlo muy fácilmente, mucho más fácilmente de lo que creen. Su obstáculo básico es pensar que existen excepciones, que hay otra tecnología, o que los dos datos anteriores tienen modificadores o que no lo abarcan todo. En el momento en que se persuade a alguien que está tratando de manejar a personas PTS de que hay otras condiciones, motivos o tecnología, está inmediatamente perdido, y perderá el juego y no obtendrá resultados. Y esto es una verdadera lástima porque no es difícil hacerlo y los resultados están ahí para obtenerse.

Pasarle a un auditor una persona que puede estar PTS, sólo para hacer que se le audite maquinalmente, puede que no sea suficiente.

En primer lugar, puede que esta persona no tenga ni idea de lo que significa PTS, y puede que le falten toda clase de datos técnicos sobre la vida, y puede que esté tan abrumada por una Persona o Grupo Supresivo, que sea bastante incoherente. Por lo tanto, limitarse sólo a hacer maquinalmente un proceso puede hacer que no se entere de nada, pues falta la comprensión de la persona de por qué se está haciendo.

Una persona PTS rara vez es psicótica. Pero todos los psicóticos están PTS aunque sólo sea con respecto a sí mismos. Una persona PTS puede estar en un estado de deficiencia o patología que impida una rápida recuperación, pero al mismo tiempo no se recuperará completamente a menos que la condición PTS también se maneje. Pues se volvió propensa a la deficiencia o a la patología debido a que estaba PTS. Y a menos que esta condición se alivie, no importa qué medicamentos o nutrición se le puedan proporcionar, podría no recuperarse y, sin duda, no se recuperará de manera permanente. Esto parece indicar que hay "otras enfermedades o razones para la enfermedad aparte de estar PTS". Sin duda hay deficiencias y enfermedades, de la misma forma que hay accidentes y lesiones. Pero, por extraño que parezca, la persona misma las precipita porque, al estar PTS, se predispone a ellas. De una forma más confusa, los médicos y los especialistas en nutrición están hablando siempre del estrés como causante de la enfermedad. Careciendo de una tecnología completa sobre el tema tienen, sin embargo, una idea vaga de que esto es así porque ven que de alguna forma es cierto. No pueden manejarlo. Sin embargo, lo reconocen y afirman que es una situación que está por encima de las diversas enfermedades y accidentes. Bueno, nosotros tenemos la tecnología para resolver esto de muchas maneras.

¿Qué es esta cosa llamada "estrés"? Es más de lo que abarca la definición del médico: por lo general dice que proviene del impacto físico o del impacto en la actividad de la persona, y en esto tiene una perspectiva demasiado limitada.

Una persona sometida a estrés está en realidad bajo supresión en una o más dinámicas.

Si esa supresión se localiza y la persona la maneja o se desconecta, la condición disminuye. Si, además, se le auditaran completamente todos los engramas, rupturas de ARC, problemas, actos hostiles y ocultaciones en flujo triple, y si *todas* esas áreas de supresión se manejaran de esta manera, la persona se recuperaría de cualquier cosa causada por el "estrés".

Por lo general, la persona tiene una comprensión insuficiente de la vida o de cualquier dinámica como para comprender su propia situación. Está confusa. Considera que todas sus enfermedades son ciertas ¡porque se encuentran en esos libros tan pesados!

En algún momento estaba predispuesta a las enfermedades o los accidentes. Entonces, cuando ocurrió una supresión seria, sufrió una precipitación o aparición del accidente o de la enfermedad y entonces, con supresiones similares repetidas en la misma cadena, la enfermedad o la tendencia a los accidentes se hizo prolongada o crónica.

Decir entonces que una persona está PTS respecto a su entorno actual sería un diagnóstico muy limitado. Si continúa haciendo o siendo algo a lo que se oponía la Persona o Grupo Supresivos, puede ponerse enferma, continuar estándolo o tener accidentes.

En realidad, el problema de PTS no es muy complicado. Una vez que has comprendido los dos datos dados al principio, lo demás se convierte simplemente en un análisis de cómo aplicarlos a esta persona en particular.

Se puede ayudar marcadamente a una persona PTS de tres formas:

a. Adquiriendo una comprensión de la tecnología de la condición.

b. Descubriendo a qué o a quién está PTS.

c. Manejando o desconectándose.

Alguien con el deseo o el deber de encontrar y manejar personas PTS tiene un paso previo adicional: tiene que saber cómo reconocer a un PTS y cómo manejarlo después de reconocerlo. Por lo tanto, es realmente una pérdida de tiempo emprender esta cacería, a menos que a uno se le hayan hecho comprobaciones de todos los materiales sobre Supresivos y personas PTS y los capte sin malentendidos. En otras palabras, el primer paso de la persona es conseguir una comprensión del tema y de su tecnología. Esto no es difícil de hacer; puede ser un poco más difícil aprender a manejar un E-Metro, y considerablemente más difícil aprender cómo listar ítems, pero una vez más, esto es posible y es mucho más fácil que buscar a tientas por ahí intentando adivinar.

Una vez hecho este paso, la persona no tiene problema alguno para reconocer a la gente PTS y puede ocuparse de ella con éxito, lo que resulta muy satisfactorio y gratificante.

Consideremos el nivel más fácil de acceso:

i. Dale a la persona los textos más sencillos sobre el tema y deja que los estudie para que conozca los conceptos más elementales, como "PTS" y "Supresivo". Puede tener una cognición en ese mismo instante y estar mucho mejor. Ha sucedido.

ii. Sin aguijonear o indagar demasiado, haz que hable acerca de la enfermedad, accidente o condición que ahora considera que puede ser el resultado de una supresión. Generalmente te dirá que está aquí y ahora, o que sucedió hace poco tiempo, y estará dispuesta a explicar (sin ningún tipo de alivio) que proviene de su entorno actual o de uno reciente. Si lo dejas ahí, simplemente se encontrará algo desdichada y no se pondrá bien, porque por lo general estará hablando de un candado reciente, debajo del cual hay una gran cantidad de material anterior.

iii. Pregúntale cuándo recuerda haber tenido por primera vez esa enfermedad o ese tipo de accidentes. De inmediato comenzará a retroceder en el tiempo y se dará cuenta de que ha sucedido antes. No tienes que estar auditándola, puesto que está totalmente dispuesta a hablar de esto de la manera más informal. Por lo general, volverá a algún punto en los primeros años de esta vida.

iv. Ahora pregúntale *quién* fue. Por lo general, te lo dirá de inmediato. Y como realmente no la estás auditando y no se está yendo hacia atrás en la línea temporal, y sólo estás intentando hacer que tenga un key-out, no indagas más a fondo.

v. ¡Normalmente encontrarás que ha nombrado a una persona con quien todavía está conectada! Así que le preguntas si quiere manejarlo o desconectarse. Ahora bien, si se desconecta drásticamente, realmente van a saltar chispas en su vida, y si ella no puede ver cómo podría hacerlo, la persuades para que comience a manejarlo en una escala de gradiente. Esto puede consistir en imponerle una ligera disciplina como pedirle que conteste realmente su correspondencia, o que escriba a la persona una simple nota amistosa del estilo de "buenas carreteras, buen tiempo", o que mire de forma realista cómo hizo que ellos se distanciaran. En resumen, lo que se requiere para este manejo es un gradiente bajo. Todo lo que estás tratando de hacer es *llevar a la persona PTS desde efecto hasta estar en causa leve y moderada.*

vi. Verifica otra vez con la persona, si está haciendo el manejo, y guíala conforme avance, siempre en un nivel suave de "buenas carreteras y buen tiempo" y sin HE&R (Emoción y Reacción Humanas, por sus siglas en inglés: *Human Emotion & Reaction*), por favor.

Ese es un manejo sencillo. Puedes encontrar complejidades como que una persona esté PTS con respecto a alguien desconocido en su entorno inmediato, a quien posiblemente deba encontrar antes de poder manejar o desconectarse. Puedes encontrarte con gente que no puede recordar más que unos pocos años atrás. Puedes encontrar cualquier cosa que puedas encontrar en un caso. Pero el manejo sencillo termina cuando la cosa parece muy compleja. Y ahí es cuando llamas al auditor.

Pero con este sencillo manejo te ganarás unas cuantas medallas. Te asombrarás al descubrir que aunque algunos no se recuperan instantáneamente, la medicación, las vitaminas y los minerales funcionarán ahora, cuando antes no funcionaban. Puede que también consigas unas recuperaciones instantáneas, pero date cuenta de que si no sucede, no has fracasado.

El Auditor puede hacer una "Búsqueda y Descubrimiento" después de esto con mucho mayor efecto, pues no estará trabajando con una persona totalmente carente de información.

Un ser es bastante complejo. Puede tener muchas fuentes de supresión. Y puede necesitar mucha auditación muy leve para hacerle llegar hasta donde pueda ocuparse de Supresivos, puesto que después de todo, estos fueron la fuente de su abrumación. Y lo que él les hizo a *ellos* podría ser más importante que lo que ellos le hicieron a *él,* pero a menos que lo descargues a *él* puede que no llegue a darse cuenta de eso.

Te puedes encontrar con una persona cuya situación sólo se pueda manejar con Dianética Expandida.

Pero has hecho una entrada y has removido las cosas y has hecho que esté más consciente, y simplemente de esa forma, verás que está más en causa.

Su enfermedad o propensión a los accidentes puede que no sea leve. Puede que sólo tengas éxito hasta el punto en que ahora tenga una oportunidad de ponerse bien por medio de nutrición, vitaminas, minerales, medicamentos, tratamiento y, por encima de todo, auditación. Si no hubieras sacudido esta condición, la persona no tendría absolutamente ninguna oportunidad, pues volverse PTS fue lo primero que le sucedió en el campo de la enfermedad o de los accidentes.

Además, si la persona ha recibido mucha auditación y aun así no está progresando muy bien, tu manejo sencillo puede poner su caso en orden de repente.

Así que no subestimes lo que tú o un auditor pueden hacer por una persona PTS. Y no menosprecies ni descuides la Tecnología sobre PTS. Y no toleres condiciones PTS en la gente.

Tú *puedes* hacer algo al respecto.

Y ellos también.

MANEJO DE PTS

De acuerdo con las políticas sobre *Curación Física, Demencia y "Fuentes de Problemas",* una persona PTS (que significa Fuente Potencial de Problemas, del inglés *Potential Trouble Source*) es una persona "...íntimamente relacionada (como por lazos familiares o maritales) con personas de conocido antagonismo al tratamiento mental o espiritual o a Scientology. En la práctica, aun cuando personas así se acerquen a Scientology de manera amigable, sufren continuamente tal presión por parte de personas con influencia desmedida sobre ellas, que consiguen ganancias muy deficientes en el procesamiento, y su interés está únicamente dedicado a demostrar que el individuo antagónico está equivocado".

UNA FUENTE DE PROBLEMAS

Tales personas con familiares antagonistas son una fuente de problemas para Scientology porque sus familiares no están inactivos. De hecho, por experiencia directa con una indagación* tras otra en Scientology, se ha descubierto que aquellos que han creado las condiciones que dieron pie a la indagación en primer lugar, y aquellos que han atestiguado ante las mismas, han sido las esposas, maridos, madres, padres, hermanos, hermanas o abuelos de algún scientologist. Su testimonio ha estado lleno de declaraciones como: "Mi hijo cambió completamente después de entrar en Scientology: ya no me respetaba". "Mi hija renunció a una carrera maravillosa como peluquera para meterse en Scientology". "Mi hermana tenía esa extraña mirada fija que tienen todos los scientologists".

Su testimonio era ilógico y sus descripciones de lo que ocurrió no eran ciertas, pero el asunto es que dichas personas *sí* causaron grandes problemas y dificultades a Scientology, a las orgs de Scientology y a compañeros scientologists.

En alusión a varias indagaciones gubernamentales respecto a Scientology a mediados de la década de 1960. En cada caso, las Iglesias de Scientology fueron exculpadas y absueltas.

NO CREES ANTAGONISMO

Muchos scientologists, en su mala comprensión y mala aplicación de Scientology, crean las condiciones que producen el antagonismo en un principio. Estas son unas cuantas ilustraciones de cómo se provoca esto:

Un scientologist a su madre: "Ahora sé dónde estás en la Escala Tonal: 1.1. ¡Vaya si eres solapada!". (Evaluación e invalidación).

Un padre a su hijo scientologist: "Oye, no quiero que vuelvas a tomar prestado el coche sin mi permiso. Te lo he dicho una y otra vez…". El scientologist a su padre: *"¡De acuerdo! ¡Bueno! ¡De acuerdo! ¡Bien! ¡Gracias! ¡Ya te he oído!".* (No un acuse de recibo, sino un esfuerzo para hacer callar al padre).

Scientologist a su hermano mayor: "¡Me asesinaste en una vida pasada, perro asqueroso!". (Evaluación e invalidación).

Madre a un scientologist: "¿Qué estás haciendo?". El scientologist a su madre: "Estoy tratando de confrontar tu horrible banco". (Invalidación).

Hay tantas formas de usar incorrectamente la tecnología y de invalidar a otros y evaluar por ellos de forma destructiva para provocar carga pasada por alto, rupturas de ARC y trastornos, que no es posible que puedan enumerarse todas. La idea es *no* hacerlo. ¿Por qué crear dificultades para ti mismo y para tus compañeros scientologists, cuando no se habrá ganado nada, excepto hostilidad?

EL PORQUÉ

De acuerdo con *Delitos y Sanciones,* es un *Crimen* estar o volverse PTS sin informar de ello o tomar medidas, o recibir procesamiento estando PTS. Además, de acuerdo con las *Políticas sobre Curación Física, Demencia y "Fuentes de Problemas",* una persona PTS no puede recibir entrenamiento.

Esto significa que una persona que esté PTS no puede recibir procesamiento ni entrenamiento mientras esté PTS, y también significa que más le vale hacer algo para manejar su condición.

En la política original (ahora restituida), a la persona PTS se le exigía "manejar o desconectar" antes de que él o ella pudiera continuar con su entrenamiento o procesamiento. Muchos tomaron el camino fácil y simplemente se desconectaron "temporalmente" durante el periodo de su entrenamiento o procesamiento, así que en realidad no *manejaron* la condición que los estaba trastornando en sus vidas como scientologists. En algunos casos, hubo una mala aplicación de la tecnología, pues sus situaciones *sí* eran totalmente resolubles con el uso de algunos sencillos fundamentos de Scientology.

Ahora, se ha desarrollado un sistema muy funcional para manejar las situaciones PTS, tal como se esbozó aquí en *Manejo de PTS* y en *Esbozo del Manejo Completo de PTS*.

Seguir los pasos que se dan en estos y usar plenamente *todos* los boletines y políticas sobre el tema del manejo de PTS asegurará que las situaciones se manejen terminantemente.

Cada individuo PTS debe informar de ello a Ética como un paso de su manejo y, con la ayuda de Ética, encontrar un Porqué en lo que respecta a su antagonismo familiar y, entonces, empezar a manejar realmente la situación. El Porqué podría ser que sus padres querían que él fuera abogado y, así, culpan a Scientology de que no lo sea, en lugar de culpar al hecho de que suspendió en la facultad de derecho ¡y no podía soportar la idea de ser abogado!

O quizás el Porqué es que el scientologist sigue escribiendo a sus padres para pedirles dinero, o el Porqué podría ser que la madre acaba de leer un artículo entheta en un periódico.

En cualquier caso, debe encontrarse el Porqué, y el individuo PTS debe hacer entonces cualquier cosa que sea necesaria para manejarlo.

MANEJO

La persona que esté PTS debe ser declarada como tal por Ética y no debe recibir entrenamiento o procesamiento de Scientology hasta que no se haya manejado la situación. (La excepción a esto es un Recorrido de PTS completo hecho en el HGC).

El manejo podría ser tan simple como escribirle al padre y decirle: "Yo no me quejo de que seas conserje, por favor no te quejes de que yo sea scientologist. Lo importante es que soy tu hijo y que te quiero y te respeto. Sé que me quieres, pero por favor aprende a respetarme como una persona adulta que sabe lo que quiere en la vida". O podría ser de la forma siguiente: "Papá, te escribo a ti porque mamá continúa enviándome estos horribles recortes de periódico que me están trastornando porque sé que no son ciertos. Tú no haces esto y por eso me es más fácil escribirte".

Una vez más, hay tantas formas de manejarlo como Porqués encontrados. Cada caso es individual. También recuerda que siempre existe la posibilidad de que *no* exista una situación. Y si la persona piensa que está PTS y no lo está, puede ponerse enferma. O si insiste en que no lo está y lo está, también puede trastornarse. Así que encuentra primero si *hay* una situación.

El propósito de Ética es asegurar que la situación se resuelva.

LA CONDICIÓN PTS Y LA DESCONEXIÓN

Quizás el derecho más fundamental de cualquier ser sea el derecho a comunicarse. Sin esta libertad, los demás derechos se deterioran.

Sin embargo, la comunicación es un flujo en dos direcciones. Si alguien tiene el derecho a comunicarse, entonces también debe tener el derecho a no recibir la comunicación de otro. Este último corolario del derecho a comunicarse es lo que nos da nuestro derecho a la intimidad.

Estos derechos son tan básicos que los gobiernos los han redactado en forma de leyes; testimonio de esto es la Declaración Americana de Derechos.

Sin embargo, los grupos siempre han regulado estos derechos en mayor o menor medida. Pues con la libertad de comunicarse vienen ciertos acuerdos y responsabilidades.

Un ejemplo de esto es el matrimonio: en una sociedad monógama, el acuerdo es que uno sólo estará casado con una persona a la vez. Este acuerdo se extiende a tener relaciones de Segunda Dinámica con el cónyuge y con nadie más. Por lo tanto, si la esposa Luisa estableciera una línea de comunicación de tipo Segunda Dinámica con otra persona que no sea su marido Pedro, esto es una violación del acuerdo y los postulados del matrimonio. Pedro tiene derecho a insistir en que esta comunicación cese o si no el matrimonio cesará.

MANEJAR O DESCONECTARSE

En la Tecnología de PTS verás la frase "manejar o desconectarse". Simplemente significa eso.

Por lo común, el término *manejar,* cuando se usa en relación con la Tecnología de PTS, significa suavizar una situación con otra persona aplicando la tecnología de la comunicación.

El término *desconexión* se define como una decisión auto-determinada, tomada por un individuo, de que ya no va a estar conectado con otro. Es un corte de una línea de comunicación.

El principio básico de "manejar o desconectarse" existe en cualquier grupo y el nuestro no es diferente.

Esto es muy parecido a intentar tratar con un criminal. Si él no está dispuesto a manejar la situación, la sociedad recurre a la única solución que queda: "desconecta" al criminal de la sociedad. En otras palabras, retira al individuo de la sociedad y lo mete en la cárcel porque él no está dispuesto a *manejar* su problema o, de otra forma, a dejar de cometer actos criminales contra otros.

Este es el mismo tipo de situación que la que afronta el marido Pedro en el ejemplo que se menciona más arriba. La solución óptima es manejar la situación con la esposa, Luisa, y las violaciones de ella de los acuerdos de su grupo (el matrimonio). Pero si Pedro no puede manejar la situación, no le queda otra opción que desconectarse (cortar las líneas de comunicación del matrimonio aunque sólo sea mediante la separación). No hacerlo sería desastroso, pues está conectado con alguien antagónico a los acuerdos, postulados y responsabilidades originales del grupo (el matrimonio).

Un scientologist puede volverse PTS por estar conectado con alguien que es antagónico a Scientology o a sus principios. Para resolver la condición PTS, o bien *maneja* el antagonismo de la otra persona (como se explica aquí y por completo en el Curso PTS/SP) o, como último recurso cuando todos los intentos por manejarlo han fracasado, se desconecta de la persona. Simplemente está ejerciendo su derecho a comunicarse o no comunicarse con una persona en particular.

Con nuestra tecnología de "manejar o desconectarse", en realidad no estamos haciendo nada diferente a lo que cualquier sociedad, grupo o matrimonio ha hecho durante miles de años.

HISTORIA

Anteriormente, la desconexión como condición se canceló. Habían abusado de ella unos cuantos individuos que no habían logrado manejar situaciones que se podían haber manejado, y que se desconectaron perezosa o irresponsablemente, creando así situaciones incluso peores que las originales, porque era la acción incorrecta.

En segundo lugar, estaban los que sólo podían sobrevivir viviendo en nuestras líneas: querían seguir conectados con los scientologists (véase arriba *La Personalidad Antisocial, el Anti-scientologist*). Por lo tanto ponían el grito en el cielo si alguien se atrevía a aplicar la tecnología de "manejar o desconectarse".

Esto pone a los scientologists en desventaja.

No podemos permitirnos el negar a los scientologists esa libertad básica que se concede a todos los demás: el derecho a elegir con quién desea uno comunicarse o no comunicarse. Es suficientemente malo que haya gobiernos tratando de impedir, mediante el uso de la fuerza, que la gente se desconecte de ellos (testimonio de esto son aquellos que quieren dejar algunos países ¡pero que no pueden!).

El hecho desnudo es que la desconexión es un instrumento vital en el manejo de la condición PTS y puede ser muy eficaz cuando se usa correctamente.

Por lo tanto, se restaura por la presente el uso de la tecnología de la desconexión, en manos de aquellas personas que estén entrenadas a fondo y de manera estándar en la Tecnología de PTS/SP.

207

EL MANEJO DE FUENTES DE ANTAGONISMO

En la gran mayoría de los casos, cuando una persona tiene algún pariente o alguien con quien tiene una estrecha relación, que parece ser antagónico a su mejoramiento mediante Scientology, en realidad *no* es que la fuente de antagonismo no quiera que la persona PTS *mejore*. Es más común que sea la falta de información correcta sobre Scientology lo que cause el problema o trastorno. En un caso así, simplemente hacer que la persona PTS se desconecte no ayudaría y, de hecho, sería una falta de confront de la situación. Es bastante común que la persona PTS tenga un confront bajo respecto al terminal y a la situación. Esto no es difícil de comprender cuando uno examina estos hechos:

a. Para estar PTS en primer lugar, la persona PTS tiene que haber cometido actos hostiles contra la fuente de antagonismo; y

b. Cuando alguien ha cometido actos hostiles, su confront y su responsabilidad caen.

Cuando un Oficial de Ética descubre que un scientologist está PTS con respecto a un miembro de su familia, *no* le recomienda a la persona que se desconecte de la fuente de antagonismo. El consejo del Oficial de Ética al scientologist es que *maneje*.

El manejo para una situación así es educarlo en la tecnología de la condición PTS y la supresión, y luego guiar diestra y firmemente al PTS por los pasos necesarios para restaurar la buena comunicación con la fuente de antagonismo. Esto a la larga disipa la situación al causar en la fuente de antagonismo una *comprensión* de qué es Scientology y por qué la persona PTS está interesada en ella y se dedica a ella. Por supuesto, cuando se logra esto ya no tienes a una persona PTS en absoluto: ¡y muy bien podrías encontrar que tienes un nuevo scientologist en las manos!

Los pasos y procedimientos en sí de este tipo de manejo están bien tratados en los Boletines, Cartas de Política y conferencias que componen el conjunto completo de tecnología de PTS/SP. (Véase también más adelante, *Esbozo del Manejo Completo de PTS*).

CUÁNDO SE USA LA DESCONEXIÓN

Un Oficial de Ética puede encontrarse con una situación en la que alguien está realmente relacionado en tiempo presente con una Persona Supresiva. Esta es una persona cuya forma normal de actuar es reducir a los demás, hacerles menos capaces, menos poderosos. No quiere que nadie mejore, en absoluto.

De hecho, a un SP le aterroriza absolutamente que cualquiera se vuelva más poderoso.

En un caso así, la persona PTS no llegará a ningún sitio tratando de "manejar" a la persona. La respuesta es cortar la conexión.

CÓMO DESCONECTARSE

Cómo se hace una desconexión depende de las circunstancias.

Ejemplo: El pc vive, digamos, al lado de una clínica psiquiátrica y se siente PTS debido a este entorno. El remedio es simple: el pc puede cambiarse a otro departamento en otro lugar. No necesita escribir a la clínica psiquiátrica ningún tipo de "carta de desconexión". Simplemente cambia su entorno: lo que es, en realidad, una desconexión del entorno supresivo.

Ejemplo: un pc está conectado con una persona o grupo que ha sido declarado supresivo por la HCO en una Orden de Ética publicada. Debería desconectarse y, si desea informar del hecho al SP, puede escribir una carta de desconexión. Dicha carta sería muy directa. Expresaría el hecho de la desconexión y el motivo de ella. No debería contener emoción equivocada ni ser acusativa, pues esto sólo serviría para provocar más antagonismo. El Oficial de Ética inspeccionaría la carta antes de que se enviara, y se guardarían copias para el Archivo de Ética y el fólder de pc de la persona PTS. No se haría ningún intento de establecer comunicación con la persona declarada SP "para aclarar las cosas" o tratar de reformar al SP. La reforma del SP queda estrictamente en manos de la HCO. La persona PTS simplemente se desconecta.

Ejemplo: alguien descubre que un empleado de su empresa es un SP: roba dinero, aleja a los clientes, acaba con otros empleados y, haga lo que haga, no está dispuesto a corregirse. El manejo es muy simple: la persona PTS lo despide, ¡y el asunto termina ahí mismo!

No desconectarse de una Persona Supresiva, o rehusarse a hacerlo, no sólo niega ganancia de caso a la persona PTS, también *apoya* al Supresivo: lo que en sí es un Acto Supresivo. Y se debe etiquetar como tal (véase más adelante *Actos Supresivos, Supresión de Scientology y de los scientologists*).

RECORRIDO DE LA PERSONA SUPRIMIDA

Por supuesto hay otra manera técnica de manejar PTSes, y es hacer que pasen a través de todos los problemas que han tenido con el terminal involucrado, y la condición PTS desaparecerá (véase más adelante, *Esbozo del Manejo Completo de PTS*). Pero sigue requiriendo que la persona se desconecte durante el manejo.

RESUMEN

La tecnología de la Desconexión es esencial en el manejo de PTSes. Puede salvar vidas, y las ha salvado, y puede ahorrar incontables dificultades y trastornos. Tiene que preservarse y usarse correctamente.

ESBOZO DEL MANEJO COMPLETO DE PTS

Pueden surgir situaciones PTS en cualquier momento durante la auditación o entrenamiento de Scientology de la persona, y tienen que manejarse rápidamente y bien para devolver a la persona al camino de su auditación o entrenamiento. Muchos preclears nuevos en Scientology requieren de un manejo PTS como una de sus primeras acciones.

La auditación o el entrenamiento no se puede continuar si se tiene una situación PTS no manejada, pues el procesamiento o estudio bajo la presión de la supresión no producirá resultados.

No continúas haciéndote ilusiones ni ignorándolo ni llamándolo de otra forma, ni haces ninguna otra acción sino *manejar*. Manejar una condición PTS es demasiado fácil como para permitir ninguna justificación ni excusa por no hacerlo, y los pasos señalados abajo presentan los numerosos manejos que se pueden usar para lograr una resolución completa de toda condición PTS en todos los pcs.

EDUCACIÓN

Una persona que está PTS a menudo es la última persona en sospecharlo. Es posible que se haya vuelto PTS de manera temporal o momentánea. Y es posible que lo haya hecho de manera muy leve. O es posible que esté *muy* PTS y lo haya estado durante mucho tiempo. Pero está, no obstante, PTS y tenemos que educarla respecto al tema.

C/S-1 DE PTS

La C/S-1 de PTS, que se da en varios boletines, tiene que hacerse antes de que se comience ninguna otra acción de manejo de PTS.

Esta acción prepara a una persona para comprender su situación PTS y los factores mecánicos de esta. Una C/S-1 de PTS a fondo es el fundamento de todo manejo con éxito de una condición PTS.

ENTREVISTA DE PTS

Una entrevista de PTS en un E-Metro, como se trata en varios boletines, ayudará a la persona, en la mayoría de los casos, a detectar al elemento antagonista o SP. Una vez detectado, se tiene que ayudar a la Fuente Potencial de Problemas a determinar un manejo para ese terminal (o, más raramente, el PTS tendrá que desconectarse de esa persona).

(Si se encuentra *cualquier* dificultad en este paso, o si no se puede encontrar fácilmente al SP, es probable que el preclear o estudiante no sea PTS Tipo I, y se le debería pasar a un auditor cualificado para manejar las situaciones de PTS Tipo II con Tecnología de PTS más avanzada).

MANEJO

Una vez que se ha localizado al terminal antagonista, se lleva a cabo un manejo para llevar a la persona PTS de ser *efecto* a *causa leve y moderada* sobre su situación. Este manejo se hace de acuerdo a un programa que incluirá cualquier cosa que se necesite para lograr el resultado y, desde luego, variará dependiendo de la persona y sus circunstancias.

Cuando la persona antagonista existe en tiempo presente, en el universo físico, lo que habitualmente se necesita es un enfoque de "buenas carreteras, buen tiempo" hacia el terminal antagonista. La Fuente Potencial de Problemas y la persona que la está ayudando deben estar de acuerdo con el manejo, y este tiene que confeccionarse con el fin de poner a la persona en causa sobre su situación en particular.

El manejo puede incluir que se le vaya asesorando para que vea cómo él mismo en realidad precipitó la condición PTS en primer lugar al no aplicar, o aplicar indebidamente, los fundamentos de Scientology a su vida y a su relación con el terminal que ahora es antagonista.

LIBROS, CONFERENCIAS Y PELÍCULAS

Sucede muy a menudo que las personas antagonistas al preclear no tienen un concepto real de lo que es Scientology. Esto también puede suceder con un scientologist muy nuevo que a su vez informa incorrectamente a otros.

El libro *¿Qué es Scientology?* es una herramienta muy útil. El preclear puede mandarles un ejemplar a las personas que le son antagonistas y esto les dará esperanza de que la persona responda mejor a la vida o, si son antagonistas a Scientology, les puede mostrar a qué están siendo antagonistas.

El oficial que entrevista a la persona PTS (o a cualquier otra persona que quiere informar a sus amigos o ponerlos en el camino correcto, dado que el libro no se escribió con el propósito de manejar situaciones PTS en la gente) debe recomendarle que compre y use este libro. Al libro se le fijó un precio especial que le permitiera ser asequible en un nivel más general, a pesar de los elevados costes de impresión. Es un libro grande e imponente, y contiene las respuestas verdaderas a todas las preguntas que la gente podría hacer, y así ahorra una gran cantidad de tiempo de explicaciones a la persona PTS o a cualquier otra persona.

Scientology: Los Fundamentos del Pensamiento y otros libros, conferencias y películas básicos (especialmente la película *Una Introducción a Scientology*) son herramientas muy útiles. El preclear puede enviar un ejemplar de un libro, una conferencia o película a la persona antagonista. O puede traer a la persona a la org local para que escuche una conferencia o vea una película.

CÓMO MANEJAR DATOS FALSOS Y MENTIRAS

En algunos casos, el antagonismo tiene su origen en datos falsos o mentiras descaradas que la persona antagonista ha oído o leído.

El manejo para esto se basa en el dato de que la verdad tiene que existir antes que las mentiras, y la verdad hace volar la mentira pues esta última es posterior en la cadena.

El manejo para una persona que tiene datos falsos sobre Scientology es llenar cualquier vacío de datos faltantes con datos reales acerca de Scientology y demostrar la falsedad de cualquier mentira, rumor y datos falsos que se encuentren.

Se refuta cualquier mentira demostrando la verdad con documentos. Por medio de la org local se pueden obtener paquetes que documentan la falsedad de las mentiras comunes.

Cuando se usan la grabación y el folleto *¿Podemos Llegar a Ser Amigos?,* suceden éxitos extraordinarios en el manejo de situaciones PTS. Muchos padres, amigos o parientes de scientologists que, debido a malentendidos o a información incorrecta, pensaban que se oponían a Scientology y a sus objetivos, han descubierto después de escuchar esta grabación que están completamente de acuerdo con Scientology, y ahora la apoyan. Los resultados que están disponibles con esta grabación no pueden subestimarse. Puede usarse por sí sola cuando la comunicación entre dos personas realmente se ha venido abajo o puede usarse en conjunción con otros manejos de PTS.

DESCONEXIÓN

En los casos poco comunes en que se indica válidamente la desconexión para manejar la condición PTS de la persona, se debe hacer exactamente según *La Condición PTS y la Desconexión.*

CURSO PTS/SP

Un manejo pleno y completo de un PTS consistiría en hacer que la persona terminara el Curso PTS/SP. Este se *tiene que* incluir como parte del manejo, pues de otra manera la persona nunca aprenderá los factores mecánicos completos de las Personas Supresivas y de por qué uno se vuelve PTS.

Armada con el conocimiento de los datos técnicos sobre PTS/SP, una persona puede estar en causa sobre las Personas Supresivas y es mucho menos propensa a volverse PTS a nadie en el futuro.

MANEJOS ADICIONALES

Hay más manejos que pueden hacerse con personas PTS, que utilizan el procesamiento de Scientology. Se trata del *Recorrido de PTS* y el *Recorrido de la Persona Suprimida.*

El Recorrido de PTS se hace cuando los preclears que han tenido manejos PTS estándar y con éxito hacen Montaña Rusa en una fecha posterior, se ponen enfermos, tienen un bajón después de tener ganancias o siguen encontrando terminales adicionales respecto a las que están PTS. O se hace cuando la persona no se aviva con un manejo PTS estándar, o cuando no está segura de quién es el SP o no puede nombrar a ningún SP en absoluto.

Si después del Recorrido de PTS la persona se siente bien pero las personas que la suprimen están todavía creando dificultades, entonces la persona PTS tiene que recibir un Recorrido de la Persona Suprimida.

El Recorrido de la Persona Suprimida puede producir el maravilloso resultado de cambiar a distancia la disposición de un terminal antagonista, al auditar al preclear que está PTS. Cuando antes este terminal era antagonista, invalidativo, hostil o francamente supresivo, de repente puede tener un cambio de actitud y tratar de hacer las paces con el preclear PTS.

RESUMEN DEL MANEJO

Así, cualquier manejo total y completo del PTS consiste en:

1. Educación,

2. Entrevista de PTS (descubriendo a qué o quién está PTS),

3. Manejar (o, en raras ocasiones, desconexión, si está justificada),

4. Curso PTS/SP (se puede empezar antes),

5. Recorrido de PTS (si es necesario),

6. Recorrido de la Persona Suprimida (si es necesario).

POLÍTICAS SOBRE CURACIÓN FÍSICA
LA DEMENCIA Y LAS "FUENTES DE PROBLEMAS"

Ha sido una política de las Organizaciones Centrales en vigor desde hace mucho el manejar la enfermedad física y la demencia de la siguiente manera.

CURACIÓN

Cualquier proceso, viejo o nuevo, etiquetado como "curación" alude a una curación por medios mentales y espirituales, y de ahí que deba ser considerado como el alivio de dificultades que surgen por causas mentales y espirituales.

El procedimiento adecuado al recibir la petición de curar alguna incapacidad física de la que se queje la persona, es el siguiente:

1. Exige una revisión física de cualquier profesional de las artes de curación física que sea competente y esté disponible;

2. Establece claramente que la incapacidad no proviene de causas físicas inmediatas;

3. Si se declara que la incapacidad es curable dentro de los límites de la pericia del profesional médico, y es de hecho un mal o enfermedad que responde al tratamiento físico contemporáneo, exige que la persona reciba tratamiento antes de iniciar el procesamiento de Scientology;

4. Sin embargo, si la recomendación del profesional médico incluye cirugía o tratamiento de naturaleza no comprobada, o si el mal o la enfermedad no se puede diagnosticar con exactitud como un mal o enfermedad físico específico, con una cura conocida, se puede aceptar a la persona para procesamiento con la suposición razonable de que no se ha comprobado que exista una enfermedad puramente física, y que es probable que sea de origen mental o espiritual.

POLÍTICAS SOBRE EL DEMENTE

Con los dementes, o con personas que tienen un historial comprobado de demencia, haz lo siguiente:

1. Determina al máximo de tu capacidad, dentro de límites administrativos razonables y pruebas conocidas, que ningún pc del HGC aceptado para procesamiento tenga historial de haber estado internado de manera merecida en un hospital para dementes o lugar similar;

2. Procesa sólo a aquellas personas que no tengan tal historial;

3. No recomiendes ningún otro tratamiento por profesionales en el campo de la demencia si existe alguna prueba de que tales profesionales lesionen, incapaciten o maltraten a los pacientes con drogas que causan reacciones violentas, choques dolorosos, cirugía u otros medios bárbaros y obsoletos de "tratamiento mental";

4. Si no es posible ninguna recomendación según el punto (3) anterior, sólo recomienda descanso y un cambio de entorno, pero no en calidad de profesional.

FUENTES DE PROBLEMAS

Para los tipos de personas que nos han causado considerables problemas, existen políticas similares a las que se refieren a la enfermedad física y la demencia.

Estas personas pueden agruparse bajo la categoría de "Fuentes de Problemas". Estas incluyen:

a. Personas íntimamente relacionadas (como por lazos maritales o familiares) con personas de conocido antagonismo al tratamiento mental o espiritual o a Scientology. En la práctica, aun cuando personas así se acerquen a Scientology de manera amigable, sufren continuamente tal presión por parte de personas con influencia desmedida sobre ellas, que consiguen ganancias muy deficientes en el procesamiento y su interés está únicamente dedicado a demostrar que el elemento antagónico está equivocado.

Estas personas, de acuerdo a la experiencia, a la larga producen una gran cantidad de dificultades, pues bajo tales tensiones, su propia condición no mejora adecuadamente para combatir con eficacia el antagonismo. Su problema de tiempo presente no puede alcanzarse porque es continuo y, mientras permanezcan así, ninguna organización ni auditor debería aceptarlas para auditación.

b. Los criminales con antecedentes criminales comprobados a menudo continúan cometiendo entre sesiones tantos actos nocivos sin detectar que no tienen ganancias de caso adecuadas, y por lo tanto las organizaciones o los auditores no deberían aceptarlos para procesamiento.

c. Las personas que alguna vez han amenazado con demandar, obstaculizar o atacar o que públicamente han atacado a Scientology o han sido partícipes en un ataque, así como todos sus familiares inmediatos, nunca deberían ser aceptadas por una Organización Central o un auditor para procesamiento. Estas personas tienen un historial de sólo apoyar fines diferentes a la ganancia de caso, y es común que se pongan otra vez en contra de la organización o del auditor. Ya se han cerrado la puerta por sus propios actos hostiles contra Scientology, y de ahí en adelante es demasiado difícil ayudarles, pues no pueden aceptar ayuda abiertamente de aquellos a quienes han tratado de dañar.

d. Se ha encontrado que los casos de "responsable-de-mi-condición" demasiado a menudo tienen el origen de su condición en otras causas como para que sean aceptables. Por casos de "responsable-de-mi-condición" se quiere decir la persona que insiste en que un libro o algún auditor es "totalmente responsable por la terrible condición en que me encuentro". Estos casos exigen favores insólitos, auditación gratuita, un esfuerzo tremendo por parte de los auditores. La revisión de estos casos muestra que estaban en una condición igual o peor mucho antes de la auditación, que están usando una campaña planeada para obtener auditación sin que les cueste nada, que no están tan mal como afirman, y que su antagonismo se extiende a cualquiera que trate de ayudarles, incluso a sus propias familias. Determina la validez del asunto y decide de acuerdo a eso.

e. Las personas que no están recibiendo auditación por su propio determinismo son un riesgo, puesto que otra persona las está obligando a recibir procesamiento, y no tienen un deseo personal de mejorar. Muy al contrario, usualmente sólo quieren demostrar que la persona que quiere que se les audite está equivocada, y así no mejoran. Hasta que no exista una meta de ser procesada que ella haya determinado personalmente, la persona no obtendrá beneficios.

f. Se ha sabido que las personas que "quieren recibir procesamiento para ver si Scientology funciona", siendo esta su única razón para recibir auditación, nunca han obtenido ganancias, pues no participan. Los periodistas caen en esta categoría. No se les debe auditar.

g. A las personas que afirman que "si ayudas a tal o cual caso" (con grandes gastos por *tu* parte) porque alguien es rico o influyente o porque los vecinos quedarían electrizados se les debería ignorar. El procesamiento está diseñado para mejorar individuos, no para progresar con trucos publicitarios o dando importancia indebida a algunos casos. Entrega procesamiento sólo según convenga y de acuerdo a las disposiciones usuales. No hagas ningún esfuerzo extraordinario a costa de otras personas que sí quieren procesamiento por las razones normales. Ninguno de estos arreglos ha llegado a tener éxito jamás, pues tienen la indigna meta de la notoriedad, no del mejoramiento.

h. A las personas que "tienen una mentalidad abierta" pero no tienen esperanzas ni deseos personales de recibir auditación o alcanzar conocimiento se les debe ignorar, pues en realidad no tienen una mentalidad abierta en absoluto, sino que carecen de capacidad para decidir acerca de las cosas, y rara vez se encuentra que sean muy responsables, y desperdician los esfuerzos de cualquiera para "convencerlas".

i. Las personas que no creen que algo o alguien pueda mejorar. Su propósito para recibir auditación es completamente opuesto al del auditor, y así, en este conflicto, no se benefician. Cuando se da entrenamiento a tales personas, estas usan su entrenamiento para degradar a otros. Por lo tanto no deben aceptarse para entrenamiento ni auditación.

j. A las personas que intentan llevar a juicio a Scientology en audiencias, o que intentan investigar Scientology, no se les debería dar ninguna importancia indebida. No se debería tratar de instruirles o ayudarles en forma alguna. Esto incluye a jueces, juntas, reporteros, redactores de revistas, etc. Todos los esfuerzos para ayudarles o instruirles no han producido nada beneficioso, pues su primera idea es un firme "no sé", y esto normalmente termina con un igualmente firme "no sé". Si una persona no puede ver por sí misma o juzgar por lo obvio, entonces no tiene suficientes poderes de observación siquiera para distinguir la evidencia verdadera. En los asuntos legales, sólo toma los pasos obviamente efectivos: no lleves a cabo cruzadas en los tribunales. En el asunto de los reporteros, etc., no vale la pena dedicarles tiempo alguno, contrariamente a la creencia popular. Se les entrega su historia antes de salir de sus salas editoriales, y cualquier cosa que les digas sólo sirve para reforzar lo que tienen que decir. No son una línea pública de comunicación que influya mucho. La política es muy clara y definida. Ignóralos.

Para resumir las Fuentes de Problemas, la política general es cortar la comunicación, pues cuanto más tiempo se extiende, más dificultades hay. No conozco a ningún caso en el que los tipos de personas antes mencionados se manejaran con auditación o instrucción. Conozco a muchos casos que se manejaron con posiciones legales firmes, ignorándolos hasta que cambiaron de opinión, o simplemente dándoles la espalda.

Al aplicar esta política de cortar la comunicación, también se debe usar el criterio, pues existen excepciones en todas las cosas y dejar de manejar un trastorno momentáneo de una persona, en la vida o con nosotros, puede ser bastante fatal. Así que estas políticas se refieren principalmente a personas que no son scientologists o a personas que aparecen en la periferia y avanzan hacia nosotros. Cuando una persona así encaja en cualquiera de las clasificaciones anteriores, nosotros y la mayoría estaremos mejor ignorándola.

Scientology funciona. No tienes que demostrárselo a todo el mundo. La gente no merece tener Scientology como un derecho divino, ¿sabes? Tienen que ganársela. Esto ha sido cierto en cada filosofía que trató de mejorar al Hombre.

Y cuanta menos turbulencia pongas en tus líneas, mejor; y a más personas ayudarás a la larga.

EL ÉNFASIS DE LA POLÍTICA

También se prohíbe el entrenamiento a todas las "Fuentes de Problemas" anteriores, y cuando se detecte que una persona que pertenece a los apartados de la (a) a la (j) esté recibiendo entrenamiento o auditación, se le debería informar de que tiene que parar y aceptar el reembolso (que se debe pagar de inmediato) y se le debería dar la explicación completa en ese momento. De esta forma la minoría no podrá, en su propia confusión, impedir que la mayoría reciba servicio y progrese.

Scientology es una filosofía aplicada diseñada y desarrollada para hacer al capaz más capaz. En esa esfera tiene un éxito tremendo.

Los esfuerzos por involucrar a la filosofía con el imperialismo médico, el sadismo psiquiátrico, el clérigo intolerante, producen un retraso en nuestro progreso.

Estas personas están espiritualmente enfermas debido a sus propias acciones dañinas continuas contra los pacientes y la sociedad, y están más allá de nuestros medios normales de ayuda.

Estas políticas continuarán existiendo hasta el momento en que aquellos interesados se ocupen de invertir el tiempo y el tesoro necesarios para construir las instituciones y reeducar a las profesiones que ahora practican la curación mental médica y física: y esto definitivamente no será en nuestro tiempo, sino que pertenecería a algún futuro remoto cuando más hombres sean cuerdos.

Sin embargo, dicho programa dependería de que continuaran existiendo el imperialista médico y el psiquiatra, y como sus actividades más censurables son bastante nuevas y muy radicales, puede ser que el gobierno y el público los abandonen mucho antes de que Scientology pudiera ayudarles. Esto es lo que más probablemente ocurrirá, puesto que incluso en Rusia los comunistas ahora han prometido abandonar todo tratamiento violento del demente, según sus delegados en la Conferencia Médica de Londres de este año*, y los profesionales rusos ven con desdén y desprecio al psiquiatra occidental. El médico en Inglaterra, bajo el control del socialismo, ha perdido su ambición por el imperialismo médico y no compite con Scientology. En los Estados Unidos, la Asociación Médica Americana

---

* El año al que se hace referencia es 1964.

se ha trabado en combate mortal con el gobierno y es probable que se le socialice completamente en pocos años debido a los abusos en honorarios y a la falta de ganancias. El médico sólo se mantiene fuerte en naciones pequeñas más atrasadas como Australia, donde las tendencias mundiales tardan en llegar.

Incluso la Iglesia en Roma está considerando una renuncia de principios y una amalgama con otras creencias, en un esfuerzo por salvar una afiliación religiosa menguante.

Así que, es posible que el profesional médico, tal como lo conocemos, ya no exista en unas cuantas décadas. La afiliación a la profesión psiquiátrica está declinando.

En lugar de estas instituciones, si alguna vez llegamos a ocuparnos de ellas, quizás nos encontremos a nosotros mismos tratando con prácticas completamente diferentes en los campos de la curación física y del tratamiento del demente. Todo lo que les pedimos es que sean competentes en sus tratamientos, y menos ávidos de monopolio que sus predecesores. Y si esto es así, entonces nuestras políticas continuarán plenamente en vigor, pero en un espíritu de cooperación, no con el deseo de protegernos y de proteger al público de ellos y de los productos de su torpeza.

Nuestras líneas de comunicación son las poderosas. Son poderosas porque son líneas theta. La entheta (theta enturbulada) obtiene todo su poder aparente al ser parásita de las líneas theta. Sólo cuando se añade el poder de nuestras líneas a la debilidad de las líneas entheta, pueden estas entonces tener fuerza.

Ejemplo: fue la comunicación de la FCDC a su propio campo con respecto a esa redada del gobierno* lo que (a) costó más dinero y (b) *provocó el mayor daño. En realidad, puedes ignorar una línea entheta en casi todos los casos sin la más mínima consecuencia. Sólo tiene poder cuando dejamos que tenga poder respondiendo a ella.*

*redada del gobierno: alusión a una redada que hizo en 1963 la Administración de Alimentos y Drogas de los Estados Unidos (FDA, del inglés Food and Drug Administration), en la cual se incautaron E-Metros y publicaciones de la Iglesia Fundacional de Scientology en Washington, D.C., (FCDC, del inglés Founding Church of Washington, D.C.) bajo el alegato falso y engañoso de que se les estaban ofreciendo al público como "curas médicas". Finalmente, sin embargo, la Iglesia no solo emergió victoriosa con un reconocimiento generalizado y arrollador de su genuino carácter religioso, sino que el tribunal ordenó la devolución de todos los materiales incautados.

LA ÉTICA EN LAS ORGANIZACIONES DE SCIENTOLOGY

Scientology Crea un Entorno Seguro

Estamos trabajando para proporcionar un entorno seguro para Scientology y para los scientologists en las organizaciones en todas partes.

El entorno peligroso del mundo, de la injusticia, de los despidos repentinos, la guerra, las bombas atómicas, sólo persistirá y nos causará dificultades si fracasamos en esparcir nuestro entorno seguro por todo el mundo.

Esto empieza con nuestras propias orgs. Tienen que ser entornos seguros.

Sólo la buena tecnología y la buena justicia pueden hacer seguro el entorno de la org. Como en una sala de auditación, tenemos que poder trabajar sin que nos perturbe la locura que está a nuestras puertas.

Podemos hacer de cada org una isla segura y luego, al expandir y juntar esas orgs, traer paz y un entorno seguro al mundo entero.

No sólo *puede* hacerse. Está ocurriendo en este momento. Impúlsalo. Apoya la política, la buena tecnología y la justicia.

¿POR QUÉ LA ÉTICA?

No puedes auditar preclears sin la Ética a mano. Es un hecho técnico. Especialmente en los procesos de niveles inferiores y también en los procesos de niveles más altos, la Fuente Potencial de Problemas (conectada con un Supresivo), se hará trizas bajo la auditación: no mejorará.

La estadística actual al respecto es de un 20 por ciento PTS o levemente SP, y de estos el 2 y medio por ciento son Personas Supresivas muy maliciosas.

Tu Director de Entrenamiento *no puede* entrenar a una clase que tiene un PTS o a un SP en ella.

Tu Director de Procesamiento no puede auditar a la gente si no puede manejar eficientemente este factor de PTS y SP.

Tu Director de Revisión se desquiciará si no puede desviar a las personas PTS o SP a Ética. Tendrá que convertirse en el Oficial de Ética.

No es política de lo que estoy hablando. Es un hecho *técnico*. Simplemente *no se puede* hacer y nunca será posible en tecnología inferior, e incluso con procesos de nivel superior se requiere una destreza fantástica para lograr una verdadera ganancia. Así que acepta este hecho *técnico* y comprenderás tanto la ética como todos tus fracasos con los casos.

Sin un Oficial de Ética disponible para sacar a las personas PTS o SP de las líneas y manejarlas (detectándolas y usando las acciones de política estándar), tu tráfico disminuirá, tus tareas serán una carga y la org fracasará.

Todo el staff tiene que conocer y seguir el procedimiento de ética.

La ética es mucho más para el público que para el staff. Tienes que usar el procedimiento.

226

Un Supervisor con quien un estudiante es descortés tiene que enviar al estudiante a Ética. Si el estudiante es lento, el supervisor *tiene* que enviarlo a Revisión para que reciba atención especial a expensas del estudiante.

Los Auditores de Staff, al descubrir a un pc violento o sin cambio, tienen que enviarlo a Revisión, que probablemente lo enviará a Ética. Los Auditores de Staff, al descubrir que un caso está fracasando, *tienen* que enviarlo a Revisión, que a su vez puede que lo envíe a Ética.

Lo máximo en estupidez es la persona que piensa que "Ética es para hacer que los pcs respondan a las preguntas". O la persona que piensa que es para espiar a los miembros del staff.

La Ética es una parte de la tecnología con gran autoridad y control. Y, por cierto, detecta a las personas PTS y SP que se unen al staff, pues a veces lo hacen.

La Ética es una herramienta muy afilada, una parte vital de una org si uno desea entrenar a la gente en Scientology o procesarla con éxito.

Si la tecnología está fuera, la ética pondrá la tecnología dentro. Si la ética está fuera, la tecnología nunca estará dentro. Así es. He aprendido esto de la manera difícil. Esperemos que otros lo aprendan por conductos más fáciles. Los "pcs con ruptura de ARC" o los "estudiantes con ruptura de ARC" en un 95 por ciento son del tipo de ética. Ese es el descubrimiento. Úsalo.

Si tienes la ética *dentro,* el 80 por ciento discurrirá por la organización en un torrente impetuoso.

LOS INDICADORES
DE LAS ORGS

gual que los pcs tienen indicadores, también los tienen las orgs.

Hay probablemente una larga lista de buenos indicadores. Cuando estos están presentes, Ética está tranquila y sigue haciendo interrogatorios, etc., sólo lo suficiente como para poner dentro la política y la tecnología.

Hay probablemente una larga lista de malos indicadores. Cuando estos están presentes, Ética se pone manos a la obra en proporción a la cantidad de malos indicadores.

Los primeros indicadores, buenos o malos, son las estadísticas: las gráficas del Centro de Información de la Organización (OIC, del inglés *Organization Information Center*) para las unidades, secciones, departamentos, divisiones y la org. Cuando estas están subiendo, el ascenso es un *buen indicador.* Cuando están cayendo, la caída es un *mal indicador.*

El segundo de estos indicadores, buenos o malos, son las *ganancias técnicas.* Cuando la tecnología está *dentro,* los casos están ganando. Cuando la tecnología está *fuera,* los casos están perdiendo. Este es un mal indicador.

La ética sólo existe para mantener el fuerte durante tiempo suficiente y calmar las cosas lo suficiente para poner la tecnología dentro. La ética jamás se lleva a cabo por la ética en sí. Sólo se enfatiza en ella hasta que la tecnología esté funcionando, y entonces la tecnología resuelve los asuntos y Ética se aleja merodeando en busca de otros blancos.

No "colgamos" a la gente sólo porque hayamos comenzado a "colgarlos" y por lo tanto tenemos que hacerlo. Comenzamos a "colgar" a la gente y seguimos "apretando el nudo" de manera experta y eficiente justo hasta el instante en que podamos poner dentro la tecnología: lo cual, por supuesto, hace innecesario el "nudo".

Pero si la tecnología no se pone dentro nunca, entonces completamos el "ahorcamiento".

Encontrarás que si *etiquetas* a un Supresivo, algún día lo tendrás de vuelta y pondrás dentro la tecnología en él. Si jamás etiquetas, se van por ahí y acaban perdidos.

Etiquetar como Supresivo es nuestro "ahorcamiento".

Cuando las cosas están mal (malos indicadores fuertemente visibles), poner un "cuerpo en el patíbulo" es muy saludable. Lo llamamos "poner una cabeza en la pica". Si hay demasiados *malos* indicadores y una situación demasiado fastidiada, *tenemos* que poner una cabeza en la pica. Entonces las cosas se calman y podemos comenzar a poner dentro la tecnología.

Ese es todo el propósito de la ética: *poner dentro la tecnología*. Y usamos suficiente para lograrlo, para poner dentro la tecnología estándar correcta y para que se lleve a cabo.

Cuando hay malos indicadores por doquier (estadísticas bajas y cayendo, casos estropeados) nos volvemos muy diestros con nuestros interrogatorios y ponemos el lugar prácticamente bajo ley marcial. A esto lo llamamos un Estado de Emergencia. Una vez que se declara una Emergencia, normalmente tienes que poner una o dos cabezas en la pica para convencer a la gente de que vas en serio. Después de eso, el nivel de necesidad sube y el lugar se pone en orden. Si una Emergencia *continúa* más allá de un tiempo razonable, recurrimos a la disciplina muy férrea y les hacemos un Comité de Evidencia a los ejecutivos que se niegan a salir de ella.

La ética, entonces, se aplica al *grado* requerido para producir el resultado de poner dentro la tecnología. Una vez que la tecnología realmente esté dentro en una persona (con ganancia de caso) (o en una División Técnica, digamos, y los auditores realmente auditen procesos estándar según los cánones) *sabemos* que se resolverá y aflojamos la ética.

La ética, entonces, es la herramienta mediante la cual pones dentro los buenos indicadores poniendo la tecnología dentro. La ética es la apisonadora que alisa la carretera.

Una vez que se ha abierto el camino, somos muy propensos a saltarnos el resto de la investigación y dejarlo todo en paz.

Pero que alguien *prometa* portarse bien jamás es suficiente. Queremos estadísticas. Estadísticas mejoradas.

LOS SÍNTOMAS DE LAS ORGANIZACIONES

Las orgs tienen varios síntomas que nos dicen cómo están las cosas realmente desde el punto de vista de la ética.

Uno de estos es el diletantismo.

DILETANTISMO

Diletante = Alguien que se interesa en un arte o ciencia meramente como pasatiempo y sin un estudio serio.

En una org, esto se manifiesta con: "La gente debería vivir un poco". "Uno necesita un descanso de Scientology". "Uno debería hacer otras cosas, también". Todo ese tipo de rollo.

También se manifiesta en horarios no consecutivos, estudiantes a tiempo parcial "porque las cosas son diferentes en esta ciudad y la gente sólo puede venir dos noches…". Pregúntales qué hacen las demás noches. Boliche. Carreras de caballos.

Muchacho, más te vale arremeter y agarrar los fólderes de caso del staff. Tienes un Supresivo a bordo. Quizá seis.

Scientology (que salva vidas, que es un milagro moderno) se está comparando con el boliche. ¿Entiendes eso?

Esa org o porción de la org simplemente no es seria. Para ella, Scientology es un club de ocio, un círculo de costura para señoras. Y para alguien, registrar a la gente para entrenamiento y auditación no es más que una engañifa que le venden al público.

¡SUPRESIVOS!

Arráncalos de raíz.

Rumores Descabellados: este síntoma lo causan personas que son Fuentes Potenciales de Problemas. Encuentra a aquellos cuyo caso hace Montaña Rusa (mejora, empeora). Investiga. Encontrarás a uno o dos Supresivos fuera de la org.

Pon una cabeza en la pica con una Orden de Ética de la HCO y publícala ampliamente.

Campo con Rupturas de ARC: nombra a un Presidente del Comité de Evidencia para indagar en los asuntos, y forma una lista de las Partes Interesadas basada en los informes que ahora recibirá.

Mala Tecnología: cuando simplemente no se dan buenos resultados en la Academia, HGC o Revisión, uno o el otro, busca las Fuentes Potenciales de Problemas y Supresivos. Sólo ellos pueden mantener fuera la tecnología. Coloca una gran cabeza en la pica y entonces comienza a interrogar con cada desliz que ocurra en el lugar. De repente, la tecnología está dentro otra vez.

Hay muchos síntomas así.

En la raíz de cada mala condición se encontrará una Persona Supresiva.

Localiza a tus Fuentes Potenciales de Problemas ubicando a los que propagan rumores, etc. Entonces localiza al Supresivo y "dispara".

Reina la calma. La tecnología está dentro.

Y eso es lo único que uno quiere lograr.

Hoy en día, *la tecnología funciona en cada caso.* Si la org local no puede manejar un caso, las orgs superiores sí pueden.

Si pones la tecnología dentro lo bastante bien en una organización, la tecnología lo resuelve todo. Perfectamente. Pero si está fuera, sólo la ética puede acabar con las razones de que no pueda ponerse dentro.

231

―――――――――――

ESTADO ÓPTIMO

El estado óptimo de una org es tan alto que no hay manera fácil de describirlo. Todos los casos se cascan, Liberados y Clears a cientos, dominio del entorno. Grande. Ese es un estado óptimo para *cualquier* org.

Si no se está elevando *hacia* el óptimo hoy, se le está reteniendo localmente.

El punto de vista de Ética es que no hay ninguna razón adecuada para que una org ande dándose tropiezos excepto razones de ética.

Deja que otros se encarguen de cualquier otra carencia. Ética *jamás* se vuelve razonable acerca de la falta de expansión. Si Ética empuja lo suficientemente fuerte, otros tendrán un nivel de necesidad lo bastante alto como para actuar.

Así que cuando una org esté abajo: averigua dónde están abajo sus estadísticas y quién es PTS o SP, y *actúa*.

Ese es el trabajo de Ética. Así, poco a poco quitamos los frenos en el camino hacia una Tierra Clear.

EL HAT DEL OFICIAL DE ÉTICA

sto es un esbozo rápido de las actividades del Oficial de Ética.

El propósito del Oficial de Ética es:

Ayudar a Ronald a limpiar las orgs y al público, si es necesario, de entheta y enturbulación, para que se pueda llevar a cabo Scientology.

Las actividades del Oficial de Ética consisten en aislar a los individuos que están parando los flujos correctos sacando ocultaciones con la Tecnología de Ética y sacando de las líneas de comunicación de la org, según sea necesario, a los individuos que son Fuentes Potenciales de Problemas y Supresivos, y en general imponiendo los Códigos de Ética.

La tecnología sobre cómo se hace esto es muy precisa.

En pocas palabras, (a) uno descubre un funcionamiento imperfecto de alguna parte de la org y entonces (b) descubre algo que no comprende sobre ello y entonces (c) interroga con comunicados a los individuos en esa porción que está relacionada con el funcionamiento imperfecto.

Sólo estos tres pasos, hechos una y otra vez, son por lo común completamente suficientes para mantener una org funcionando con bastante suavidad.

Cuando acaba de asumir un puesto en una org enturbulada, o al mirar una parte de la org que esté en un estado enturbulado, las acciones del Oficial de Ética consisten en:

1. Rastrear el origen de la entheta pidiendo nombres de quién se lo dijo a la persona que ahora lo está diciendo;

2. Localizar a esas personas y descubrir quién se lo dijo a *ellas,* y entonces;

3. Buscar entre *esos* nombres los que no tienen cambio de caso o los que son Fuentes Potenciales de Problemas. Guillermo esparce un rumor (normalmente con un "ellos" dicen…). El Oficial de Ética le pregunta a Guillermo quién es "ellos". Guillermo piensa y finalmente dice que fue Pedro. El Oficial de Ética localiza a Pedro y le pregunta quién se lo contó, y cuando Pedro dice "ellos", el Oficial de Ética descubre el nombre de "ellos". Pedro dice que fue Inés. El Oficial de Ética localiza a Inés. Inés sostiene que es verdad, pero no puede decir quién lo dijo. El Oficial de Ética examina el fólder de caso de Inés o la pone a un E-Metro y ve por un TA alto o muy bajo que tiene a una Supresiva. O descubre que Inés tiene un marido Supresivo y que ella es una Fuente Potencial de Problemas.

El Oficial de Ética entonces lo maneja según las Cartas de Política sobre Ética.

En resumen, un rumor viene de *algún sitio*. Ese algún sitio es una Fuente Potencial de Problemas o un Supresivo. Uno lo rastrea y encuentra y aplica a esa persona los remedios contenidos en las Cartas de Política de la HCO sobre Ética.

El primer deber de un Oficial de Ética normalmente es limpiar la org de sus Fuentes Potenciales de Problemas y solicitar un Comité de Evidencia para los Supresivos. Esto aclara las cosas rápidamente y calma una organización para que funcione.

Entonces uno busca *bajas* estadísticas en las gráficas del Centro de Información de la Organización (OIC). Por supuesto, no son comprensibles, así que uno interroga, enviando interrogatorios, a las personas implicadas. En sus respuestas, habrá algo que no tenga sentido en absoluto para el Oficial de Ética. Por ejemplo: "No podemos pagar las deudas porque Josefina ha estado en curso". El Oficial de Ética sólo está buscando algo que él mismo no consiga hacer concordar. Así que envía interrogatorios a la persona que lo escribió *y* a Josefina. Cuando uno hace esto, tarde o temprano aparece alguna ocultación descabellada o incluso un crimen.

El truco de esta "Auditación de la Org" es encontrar un trozo de hilo que asome (algo que uno no pueda comprender) y, por medio de interrogatorios, tirar de él. Aparece un gatito. Tira con algunos interrogatorios más. Aparece un bebé gorila. Tira un poco más. Aparece un tigre. Tira otra vez y, ¡guau! ¡Tienes un tanque General Sherman!

No es lógico que la gente sea perezosa o estúpida. En el fondo, encuentras la causa *real* de la falta de acción de una parte de una org, o de un malestar continuo.

Cuando tienes tu tanque General Sherman, convócale un Tribunal de Ética. O toma medidas. Pero de hecho probablemente ya lo has arreglado.

Hay siempre una *razón* detrás de una mala estadística. Envía interrogatorios hasta que *tengas la razón real* a la vista. Nunca será "Inés no es inteligente". Es más probable que Inés esté en un puesto de mecanógrafa pero nunca aprendió a escribir a máquina. O peor: el Director de Procesamiento audita a los pcs de la org para su propio provecho. O el Director de Entrenamiento sencillamente nunca viene a trabajar.

La explicación real de una estadística baja es siempre algo muy fácil de comprender. Si interrogas lo suficiente, tendrás la explicación real, y entonces puedes actuar.

Nunca uses la conducta para nada más que como indicador de lo que deberías interrogar.

Nunca te tragues rumores como generalidades. *Alguien* los dijo, y ese alguien tiene un *nombre*. Consigue el nombre.

ARCHIVADO

El archivado es el verdadero truco del trabajo de Ética. Los archivos hacen todo el trabajo, en realidad.

Los Informes de Ética de los Ejecutivos, archivados pacientemente en fólderes, uno por cada miembro del staff, al final hacen que un archivo engorde. Ahí está tu muchacho.

Convócale un Tribunal de Ética, y su zona se tranquiliza.

Cualquier informe que recibas, archívalo con un *nombre*. No archives por departamentos ni divisiones. Archiva por *nombres*.

Los archivos hacen el 90 por ciento del trabajo. Cuando un archivo engorde, convoca a la persona para una acción de ética.

MÁQUINA DE TIEMPO

Lleva una Máquina de Tiempo y deja que acumule datos para ti.

De las órdenes que caen fuera de la misma y que no se cumplieron se debe informar al superior que las emitió.

Pero archiva esos incumplimientos. Pronto, un archivo engorda y sabemos por qué la org no está funcionando en una de sus partes.

POLÍTICA

Toda la Política de Ética es relevante a las acciones de un Oficial de Ética.

Pero lo anterior es su mundo cotidiano, auditor de la org, archivando sus respuestas, pendiente de que aparezca el archivo grueso, y entonces convocándole un Tribunal.

De esta manera, una org pronto empieza a marchar como un río que fluye con suavidad, haciendo su trabajo en una atmósfera alegre.

Sé tan fulminante, rápido e irrazonable como quieras. No estás ahí para ganar un concurso de popularidad.

Haz que los Ejecutivos informen de todos aquellos puntos de Ética de los que deberían informar. Haz que escriban sus órdenes y que te envíen una copia. Haz que tu Centro de Comunicaciones te dé las respuestas para unirlas a las copias. Archiva cuidadosamente, y desata truenos y centellas sobre la persona que tenga un Archivo de Ética grueso.

Es una tarea sencilla. Principalmente administración. Pero así es todo el trabajo de inteligencia. Los archivos hacen el trabajo si haces que la gente informe, y si tú mismo archivas bien.

Y cuando te sientas exasperado y obstaculizado y sientas como que quieres tomarla con alguien, hazlo, adelante.

¿Quién ha oído hablar jamás de un Oficial de Ética manso?

La cordura del planeta es todo lo que está en juego.

PROTECCIÓN DE ÉTICA

Las acciones de Ética deben concordar con los propósitos de Scientology y sus organizaciones.

La Ética existe principalmente para poner dentro la tecnología. La tecnología no puede funcionar a menos que la ética ya esté dentro. Cuando la tecnología queda fuera, Ética puede ponerla dentro (y se espera que lo haga), porque el propósito de Scientology es, entre otros, aplicar Scientology. Por lo tanto, cuando la tecnología está dentro, las acciones de Ética tienden a abandonarse. Ética continúa con sus acciones hasta que la tecnología está dentro, y tan pronto como lo está, se retira y actúa únicamente si la tecnología vuelve a salirse.

El propósito de la org es poner la función en marcha y hacer que continúe. Esto quiere decir producción. Cada división es una unidad de producción. Produce o hace algo que puede tener una *estadística,* para ver si esta sube o baja. Ejemplo: una mecanógrafa saca 500 cartas en una semana. Eso es una estadística. Si la semana siguiente, la misma mecanógrafa saca 600 cartas, eso es una estadística que está *arriba.* Si la mecanógrafa saca 300 cartas, eso es una estadística que está *abajo.* Cada puesto en una org puede tener una estadística. Lo mismo ocurre con cada porción de la org. El propósito es mantener la producción (las estadísticas) arriba. Esto es lo único que proporciona un buen ingreso para el miembro del staff individualmente. Cuando las estadísticas bajan o cuando las cosas están organizadas de tal manera que no se puede tener una estadística para un puesto, la paga del miembro del staff baja en la medida en que baja la producción global de la org. La producción de una organización no es más que el total de la producción de cada uno de sus miembros del staff. Cuando estos tienen estadísticas bajas también las tiene la org.

Las acciones de ética se usan a menudo para manejar las estadísticas bajas individuales. Una persona que no está haciendo su trabajo se convierte en un blanco de Ética.

A la inversa, si una persona *está* haciendo su trabajo (y su estadística lo mostrará), se considera que la ética está *dentro* y Ética *protege* a la persona.

Como ejemplo de la aplicación adecuada de la ética a la producción de una org, digamos que el Registrador por Carta tiene una estadística alta (saca muchísimo correo eficaz). Alguien hace un informe del Registrador por Carta por rudeza, algún otro hace un informe del Registrador por Carta por conducta irregular con un estudiante. Algún otro hace un informe del Registrador por Carta por dejar encendidas todas las luces. Acción adecuada del Oficial de Ética: consultar las estadísticas generales del Registrador por Carta y, al ver que su promedio es bastante elevado, archivar las quejas con un bostezo.

Como segundo ejemplo de la aplicación de la ética a la producción de una org, digamos que un Supervisor de Curso tiene una estadística baja (salían muy pocos estudiantes de su curso, aumentaba el número de estudiantes en curso, apenas nadie se graduaba, mala estadística para la Academia). Alguien escribe un informe de este Supervisor de Curso por llegar tarde a trabajar, otro escribe un informe de él por no entregar el informe semanal al Comité Asesor, y ¡zas!, Ética examina a la persona y convoca una Audiencia de Ética con todos los aderezos.

No estamos en el asunto de ser buenos chicos y chicas, estamos en el asunto de llegar a ser libres y hacer que la org tenga una producción trepidante. Ninguna otra cosa es, entonces, de interés alguno para Ética excepto (a) poner dentro la tecnología, hacer que se use y que se use correctamente, y (b) hacer que aumente la producción y que la org avance de manera trepidante.

Por lo tanto, si un miembro del staff *está* elevando la producción al tener en un nivel excelente sus propias estadísticas, Ética seguro que no está interesada. Pero si un miembro del staff no está produciendo, lo que queda demostrado por la mala estadística de su puesto, a Ética le fascina su más leve Falta.

En resumen, un miembro del staff puede "asesinar y salir impune" siempre y cuando su estadística esté alta, y no puede "estornudar" sin que le corten la cabeza si está baja.

Hacerlo de otra manera es permitir que alguna Persona Supresiva sencillamente escriba notas de ética sobre cada persona que produzca en la org hasta acabar con ellos.

Cuando la gente empieza de hecho a escribir informes de un miembro del staff que tiene una estadística alta, a quien se investiga es a la persona que hizo el informe.

En un antiguo ejército, una hazaña especialmente valerosa se reconocía otorgando el título de Ka-Kan. No era un rango. La persona seguía siendo lo que era, *pero* se le daba el derecho a que se le perdonara la pena de muerte diez veces en caso de que hiciera algo malo en el futuro. Eso era un Ka-Kan.

Y eso es lo que son los miembros del staff productivos y con estadísticas altas: Ka-Kans. Pueden "asesinar y salir impunes" sin que Ética pestañee.

El miembro del staff que tiene un promedio de estadísticas de regular a pobre, por supuesto que recibe sólo acciones de ética rutinarias, con Audiencias o Tribunales por demasiadas fechorías. Al tipo que tiene estadísticas bajas, se le hace un Tribunal de Ética si estornuda.

Ética *tiene que* usar toda la disciplina de la org sólo considerando la estadística de producción del miembro del staff implicado.

Y Ética tiene que reconocer a un Ka-Kan cuando lo vea: y romper las notas de malos informes sobre la persona, con un bostezo.

Para el miembro del staff, esto significa: si haces tu trabajo, Ética te protege.

PREMIOS Y SANCIONES
CÓMO MANEJAR ASUNTOS
DEL PERSONAL Y DE ÉTICA

Toda la decadencia del gobierno occidental se explica en esta ley aparentemente obvia:

CUANDO PREMIAS ESTADÍSTICAS BAJAS Y SANCIONAS ESTADÍSTICAS ALTAS, OBTIENES ESTADÍSTICAS BAJAS.

Si premias la no-producción, obtienes no-producción.

Cuando sancionas la producción, obtienes no-producción.

El estado de beneficencia puede definirse como el estado que premia la no-producción a expensas de la producción. No nos sorprenda, pues, que todos acabemos siendo esclavos en una sociedad muerta de hambre.

La Unión Soviética no podía siquiera alimentarse a sí misma, sino que dependía de la conquista para lograr subsistir a duras penas: ¡y no creas que no saqueaban al conquistado! Tenían que hacerlo.

Aunque parezca extraño, una de las mejores maneras de detectar a una Persona Supresiva es que pisotea las estadísticas altas y tolera o premia las estadísticas bajas. A un SP le hace muy feliz que todos se mueran de hambre, que se haga pedazos al buen trabajador y se felicite al mal trabajador.

Saca tus propias conclusiones acerca de si los gobiernos occidentales (o los estados de beneficencia) se convirtieron finalmente en Supresivos o no. Porque usaron la ley usada por los Supresivos: si premias la no-producción, obtienes no-producción.

Aunque todo esto es muy obvio para nosotros, parece que los gobiernos del siglo XX lo han desconocido, lo han pasado por alto o han hecho caso omiso de ello.

En el manejo de nuestros propios asuntos en todas las cuestiones de premios y sanciones, prestamos una atención muy esmerada a las leyes básicas mencionadas arriba y usamos esta política:

Premiamos la producción y las estadísticas altas, y sancionamos la no-producción y las estadísticas bajas. Siempre.

Además, *todo* lo hacemos por estadísticas: no por rumores, por personalidad ni por quién conoce a quién. Y nos aseguramos de que cada uno tenga una estadística de algún tipo.

Sólo damos ascensos por estadísticas.

Sólo sancionamos estadísticas bajas.

La totalidad del gobierno como gobierno era sólo una pequeña parte de una organización real: era una función de ética, más una función de impuestos, más una función de desembolsos. Esto es aproximadamente un 3 por ciento de una organización. Un gobierno del siglo XX sólo consistía en estas tres funciones vueltas locas. Aun así, obligaron a toda la población a llevar el hat de gobierno.

Debemos aprender y beneficiarnos de lo que hicieron mal. Y lo que principalmente hicieron mal fue premiar la estadística baja y sancionar la estadística alta.

Se gravaba fuertemente al asalariado que trabajaba duro, y se usaba el dinero para sustentar al indigente. Esto *no* era humanitario. Sólo se le atribuyeron razones "humanitarias".

Se investigaba exclusivamente a la persona que había sido robada, rara vez al ladrón.

El jefe de gobierno que más se endeudaba se convertía en un héroe.

Se deificaba a los gobernantes bélicos y se olvidaba a los de épocas de paz, sin importar cuántas guerras evitaron.

Así se fueron la antigua Grecia, Roma, Francia, el Imperio Británico y Estados Unidos. *Esta* fue la decadencia y la caída de todas las grandes civilizaciones de este planeta: finalmente premiaron la estadística baja y sancionaron la estadística alta. Eso es *todo* lo que causó su decadencia. Finalmente cayeron en manos de Supresivos, y *no* tenían tecnología para detectarlos o escapar de sus inevitables desastres.

Así pues, cuando piensas en "procesar a Pepe, para hacer de él un buen Director de Procesamiento y hacer que supere sus errores", olvídalo: eso premia una estadística baja. En lugar de eso, encuentra un auditor con una estadística alta, prémialo con procesamiento y hazle a *él* Director de Procesamiento.

Nunca asciendas a nadie con una estadística baja ni degrades a alguien con una estadística alta.

Jamás celebres siquiera una Audiencia contra alguien que tenga una estadística alta. Nunca aceptes una Nota de Ética sobre uno; tan sólo estámpale: "Lo siento, Alta Estadística", y devuélvela.

Pero alguien con una estadística constantemente baja, investígalo. Acepta cualquier Nota de Ética y conviértela en una Audiencia. Busca un rápido reemplazo.

Por terrible que parezca, de acuerdo a mi experiencia, sólo rara vez he elevado con órdenes, persuasión o planes nuevos una estadística crónicamente baja. Sólo las he elevado con cambios de personal.

Así que ni siquiera consideres que alguien con una estadística constantemente baja sea parte del equipo. Investiga, sí. Inténtalo, sí. Pero si la estadística permanece baja, no pierdas el tiempo. La persona está obteniendo paga, posición y privilegios por no hacer su trabajo y eso ya ha sido demasiado premio hasta ahora.

No seas razonable con las estadísticas bajas. Están bajas porque están bajas. Si hubiera alguien en el puesto, estarían altas. Y actúa basándote en eso.

Cualquier uso de la fuerza por parte de Ética debería reservarse para las estadísticas bajas.

Incluso investigamos áreas sociales de estadísticas bajas. Las curaciones de la psiquiatría son nulas. Lo único que está "alto" es la estadística negativa de un mayor número de dementes. Así que investiga y "ahorca".

Si revertimos la conducta de los gobiernos y negocios en decadencia, por supuesto que creceremos. Y eso contribuye a ganar para café y bizcochos, a conseguir ascensos, una paga más alta, mejores locales e instrumentos de trabajo para todos aquellos que se los han ganado. ¿Y quién si no ellos debería tenerlos?

Si lo haces de cualquier otra forma, todo el mundo se muere de hambre. Somos peculiares en que creemos que la prosperidad es una virtud.

Al indigente no le puedes dar más que lo que produce la sociedad. Cuando la sociedad, al sancionar la producción, produce al final muy poco y, sin embargo, tiene que alimentar a muchísimos, sobrevienen revoluciones, confusión, agitación política y Eras de Oscurantismo.

En una sociedad muy próspera en la que se recompensa ampliamente la producción, siempre hay más sobrante de lo que se necesita. Recuerdo bien comunidades agrícolas prósperas en las que había caridad en abundancia y la gente no moría como un perro. Eso sólo sucede donde la producción ya es baja y los bienes o el comercio ya son escasos (la escasez de medios de distribución *comercial* es también un factor en las depresiones).

Los "estadistas" de beneficencia nunca han señalado la causa de la Gran Depresión de los años veinte y los años treinta en EE.UU. e Inglaterra. Las causas fueron el impuesto sobre la renta, la interferencia gubernamental en las empresas y, durante todo el siglo XIX, un crecimiento gradual del nacionalismo y del tamaño de los gobiernos y sus presupuestos, y ningún desarrollo comercial para distribuir las mercancías a la gente común y corriente, proporcionarle un tratamiento especial a los gobiernos monárquicos o únicamente a la clase ociosa, hacia la que aún se dirigía la producción.

El impuesto sobre la renta sancionaba tanto la dirección de empresas, convirtiéndola en una tarea sin recompensa, y la legislación empresarial puso tantas trabas a la financiación, que dejó realmente de merecer la pena dirigir empresas, y los directivos lo dejaron. En Rusia, desesperados, los directivos se metieron en la política. Los reyes siempre estaban decretando que los plebeyos no podían tener esto o aquello (¡esto subiría la estadística de los plebeyos!), y no fue sino hasta 1930 que alguien empezó realmente a venderle a la gente usando una gran cantidad de publicidad. Fueron Madison Avenue, la radio, la televisión y Bing Crosby, y no el gra-a-an Roosevelt, quienes sacaron a EE.UU. de la Depresión. Inglaterra, al no permitir una amplia cobertura radiofónica, nunca ha salido de ella, y su imperio ha quedado reducido a polvo. Inglaterra todavía se mantenía aferrada demasiado firmemente a la tradición "aristocrática" de que el plebeyo no debe poseer, como para usar realmente a su población como mercado.

Pero la *razón* de que dejaran que esto fuera así, y la *razón* de que ocurriera la Gran Depresión, y la *razón* de la decadencia del Occidente es esta sola y llana verdad:

Si premias la no-producción, eso es lo que consigues.

No es humanitario dejar que *toda* la población se haga trizas sólo porque unos cuantos se nieguen a trabajar. Y hay algunos que simplemente no trabajarán. Y cuando ya no se premie el trabajo, nadie lo hará.

Es mucho más humano tener suficiente para que todos puedan comer.

Así que especialízate en la producción y todos triunfarán. Prémiala.

No hay nada realmente malo en que el socialismo ayude al necesitado. A veces es vital. Pero las razones para hacerlo están más o menos acabadas. Es una solución temporal que con facilidad se usa en exceso y, al igual que el comunismo, simplemente ya ha pasado de moda hoy en día. Si se lleva a extremos, como ocurre con beber café o ajenjo o incluso comer, se convierte en algo bastante desagradable y opresivo. Y hoy en día, al socialismo y al comunismo se les ha llevado demasiado, demasiado lejos, y ahora sólo oprimen a las estadísticas altas y premian las bajas.

———————————

Por cierto, la ley natural que se da aquí es el motivo de que Scientology se vuelva pobre cuando las orgs conceden crédito y cuando los auditores no exigen donaciones adecuadas. Al conceder crédito y no recibir donación, estamos premiando con atención y mejoramiento a las estadísticas bajas tanto como premiamos a las estadísticas altas de la sociedad. Un preclear que puede trabajar y que produce como miembro de la sociedad, desde luego que merece prioridad. Naturalmente él es quien puede pagar. Cuando proporcionamos exactamente la misma atención al que no puede pagar, estamos premiando con Scientology a una estadística social baja, y por supuesto que no nos expandimos porque no expandimos la capacidad del capaz. La prueba es que lo más caro que puedes hacer es procesar al demente, y estos tienen la estadística más baja de la sociedad.

Cuanto más ayudes a los que tienen estadísticas bajas en la sociedad, más se enredarán los asuntos. Cuando premiamos con entrenamiento y procesamiento a las estadísticas bajas de la sociedad, las orgs requieren una atención fantástica para mantenerlas ahí de forma alguna. El trabajador paga su propio progreso. Tiene una estadística alta. Así que dale lo mejor en entrenamiento y procesamiento: no hagas que compita con gente que no trabaja y que no tiene dinero.

Da siempre el mejor servicio a la persona de la sociedad que hace su trabajo. Al no conceder crédito, tiendes a garantizar el mejor servicio a los que tienen las mejores estadísticas, y así todo el mundo sale ganando una vez más. A nadie se le *debe* el procesamiento o el entrenamiento. No somos un proyecto de enmiendas a escala mundial.

Ningún buen trabajador *debe* su trabajo. Eso es esclavitud.

No *debemos* nada porque hacemos las cosas *bien*. Uno debería algo sólo si las hiciera mal.

No todo el mundo se da cuenta de cómo el socialismo sanciona la estadística alta. Consideremos los impuestos relacionados con la salud. Si un hombre común calcula lo que le paga al gobierno, verá que *sus* visitas al médico son *muy* caras. El que se beneficia es sólo el enfermo crónico, cuya condición la paga el sano. Así que se premia al enfermo crónico (la estadística baja) con cuidados pagados con impuestos injustos que se le cargan al sano (la estadística alta).

En el impuesto sobre la renta, cuanto más gana el trabajador, más horas de su semana laboral le quitan en impuestos. Al final, ya no está trabajando por su recompensa. Está trabajando por ninguna paga. Por lo tanto, la gente tiende a rechazar una paga más alta (estadísticas altas). Tiene una sanción demasiado grande. Por otra parte, se paga bien a una persona totalmente indigente e improductiva sólo por holgazanear. La persona con estadística alta no puede contratar ningún pequeño servicio que ayude a su prosperidad, pues ya se los está pagando, *a través* del gobierno, a alguien que no trabaja.

Los socialismos pagan a la gente por *no* plantar cosechas, no importa cuánta gente se esté muriendo de hambre. ¿Comprendes?

Así que la ley permanece válida.

La caridad es caridad. Beneficia al donante, dándole una sensación de superioridad y status. Es un lastre para el receptor, pero la acepta porque debe hacerlo y promete solemnemente (si tiene algo de orgullo) dejar de ser pobre y ponerse a trabajar.

La caridad no puede imponerse por ley y detención, porque entonces es extorsión y no caridad.

Y no pienses que yo apoyo a bombo y platillo al capitalismo. Ese también está muy, muy, *muy* pasado de moda.

El capitalismo es el sistema económico de vivir mediante la no-producción. Según su definición exacta, es el sistema económico de vivir de los intereses de los préstamos, lo cual es un grado extremo de premiar la no-producción.

El imperialismo y el colonialismo también son malos, pues existen a base de esclavizar a la población de países menos fuertes. Y eso también es recibir un premio por la no-producción, como hizo la Inglaterra Victoriana con todas sus colonias.

El parasitismo es parasitismo. Ya sea elevado o rastrero, no es nada bonito.

Todos estos ismos son casi igual de ridículos, y sus herederos, si no es que sus fundadores, fueron todos del mismo tipo: supresivos.

Lo único que apoyo a bombo y platillo es que el trabajador que trabaja merece un descanso, el gerente que trabaja merece su paga, y la empresa de éxito merece los frutos de su éxito.

Sólo me verás oponerme cuando se compre el éxito mediante la esclavitud o se premie a los vagos o a los ladrones.

Este es un punto de vista nuevo. Es un punto de vista honesto.

Premia la estadística alta y condena la baja, y a todos nos irá bien.

Disciplina
SPs y Admin
Cómo se Derrumban
las Estadísticas

na de las formas en que trabaja un SP para parar una actividad o detener una Afluencia es elegir personal clave y difundir historias descabelladas, falsas y alarmantes sobre ellos.

Otra forma, usada a menudo en combinación con la anterior, es machacar a un ejecutivo clave con entheta alarmante sobre el staff, las divisiones o actividades. Esto impulsa al ejecutivo clave a tomar medidas injustificadas, que trastornan las cosas y que podrían llevar al despido de miembros valiosos del staff.

Culpar a su propio personal en vez de al público o a los SPs reales, también es un síntoma de una org que se encuentra bajo presión externa.

Los SPs tienden a desvanecerse en la memoria, pues hablan con generalidades. "Siempre", "Todo el mundo" aderezan su lenguaje, de manera que cuando dices: "¿Quién te lo dijo?", para rastrear el origen de un rumor, es difícil de recordar, pues "todo el mundo" parece haberlo dicho. En realidad, el SP que sí lo dijo usó "todo el mundo" con tanta frecuencia en su comunicación como para convertirse en "todo el mundo" en la memoria.

UN BUEN DIRECTIVO IGNORA EL RUMOR Y SÓLO ACTÚA BASÁNDOSE EN LAS ESTADÍSTICAS.

Si durante todos estos años hubiera prestado atención a cualquier chismoso, no tendríamos orgs. Generalmente no escucho y, si lo hago, a lo más que llego es a inspeccionar estadísticas.

Es fácil disciplinar al staff y difícil disciplinar al público. Un ejecutivo *perezoso* sólo disciplina al staff. Requiere más confront abordar al público.

Cuando un ejecutivo presta oídos al rumor y a las cosas malas sobre sus compañeros miembros del staff sin mirar las estadísticas reales de producción, ese ejecutivo puede dañar gravemente a la org.

Yo nunca he tratado de hacer que los miembros del staff "sean buenos". Sólo he tratado de hacerlos producir y que lleven sus hats.

Todo nuestro sistema de estadísticas existe para acabar con la aplicación excesiva de disciplina sobre miembros del staff valiosos.

Para mí, un miembro del staff cuyas estadísticas están altas no puede hacer ningún mal.

No estoy interesado en la moralidad wog. Sólo estoy interesado en poner la función en marcha y mantenerla ahí.

También detesto tener que disciplinar a cualquiera por cualquier cosa, en particular a un scientologist. Y la única disciplina que uso es para mantener el fuerte hasta que la gente sea lo bastante Clear como para ver la luz. Siempre lo hacen. Toda mala conducta proviene de la aberración.

Sin embargo, si uno se está afanando en tratar de enturbular o de parar a Scientology o sus actividades, puedo hacer que el Capitán Bligh parezca una maestra de catequesis dominical. Probablemente no hay límite a lo que yo haría para salvaguardar el único camino del Hombre hacia la libertad contra las personas que, desdeñando el procesamiento, tratan de parar a Scientology o de dañar a los scientologists.

Conozco bien la fijación del Hombre por tratar de hacer a "todo el mundo bueno". Lo que significa, en realidad, inactivo. Los mejores hombres que he tenido en las guerras normalmente han sido arrestados de forma continua y generalmente reprobados por la "patrulla costera", la "policía militar", etc. Para el cuerpo político, una persona *tranquila* es la ideal. Cuando los fusiles empiezan a disparar, todos los tranquilos están escondiéndose y sólo los activos están ahí para luchar. A menudo me pregunto qué le sucedería a un estado si de hecho *lograra* su meta aparente de convertir a todos y cada uno en corderitos inactivos.

Así que no me importa lo que hagan los hombres y mujeres si simplemente llevan su hat y mantienen sus estadísticas altas. Sólo cuando se está frenando o parando a Scientology me encontrarás preparando las herramientas de la disciplina.

De hecho, más bien siento desprecio hacia la persona que está inactiva porque tiene miedo del castigo. Sólo respeto a los que son lo bastante fuertes para ser decentes sin necesidad de "protegerse" con el mal.

Yo uso la disciplina para mantener los bordes de un canal, no para parar el flujo.

A los SPs les *encanta* persuadir a los que tienen el poder para que asesinen. Como la ambición básica de cualquier SP es: *"Todo el mundo muerto para que yo pueda estar seguro",* usará todo tipo de mentiras y mecanismos para provocar sed de disciplina en los que están en el poder.

Si alguna vez presto atención al consejo de "Mátalos a todos" es para llevar al consejero al paredón.

———————

Todo el mal proviene de la aberración. Y puede ser bastante maligno. Y terriblemente aberrado. El único camino de salida del mal es el procesamiento. Por lo tanto, se debe proteger el camino hacia la libertad como la solución para el mal, y también se debe proteger a todos los que están trabajando para mantener el camino en su sitio.

El mundo nunca se volverá bueno debido a la disciplina o a la opresión del mal. Toda disciplina presupone que la persona a la que se está disciplinando quiere sobrevivir. Los verdaderamente malvados sólo quieren sucumbir. De manera que la amenaza de disciplina no es la solución. A los verdaderamente malvados *les encanta* el dolor, el sufrimiento y la privación. Así que cuando tratas de resolver todo el mal con disciplina, esta no ejerce coacción sobre nada y no mejora nada. Sólo se puede disciplinar a los que ya son decentes. A los malvados sólo se les hace un favor. Así que todo lo que puedes hacer realmente es sacar a los malvados fuera de las líneas.

El ejecutivo, al disciplinar, está interesado en los que pararían u obstaculizarían el flujo y en los que sólo son simplemente vagos o estúpidos. Así que él deja tranquilo con toda rigurosidad a todo el que tenga estadísticas altas, y actúa sólo para sacar a los Supresivos de las líneas, y no deja que el vago y el estúpido frenen el flujo. Un ejecutivo nunca podría lograr reformar el mundo únicamente mediante la disciplina. Puede hacerlo mediante el procesamiento. Así que su único uso de la disciplina es para continuar haciendo posible el procesamiento. Es así de sencillo.

EL DISEÑO DE LA ÉTICA

Es muy fácil que un miembro del staff, e incluso un Oficial de Ética, malinterprete por completo la ética y sus funciones. En una sociedad conducida por SPs y controlada por una policía incompetente, el ciudadano identifica casi engrámicamente cualquier acción o símbolo de justicia con opresión.

Sin embargo, en ausencia de verdadera ética nadie puede vivir con otras personas y las estadísticas bajan inevitablemente. Así que tiene que existir una función de justicia para proteger a los que producen y a la gente decente.

Para darte un ejemplo: cuando era niño en esta vida, el vecindario de una manzana a la redonda y el camino de casa a la escuela no se podían usar. Un bravucón que era unos cinco años mayor que yo, llamado Leon Brown, ejercía una pésima influencia sobre otros niños. Con extorsión por medio de violencia y chantaje, y con corrupción hizo que la zona fuera muy peligrosa. El camino a la escuela estaba bloqueado por los cinco niños O'Connell, entre los siete y los quince años de edad, que paraban y vapuleaban a cualquier niño más pequeño. Uno no podía ir a la escuela con seguridad, y era perseguido por el encargado de que no se faltara a clase, una bestia corpulenta con insignia y todo, si uno *no* iba a la escuela.

Cuando tenía unos seis años, me cansé de tener la nariz ensangrentada y de las palizas a causa de que mis ropas estuvieran rotas, y aprendí con avidez de mi abuelo la "lucha de leñadores", una forma tosca de judo.

Armado con esta "tecnología superior", busqué y encontré solo al más joven de los niños O'Connell, un año mayor que yo, y lo pulvericé. Luego encontré solo al siguiente en tamaño, y me le enfrenté y lo pulvericé a *él*. Después de eso, los niños O'Connell, los 5, huían cada vez que yo aparecía, y el camino de la escuela quedó abierto, y yo escoltaba a otros niños pequeños para que fuera seguro.

Entonces, un día me subí a una valla de madera de tres metros de altura y esperé hasta que el bravucón de doce años pasara por allí, y salté de repente con botas y todo sobre él, y después de que se despejara la polvareda esa vecindad era segura para todos los niños en ella.

Así aprendí sobre la justicia. Los niños venían de manzanas distantes a pedir ayuda para *su* vecindad. Finalmente, en dos kilómetros a la redonda, ese era un entorno seguro para los niños.

De esto aprendí dos lecciones:

1. La fuerza no es nada sin destreza y tecnología y, a la inversa, sin destreza y tecnología la fuerza de los brutos es digna de desprecio.

2. La fuerza tiene dos lados, uno para el bien y uno para el mal. Es la intención lo que marca la diferencia.

———————

Al continuar viviendo, descubrí que sólo a los que buscaban únicamente la paz se les asesinaba sanguinariamente. Los miles de años de pasividad judía no les rindieron nada más que masacre.

Así que las cosas no marchan bien porque uno sea santo o bondadoso. Las cosas marchan bien porque uno hace que marchen bien.

La justicia es una acción necesaria para cualquier sociedad con éxito. Sin ella, el bruto ataca al débil, al decente y al productivo.

Hay personas que suprimen. Son pocas. A menudo ascienden hasta estar a cargo y entonces todo decae. Esencialmente son personalidades psicopáticas. Desean tener una posición elevada con el fin de matar. Gente como Gengis Kan, Hitler, los psiquiatras, los criminales psicopáticos, desean el poder únicamente para destruir. Encubierta o abiertamente pagan sólo con muerte. Llegaron donde llegaron, a estar a cargo de las cosas, porque cuando estaban subiendo nadie dijo: "No". Son monumentos a los cobardes, la gente razonable que no les paró los pies mientras aún eran sólo pequeños bravucones y todavía vulnerables.

La ética tiene que llegar ahí antes de que la tecnología pueda tener lugar. Así que cuando no existe o llega a estar fuera, la tecnología entonces no tiene lugar, y la supresión empieza y se arraiga y la muerte sobreviene.

Así que, a menos que alguien contenga al enemigo, todos se convierten en víctimas de la opresión.

DOS SECCIONES

La Sección de Ética está en el Departamento 3. Este departamento se llama Inspecciones e Informes.

En orgs pequeñas, únicamente hay una persona en ese departamento.

Principalmente, sus deberes consisten en inspeccionar e informar a su jefe de división y al Consejo Ejecutivo (EC, del inglés *Executive Council*).

Esa es la función de la primera sección.

Cuando la inspección revela puntos fuera y los informes (como las gráficas o información directa al EC) no resultan en una corrección, *entonces* es un asunto para la segunda sección.

La segunda sección del Departamento 3 es Ética.

Ahora es un asunto de Ética. Si hay puntos fuera, de los que se ha informado correctamente, que amenazan a la org y *no* se corrigen, entonces uno supone que existe supresión.

Debido a que tiene archivos de Informes de Daño y notas de ética, y debido a que puede ver e investigar, el Oficial de Ética ubica *quién* está causando los puntos fuera y suprimiendo a la org. Mediante asignación y publicación de condiciones y Comité de Evidencia, pone la ética dentro.

Ocasionalmente sucede que es alguien que tiene un puesto alto en la org. A veces ocurre que sus superiores o el EC lo regañan por atreverse a informar de algo o de ellos. Él sabe entonces que la supresión está muy arriba, y es negligente en cuanto a sus deberes si no informa de ello a la siguiente org superior, y si no se toma ninguna medida ahí, continúa hasta el nivel más alto. Cualquiera que lo destituya por atreverse a informar de los resultados reales, basados en hechos de sus inspecciones puede ser manejado con severidad por organizaciones superiores. El Oficial de Ética sólo puede estar en dificultades si deja de hacer su trabajo y de mantener la ética dentro.

Golpear a la gente con condiciones es una parte tan pequeña de la Ética que es casi un abandono del puesto. Dejar que a la gente se le golpee con condiciones incorrectas es un delito de Comité de Evidencia.

Dejar que un SP haga colapsar las estadísticas o una org es un "delito digno del paredón".

Un Oficial de Ética usa la ética para proteger a los que tienen una Alta Estadística de Ética y mantener las estadísticas arriba y para sacar a la luz los crímenes que hunden a la gente y a las estadísticas. Es una función simple.

Los deberes básicos del Departamento 3 son los que dice. Inspecciones e Informes. Estos dos por sí solos por lo general funcionan. Cuando no es así y las estadísticas caen o la gente desaparece del organigrama, uno pasa a acciones de Ética.

En primer lugar no permites que haya personas incompetentes y supresivas en el staff, y les echas Ética encima si se les encuentra ahí.

No confundas el esfuerzo de un ejecutivo por subir las estadísticas con supresión.

El Oficial de Ética está haciendo que el entorno sea seguro para que la producción pueda llevarse a cabo y pueda entregarse servicio. Está haciéndolo inseguro para aquellos que, por descuido o por errores continuos o supresión, empujan las estadísticas hacia abajo y hacen que los buenos miembros del staff se vayan.

Si nada de esto se comprende bien y aun así alguien está haciendo que sea imposible trabajar, encuentra una valla de madera de tres metros de altura...

El Oficial de Ética tiene que conocer su Política sobre Ética. Tiene que comprender por qué está él ahí.

Y el resto de la gente en la org también debería comprenderlo.

253

El Oficial de Ética: Su Carácter

S i un miembro del staff no tiene confianza en su Oficial de Ética (E/O, del inglés *Ethics Officer*), es difícil sostener su moral.

Un miembro del staff está atareado, haciendo su trabajo. De pronto descubre que nadie ha enviado ni cartas ni revistas por correo durante un mes. Esto lo deja atónito, es una ruptura de ARC. Él estaba haciendo *su* trabajo. Así que hace un poco de natter y decide mantener los ojos abiertos después de esto. Puede que incluso haga alguna investigación por su cuenta. En otras palabras, se le distrae de su puesto y de sus deberes. El entorno no es seguro.

¿Dónde estaba el E/O? ¿Quién no se dio cuenta de que no había nada saliendo?

Unas cuantas semanas después, el miembro del staff escucha que las placas de las direcciones están llenas de duplicados, de direcciones erróneas, y que falta la mitad. Esto lo deja atónito. Significa que en realidad la revista nunca le llegó a nadie a pesar de todo el trabajo. El miembro del staff dice: al diablo con todo. No es posible que hubiera un Oficial de Ética que valiera un pepino, y la organización debe de estar llena de SPs.

Así que el miembro del staff sale, se fuma un cigarrillo y hace una mueca de desdén.

Y yo también.

Un entorno seguro es un entorno productivo. Un entorno inseguro es una sala vacía.

FUNCIONES DE ÉTICA

Ahora, con esto parecería que el E/O dirige la organización. O que se está entrometiendo con todo el mundo. O que es alguien con un látigo que obliga a la gente a trabajar. O cualquier otra idea absurda que se haya tomado prestada de un mundo wog donde la policía hace que las cosas sean más o menos tan seguras como un nido de víboras repleto de reptiles variados.

El hecho *técnico* es la información que tenemos sobre SPs. Son muy pocos en proporción a la gente decente. Ese único hecho es algo que la policía de esta sociedad no conoce. Según la tecnología social existente, *todas* las personas son básicamente malas, y sólo se les hace "buenas" mediante el castigo. Así que se debe amenazar a todos en todas partes. Esa es la tecnología wog existente. No funciona. La tasa de criminalidad se dispara, así es que, obviamente, la pericia al respecto no se va a encontrar "allá" afuera. Las personas son animales, dicen "ellos", y se les debe llevar como borregos. Bueno, esa es la idea chiflada del "científico social moderno". La sociedad no sabe que todo lo que tendría que hacer es atrapar a los pocos SPs que tiene, y no tendría crimen. En vez de eso, siempre que arrestan criminales, les demuestran que la sociedad es brutal y que el crimen está justificado, y sólo los vuelven a dejar sueltos. No enderezan a los SPs, porque, al menos en la fecha de este escrito, los propios "científicos sociales", el psicólogo y el psiquiatra, son principalmente SPs ellos mismos, y no tienen más tecnología que el garrote.

Así, el E/O tiene que entender de inmediato que está tratando con una tecnología nueva, altamente precisa. Es la tecnología de la Ética. Un E-Metro, un fólder de caso, un historial de estudio de cursos, un conocimiento de los HCOBs sobre SPs, tipos de casos y fenómenos PTS, y puedes identificar a un SP rápidamente. Hace que las cosas vayan mal, hiere a la gente, oprime. Alrededor de él desaparecen todas las acciones correctas y aparecen las acciones incorrectas.

Como ahora puede hacer que otros se vuelvan PTS, entonces *ellos* cometen errores.

Así, tienes a todo un grupo haciendo que las cosas vayan mal.

El E/O, conociendo su Tecnología de Ética, puede desembrollar al grupo, encontrar al SP real, quitarlo de puesto o quitarle el poder y, ¡bingo!, el grupo se recuperará zumbando y le irá de maravilla.

Si un E/O se encuentra con que tiene que asignar muchas condiciones, si al inspeccionar la organización encuentra que al compararla con la HCO PL (Carta de Política de la HCO, por sus siglas en inglés,

HCO Policy Letter) sobre Acciones Promocionales de la Org o la antigua Lista de Rudimentos de la Org, muestra demasiados puntos fuera, él sabe que se está enfrentando a uno o más SPs en la org o en la periferia de esta.

Una investigación cuidadosa hecha por el E/O (y él tiene procedimientos muy exactos, que se encuentran todos en el Paquete de Ética del Curso de Organización para Ejecutivos) revela la fuente o fuentes del problema. Él lo verifica todo en cuanto a las estadísticas de la persona, sus historiales de estudio y de caso y su E-Metro, y entonces actúa.

Si tiene razón, la organización se endereza de inmediato. Si el E/O está equivocado en su investigación y acción, las cosas empeorarán; es decir, las estadísticas bajarán. Entonces puede hacerlo todo otra vez, "exhumar el cadáver" al que "fusiló" por error, pedir disculpas, ¡y ahora encontrar al verdadero SP!

Así que Ética tiene su propia tecnología, una tecnología muy superior de hecho.

La ética podría limpiar a una nación entera y llevarla a un auge, usando su tecnología correctamente.

Como la Ética es una tecnología poderosa, un E/O desinformado, que piensa que él es una especie de Policía Local, KGB, FBI, Scotland Yard sin duda no ha captado la idea. Ellos son (o lo son en el momento de escribir esto) absolutos fracasos, como lo atestigua la condena de las estadísticas de la criminalidad en sus áreas. Son simplemente símbolos de terror opresivos. Reciben consejo psiquiátrico y obtienen resultados psiquiátricos. El producto final es amotinamiento y revolución por parte de la población.

Cuando amenazas a la población entera, obtienes disturbios y conmoción civil. Cuando tienes disturbios y conmoción civil, la policía está amenazando (debido a la carencia de una Tecnología de Ética) a la población entera, mientras que menos del 10 por ciento, incluso una cifra tan pequeña como el 1 por ciento, son malos.

RAZONABILIDAD SUPRESIVA

El mayor enemigo del E/O es la persona razonable. No hay buenas razones para ninguna situación incorrecta excepto:

a. Catástrofes naturales (como terremotos, rayos, etc.).

b. Personas Supresivas.

c. Personas que están PTS a Personas Supresivas.

Cuando un ejecutivo empieza a explicar las "razones" de las estadísticas bajas en lugar de trabajar para lograr estadísticas altas, está siendo razonable.

Cuando Pepe Pérez acaba de hacer añicos su quinta máquina de escribir, y la Secretaria de Diseminación empieza a explicar que él no es más que un buen chico que se ha vuelto un poco propenso a las rupturas de ARC, ella está siendo "razonable". Él es o bien un SP o está PTS a alguien.

La explicación está en la respuesta al *quién* del E/O, no al *por qué* de la Secretaria de Diseminación.

Los ECs de tres orgs están en una violenta guerra entre sí. Alguien explica lo razonable que es esto. Más vale que sus E/Os se reúnan calladamente y descubran *quién* es un SP y *quién* está PTS en esa batalla campal, y que *actúen*.

La razonabilidad es supresiva, pues deja que la opresión continúe sin que se tomen medidas.

La razonabilidad supresiva es un rasgo común. Proviene de *la incapacidad para confrontar el mal*.

El mal requiere un poquito de confront.

La gente que desesperadamente quiere "no tener dificultades", a menudo no confrontará ni manejará las dificultades.

El asesinato es asesinato. Ocurre. Un asesinato no es un deseo aterrorizado de que no hubiera ocurrido. Ocurrió. Alguien lo hizo. Ahí está el cadáver.

Los psiquiatras, por ejemplo, tienen dos tipos principales en sus filas: ambos psicopáticos. Uno es un theetie-weetie, que piensa que todos los criminales son unos pobrecitos de quienes se ha abusado, y el otro es, en sí, un psicópata criminal que suelta a los criminales en la sociedad sólo para vengarse de la gente por sus propios perjuicios imaginarios. Al seguirle la pista a varios crímenes graves, se puede encontrar que el criminal violento estuvo antes en las manos de un psiquiatra y le contó sus intenciones, y aun así se le dejó suelto en la sociedad.

La psiquiatría no puede ayudar a un criminal así (un violador, un asesino). Pero esa no es la cuestión. Murieron personas decentes, y algunas murieron de forma horrible. Eso no hace de este un entorno muy seguro, ¿no?

Es verdad que podríamos enderezar a este criminal si pudiéramos mantenerlo fuera de circulación durante un tiempo. Es verdad que el criminal está en dificultades, *pero también es verdad que comete crímenes.*

Así que un E/O no quiere que alguien que comete crímenes ande por ahí dentro de un grupo o una sociedad.

El trabajo del E/O es desconectar y quitarle el poder al criminal, y así proteger al grupo.

El criminal, el SP (es lo mismo) está *tratando de vengarse de la gente.* Ese es su denominador común. Lo hace mediante omisiones encubiertas o violencia manifiesta. El resultado es el mismo.

El E/O trabaja para el porcentaje del 90 al 99 por ciento del grupo, no para el 1 por ciento.

Una vez que el E/O ha cumplido con su deber hacia el grupo, entonces puede encargarse del individuo. Yo siempre manejo las cosas en ese orden:

1. Salvaguardar al grupo.

2. Rehabilitar al individuo.

Te meterás en un lío si haces sólo lo uno o lo otro, o si tratas de rehabilitar al criminal individual sin salvaguardar al grupo.

En la práctica real, salvaguardas al grupo sacando o aislando al individuo. Entonces ves qué se puede hacer por el individuo para rehabilitarlo *sin* poner en peligro al grupo en forma alguna.

Un E/O puede ser usado por un SP (con informes falsos u órdenes estúpidas) para asediar y dañar a un grupo. El deber de un E/O está claro. Sigue la política.

Un E/O puede verse paralizado cuando sus superiores no le permiten hacer su trabajo, ya sea porque no entienden su trabajo o porque son supresivos. Las estadísticas dicen de cuál de estas razones se trata.

Pero el E/O tiene una acción en este caso.

Recuerdo que los dos primeros E/Os que se nombraron alguna vez, hicieron su trabajo, intentaron limpiar la org en que dos criminales y un espía estaban en pleno apogeo, y fueron vapuleados por el OES (Secretario Ejecutivo de la Organización, del inglés *Organization Exec Sec*) y se les sacó de puesto. El mismo ejecutivo lanzó a la org por las cataratas del Niágara en el plazo de un año. ¡Estaba teniendo relaciones homosexuales con el espía! Aquí el fallo fue una ausencia de investigación o de destreza para investigar, y el que la Tecnología de Ética todavía no estuviera plenamente desarrollada. Si estos dos E/Os hubieran descubierto que no podían trabajar ni podían funcionar a pesar de que las estadísticas de la org se estuvieran colapsando, deberían haber localizado, mediante una sencilla investigación, quién estaba obstruyendo cualquier acción, y habrían descubierto el crimen. Y, con eso en sus manos podrían haber dicho: "Mira aquí...".

LA CONDUCTA DEL E/O

Un E/O nunca debería hablar de miembros del staff que sólo están bajo investigación ni actuar de forma que haga Tercer Partido en contra de alguien. Un E/O obtiene los *hechos* y entonces actúa.

Un E/O debe ser, él mismo, alguien con Alta Estadística de Ética. Los E/Os que no lo son no duran mucho.

Un E/O debe actuar como un pastor, no como un lobo. Cuando los hechos están a plena vista, debe actuar como una pantera, con un único ataque directo.

Un E/O que sea un E/O eficiente, es *muy* popular entre el staff. Si él o ella conoce su oficio y lo lleva a cabo con efectividad, el E/O se convierte fácilmente en un héroe local.

Un E/O no debería permitir que a un staff se le acosara, se le amenazara o se le inundara con condiciones. Cuando ve que están ocurriendo estas cosas, sabe que es hora de investigar para ver *quién* ha vuelto PTS a la gente, y de manejarlo sin órdenes adicionales.

Las acciones de rehabilitación de un E/O deberían limitarse a volver a investigar cuando se le solicita, a corregir acciones basadas en informes falsos, y a asegurarse de que Calificaciones haga cualquier manejo de caso que surja.

Cuando un E/O ve que se hacen grandes esfuerzos tratando de hacer que vuelvan al redil los ex lobos, investiga dónde está la fuente del esfuerzo y, habiéndola encontrado, averigua *quién* y *por qué*. Un E/O nunca pudo poner en marcha una org, pero vaya si trabajó para hacer que se pintaran de blanco a los ex lobos. El jefe de una org tenía al staff virtualmente amotinado pero trabajaba continuamente para lograr que se les restituyera la gracia a tres personas que durante años no habían hecho nada (con pruebas claras) más que fusilar a personas con estadísticas altas por una paga externa; sin embargo el E/O de esa org ni siquiera trató de averiguar por qué el jefe de esa org estaba PTS tan constantemente como para sólo preocuparse de rehabilitar y reintegrar a SPs. Y el E/O de esa organización ¡tampoco envió ningún informe ni apelación a una organización superior!

Un E/O puede volverse tan irresponsable como para destinar toda su función sólo a asignar condiciones de ética. Nunca hace que se cumplan, nunca intenta resolver problemas del staff, ningún confront verdadero en absoluto, sólo una tediosa ronda de condiciones y de amenazas de condiciones. A ese E/O se le sacó de puesto, desde luego. Una gran cantidad de amenazas y de condiciones sólo significan que alguien es SP y que muchos otros están PTS.

Un E/O que está tratando de manejar un largo historial de estadísticas bajas y dificultades en una organización debería mirar primero sólo a aquellos que han estado en la organización durante todo el periodo de dificultades. Uno o más serán SPs o estarán PTS, pero de verdad.

Un E/O que ha tenido un área completamente tranquila pero que de repente ve que esta se está volviendo agitada, debería examinar únicamente a aquellos que entraron desde que empezaron las dificultades.

Un E/O sólo está tratando de crear un entorno seguro en el que los miembros del staff puedan trabajar felizmente y se esté dando buen servicio al público.

En último término, un E/O es responsable ante mí de que todo esté bien y seguro en su área.

BROMISTAS Y DEGRADADORES

Es un viejo principio que la gente que no entiende algo a veces se burla de ello.

Sin embargo, una investigación reciente de los antecedentes y condición de caso de un pequeño puñado de personas que estaban bromeando sobre sus puestos y sobre quienes les rodeaban, mostró un escenario algo más siniestro.

Cada una de estas personas caía en una o más de las siguientes categorías:

1. Eran personas con Rock Slam (algunos de la Lista Uno).

2. Eran casos del tipo de institución psiquiátrica.

3. Eran "NCG" (lo que significa "Sin Ganancia de Caso", del inglés *No Case Gain,* cuya única causa son actos hostiles continuos en tiempo presente).

4. Estaban seriamente PTS (Fuente Potencial de Problemas). (Conectadas a personas con Rock Slam).

Se podría suponer que los fenómenos de palabras malentendidas también podrían formar parte de esto. Al estudiante rebelde en las universidades normalmente se le maneja aclarando sus malentendidos o curando su desesperanza sobre su futuro. No obstante, la investigación no encontró que ninguno de estos bromistas o degradadores estuviera actuando así sólo por palabras malentendidas, pero no se puede descartar la posibilidad.

Sin embargo, las cuatro categorías anteriores se verificaron completamente.

Se descubrió que todas las personas investigadas eran casos con estadísticas en declive, tanto teniéndolas como causándolas.

Sus áreas estaban enturbuladas. Al menos uno de los bromistas estaba echando físicamente a los estudiantes de cursos básicos de una org.

En algunas zonas culturales, el ingenio y el humor se consideran un alivio saludable. Sin embargo, en el caso de las orgs, no se encontró que esto fuera así. La destrucción intencional de la org o de los compañeros del staff era el propósito directo.

Por lo tanto, todos los Ejecutivos, personal de la HCO y Supervisores de Caso, así como el personal de Calificaciones y los Oficiales de la Sección del Staff, tienen un valioso indicador. Cuando tienen a un bromista o degradador entre manos, también tienen, en esa persona, una o más de las cuatro condiciones anteriores.

Esto abre la puerta al manejo de tales personas.

Las condiciones asignadas adecuadamente y luego llevadas a cabo por completo son los manejos de ética correctos.

Dianética Expandida correctamente hecha, lo que incluye Confesionales y manejos PTS completamente terminados, son los remedios de caso.

Donde no se conoce o se descuida la Tecnología de Ética en sí, y donde no hay HCOs, por supuesto que uno no puede esperar que se maneje el asunto. Y esto sería demasiado malo porque la ganancia de caso y el mejoramiento de la vida disponibles con los manejos de ética adecuados, cuando se siguen por completo hasta el final, pueden ser bastante milagrosos.

Donde personas con Rock Slam han estado minando la tecnología y esta no se conoce o usa plenamente o se altera haciéndola impracticable, no se puede esperar que los Confesionales se hagan adecuadamente, o que Dianética Expandida se conozca y se aplique adecuadamente.

El bromista está anunciando sus síntomas. También está anunciando un área de la org donde hay enturbulación y estadísticas bajas, así como miembros del staff a los que se está convirtiendo en víctimas.

Por lo tanto este es un indicador administrativo y técnico que no puede pasarse por alto y que debe seguirse muy de cerca.

Detectado, investigado y manejado, este puede ser el principio de una espiral ascendente para una organización.

Donde alguien está haciendo que la ética esté fuera, no es probable que la tecnología llegue a estar dentro. Tienes que poner la ética y la tecnología dentro antes de que puedas empezar a poner dentro el admin.

La próxima vez que tú, como ejecutivo, te preguntes por qué estás trabajando tan duro, busca al bromista a bordo.

El humor es una cosa. Las orgs y los seres humanos destruidos es otra muy diferente.

Es asunto nuestro poner la función en marcha y conseguir que se haga el trabajo.

NIVELES DE OT

 os psicóticos se dedican a acabar con la gente. Toda su misión en la vida es la destrucción.

Atacan con vehemencia las ganancias de los niveles inferiores y tratan de desacreditarlas, puesto que estas van en contra de su propósito aberrado.

Pero cuando se trata de Clears y de los niveles de OT, ¡los psicóticos se vuelven completamente locos!

Resulta que les aterroriza el castigo por sus propios crímenes.

La idea de que alguien sea lo bastante sensato o poderoso para castigarlos (como *ellos* lo harían) es más de lo que pueden soportar.

Puedes identificar a un psicótico criminal con la máxima certeza por la forma en que injuria o degrada a los Clears y OTs, o en que intenta impedir que se creen.

Se le escapa que la inmoralidad y el crimen en el que incurren los demás provienen de las mismas cosas que él les está haciendo a ellos.

Así que mira bien a los psiquiatras y a los que hacen campañas antirreligiosas. Hablan desde sus propias almas ennegrecidas, y hablan desde el terror.

Que la gente esté menos inclinada a la venganza cuando se vuelve más cuerda es un argumento que ellos no pueden asimilar. Saben que si *ellos* tuvieran poder para torturar y matar a todos, lo harían.

Así los psiquiatras, con sus delirios y sus electrochoques, llevan su propia marca claramente impresa en ellos mismos por su propia conducta en la vida.

Reconócelos por lo que son (criminales psicóticos) y manéjalos de acuerdo a eso.

No les dejes impedir que el Hombre sea libre.

INFORMES
DE ÉTICA

Informes de Conocimiento

Vivimos en una era de "civilización" en la que ha llegado a ser muy común no preocuparse por lo que pasa.

La actitud de Primera Dinámica de "no tiene nada que ver conmigo" es el resultado de las drogas, la televisión, los psiquiatras y los psicólogos, quienes han pervertido la educación y producido una sociedad criminal en la que se supone que el individuo debe ser efecto de todo, incapaz de manejar su entorno.

Aunque estamos cambiando esta sociedad, es sin embargo un reto constante para la propia capacidad hacer que las cosas sigan yendo bien.

De hecho, para tener éxito en esta "civilización" o en *cualquier* sociedad, burda o sofisticada, uno tiene que actuar continuamente para mantener su propio entorno bajo cierto control. Hacer algo distinto resulta en una muerte gradual o repentina, y siempre dolorosa. *Sí* importa lo que sucede alrededor de uno. Lo único que no se preocupa es un cadáver.

Es algo bastante sencillo, no heroico. Si uno no puede controlar una taza de café, ¡es probable que se escalde! Si no puede controlar un coche, se convierte en una estadística.

Extiende esto en cierta medida a tus congéneres, y es evidente que la permisividad total (por la que abogan a gritos los psiquiatras) es suicidio. Quedarse parado con una mirada insulsa mientras Pepe le clava alfileres a algo o a alguien, no son buenos modales, ¡es idiotez!

Para vivir en absoluto, uno tiene que ejercer cierto control sobre sus semejantes, así como sus subordinados y (lo creas o no) sus superiores.

Cuando mala conducta y fueras-de-ética se dan en un grupo, es casi imposible que los demás miembros del grupo no lo sepan. Al menos algunos de ellos son conscientes de la situación incorrecta.

Cuando un grupo tiene estadísticas bajas, no es verdad que *todos* estén intentando fracasar. Sólo unos cuantos se dedican a no hacer sus trabajos.

La pregunta que se puede hacer respecto a cualquier grupo que no vaya bien es esta: ¿por qué los *demás* miembros del grupo toleraron e ignoraron a los holgazanes o a los tipejos fuera-de-ética dentro de este?

Al analizar innumerables grupos con los que he tenido la fortuna (o la desgracia) de estar relacionado, finalmente aislé *un* factor que hacía de un grupo con estadísticas altas un grupo con estadísticas altas y de un grupo con estadísticas bajas un grupo con estadísticas bajas y un horror de grupo al que tener cerca.

La diferencia singular más notable entre un grupo con estadísticas altas, con el cual es fácil vivir y trabajar, y un grupo de estadísticas bajas, con el cual es difícil vivir y trabajar, es que los miembros individuales del grupo hacen ellos mismos que se cumplan la acción y las convenciones morales del grupo.

Esa es la diferencia, no es otra.

En un grupo con estadísticas altas, al primer alfilerazo ¡Pepe probablemente tendría un ojo morado!

En un grupo con estadísticas bajas, Pepe podría seguir interminablemente con sus alfileres, mientras cada uno de los miembros del grupo observaba y se encogía de hombros.

En un grupo en el que los miembros tienen alguna idea acerca de controlar su entorno y a sus compañeros, no tienes holgazanes ni tipejos fuera-de-ética. *Porque* el resto del grupo, de manera individual, simplemente no lo tolerará.

Los que tienen tendencia a causar estragos o a holgazanear no se atreven a hacerlo. Y el grupo llega a ser un grupo con el que es fácil vivir y trabajar.

No se trata de si se debe preseleccionar o cuidadosamente volver éticas a las personas del grupo mediante algún proceso, un liderazgo inspirado o una fuerza policial aparte. Se trata de si los propios miembros del grupo ejercen algún control mutuo.

Uno puede decir: "¡Ah, bueno! Si yo informara que la Registradora viola la política, el Director Ejecutivo me despediría: ¡es su esposa!".

Uno puede decir: "Si me quejo de que no me dejan llevar mi hat, me harán un Comité de Evidencia por realizar acciones de Tercer Partido". Si prevalecen tales condiciones, el grupo ya ha perdido la capacidad como grupo para controlar el entorno, y tendrá bajas estadísticas. Su paga será baja y sus condiciones de trabajo serán pésimas.

¿Tenemos un mecanismo para impedir esto?

Sí, lo tenemos.

Se llama Informes de Conocimiento. (Véase *Informes de los Miembros del Staff* y otros tipos de notas de ética presentados en este capítulo).

Los Informes de Conocimiento se hacen cumplir de la forma siguiente:

1. Cualquier persona que sepa de holgazanería, de una acción destructiva, fuera-de-política o fuera-de-ética y *no presente un Informe de Conocimiento* se convierte en *cómplice* en cualquier acción de justicia que se tome a partir de ese momento.

2. Prohibir que alguien escriba un Informe de Conocimiento convierte a la persona que lo prohíbe *y* a la persona que acepta esta orden ilegal en cómplices en cualquier acción posterior que se tome.

3. No escribir en una hoja de trabajo o en un informe un crimen que se ha revelado, convierte a la persona que no lo hace en *cómplice* del crimen.

4. No archivar un Informe de Conocimiento que haya escrito otra persona lo convierte a uno en cómplice del contenido de este.

5. Quitar Informes de Conocimiento de los archivos lo convierte a uno en cómplice de su contenido.

6. No informar al Jefe de Justicia Internacional sobre cargos graves hechos en Informes de Conocimiento lo convierte a uno en cómplice de la situación incorrecta de la que se informó.

7. Declaraciones falsas a sabiendas hechas en Informes de Conocimiento con intención de causar dificultades, cuando se demuestra sin duda alguna que son falsas, pueden convertirse en un asunto para un Tribunal del Capellán, con adjudicación de daños y perjuicios (véase *Tribunal del Capellán, Audiencias Civiles*).

8. Cualquier persona que supiera de algo incorrecto o de un Crimen y no informara de ello, convirtiéndose así en cómplice, recibe la misma sanción que la persona a la que se ha disciplinado como el verdadero infractor.

Con estas políticas, no se le puede impedir a una persona que tiene conocimiento de una conducta no óptima por parte de otros miembros del grupo que escriba un informe y lo envíe al Archivo de Ética de la persona, y ni siquiera se le puede impedir que salga de la org e informe, por cualquier línea de comunicación, al Jefe de Justicia Internacional. Y eso no significa que esto pueda utilizarse para ocultarle a nadie que se está escribiendo un informe.

JUNTAS DE REVISIÓN

Deberá formar parte de *toda* acción de Junta de Revisión (véase *Junta de Revisión*) a cualquier nivel examinar el estado de los Informes de Conocimiento según se relacionen con cualquier caso revisado, y tomar cualquier medida que indiquen estas políticas.

RESUMEN

Esto hace que sea bastante duro para un criminal o un holgazán estar cerca del grupo. *A menos que* él o ella decida elevarse por encima de las aberraciones, ponerse a trabajar y enderezarse.

EL QUE LOS MIEMBROS INDIVIDUALES DE UN GRUPO NO CONTROLEN A SUS COMPAÑEROS ES LO QUE HACE QUE SEA DIFÍCIL VIVIR Y TRABAJAR EN UN GRUPO.

Si está presente, cuando eso se remedia, el grupo llegará a convertirse en un grupo con el que será un placer estar, y el trabajo se volverá pan comido.

Si las estadísticas de un grupo, grande o pequeño, son bajas, inténtalo.

Y consigue a cambio un *verdadero* grupo que, colectivamente, pueda controlar el entorno y prosperar porque sus miembros ayudan a controlarse mutuamente de forma individual.

Informes de
los Miembros del Staff

Los miembros del staff deben hacer personalmente ciertos informes por escrito.

No hacer estos informes involucra al ejecutivo o al miembro del staff que no hace un informe acerca de cualquier delito cometido por un subordinado que esté bajo su cargo o por un superior suyo en el caso de que haya puesto en peligro su trabajo.

Estos informes se hacen para la Sección de Ética del Departamento de Inspecciones e Informes.

La forma del informe es sencilla. Se usa un portapapeles con un mazo de hojas de papel del color distintivo de su división. Esto incluye una hoja de papel carbón. Este es el mismo portapapeles y el mismo papel carbón que uno usa para sus órdenes habituales.

Es un formulario de despacho que se dirige simplemente a la Sección de Ética. Lleva fecha. Bajo el destinatario, en el centro de la página, lleva el nombre de la persona o de la porción de la org. Después dice qué clase de informe es (véase más abajo).

El original va a Ética, dibujando una flecha que apunta a "Ética", y la copia de calco va a la persona o porción de la org de la que se está informando, *por los conductos* (encaminamiento B).

Los siguientes son los informes que se requieren:

1. *Informe de Daño.* Cualquier daño que se haya observado a algo, con el nombre de la persona que esté a cargo de ello o a cargo de limpiarlo.

2. *Informe de Uso Indebido.* El uso indebido o abuso de cualquier equipo, material o local es decir, usarlo incorrectamente o para un fin para el que no estaba destinado.

3. *Informe de Desperdicio.* El desperdicio de materiales de la org.

4. *Informe de Ocio.* La ociosidad del equipo o del personal que debería estar en acción.

5. *Informe de Alter-is.* La alteración del diseño, la política o la tecnología, o errores de interpretación.

6. *Informe de Pérdida o Robo.* La desaparición de cualquier cosa que debería estar ahí, diciendo cualquier cosa que se sepa sobre su desaparición, como cuándo se vio por última vez.

7. *Informe de Hallazgo.* Cualquier cosa que se encuentre, enviando el artículo con el despacho o diciendo dónde está.

8. *Informe de Incumplimiento.* Incumplimiento de órdenes legales.

9. *Informe de Dev-T.* Diciendo si es fuera-de-línea, fuera-de-política o fuera-de-origen, y de quién a quién y el tema.

10. *Informe de Error.* Cualquier error cometido.

11. *Informe de Falta.* Cualquier falta observada.

12. *Informe de Crimen.* Cualquier crimen observado o sospechado, pero si es sólo una sospecha debe indicarse así.

13. *Informe de Alto Crimen.* Cualquier Alto Crimen observado o sospechado, pero si sólo se sospecha, debe indicarse así.

14. *Informe de No-Informe.* Cualquier caso en que no se reciba un informe, o en que un informe o fólder sea ilegible.

15. *Informe de Informe Falso.* Cualquier informe recibido que resultó ser falso.

16. *Informe de Testificación Falsa.* Cualquier testificación falsa observada, pero en este caso, el documento se adjunta al informe.

17. *Informe de Molestia.* Cualquier cosa sobre la que uno esté molesto, indicando la persona, org o porción de la org con que uno está molesto, pero el Departamento de Inspecciones e Informes y una org superior están exentos y no se puede escribir un informe respecto a ellos.

18. *Informe por Poner en Peligro el Trabajo.* Informando de cualquier orden recibida de un superior que puso en peligro el trabajo de

uno al exigir la alteración o desviación de la política conocida, al ser las órdenes de una persona superior al superior inmediato de uno alteradas o revocadas por el superior inmediato, o al aconsejar el superior inmediato de uno que no se cumpla con las órdenes o la política.

19. *Informe de Alter-is Técnico.* Cualquier alteración de la tecnología que se haya ordenado que no esté indicada en un HCOB, un libro o una cinta de LRH.

20. *Informe de Incumplimiento Técnico.* Cualquier caso en que no se aplique el procedimiento técnico correcto.

21. *Informe de Conocimiento.* Al darse cuenta de que está en marcha alguna investigación y tener datos sobre ella que sean valiosos para Ética.

———————

Estos informes simplemente se escriben y se envían. *No* se espera que un ejecutivo se enfrente con el staff que comete el error. *Sí* se espera que un ejecutivo haga de manera habitual un informe sobre el asunto, sin importar lo que el ejecutivo haga además de ello.

Sólo de esta manera se pueden reconocer y corregir puntos malos en la organización. Pues otros informes, además de los propios, se acumulan y señalan las malas condiciones antes de que aquellos puedan dañar a la org.

———————

Estos informes son archivados por Ética en los Archivos de Ética, en el fólder del miembro del staff o en el fólder de la porción de la org. Sólo se abre un fólder si Ética recibe un Informe de Ética.

A menos que el miembro del staff pertenezca a una porción o a una org que esté bajo un Estado de Emergencia, *pueden* acumularse *cinco* de estos informes antes de que Ética tome cualquier medida. Pero si el informe se considera muy grave, Ética puede tomar medidas de inmediato, investigando.

Si existe un Estado de Emergencia en esa porción de la org o en esa org, *un* informe puede dar lugar a un Tribunal de Ética, pues no hay margen de libertad en una Condición de Emergencia.

Los informes más graves, que son los únicos que se abordan de inmediato, son Alter-is Técnico, Incumplimiento, cualquier Informe

Falso, Testificaciones Falsas, No-Informes, Faltas, Crímenes y Altos Crímenes. Los otros se dejan acumular (excepto en Emergencia, en que *todos* los informes sobre esa porción u org se abordan de inmediato).

COSAS QUE NO DEBERÍAN SER

Si ves que está sucediendo algo en la org o algo incorrecto que no te gusta, y sin embargo no deseas presentar una Nota de Ética, o en realidad no sabes sobre quién informar, *escribe un despacho al Oficial de Inspecciones.*

Dile lo que has observado y dale los datos que puedas.

El Oficial de Inspecciones lo investigará entonces y entregará un informe a los ejecutivos correctos, o presentará él mismo una Nota de Ética con respecto a las personas transgresoras.

No te limites a hacer natter si hay algo que no te gusta.

Díselo al Oficial de Inspecciones. Entonces se puede hacer algo al respecto.

NOTAS DE ÉTICA DE TÉCNICA Y CALIFICACIONES

Esta es una política *muy* importante. Cuando se descuida, la org pronto experimentará una caída de estadísticas técnicas y una pérdida de ingreso y de personal.

El área más atacada de una org es su personal de Técnica y Calificaciones, pues estos producen los resultados eficaces que hacen que Scientology les parezca mortal a los Supresivos.

El Supresivo está *aterrado* de que cualquiera esté mejorando o volviéndose más poderoso, pues está dramatizando algún combate o venganza que terminó hace mucho tiempo (pero que para él existe ahora mismo). Confunde a los antiguos enemigos con cualquiera que esté alrededor, y considera a cualquiera que trate de ayudar como un villano insidioso que fortalecerá a esos "enemigos".

Así pues, el personal de Técnica y Calificaciones está particularmente propenso a encubiertas molestias fuera-de-línea y fuera-de-política que con el tiempo los vuelven PTS. Sus casos harán Montaña Rusa y ellos mismos comienzan a estar fuera-de-línea, fuera-de-política y fuera-de-origen (véanse las Cartas de Política sobre Dev-T).

Esto tiene como resultado un colapso técnico y una apariencia de actividad en esas divisiones que en realidad no produce nada, pues es Dev-T.

Por consiguiente, la política es:

Ningún miembro del personal de Técnica o Calificaciones debe omitir entregarle Notas de Ética a Ética sobre cualquier incidente o acción que se trate en las Cartas de Política sobre Dev-T o que indique actividades SP o PTS.

Esto significa que no deben "ser amables al respecto" o "razonables", y por ello refrenarse.

Esto significa que tienen que conocer sus Cartas de Política sobre Ética y Dev-T.

Esto significa que ellos en sí no pueden actuar como Oficiales de Ética o robar el hat de Ética.

Esto significa que tienen que escribir notas sobre estudiantes que se presentan en cuerpo y persona y piden soluciones inusuales; tienen que escribir notas de *toda* conducta descortés; tienen que escribir notas de todos los casos de Montaña Rusa; tienen que escribir notas de todas las acciones supresivas que observen; tienen que escribir notas de comentarios sarcásticos; tienen que escribir notas del alter-is y la entheta; tienen que escribir notas de los comentarios despectivos; tienen que escribir notas de todo Dev-T. Se deben escribir informes de cualquier cosa que viole las Cartas de Política de Ética o Dev-T.

Entonces Ética encontrará que sólo dos o tres personas en esas áreas están causando todo el trastorno. Este hecho habitualmente deja atónito al personal de Técnica y Calificaciones cuando se les hace reparar en ello: que sólo dos o tres están haciendo que sus vidas sean miserables.

Ética, al ver que caen las estadísticas técnicas, *tiene que* investigar todo esto, y *cuando Ética encuentra* que el personal de Técnica y Calificaciones no ha estado entregando Notas de Ética, el Oficial de Ética tiene que informar de ello al Secretario Ejecutivo de la HCO para una acción disciplinaria.

ORDEN DE NO-ENTURBULACIÓN

¿Qué hacer con los dos o tres estudiantes o pcs que están causando dificultades?

Ética emite una Orden de No-Enturbulación. Esta manifiesta que los que se nombran en ella (los SPs y las personas PTS que son estudiantes o preclears) tienen prohibido enturbular a otros, y que si se recibe *un* informe más de que están enturbulando a alguien, de inmediato se emitirá una Orden de SP.

Esto los mantendrá a raya hasta que la tecnología se pueda poner dentro en ellos, y se les quita de encima al personal de Técnica y Calificaciones.

NO ES TEÓRICO

Esta *no* es una situación o política teórica. Se publica directamente después de ver declinar los resultados de la tecnología, ver los casos de Técnica y Calificaciones hacer Montaña Rusa y ver los resultados caer.

Ética encontró que toda la situación había ocurrido por falta de notas por parte del personal de Técnica y Calificaciones acerca de personas problemáticas, lo que resultó en ningún refrenamiento y un *colapso* de las líneas de comunicación y de los resultados de las Divisiones 4 y 5.

Cuando el personal de Técnica y Calificaciones trata de tomarse la justicia por su cuenta o ignora la emisión de Notas de Ética, el resultado es caos, no ganancias de caso.

Mantén *altos* los Resultados de Técnica.

Notas de Ética en Disputa

Cuando alguien recibe una Nota de Ética que siente que es incorrecta, la respuesta no es emitir otra nota nombrando a la persona que emitió la primera nota. Tal acción simplemente provoca un círculo vicioso de Notas de Ética que dos personas se intercambian.

El propósito de Ética es poner dentro la tecnología y la política y poner en marcha la org, no comenzar contiendas de insultos. Por lo tanto, si alguien recibe una Nota de Ética, primero deberá echarle una buena mirada a sus propias acciones y ver qué se necesita hacer para evitar una repetición del delito.

Sin embargo, si después de una consideración cuidadosa, se piensa que en realidad la Nota de Ética es injustificada, se debe mandar un despacho cortés al Oficial de Ética, expresando brevemente sus razones, a ser posible respaldadas con datos, y pidiendo que se retire la nota.

Si, a la luz de los datos recibidos, Ética está convencida de que la nota se emitió incorrectamente, puede devolver la Nota de Ética y la explicación al originador, pidiendo que se retire la Nota de Ética. Si ahora el originador decide retirar la Nota de Ética después de ver la explicación, la devuelve a Ética solicitando la cancelación, y Ética retira la Nota de Ética del archivo.

Si el originador no está convencido con la explicación, la Nota de Ética no debería retirarse. El originador devuelve el despacho y la Nota de Ética al Oficial de Ética con: "A Ética: archivar". Ética informa al receptor y lo archiva. En este caso el receptor puede, si lo desea, apelar al Oficial de Ética mediante un despacho y pedir una Audiencia. Luego, el Oficial de Ética llama tanto al originador como al receptor (a menos que el originador sea un Secretario o un cargo superior) a su oficina y hace una investigación rápida tomando sólo los hechos descritos en el despacho que el receptor mandó a Ética.

El Oficial de Ética toma entonces una de las siguientes decisiones:

1. Hacer que se destruya la Nota de Ética.

2. Hacer que se destruya la Nota de Ética. Y si encuentra que fue emitida de manera descuidada o incorrecta (teniendo en cuenta qué información tenía a su disposición el originador en el momento de la emisión), indicarle al originador cuál fue la incorrección y ordenar cualquier comprobación necesaria de la Carta o Cartas de Política pertinentes que se infringieron, para corregir al originador y que en el futuro haga manejos de acuerdo con la política.

3. Si descubre que la Nota de Ética ha sido un informe falso intencional y a sabiendas, convoca una Audiencia de Ética para el originador (no por el hecho de presentarla, sino únicamente por el informe falso intencional y a sabiendas). O, si el originador es un Director o un cargo superior, solicita que la Oficina de LRH convoque una Audiencia de Ética Ejecutiva por vía del Secretario de la HCO del Área.

4. Ordenar que la Nota de Ética permanezca en el archivo.

5. Abordar todas las Notas de Ética del receptor y celebrar la Audiencia de acuerdo a esto.

Si el originador es un Secretario o un cargo superior, el Oficial de Ética y el receptor visitan al Secretario en su oficina para la Audiencia en una cita acordada. Pero un Secretario o cargo superior no necesita conceder en absoluto la cita, si no lo desea. En tal caso, la Audiencia se celebra, sin el originador, en la Oficina de Ética.

A ninguna persona se le puede sancionar por emitir una Nota de Ética.

LIMPIAR LOS
ARCHIVOS DE ÉTICA

 a Oficina de LRH puede declarar una amnistía para una porción de una org o para una org, o una amnistía general*. Una amnistía tendrá validez hasta tres meses antes de su emisión. Por lo tanto, se anulan los Archivos de Ética anteriores a la fecha que se menciona en la amnistía.

Una amnistía señala una hazaña de considerable importancia por una porción de una org, una org o por Scientology.

Una Carta Ejecutiva de la HCO puede encomiar a una porción de una org o a una org y eliminar los Archivos de Ética de la porción de una org o de la org encomiadas. Por lo general se añade un premio para las personas responsables.

Mantener un Estado de Funcionamiento Normal o Afluencia durante tres semanas después de una Emergencia limpia los Archivos de Ética de la org o de la porción de la org.

Una *persona* puede limpiar su propio archivo dirigiéndose a Ética y ofreciendo *hacer enmiendas.*

A la persona se le pueden mostrar (pero no debe tocar) sus Archivos de Ética, los cuales siempre se mantienen bajo llave cuando la oficina está vacía. La persona debe presentar a Ética una *Petición de Proyecto de Enmiendas,* escrita y firmada. Ética adjunta a esta el archivo de la persona y lo envía de manera segura a la Sección de Autoridad de Ética de la Oficina de LRH. Si la Oficina de LRH lo acepta como enmienda aceptable, la Sección de Autoridad de Ética lo autoriza y lo devuelve a Ética, que lo coloca en su Máquina de Tiempo de Proyectos.

Cuando se ha realizado, el Proyecto de Enmiendas se retira de la Máquina de Tiempo y se envía a la Sección de Inspección, que lo inspecciona y verifica que se haya realizado, y lo envía todo a la Sección

Véase la Política de Amnistía para más información sobre quién puede declarar una amnistía, su propósito y uso.

de Autoridad de Ética de la Oficina de LRH, que entonces autoriza que se retiren los informes sobre la persona.

Si el proyecto sale de la Máquina de Tiempo sin que se haya hecho, el asunto va de inmediato a un Tribunal de Ética.

Cualquier Proyecto de Enmiendas tiene que beneficiar a la org e ir más allá de los deberes habituales. No puede sólo beneficiar a la persona. Los ofrecimientos de "recibir auditación por cuenta propia en Revisión" son aceptables, pues la auditación beneficiará a todos. "Entrenarse por cuenta propia hasta _____ y servir después de eso a la org durante dos años" es una enmienda aceptable. Pero la paga de staff de la persona también se suspende completamente durante cualquier auditación o entrenamiento que se lleve a cabo como enmienda. "Arreglar los archivos de otro departamento en mi tiempo libre" sería una enmienda aceptable. Ningún trabajo que uno haría normalmente en su puesto es una enmienda aceptable. Un donativo o una multa no sería una enmienda aceptable. Hacer lo que uno debería hacer de todas formas no es una enmienda, es lo que se espera. No se deben emplear fondos de la org en un Proyecto de Enmiendas.

No se acepta ninguna enmienda posterior si la persona no llegó a terminar un Proyecto de Enmiendas, desde la fecha efectiva de la última amnistía que atañe a la porción u org de la persona.

Cualquier bonificación *entregada específicamente en nombre de una persona* también limpia los Archivos de Ética de la persona, sin comentario alguno.

La responsabilidad de manejar la acción de limpiar los archivos recae en la Sección de Ética del Departamento de Inspecciones e Informes, que anota amnistías, encomios y premios específicos de bonificaciones, y se ocupa de sus Archivos de Ética como corresponda.

No se debe aceptar ningún Proyecto de Enmiendas excepto mediante la Oficina de LRH, y un superior no debe llevar a Ética a un subordinado que desee limpiar sus archivos mediante *enmiendas* y ayudarle a hacer las solicitudes de proyecto apropiadas. El subordinado tiene que hacerlo voluntariamente.

No pueden hacerse, darse ni declararse amnistías, encomios ni bonificaciones, sino por la Oficina de LRH y tal y como autoriza la política.

EL
TERCER
PARTIDO

LA LEY DEL TERCER PARTIDO

Durante mucho tiempo he estudiado las causas de la violencia y el conflicto entre individuos y naciones.

Si Caldea pudo desvanecerse, si Babilonia pudo reducirse al polvo, si Egipto pudo convertirse en una tierra yerma, si Sicilia, que tuvo 160 ciudades prósperas, pudo convertirse en unas ruinas saqueadas antes del año cero y ser desde entonces casi un desierto, y todo esto *a pesar* de todo el trabajo y la sabiduría y los buenos deseos y las buenas intenciones de los seres humanos, tiene que deducirse entonces que, tan cierto como que la oscuridad sigue a la puesta del Sol, tiene que haber algo desconocido para el Hombre en cuanto a todas sus obras y usanzas. Y que este algo tiene que ser tan mortífero y tan penetrante como para destruir todas sus ambiciones y sus posibilidades mucho antes de tiempo.

Ese algo tendría que ser alguna ley natural sobre la que no tiene ninguna noción.

Y *existe* una ley así, aparentemente, una ley que responde a estas condiciones de ser mortífera, desconocida y de abarcar todas las actividades.

La ley parecería ser:

UN TERCER PARTIDO HA DE ESTAR PRESENTE Y HA DE SER DESCONOCIDO, EN TODA DISPUTA, PARA QUE EXISTA UN CONFLICTO.

O

PARA QUE OCURRA UNA DISPUTA, UN TERCER PARTIDO DESCONOCIDO HA DE ESTAR ACTIVO PRODUCIÉNDOLA ENTRE LOS DOS OPONENTES POTENCIALES.

O

AUNQUE COMÚNMENTE SE PIENSA QUE SE REQUIEREN DOS PERSONAS PARA OCASIONAR UNA PELEA, HA DE EXISTIR UN TERCER PARTIDO Y ESTE HA DE DESARROLLARLA, PARA QUE TENGA LUGAR UN CONFLICTO DE VERDAD.

Es muy fácil ver que dos en conflicto se están peleando. Son muy visibles. Lo que es más difícil de ver o sospechar es que existió un Tercer Partido y que este promovió activamente la pelea.

El Tercer Partido normalmente insospechado y "lógico", el espectador que niega tener nada que ver con ello, *es* el que ha ocasionado que el conflicto exista en primer lugar.

Se descubrirá que el Tercer Partido oculto, que a veces parece apoyar sólo a una de las partes, es el instigador.

Esta es una ley útil en muchas dinámicas.

Es la causa de la guerra.

Uno ve a dos individuos insultándose mutuamente, les ve llegar a las manos. No hay nadie alrededor. Así que *ellos,* por supuesto, son los que han "causado la pelea". Pero *había* un Tercer Partido.

Al rastrear estos, uno se encuentra con datos increíbles. Ese es el problema. Lo increíble se descarta demasiado fácilmente. Una forma de ocultar las cosas es hacerlas increíbles.

El oficinista A y el mensajero B han estado discutiendo. Estallan en conflicto abierto. Cada uno culpa al otro. *Ninguno de los dos tiene razón, y así la disputa no se resuelve, pues su verdadera causa no se ha determinado.*

Uno mira en un caso así *a fondo*. Encuentra lo increíble. La mujer del oficinista A ha estado acostándose con el mensajero B y quejándose a cada uno sobre el otro.

El granjero J y el ganadero K se han estado haciendo pedazos durante años de conflicto continuo. Hay razones obvias y lógicas para la pelea. Pero esta continúa y no se resuelve. Una investigación minuciosa descubre al banquero L que, debido a las pérdidas de aquéllos en la pelea, puede prestarle dinero a ambos bandos, mientras que hace que la pelea siga, y que al final se quedará con todas sus tierras si los dos pierden.

También se produce a mayor escala. Las fuerzas revolucionarias y el gobierno ruso estaban en conflicto en 1917. Las razones son tantas que la atención se queda fácilmente fija en ellas. Pero sólo cuando se obtuvieron los papeles oficiales del estado de Alemania en la Segunda Guerra Mundial, se reveló que *Alemania* había promovido la rebelión y financiado a Lenin para que la iniciara, ¡incluso mandándolo a Rusia en un tren de incógnito!

Cuando se examinan las peleas "personales", los conflictos de grupos, las batallas entre naciones, se encuentra, si se investiga, el Tercer Partido, del que ninguno de los dos combatientes sospechaba o, de haber existido alguna sospecha, esta se había descartado como "fantástica". Sin embargo, documentación detallada finalmente lo ratifica.

Este dato es fabulosamente útil.

En las peleas matrimoniales, el enfoque *correcto* por parte de cualquiera que esté asesorando es hacer que las dos partes busquen cuidadosamente el *Tercer* Partido. Al principio puede que lleguen a muchas *razones*. Estas *razones* no son *seres*. Se está buscando un Tercer *Partido,* un *ser* real. Cuando ambos encuentren el Tercer Partido y tengan la prueba, eso acabará con la pelea.

A veces dos partes que se están peleando de repente deciden elegir a alguien a quien echarle la culpa. Esto detiene la pelea. A veces no es el ser correcto y de ahí en adelante las peleas continúan.

Dos naciones que estuvieran enzarzadas violentamente deberían procurar conferenciar o dialogar entre sí para entresacar y localizar al verdadero Tercer Partido. Siempre encontrarán uno, si miran, y *pueden* descubrir el correcto. Pues se descubrirá que de hecho existe.

Hay probablemente muchos enfoques técnicos que uno podría desarrollar y esbozar en este asunto.

Hay muchos fenómenos extraños conectados con él. Cuando se localiza a un Tercer Partido de forma precisa, por lo general ninguna de las partes entabla una lucha contra él en absoluto, sino que sólo se le vuelve la espalda.

Los conflictos matrimoniales son comunes. Los matrimonios se pueden salvar si las dos partes realmente determinan *quién* causó los conflictos. Puede que hayan existido (en todo el historial del matrimonio) varios, pero sólo uno a la vez.

Las peleas entre un individuo y una organización casi siempre están causadas por un Tercer Partido individual o por un tercer grupo.

La organización y el individuo deberían reunirse y aislar al Tercer Partido mostrándose mutuamente todos los datos que se les ha dado a cada uno.

Tanto los participantes en disturbios como los gobiernos podrían ponerse de acuerdo otra vez si se pudiera conseguir que representantes de ambos bandos se confiaran mutuamente lo que se les ha contado y *quién* se lo dijo.

Tales reuniones han tendido a tratar sólo acerca de recriminaciones, condiciones o abusos. Deben tratar únicamente acerca de seres, para que tengan éxito.

Se podría pensar que esta teoría también afirma que no hay malas condiciones que causen conflicto. Sí las hay. Pero normalmente, estas *se pueden remediar por medio de una reunión, a menos que un Tercer Partido esté promoviendo el conflicto.*

En la historia tenemos una opinión muy adulterada del pasado porque esta está relatada basada en las recriminaciones de dos oponentes, sin haber localizado el Tercer Partido.

"Las causas subyacentes" a la guerra deberían interpretarse como "los promotores ocultos".

No hay conflictos que no se puedan resolver, a menos que los verdaderos promotores de los mismos permanezcan ocultos.

———————

Esta es la ley natural que ni los antiguos, ni los modernos, conocían.

Y al no conocerla, siendo desviadas hacia "razones", civilizaciones enteras han perecido.

Vale la pena conocerla.

Vale la pena trabajar con ella en cualquier situación en la que uno esté tratando de traer paz.

EL TERCER PARTIDO, CÓMO ENCONTRAR UNO

La forma de *no* encontrar un Tercer Partido es recopilar un cuestionario que, de formas diferentes, les pregunte a todos: "¿Has sido una *víctima*?", "¿Te sientes con ruptura de ARC acerca de la ética?".

Cualquier oficial, Junta de Investigación o Comité de Evidencia que use este enfoque: (1) no encontrará ningún Tercer Partido y (2) producirá cave-in en la gente.

Un *Tercer Partido* es alguien que a base de informes falsos crea dificultades entre dos personas, una persona y un grupo o un grupo y otro grupo.

Para encontrar un Tercer Partido, uno tiene que preguntar lo siguiente:

1. a. ¿Se te ha dicho que habías caído en desgracia?

   b. ¿Qué se dijo?

   c. *¿Quién* lo dijo?

2. a. ¿Se te ha dicho que alguien era malo?

   b. ¿Qué se dijo?

   c. *¿Quién* lo dijo?

3. a. ¿Se te ha dicho que alguien estaba haciendo algo mal?

   b. ¿Qué se dijo?

   c. *¿Quién* lo dijo?

4. a. ¿Se te ha dicho que un grupo era malo?

   b. ¿Qué se dijo?

   c. *¿Quién* lo dijo?

_____

Esto es muy capaz de hacer recorrer un par de años luz de la línea temporal, así que un cuestionario de este tipo debería tener una cláusula limitadora tal como "En esta organización, ¿_____?".

¡Este es también un proceso considerable! Y puede tener muchas respuestas. Así que debe dejarse mucho espacio para cada pregunta.

Combinando entonces los nombres dados, tienes un nombre que aparece muchas más veces que el resto. Esto se hace contando nombres. Entonces investigas a esta persona.

La acción usual, si no es un enemigo, es publicar una Orden de No-Enturbulación y decir por qué.

_____

¡El cuestionario de tipo *víctima* sólo te dará a los ejecutivos más valiosos! ¡A los que han estado intentando hacer que la gente haga su trabajo!

Hemos tenido experiencia con esto, así que *es un delito de Comité de Evidencia* usar un enfoque de tipo *víctima* y decir que uno está "buscando un Tercer Partido".

Esta política es *vital* para los Secretarios Ejecutivos de la HCO, los Secretarios de la HCO del Área, los Oficiales de Ética y los Misioneros.

Los Códigos
de Justicia de
Scientology y su
Aplicación

La Justicia de Scientology
su Uso y Propósito
Ser un Scientologist

La razón por la que tenemos Códigos de Justicia es para tener justicia. No queremos ni necesitamos injusticia.

Cuando no tenemos códigos, la "justicia" puede ser cualquier cosa que cualquier autoridad quiera hacer con ella.

Hemos tenido demasiados caprichos que han pasado por justicia. Es hora de que tengamos justicia.

Los Comités de Evidencia funcionan. Recuerdo a un Director de Técnica acusado de enredarse con una estudiante. Se me dijo que él estaba a punto de ser disciplinado y despedido. Paré esa acción e hice que se convocara un Comité de Evidencia. Declaraciones precisas revelaron que la historia era falsa y que el Director de Técnica era inocente. Sin ese Comité, se le habría arruinado. Sé de otros casos donde un Comité encontró que los hechos eran completamente contrarios al rumor. Algunos son culpables, la mayoría son inocentes. Pero por eso tenemos justicia y nuestros cuellos no están expuestos. Si una persona ha de seguir la ley, tiene que saber lo que es la ley. Y tiene que estar protegida de la malicia y el capricho en *nombre* de la ley. Si una persona no sigue la ley, sabiendo bien lo que es, él o ella nos daña a todos y se le debería manejar.

La turbulencia de la sociedad que nos rodea es fantástica. En realidad, no queda ninguna ley civil justa. Es esa condición de desorden y de falta de ley en la sociedad a nuestro alrededor la que hace que nos sea difícil trabajar. Dentro de poco seremos aún más poderosos. Ese poder no debe carecer de ley o tendremos anarquía y consternación suficientes para detener nuestro crecimiento.

Si tenemos un código de leyes y un sistema jurídico superiores, que proporcionen justicia real a la gente, simplemente nos difundiremos con facilidad en la sociedad y todo el mundo saldrá ganando.

Donde no apliquemos nuestros propios procedimientos de admin, de tecnología y de justicia a la sociedad que nos rodea (por no mencionar a Scientology), fracasaremos.

Hay demasiada verdad en nuestras líneas para no causar una convulsión social. Por lo tanto, permitámonos tener justicia y expandirnos hacia un orden superior, no sumerjamos al mundo en la oscuridad porque nuestro poder como grupo golpeó a inocentes y culpables por igual.

Un scientologist tiene que comprender su propio sistema de justicia. Sin comprensión, una vez más, no habrá justicia.

Los siguientes puntos ya necesitan corrección en la persona poco informada acerca de nuestra justicia.

Un Comité de Evidencia no es un tribunal. Simplemente es un cuerpo con poderes legales para encontrar hechos, convocado para descubrir los hechos y limpiar las rupturas de ARC causadas por los rumores. Cuando tiene la verdad del asunto, entonces una Autoridad Convocante actúa; pero sólo en acuerdo exacto con un Código de Justicia.

Nuestra justicia realmente rehabilita a la larga. Sólo disciplina a aquellos que están dañando a otros, y les da una manera de cambiar, para que finalmente puedan triunfar también; pero no dañándonos.

UN SCIENTOLOGIST QUE NO USE LA TECNOLOGÍA DE SCIENTOLOGY Y SUS PROCEDIMIENTOS ADMINISTRATIVOS Y DE JUSTICIA EN EL MUNDO A SU ALREDEDOR, CONTINUARÁ ESTANDO DEMASIADO ENTURBULADO PARA HACER SU TRABAJO.

Eso le suena drástico a cualquiera.

Pero si lo examinas, encontrarás que el "poder" de la "sociedad" y del "estado" es fingido, y está creado a partir de un esfuerzo por ser poderoso, cuando en realidad carecen de poder. Nuestra situación es totalmente la contraria. El nuestro es el poder de la verdad, y *somos* capaces de tener poder como grupo, teniendo poder de forma individual gracias al procesamiento y el poder de la sabiduría debido a una tecnología superior.

Por lo tanto, cuando concedemos demasiado beingness a *su* "poder", estamos concediendo validez a una falsedad y así tiene un efecto de retroceso sobre nosotros.

En pocas palabras, nos estamos cortando el cuello a nosotros mismos al no usar nuestro conocimiento y autoridad cuando administramos o manejamos a nuestro prójimo o a la sociedad. Es como negarle auditación a alguien o no hacerla posible. Es también conferir poder a una mentira. La sociedad está perdiendo terreno porque su "poder" está basado en un montón de falsedades. *Nosotros* perderemos terreno si le damos poder a esas mentiras.

Aquí hay magia real observable. Por ejemplo, se puede llegar a encontrar que el origen de cada trastorno que tenemos reside en *nuestra* falta de conocimiento o *nuestro* fracaso en aplicar *nuestros* procedimientos de tecnología y de admin y de justicia a la sociedad a nuestro alrededor y a sus individuos, compañías y grupos.

Esto es peor de lo que piensas. Un ejecutivo de Scientology que no manejó Dev-T (Tráfico Desarrollado e innecesario, del inglés *Developed Traffic*) de un gobierno de acuerdo a nuestras Políticas sobre Dev-T, cuando se trataba de un fuera-de-línea y fuera-de-política, causó recientemente un trastorno. Un funcionario del gobierno se comportó fuera-de-política (según la política de su propia oficina), y el ejecutivo de Scientology no siguió *nuestro* procedimiento de (a) devolverlo a su fuente, (b) corregir el error de política y (c) informar a sus superiores si no se obtuvieron resultados. Dices: "¡Pero eso es absurdo! ¿Dirigir un gobierno según el admin de Scientology?". Bueno, todo lo que sé es que no hacerlo nos ocasionó dificultades.

Evidentemente no es "ellos" y "nosotros". Es sólo "nosotros" y un falso "ellos".

Así que todo lo que tenemos que hacer es hacer que se pongan sus hats, y ellos son *nosotros*.

No tomar nuestras medidas de justicia usuales en transgresores en contra de nosotros resultará al final en un caos. ¿Qué importa si ellos no aparecen ante el Comité de Evidencia que les convoquemos? ¿Cómo sabemos que no lo harán? ¿Cómo podría el Parlamento de Victoria*

---

* *Alusión al Parlamento de Victoria, Australia, que, a mediados de la década de 1960, condujo una "indagación" sobre Scientology. Esta "indagación", conducida por una junta compuesta por un solo hombre, resultó en una legislación discriminatoria anti-Scientology. La Iglesia apeló este asunto, lo cual resultó en una decisión que no solo exculpó a la Iglesia y reivindicó sus prácticas, sino que resultó en su reconocimiento legal completo. La Iglesia continuó persiguiendo judicialmente el asunto de la discriminación australiana hasta el tribunal más alto de esa nación, resultando en un reconocimiento religioso completo, en una decisión que hasta el día de hoy se mantiene como la principal decisión legal sobre el tema de la religión de todos los países de la Commonwealth.*

enderezarse alguna vez si nosotros (a) no convocamos un Comité de Evidencia y (b) no seguimos nuestros procedimientos legales?

No, ellos simplemente siguen siendo "ellos".

¿Ha informado alguien a la FDA* de nuestra amnistía? Bueno, ¿sabías que la FDA estaba buscando una salida de su embrollo por temor a que la demandáramos por un millón de dólares? Abandonarían el caso del E-Metro si pensaran que no demandaríamos.

¿Cómo lo sabemos si no lo intentamos?

———————

Así que, por lo tanto *tenemos* que usar la tecnología, el admin y la justicia de Scientology en todos nuestros asuntos. No importa lo descabellado que suene, sólo fracasamos cuando no lo hacemos.

———————

Y por lo tanto cada scientologist debe comprender su propia tecnología, códigos y procedimientos.

Algunos scientologists creen que cuando un Comité de Evidencia se convoca se les suspende al instante.

No se *puede* suspender o castigar a nadie por la *convocatoria* de un Comité de Evidencia. Este está ahí para encontrar la verdad. *Sólo* cuando le presenta su Fallo a su Autoridad Convocante y cuando la Autoridad Convocante actúa, se puede suspender, transferir o degradar a alguien.

No reacciones a la justicia de Scientology como si se tratara de ley wog. En los "tribunales" de la sociedad, a uno se le somete a un trato severo y la verdad tiene poca importancia en el fallo. Un juez mezquino o un abogado listo y pequeños errores legales deciden muchos de sus casos. Los tribunales wog son como tirar los dados. Hay un costo enorme, publicidad y castigo en abundancia, incluso para el inocente.

Así que debemos preservar nuestra justicia.

Y usarla.

*FDA: Siglas de la Administración de Alimentación y Drogas de los Estados Unidos, del inglés Food and Drug Administration. Se trata de una alusión a una redada de la FDA en 1963 en la que se incautaron E-Metros y publicaciones de la Iglesia Fundacional de Scientology en Washington, D.C., bajo la acusación ficticia de que se le estaban ofreciendo al público como "curas médicas". Finalmente, sin embargo, la Iglesia no solo emergió victoriosa con el reconocimiento global de su genuina religiosidad, sino que el tribunal ordenó la devolución de todos los materiales incautados.

Esa es la lección principal. Si no la usamos en todas las cuestiones donde la verdad de la situación está en duda, sólo continuaremos siendo wogs.

Si no exhibimos nuestra ciencia como *grupo* y mostramos un buen ejemplo, ¿qué podemos lograr?

Así que crezcamos a la altura de nuestra propia tecnología y asumamos responsabilidad por ella.

Y llevemos nuestros hats como scientologists para el mundo.

DELITOS Y SANCIONES

Estas son las sanciones que más o menos hemos usado siempre, y estos son los delitos que normalmente se han considerado delitos en Scientology.

Anteriormente, nunca se pusieron por escrito ni se hicieron cumplir de manera habitual, no existía el recurso y estas carencias hicieron que los miembros del personal tuvieran incertidumbre sobre su destino. Sabían que ocurría algo, pero no por qué. Sabían que se desaprobaban algunas cosas, pero no en qué grado. Las sanciones se impartían repentinamente sin advertencia alguna sobre cuáles serían o por qué delito.

Este es, pues, un Código de Disciplina que más o menos hemos usado casi siempre, clarificado y claramente visible para que todos lo vean, con limitaciones para el castigo excesivo y recurso para los que han sido agraviados.

Por lo tanto, este código de delitos y sus sanciones se convierte en una política firme y expresada.

La carencia de delitos, sanciones y recursos específicos conduce a todos a la incertidumbre y al riesgo, expuestos al capricho de los que están al mando.

En Scientology, hay cuatro clases generales de crímenes y delitos. Estos son: Errores, Faltas, Crímenes y Altos Crímenes.

ERRORES

Los *errores* son omisiones o equivocaciones leves e involuntarias. Estos son:

"Meteduras de pata" en auditación.

Alter-is leve de la tecnología o de la política.

Pequeñas equivocaciones de instrucción en el entrenamiento.

Leves errores u omisiones en la realización de los deberes.

Errores u omisiones de admin que no dan como resultado pérdida financiera ni pérdida de status ni de reputación para un superior.

Los Errores se tratan mediante correcciones de la persona, reprimenda o advertencia por parte de los superiores.

No se deben cancelar, suspender o degradar los diplomas, las clasificaciones y los premios por un Error. No se debe transferir, degradar, multar o suspender al trasgresor por cometer un Error. No se debe convocar ningún Comité de Evidencia por un Error.

Sin embargo, las correcciones, advertencias o amonestaciones continuas por parte de un superior pueden llevar a los delitos repetidos que sean Errores a la categoría de Falta.

FALTAS

Estas son:

Incumplimiento.

Descortesía e insubordinación.

Equivocaciones que resultan en pérdida financiera o de tráfico.

Comisiones u omisiones que resultan en pérdida de status o en el castigo de un superior.

Negligencia o errores graves que resultan en que su persona, sección, unidad, departamento, organización, zona o división necesiten aplicar la Fórmula de Emergencia.

Desviaciones deliberadas y continuas de la Tecnología Estándar, de los procedimientos de instrucción o de la política.

Asociación continua con squirrels.

Abuso, pérdida o daño de materiales de la org.

Desperdicio de material de la org.

Desperdicio de fondos.

Alteración de la política superior o ignorancia continua de esta.

No llevar el hat en lo que respecta al Dev-T de manera constante y repetida.

Negarse a recibir una verificación al E-Metro.

Rechazar la auditación cuando la ordena una autoridad superior.

Perturbar un curso o una clase.

Interrumpir una reunión.

El descubrimiento de que se tienen antecedentes criminales no revelados en esta vida.

El descubrimiento de un periodo de permanencia no revelado en un hospital mental.

Procesar a una Fuente de Problemas conocida o a la familia o partidarios de una Persona o Grupo Supresivos.

Omisiones que resultan en descrédito o pérdida financiera.

Insuficiencia o declive de los ingresos o del tráfico en una sección, unidad, departamento, org, zona o división.

Contribuir a la insuficiencia o al declive de los ingresos o tráfico en una sección, unidad, departamento, org, zona o división.

No dar acuse de recibo, transmitir u obedecer una orden directa y legal de un miembro ejecutivo del staff.

Violaciones del Código del Auditor que resultan en perturbación del preclear.

No seguir el Código del Supervisor, dando como resultado estudiantes perturbados.

Contribuir a un Crimen.

No comparecer como testigo o Parte Interesada ante un Comité de Evidencia cuando a uno se le ha citado en persona o se ha recibido una citación por correo certificado.

Negarse a testificar ante un Comité de Evidencia.

Mostrar desprecio o falta de respeto hacia un Comité de Evidencia cuando se está ante él.

Destruir los documentos requeridos por un Comité de Evidencia, o negarse a presentarlos.

Ocultar pruebas.

Jurar en falso en una declaración o impreso firmados.

Obstrucción de la justicia.

Negarse a prestar servicio en un Comité de Evidencia.

Negarse a votar siendo miembro de un Comité de Evidencia.

Mala conducta.

Publicar datos o información a personas de rangos incorrectos, o a personas o grupos no autorizados, o publicar datos o información ampliamente sin autoridad.

Facturar o ingresar cheques que se obtuvieron de forma promisoria.

Dar servicios de la org basándose en cheques promisorios recibidos, sin primero haber hecho válido el cheque promisorio, facturarlo correctamente y depositarlo en el banco. (Definición de *cheque promisorio:* un cheque que la persona que lo acepta sabe que *no* es válido y que no tiene fondos en el momento de aceptarlo, pero que sin embargo se acepta basándose en la promesa del librador de hacerlo válido en una fecha posterior).

301

Estos delitos están sujetos a castigo directo mediante orden y, para un miembro del staff, el castigo es la asignación de una Condición personal de Emergencia de hasta tres semanas y, para un miembro ejecutivo del staff, la asignación de una Condición personal de Emergencia de hasta tres meses.

Las Condiciones personales de Emergencia reducen en un tercio la paga o las unidades durante el periodo asignado.

Se puede obtener recurso pidiendo un Comité de Evidencia para que se devuelva la paga, pero no daños y perjuicios.

Los mismos delitos pueden ser causa de la convocatoria de un Comité de Evidencia, pero no pueden usarse para ambos un Comité y castigo por orden directa: o lo uno o lo otro.

Sin embargo, si cualquiera de estos delitos se convierte en motivo de Comité de Evidencia, la sanción por una Falta puede aumentar hasta incluir la suspensión de un solo diploma o clasificación (pero no más) o degradación o transferencia menores, pero no despido. Ninguno de estos delitos puede ser motivo de despido ni mediante orden directa ni por Comité de Evidencia.

No se puede despedir a las personas por Faltas. Ni puede cancelarse ningún diploma, clasificación o premio.

A los scientologists que no sean staff, que pertenezcan al campo o a misiones que cometan aquellos delitos anteriores que procedan (exceptuando los de las orgs) se les puede convocar un Comité de Evidencia.

Una Autoridad Convocante puede re-clasificar estos mismos delitos como Crímenes cuando sean graves, repetidos o de magnitud dañina para muchos.

CRÍMENES

Estos abarcan delitos que normalmente se consideran criminales. Los delitos que se tratan como Crímenes en Scientology son:

Robo.

Violencia deliberada.

Violaciones dañinas, flagrantes y continuas de un Código, que resulten en trastornos importantes.

Incumplimiento de órdenes urgentes y vitales que resulten en descrédito público.

Poner a Scientology o a los scientologists en riesgo.

Omisiones o incumplimiento que requieren fuerte intervención de los superiores y consumen tiempo y dinero.

Negarse a dar acuse de recibo, transmitir o ejecutar una orden legal directa de un Miembro de la Junta Internacional o de un Miembro Ayudante de la Junta.

Ser o convertirse en una Fuente Potencial de Problemas sin informar de ello ni tomar medidas.

Recibir auditación mientras se es una Fuente Potencial de Problemas.

Ocultarle a los ejecutivos locales de Scientology que se es una Fuente Potencial de Problemas.

No informar a la HCO local de una Fuente Potencial de Problemas.

Organizar o permitir una reunión o junta de los miembros del staff, de los auditores de campo o del público para protestar contra las órdenes de un superior.

Ser encubridor deliberado de un Acto Supresivo.

Usar un cargo local en Scientology para anular las órdenes o políticas de la Junta Internacional.

Seguir órdenes ilegales, políticas locales ilegales o alter-is, sabiendo que son diferentes o contrarias a las publicadas por la Junta Internacional.

No informar directamente de las desviaciones flagrantes de la política de la Junta Internacional en una sección, unidad, departamento, org, zona o división.

Ausentarse durante mucho tiempo de puesto siendo un ejecutivo superior, sin informar al Miembro de la Junta de su división.

Permitir que colapse una sección, unidad, departamento, org, zona o división.

No asumir la dirección como delegado durante una crisis que no se esté manejando de ninguna manera.

Pasar estudiantes o preclears de una org a auditores externos para recibir comisión personal.

Usar una posición en la org para desarrollar un negocio privado.

Recibir honorarios personales mientras se está en el staff para auditar pcs de fuera, dirigir cursos privados, enseñar o auditar a estudiantes o pcs de la org.

Malversación.

Aceptar comisiones de comerciantes.

Revender materiales de la org para beneficio personal.

Usar una posición en la org para procurarse fondos personales o fondos fuera de Scientology, o favores inusuales del público, de una compañía, un estudiante o un pc.

Hacerse pasar por un scientologist o un miembro del staff cuando no se está autorizado.

Incitar a la insubordinación.

Instigar una campaña local contra un superior para ganar control.

Difundir rumores destructivos sobre scientologists de mayor rango.

Fingir expresar una opinión múltiple (usar "todos") en informes vitales que podrían influenciar las decisiones de una Junta Auxiliar o de una Junta.

No informar a la HCO de la organización de Scientology más cercana del descubrimiento de un Crimen o un Alto Crimen mientras se tiene la autoridad o se es miembro de un Comité de Evidencia, o siendo testigo ante un Comité de Evidencia.

Negarse a aceptar las sanciones asignadas en una acción de recurso.

Negarse a mantener la disciplina.

Hacer que disciplinen a otro miembro del staff dando informes falsos sobre él o ella.

Causarle un exceso de trabajo a un ejecutivo ignorando los deberes propios.

Falsificar una comunicación de una autoridad superior.

Falsificar un mensaje de télex o un cable.

Causar, dando informes falsos, que un miembro del staff pierda prestigio o se le discipline.

Tratar de hacer recaer la culpa de las consecuencias de los propios delitos en un miembro del staff inocente.

Proteger a un miembro del staff culpable de un Crimen o un Alto Crimen que aparezca en este código.

Robar o seducir al cónyuge de otro.

Cometer delitos u omisiones que pongan a un miembro superior del staff, empleado de una unidad, departamento, org o zona en peligro personal o ante un Comité de Evidencia, tribunal civil o tribunal criminal.

Pérdida o destrucción deliberada de propiedades de Scientology.

Escribir, presentar para aprobación o aceptar órdenes de compra falsas.

Amañar las cuentas.

Tomar o poseer ilegalmente propiedades de la org.

Causar perturbaciones graves y deshonrosas que resultan en descrédito.

Obtener créditos o dinero bajo falsas apariencias.

Permitir circunstancias o delitos capaces de llevar a un curso, sección, unidad, departamento, org, zona o división a un estado de colapso.

Ridiculizar, despreciar o desdeñar los materiales o políticas de Scientology.

Importunar a un Supervisor o Conferenciante de Scientology.

Degradar falsamente la reputación técnica de un auditor.

Hacerse pasar por un miembro ejecutivo del staff.

Fingir tener diplomas, clasificaciones o premios de Scientology que realmente no se poseen, para conseguir dinero o crédito.

Aceptar donaciones por adelantado para horas de auditación o cursos de entrenamiento que luego no se entregan en lo que respecta a horas y tiempo en el entrenamiento (pero no en lo que respecta a resultados o tema).

Usar Scientology de manera dañina.

No llevar a un preclear hacia arriba por los grados sino abrumarlo con niveles altos.

Procesar o dar ayuda o consuelo a una Persona o Grupo Supresivos.

Usar Scientology a sabiendas para obtener relaciones sexuales o reestimulación sexual.

Seducir a un menor.

Negligencia u omisión en cuanto a salvaguardar los derechos de autor, marcas registradas, marcas de fábrica y nombres registrados de Scientology.

Publicar datos, información, procedimientos instruccionales o de admin de Scientology sin atribuir su autoría o atribuyéndosela falsamente a otro.

Publicar cualesquiera datos de Scientology bajo otro nombre.

Permitir la supresión de la palabra "Scientology" en el uso o práctica de Scientology.

Asociar Scientology con una práctica que no tiene que ver con ella.

Descuido de las responsabilidades que resulta en una catástrofe, aun cuando otro se las arregle para evitar las consecuencias finales.

Crear problemas al llevar a cabo las órdenes.

Usar la política para crear problemas.

Cometer un problema.

Cometer una solución que se convierte en un problema.

Caso en puesto.

Los Crímenes se castigan convocando Comités de Evidencia, y no pueden manejarse mediante disciplina directa. Los Crímenes pueden dar como resultado la suspensión de diplomas, clasificaciones o premios, la degradación de puesto, o incluso el despido o incautación cuando el Crimen lo justifique claramente. Pero estas sanciones se tienen que asignar como Fallos de un Comité de Evidencia por Crímenes y no pueden asignarse mediante disciplina directa. Por un Crimen no se deben cancelar diplomas, clasificaciones o premios.

ALTOS CRÍMENES

Estos consisten en alejarse públicamente de Scientology o cometer Actos Supresivos.

La cancelación de diplomas, clasificaciones y premios está entre las sanciones que pueden imponerse por este tipo de delitos, así como las recomendadas por Comités de Evidencia.

———————————

También existe un sistema de premios por mérito y buen rendimiento.

ACTOS SUPRESIVOS
SUPRESIÓN DE SCIENTOLOGY Y DE LOS SCIENTOLOGISTS

Debido a la extrema urgencia de nuestra misión, he trabajado para eliminar algunas de las barreras fundamentales a nuestro progreso.

El principal obstáculo, mayor que todos los demás, es el trastorno que sufrimos con las Fuentes Potenciales de Problemas y su relación con Personas o Grupos Supresivos.

Una *Fuente Potencial de Problemas* se define como una persona que mientras está activa en Scientology o es pc, permanece, sin embargo, conectada a una persona o grupo que es una Persona o Grupo Supresivo.

Una *Persona* o *Grupo Supresivo* es el que activamente intenta suprimir o dañar a Scientology o a algún scientologist mediante Actos Supresivos.

Actos Supresivos son actos planeados de manera deliberada para obstaculizar o destruir a Scientology o a un scientologist, y que se enumeran con todo detalle más adelante.

Un scientologist que se encuentra en la situación de estar en Scientology mientras está conectado todavía a una Persona o Grupo Supresivo, tiene un problema de tiempo presente de suficiente magnitud para impedir ganancia de caso, pues sólo un PTP puede detener el progreso de un caso. Sólo las rupturas de ARC lo empeoran. Al PTP se le añaden rupturas de ARC con la Persona o Grupo Supresivos. El resultado es ninguna ganancia o el deterioro de un caso debido a la conexión supresiva en el entorno. Cualquier scientologist, en su propia experiencia, probablemente puede recordar algunos de estos casos y el trastorno subsiguiente a ellos.

Hasta que no se maneje el entorno, no puede suceder nada beneficioso. Muy al contrario. En el más flagrante de esos casos, el caso del scientologist empeoró, y la Persona o Grupo Supresivo envió interminables informes deformados o falsos a la prensa, a la policía, a las autoridades y al público en general.

A menos que se pueda hacer que la Fuente Potencial de Problemas, el preclear atrapado en esto, tome medidas relacionadas con el entorno para acabar con la situación, se tiene a un pc o a un scientologist que puede sufrir un cave-in o hacer squirrel debido a no tener ninguna ganancia de caso, y también un entorno hostil para Scientology.

Este texto da los medios y proporciona la política para hacer que se maneje la situación mencionada arriba.

Una Fuente Potencial de Problemas no puede recibir procesamiento alguno hasta que no se maneje la situación.

Las Personas o Grupos Supresivos renuncian a sus derechos como scientologists por sus mismas acciones, y no pueden recibir los beneficios de los Códigos de la Iglesia.

Las familias y partidarios de Personas o Grupos Supresivos no pueden recibir procesamiento. No importa si son o no scientologists. Si se procesa a las familias o partidarios de Personas o Grupos Supresivos, cualquier auditor que lo haga es culpable de una Falta. (Véase *Delitos y Sanciones*).

Una Fuente Potencial de Problemas que permite deliberadamente que ella o la Persona Supresiva reciba procesamiento sin informar al auditor o a las autoridades de Scientology, es culpable de un Crimen.

ACTOS SUPRESIVOS

Los *Actos Supresivos* se definen como acciones u omisiones que se llevan a cabo para suprimir, reducir u obstaculizar, a sabiendas, a Scientology o a los scientologists.

Estos Actos Supresivos incluyen:

> *Cualquier delito mayor (como asesinato, incendio provocado, etc.) contra personas o propiedades.*

Conducta sexual o sexualmente pervertida contraria al bienestar o buen estado mental de un scientologist con buena reputación o que esté bajo la responsabilidad de Scientology, como un estudiante o un preclear.

Llevar a cabo un chantaje o amenazar con chantajear a scientologists u organizaciones de Scientology; en cuyo caso el crimen que se use para el chantaje queda totalmente fuera del alcance de Ética y queda absuelto por el hecho del chantaje, a menos que se repita.

Usar las marcas registradas de Dianética y Scientology sin la licencia o permiso expresos del propietario de las marcas o su concesionario autorizado.

Falsificar documentos que luego ponen en peligro la libertad o seguridad de un scientologist.

Dar testimonio o datos falsos o con generalidades contra Scientology, o sin tener conocimiento personal de los asuntos sobre los que se testifica.

Organizar grupos disidentes para apartarse de las prácticas de Scientology, llamándolo todavía Scientology o llamándolo de otra manera.

Organizar un grupo disidente para usar los datos de Scientology o cualquier parte de ellos para apartar a la gente de la Scientology estándar.

Usar Scientology (o tecnología desvirtuada y con alter-is llamándola Scientology) de manera dañina para crear mala reputación para una org, grupo o para la misma Scientology.

Publicar información o datos técnicos o procedimientos de admin o educativos de Scientology con alter-is, llamándolos Scientology o llamándolos de otra manera para confundir o engañar a las personas en cuanto a la verdadera fuente, creencias y prácticas de Scientology.

Uso no autorizado de los materiales de Dianética y Scientology.

Conservar, usar, copiar, imprimir o publicar materiales confidenciales de Dianética y Scientology sin el permiso expreso o licencia del autor de los materiales o de su concesionario autorizado.

Atribuirse falsamente o presentarse falsamente a sí mismo o presentar a otros como Fuente de la Tecnología de Scientology o Dianética; o utilizar cualquier posición ganada con el staff o el público para atribuir falsamente a Fuente material que no es de Fuente, o falsamente presentar material que no es de Fuente como Tecnología autorizada de Scientology o Dianética.

Actos premeditados para hacer mal uso, invalidar, hacer alter-is legalmente, o de cualquier otra forma, de las marcas registradas y de servicio de Dianética y Scientology.

Alteración intencional y sin autorización de la Tecnología, Política, Publicaciones u Hojas de Verificación de LRH.

Desarrollar o usar procesos y hojas de verificación squirrel.

Dar a sabiendas un testimonio que es falso, que es una generalidad o que no se basa en conocimiento personal, para poner en peligro a un scientologist.

Repudiar públicamente a Scientology o a los scientologists de buena reputación en las organizaciones de Scientology.

Declaraciones públicas contra Scientology o los scientologists, pero no ante Comités de Evidencia debidamente convocados.

Proponer, aconsejar o votar a favor de legislaciones u ordenanzas, reglas o leyes encaminadas a la supresión de Scientology.

Declarar a scientologists culpables de practicar Scientology estándar.

Testificar de manera hostil ante investigaciones estatales o públicas relativas a Scientology, con el fin de suprimirla.

Denunciar o amenazar con denunciar a Scientology o a los scientologists a las autoridades civiles en un esfuerzo por suprimir a Scientology o impedir que los scientologists practiquen o reciban Scientology estándar.

Iniciar una demanda civil contra cualquier organización de Scientology o cualquier scientologist, incluso por no pagar facturas o no devolver pagos, sin antes dar a conocer el asunto al Jefe de Justicia Internacional y recibir respuesta.

Exigir la devolución de algún pago o de todos los pagos que se hicieron por entrenamiento o procesamiento estándar que se recibieron realmente o en parte y que aún están disponibles, pero que no se han entregado debido sólo al hecho de que el demandante se fue (deben devolverse los honorarios, pero se aplica esta política).

Escribir a la prensa cartas contra Scientology o darle a la prensa datos contra Scientology o los scientologists.

Seguir afiliado a un grupo disidente.

Seguir unido a una Persona o Grupo que han sido declarados Supresivos por la HCO.

No manejar la situación con una persona demostrablemente culpable de Actos Supresivos, o no repudiarla y desconectarse de ella.

Estar contratado por grupos o personas contrarios a Scientology.

Convocar reuniones del staff, de los auditores de campo o del público para poner a Scientology en manos de personas no autorizadas o personas que la suprimirán o la alterarán o que no tienen ninguna reputación de seguir los conductos y procedimientos estándar.

Infiltrarse en un grupo u organización de Scientology o en el staff para provocar el descontento o la protesta, instigado por fuerzas hostiles.

Amotinamiento.

Tratar de hacer que una zona de Scientology se separe y negársela a la autoridad propiamente constituida, para beneficio o poder personales o para "salvar a la organización de los cargos más altos de Scientology".

Dedicarse a rumorear maliciosamente para destruir la autoridad o la reputación de cargos más altos o personalidades de Scientology o para "defender" una posición.

Entregar la persona de un scientologist sin defensa justificable o protesta legal a las reclamaciones de la justicia civil o criminal.

Recibir dinero, favores o aliento para suprimir a Scientology o a los scientologists.

Usar una posición o una línea de comunicación en la org para desarrollar un negocio privado que desvía a los estudiantes, pcs y/o staff de las orgs fuera de las líneas de la org.

Graves violaciones de los deberes eclesiásticos y/o fiduciarios como ejecutivo o autoridad de la corporación de cualquier organización de Scientology o Dianética, que han resultado en gran daño, pérdida o descrédito de Scientology o de la organización.

Usar las líneas de Scientology para beneficio personal, de tal forma que se cause un trastorno en la organización o se obstruya el flujo del público hacia arriba de El Puente.

Usar las listas de direcciones de las organizaciones de Scientology o Dianética para beneficio o ganancia personal.

Emplear a miembros del staff de la org en detrimento de la producción o el establecimiento de la organización.

Dar los fólderes de pc, Archivos de Ética, archivos de estudiantes, archivos de contabilidad, fólderes de los Archivos Centrales, listas o listas parciales de los Archivos Centrales, listas o listas parciales del Addresso de la organización, a cualquier individuo, grupo, organización, misión u otra unidad o entidad por cualquier razón o propósito, excepto los incluidos explícitamente en las políticas existentes de la Iglesia; o proporcionarle estos archivos o listas a cualquier individuo, grupo, organización, misión u otra unidad o entidad que no tenga autorización de la Iglesia Madre o que esté en mala relación con ella.

Esfuerzos premeditados para trastornar los servicios eclesiásticos o el flujo de público hacia arriba de El Puente a través de las iglesias.

Negarse a permitir que el staff o el público progrese en El Puente o crear obstrucciones en El Puente que impidan este progreso.

Obstrucción flagrante y deliberada de las actividades de la Iglesia o interferencia con las obligaciones contractuales o de otro tipo de la Iglesia en detrimento de la expansión o actividades de esta.

Negligencia o violación respecto a cualquiera de los 10 puntos de Mantener Scientology Funcionando:

Uno: Tener la tecnología correcta.

Dos: Saber la tecnología.

Tres: Saber que es correcta.

Cuatro: Enseñar correctamente la tecnología correcta.

Cinco: Aplicar la tecnología.

Seis: Asegurarse de que la tecnología se aplique correctamente.

Siete: Sacar a martillazos la tecnología incorrecta hasta que no exista.

Ocho: Eliminar las aplicaciones incorrectas.

Nueve: Cerrarle la puerta a toda posibilidad de tecnología incorrecta.

Diez: Cerrarle la puerta a la aplicación incorrecta.

No insistir en comprobaciones de asterisco o tolerar su ausencia en todos los procesos y en su tecnología inmediata y en las Cartas de Política pertinentes, a los internos del HGC o a los Auditores del Staff de la División Técnica o a los Auditores del Staff o internos de la División de Calificaciones, para los niveles y acciones que usarán, antes de permitirles auditar a pcs de la org, así como a los Supervisores de Técnica y Calificaciones que instruyen o examinan, o no insistir en esta política, impedir que se ponga en vigor esta política o menospreciar las comprobaciones o las listas.

Degradaciones Técnicas:

1. *Abreviar un curso oficial en Dianética y Scientology de forma que se pierda la teoría completa, los procesos y la eficacia de los temas.*

2. *Agregar comentarios a las hojas de verificación o a las instrucciones, etiquetando cualquier material como "antecedentes", "en desuso en la actualidad", "viejo", o cualquier acción similar que dé como resultado que el estudiante no sepa, no use y no aplique los datos en los que se está entrenando.*

3. *Usar cualquier hoja de verificación para cualquier curso no autorizada por mí o por la Unidad Internacional de Autorización, Verificación y Corrección (AVC Int, por sus siglas en inglés,* Authority, Verification and Correction Unit International).

 (Las hojas de verificación para hats pueden autorizarse localmente, de acuerdo con la política sobre el formato de las hojas de verificación).

4. *No tachar de cualquier hoja de verificación que todavía permanezca en uso comentarios como "histórico", "antecedentes", "en desuso", "viejo", etc., o* decírselo verbalmente a los estudiantes.

5. *Permitir que un preclear testifique más de un grado a la vez por el propio determinismo del preclear, sin una indicación o evaluación.*

6. *Recorrer sólo un proceso para un grado inferior entre 0 y IV, donde no se han alcanzado los Fenómenos Finales del grado.*

7. *No usar todos los procesos para un nivel cuando los Fenómenos Finales no se han alcanzado.*

8. *Alardear de la velocidad de entrega en una sesión, tal como: "Le hice el Grado Cero en 3 minutos", etc.*

9. *Acortar el tiempo de la aplicación de la auditación por consideraciones financieras o de ahorrarse trabajo.*

10. *Actuar en cualquier forma deliberada para que se pierda el uso de la tecnología de Dianética y Scientology, impedir su uso o acortar sus materiales o su aplicación.*

PASOS PARA MANEJAR A LA PERSONA SUPRESIVA

Actos Supresivos son evidentemente aquellos actos encubiertos o manifiestos calculados a sabiendas para reducir o destruir la influencia o actividades de Scientology o impedir las ganancias de caso o el éxito continuado de Scientology y la actividad de un scientologist. Como las personas o grupos que harían esto actuarían por egoísmo sólo para el detrimento de todos los demás, no se les pueden conceder los derechos y el beingness que normalmente se les otorga a los seres racionales.

Si una persona o grupo que ha cometido un Acto Supresivo vuelve a sus cabales y se retracta, su único terminal es el Jefe de Justicia Internacional, a través del Jefe de Justicia Continental, quien:

A. Le dice a la persona o grupo que deje de cometer los actos hostiles de tiempo presente y cese en todos los ataques y supresiones de manera que pueda obtener ganancia de caso.

B. Exige un anuncio público que diga que se dan cuenta de que sus acciones eran ignorantes e infundadas y exponiendo, cuando sea posible, las influencias o motivos que los llevaron a intentar suprimir o atacar a Scientology; y hace que se firme ante testigos y que se difunda ampliamente, en especial entre las personas que recibieron una influencia directa o que antes estuvieron asociadas con quienes anteriormente fueron infractores. La carta debería planearse de tal manera que delatara cualquier conspiración para suprimir a Scientology o al preclear o scientologist, si existió tal conspiración.

B1. Solicita que se salden todas las deudas a las organizaciones o misiones de Scientology.

B2. Puede solicitar que, sujeto a la aprobación del Jefe de Justicia Internacional, se lleve a cabo un Proyecto de Enmiendas apropiado y en proporción a la gravedad y extensión de los Actos Supresivos cometidos antes de que se emprendan Pasos adicionales de la A a la E.

Antes de que se empiece este Proyecto de Enmiendas, la persona debe presentar una petición de Proyecto de Enmiendas al Jefe de Justicia Internacional, haciendo pleno uso del CSW (Trabajo Completo del Staff, del inglés *Completed Staff Work*) diciendo qué propone hacer como enmiendas, y para que se considere válido debe aprobarlo el Jefe de Justicia Internacional. Pueden solicitarse pruebas de un cambio de ética genuino antes de que se apruebe el Proyecto de Enmiendas. (Dependiendo de los Altos Crímenes cometidos, ejemplos de estas pruebas pueden ser: la persona tiene un trabajo honesto, ha saldado todas las deudas que tenía con otros, ha hecho contribuciones válidas a la comunidad, ha dejado por completo de realizar las acciones por las que fue declarada, etc.).

Al aprobar una Petición de Proyecto de Enmiendas, el Jefe de Justicia Internacional, como protector de la Iglesia, sus principios y sus miembros, tiene también la facultad de exigir que ese Proyecto de Enmiendas se lleve a cabo totalmente fuera de las líneas de cualquier organización, misión o red de Scientology, y exigir, antes de que se pueda considerar que el Proyecto de Enmiendas está completo, pruebas extensas de que, sin lugar a dudas, la persona ha cesado de cometer acciones supresivas durante un periodo de tiempo prolongado, no le ha creado problemas a la Iglesia ni a ninguno de sus miembros, de ninguna manera, en ninguna de sus líneas, y ha emprendido y terminado una acción que sea clara e innegablemente de beneficio para la Humanidad.

C. Exige que empiece el entrenamiento por cuenta propia en el nivel más bajo de El Puente si los ejecutivos a cargo del entrenamiento aceptan a la persona o a los miembros del grupo.

D. Toma nota de todos los asuntos anteriores, con copias del documento, y archiva esto en los Archivos de Ética de los interesados.

E. Informa al Jefe de Justicia Internacional y envía un duplicado de los documentos originales en que aparecen las firmas.

Cualquier Fuente Potencial de Problemas que deba dinero a cualquier organización de Scientology se maneja igual que cualquier otro scientologist. El no saldar una obligación financiera se convierte en un asunto civil después de que se hayan agotado los cauces normales de cobro dentro de la org.

Cualquier persona PTS que no logre manejar o desconectarse del SP que hace que sea PTS, es, al no conseguirlo, culpable de un Acto Supresivo.

Se puede recurrir a la acción de un tribunal civil contra los SPs para llevar a cabo la recaudación del dinero debido, pues ellos no tienen derecho a los procedimientos de justicia de Scientology.

———————

Hasta que no se absuelva a una Persona o Grupo Supresivos o hasta que no se les permita dedicarse activamente al entrenamiento que se exige en el punto C, según se autorice y publique debidamente, su único terminal en Scientology es el Jefe de Justicia Internacional a través del Jefe de Justicia Continental, o los miembros de un Comité de Evidencia debidamente autorizado y convocado.

Una Orden de Declaración de Supresivo para una persona o grupo y todas las condiciones inherentes a ella permanecen en vigor hasta que la orden no haya sido cancelada oficialmente por una publicación autorizada y publicada por la Iglesia.

Además, hasta que no se absuelva a una Persona o Grupo Supresivos, pero no durante el periodo en que la persona solicita y recibe un Comité de Evidencia, o tiene lugar una amnistía, no se aplica a esas personas ninguna justicia de Scientology, excepto lo descrito en este texto, no puede convocarse un Comité de Evidencia para ningún scientologist o persona por ningún delito del tipo que sea contra la Persona Supresiva, excepto por delitos que violen las leyes del país o excepto para establecer, en casos en que haya una verdadera controversia, si la persona está suprimiendo o no a Scientology o al scientologist.

Estas personas se encuentran en la misma categoría que aquellas a quienes se les han cancelado los diplomas, y las personas a las que se les han cancelado diplomas, clasificaciones y premios también se encuentran en esta categoría.

No se debe dejar volar la imaginación para ponerle a una persona esta etiqueta. Los Errores, Faltas y Crímenes no etiquetan a una persona como Persona o Grupo Supresivos. Sólo los Altos Crímenes lo hacen.

Cualquier Autoridad Convocante que desee pruebas más concretas de los intentos de suprimir a Scientology y a los scientologists puede solicitar un Comité de Evidencia, pero si los Fallos de este Comité, aprobados, establecen de manera concluyente la existencia de Actos Supresivos, se aplica la política aquí contenida.

Lo que se entiende por Actos Supresivos de Scientology o de los scientologists son actos manifiestos o encubiertos concebidos para obstaculizar o destruir, a sabiendas, a Scientology o a los scientologists.

El mayor bien para el mayor número de dinámicas requiere que las acciones que destruyen el progreso de la mayoría, mediante Scientology, llevadas a cabo de manera manifiesta u oculta con el objetivo directo de destruir a Scientology en general, o a un scientologist en particular, se manejen de forma inmediata debido al carácter de la mente reactiva y los impulsos consiguientes del demente o casi demente para arruinar cualquier oportunidad que tuviera la Humanidad mediante Scientology.

FUENTE POTENCIAL DE PROBLEMAS

A un scientologist conectado por lazos familiares o de otro tipo con una persona que es culpable de Actos Supresivos, se le conoce como Fuente Potencial de Problemas o Fuente de Problemas. La historia de Dianética y Scientology está sembrada de estas personas. Confundidas por lazos emocionales y empeñadas en negarse a abandonar Scientology y, sin embargo, invalidadas por una Persona Supresiva en todo momento, no pueden tener ganancias de caso, al tener un PTP. Si actuaran con determinación de una forma u otra (reformar a la Persona Supresiva o manejar la situación de otra forma, de manera estándar) podrían entonces lograr ganancias de caso y recuperarían su potencial. Si no dan un paso decidido, al final sucumben.

Por lo tanto, la política se extiende por la presente a supresivos que no son scientologists, como maridos, esposas, padres u otros familiares o grupos hostiles o incluso amigos íntimos. Mientras una esposa o un marido, un padre o una madre u otro pariente o grupo hostil (que estén intentando suprimir al cónyuge o hijo scientologist) siga recibiendo reconocimiento por parte del cónyuge, hijo o miembro scientologist, o siga en comunicación con él, entonces se aplica a ese scientologist o preclear la cláusula referente a *familiares* o *partidarios,* y no puede recibir procesamiento ni recibir más entrenamiento hasta que no haya tomado las medidas apropiadas para dejar de ser una Fuente Potencial de Problemas.

La validez de esta política la confirma el hecho de que las redadas del gobierno de Estados Unidos y otras dificultades fueron instigadas por esposas, maridos o padres que estaban suprimiendo activamente a un scientologist o a Scientology o estaban actuando bajo las influencias de personas o entidades que deliberadamente les habían dado información incorrecta sobre Scientology. El scientologist suprimido no actuó a tiempo para evitar el problema manejando al familiar antagónico.

No se permite o es ilegal dar procesamiento a la Fuente Potencial de Problemas mientras exista la conexión, y la persona que no esté tratando activamente de resolver el asunto puede ser sometida a un Comité de Evidencia si está recibiendo procesamiento al mismo tiempo.

FUENTES POTENCIALES DE PROBLEMAS Y DESCONEXIÓN

El tema y la tecnología de la "desconexión" se trata por completo en *La Condición PTS y la Desconexión* y en los materiales técnicos básicos a los que se alude ahí.

En una desconexión sin fundamento o en una amenaza de desconexión, se tiene el recurso de que la persona o grupo del que alguien se está desconectando puede solicitar un Comité de Evidencia a la Autoridad Convocante (o HCO) más cercana y presentar ante el Comité cualquier prueba de ayuda material real a Scientology sin reserva o mala intención. El Comité tiene que convocarse si se solicita.

Las motivaciones reales de las Personas Supresivas se han rastreado y se encontraron deseos ocultos bastante sórdidos. En un caso, la esposa quería que su marido muriera para poder quedarse con su dinero, y luchó contra Scientology porque estaba mejorando espiritualmente al marido. Sin manejar a la esposa o su conexión con ella, el scientologist, como parte de la familia, se dejó llevar por la situación y la esposa fue capaz de causar una destrucción casi total de Scientology en esa zona dando falsos testimonios a la policía, al gobierno y a la prensa. Por lo tanto esto es serio: tolerar la conexión o continuar conectado con una fuente de supresión activa hacia un scientologist o Scientology sin manejarlo de manera estándar o actuar para exponer los verdaderos motivos tras la hostilidad y reformar a la persona. En particular, no puede aceptarse dinero alguno, como honorarios o préstamos, de una persona que sea "familiar" de una Persona Supresiva, y por lo tanto una Fuente Potencial de Problemas. En la historia de Scientology no hay una fuente de problemas mayor que esta, en lo que se refiere a la frecuencia y falta de atención.

Una persona absuelta de Actos Supresivos por una amnistía o un Comité de Evidencia deja de estar declarada Supresiva. Cualquier persona a quien un Comité de Evidencia y sus Autoridades Convocantes encuentren culpable de Actos Supresivos, sigue declarada a menos que la salve una amnistía.

La política aquí contenida tiene el propósito de impedir distracciones futuras de esta naturaleza con el paso del tiempo.

DERECHOS DE UNA PERSONA O GRUPO SUPRESIVOS

Una Persona o Grupo Supresivos de verdad no tienen derechos de ningún tipo *como scientologists.*

Sin embargo, a una persona o grupo se le puede etiquetar falsamente como Persona o Grupo Supresivo. En el caso de que la persona o grupo afirme que la etiqueta es falsa, puede pedir un Comité de Evidencia por vía del Jefe de Justicia Continental más cercano. El ejecutivo con poder de convocar un Comité de Evidencia tiene que hacerlo si se le pide uno como recurso o resarcimiento de agravios.

Se nombra como Parte Interesada del Comité a la persona o al representante del grupo etiquetado como Supresivo. Ellos asisten a este cuando se convoque.

El Comité debe prestar atención a cualquier evidencia real que la persona o grupo acusado de ser supresivo pueda presentar, en particular en el sentido de haber ayudado a Scientology, a los scientologists o a un scientologist, y si se considera que esto pesa más que las acusaciones, pruebas o falta de ellas, se absuelve a la persona.

Cualquier testimonio deliberadamente falso, falsificación de documentos o testigos falsos presentados por la persona o grupo acusado de ser supresivo puede dar como resultado un Fallo inmediato contra la persona o grupo.

Cualquier esfuerzo por usar copias del testimonio o del fallo de un Comité de Evidencia solicitado para este propósito o ridiculizarlo en un tribunal civil, revoca inmediatamente cualquier fallo favorable y etiqueta automáticamente de Supresivo a la persona o grupo.

Si el Fallo, aprobado por la Autoridad Convocante y el Jefe de Justicia Internacional, demuestra la culpabilidad, a la persona o grupo se le etiqueta como Persona o Grupo Supresivos.

Si no se prueba la culpabilidad de Actos Supresivos, el Comité tiene que recomendar la absolución pública de la persona o grupo.

Cuando, por alguna circunstancia, una persona ha sido declarada incorrectamente, entonces, *después* de que ha tenido un Comité de Evidencia y se ha cancelado la Orden de Declaración de Persona Supresiva, puede, si lo desea, pedir una Junta de Revisión que, tras la revisión completa del asunto, puede pedir, si está justificada, la devolución de la paga o status perdidos que la persona pueda haber sufrido mientras estuvo declarada Persona Supresiva erróneamente. (Véase *Junta de Revisión*).

RECURSO DE UNA FUENTE POTENCIAL DE PROBLEMAS

Una persona etiquetada como Fuente Potencial de Problemas, y por lo tanto excluida de recibir auditación, puede solicitar un Comité de Evidencia al Jefe de Justicia Continental más cercano a través de la HCO como recurso, si la persona protesta contra la acusación.

El Comité de Evidencia solicitado tiene que convocarlo la Autoridad Convocante más cercana.

Si se presentan evidencias de desconexión, el Fallo y las Recomendaciones del Comité de Evidencia y la Autoridad Convocante (una vez que el Fallo esté debidamente aprobado) tienen que quitarle al scientologist la etiqueta de Fuente Potencial de Problemas. Si se demuestra de forma clara y concluyente que la supuesta Persona o Grupo Supresivo no es culpable de Actos Supresivos o se demuestra claramente que se ha reformado, el Comité de Evidencia debe recomendar la eliminación de la etiqueta de Persona o Grupo Supresivo de la persona o grupo sospechoso. Sin embargo, una vez que una orden autorizada y publicada ha declarado Supresiva a una persona o grupo, la anulación o revocación de la Orden de Declaración o la etiqueta tiene que ser aprobada por el Jefe de Justicia Internacional.

Pero si el estado del caso de la anterior Fuente Potencial de Problemas no muestra ganancias después de recibir procesamiento durante un tiempo razonable, cualquier ejecutivo de la División 4 (Entrenamiento y Procesamiento) puede ordenar un nuevo Comité de Evidencia sobre el asunto, y si este y la Autoridad Convocante recomiendan revertir el Fallo anterior, y si tal Fallo se aprueba en las líneas de Justicia Internacional, la etiqueta entra en vigor. Pero no pueden tomarse medidas disciplinarias contra ningún auditor por auditar durante el periodo entre los dos Fallos.

RECURSO DE UN AUDITOR

Un auditor con el que se han tomado medidas disciplinarias por dar procesamiento a una Fuente Potencial de Problemas, a una Persona Supresiva o a un miembro de un Grupo Supresivo, puede solicitar un Comité de Evidencia si puede persuadir a la Fuente Potencial de Problemas y a la Persona Supresiva o a un representante del Grupo Supresivo para que comparezcan ante él.

El auditor que solicita esto también puede haber nombrado, como Parte o Partes Interesadas, además de él, a la persona o personas que dieron información o información errónea sobre sus acciones.

––––––––––––

En casos relacionados con Fuentes Potenciales de Problemas o Personas o Grupos Supresivos, un Comité de Evidencia no puede requerir ni ordenar que se paguen los daños y perjuicios o los costes.

Cuando la Fuente Potencial de Problemas o la Persona Supresiva o el representante del Grupo Supresivo no comparecen ante un Comité de Evidencia con una Cédula de Pormenores que etiqueta a ciertas personas como Fuentes Potenciales de Problemas o Personas o Grupos Supresivos en la fecha de convocatoria que se publicó, la Cédula de Pormenores se da por comprobada y la Autoridad Convocante está obligada a declararlo así.

EVIDENCIA DE DESCONEXIÓN

Cualquier Secretario de la HCO puede recibir evidencias de la desconexión o repudio, y al ver que son auténticas, debe poner copias de estas evidencias en los Archivos de Ética y en los fólderes de CF (Archivos Centrales, del inglés *Central Files*) de todas las personas nombradas en ellas.

La persona que se desconecta deja de ser entonces una Fuente Potencial de Problemas (una vez que se ha terminado con éxito cualquier manejo adicional de la situación PTS de carácter técnico requerida por el Supervisor de Caso).

El procedimiento para una Persona o Grupo Supresivo que se retracta se esboza arriba.

EVIDENCIAS DE SUPRESIÓN

Es sensato que cualquier scientologist, Secretario de la HCO o Comité de Evidencia obtenga documentos válidos, cartas, testimonios debidamente firmados y testificados, declaraciones debidamente juradas y otras cuestiones y evidencias que tendrían peso en un tribunal legal, en asuntos referentes a Actos Supresivos. Así se toman precauciones contra rencores momentáneos, demandas por difamación, cargos afirmando que Scientology separa familias, etc.

———————

Si a los asuntos referentes a Actos Supresivos se les presta una buena atención y se está alerta a estos y si se hacen cumplir adecuadamente, acelerarán mucho el crecimiento de Scientology y traerán una nueva tranquilidad a su gente y organizaciones, y ganancias de caso mucho mayores donde hasta ahora no habían sido fáciles de lograr.

Los preclears con problemas de tiempo presente, con rupturas de ARC con personas con las que están relacionadas pero que son Personas Supresivas, no obtendrán ganancias de caso, sino que por el contrario pueden experimentar grandes dificultades.

La observancia de estos hechos y disciplinas puede ayudarnos a todos.

REGLAS DE ENTRENAMIENTO Y PROCESAMIENTO
DISCIPLINA TÉCNICA

PREGUNTAS DE LOS ESTUDIANTES

1. Las únicas respuestas permitidas ante las peticiones de datos técnicos verbales o soluciones inusuales de un estudiante son:

   "El material está en (HCOB, Carta de Política o cinta)".

   "¿Qué dice tu material?".

   "¿Qué palabra no has entendido en el (Boletín, Carta de Política o cinta)?".

   Y para las peticiones de soluciones inusuales de auditación:

   "¿Qué hiciste realmente?".

   Cualquier otra respuesta por parte de un Secretario de Técnica, Director de Técnica, Instructor o personal de curso es una Falta.

2. Cualquier Instructor que enseñe o aconseje cualquier método no contenido en HCOBs o en cintas, o que desprecie los HCOBs, Cartas de Política o cintas existentes, puede ser acusado de un Crimen.

3. Cualquier Instructor que de cualquier forma oculte la fuente de la tecnología atribuyéndola incorrectamente, puede ser hallado culpable de un informe falso.

ACCIONES DE LOS AUDITORES DEL STAFF

4. Cualquier Auditor del Staff que recorra en cualquier pc de una org cualquier proceso no impartido en los HCOBs de los grados y niveles puede ser acusado de una Falta por el Secretario de Técnica o el Director de Procesamiento.

5. Cualquier alteración o ejecución no estándar de un proceso es una Falta.

6. Cualquier Auditor del Staff que recorra a un pc en un nivel por encima del grado del pc en lugar de para el siguiente grado, o que recorra procesos fuera de secuencia en un grado, puede ser acusado de una Falta.

7. Cualquier Auditor del Staff que informe falsamente en un Informe de Auditor, de manera verbal o por escrito, puede ser acusado de un Crimen.

8. Cualquier Auditor del Staff que entregue un informe ilegible puede ser acusado de un no informe, lo que es una Falta.

9. Cualquier Auditor del Staff que testifique falsamente respecto al TA, o que informe falsamente de haber agotado un proceso, puede ser acusado de una Falta.

10. Cualquier Auditor del Staff que reciba órdenes de recorrer un proceso ilegal tiene que informar del asunto de inmediato a Ética de la HCO, solicitando que la persona que así lo haya aconsejado sea acusada de poner en peligro el puesto y la reputación del Auditor del Staff.

NORMAS PARA LOS ESTUDIANTES

11. Las normas anteriores [previas a abril de 1965] para estudiantes quedan canceladas.

12. Los estudiantes están amparados, como scientologists, por los Códigos de Ética de la HCO, y pueden solicitar recurso por injusticias y tienen los mismos privilegios que cualquier scientologist del campo.

13. Los Secretarios de Técnica, Directores de Entrenamiento, Supervisores e Instructores, así como el personal de la División de Calificaciones, pueden solicitar al Departamento de Inspecciones e Informes un Tribunal de Ética para cualquier estudiante al que consideren necesario disciplinar según los Códigos de Justicia de la HCO, dándose dicha disciplina en lugar de un Comité de Evidencia. Sin embargo, el estudiante puede solicitar un Comité de Evidencia en lugar de ello si él o ella siente que se está cometiendo un agravio.

14. Cualquier estudiante que altere a sabiendas la tecnología, aplique procesos de manera inadecuada o use la tecnología de manera

ilegal en los pcs del HGC, en los estudiantes de una unidad inferior o en el público, mientras sea un estudiante, puede ser acusado de una Falta.

15. Un estudiante que dañe a otro por medio de la aplicación deliberada de tecnología incorrecta puede ser acusado por sus Supervisores de un Crimen, y sus Supervisores tienen que solicitar que se lleve a cabo un Tribunal de Ética.

16. A un estudiante que se inscribe falsamente en un curso, la org le puede acusar de un Crimen.

17. Volar de un curso se maneja igual que se hace con los Actos Supresivos. Si se le acusa de ello, el estudiante puede obtener recurso si lo solicita antes de 60 días a la Sección de Ética del Departamento de Inspecciones e Informes.

NORMAS PARA LOS PRECLEARS

18. Los preclears están amparados por los Códigos de Justicia de la HCO.

19. Un preclear puede obtener recurso, al sentirse injustamente agraviado, haciendo una solicitud a la Sección de Ética del Departamento de Inspecciones e Informes de la org.

20. Un preclear que se rehúse a responder una pregunta de auditación puede ser acusado por el Auditor del Staff de incurrir en un "no informe" y se le puede llevar de inmediato ante un Tribunal de Ética.

21. Un preclear del HGC o del staff tiene que informar a la Sección de Ética de la org de cualquier infracción flagrante del Código del Auditor, pero si el informe es falso más allá de cualquier duda razonable, se puede acusar al preclear de un Acto Supresivo.

22. Un preclear estudiante o preclear del HGC que vuele de una org sin presentarse primero al Secretario de Técnica, al Director de Procesamiento o a la Sección de Ética, y que no permita que *ningún* auditor resuelva el asunto en la org *donde* ocurrió la auditación, tiene que ser investigado completamente a cualquier costo por la HCO de la zona propia del pc. La sesión de auditación tiene que ser investigada completamente por la Sección de Ética, y si se encuentra que en esa sesión hubiera ocurrido cualquier

infracción del Código del Auditor, el auditor puede ser llevado ante un Tribunal de Ética. Se tiene que informar del asunto completo y de sus resultados finales a la Oficina de LRH y a las autoridades superiores estipuladas en la política.

23. El Secretario de Técnica, el Secretario de Calificaciones, el Director de Entrenamiento, el Director de Procesamiento, los Supervisores y los Auditores del Staff también pueden presentar cargos en contra de los preclears del HGC o preclears estudiantes.

DIVISIÓN DE CALIFICACIONES

24. Cualquier persona que se está sometiendo a Revisión está sujeta a las mismas acciones que en el HGC o la Academia, y cualquier miembro del personal de la División de Calificaciones puede presentar cargos en contra de los estudiantes y pcs de acuerdo con los Códigos de Justicia, y llevarlos ante un Tribunal de Ética.

25. Las personas acusadas por el personal de la División de Calificaciones pueden solicitar recurso si son agraviadas.

26. La División de Calificaciones puede solicitar un Tribunal de Ética para el personal, preclears y estudiantes de la División Técnica por informes falsos, testificaciones falsas y no informes, así como por otros asuntos de justicia. Y el personal de la División Técnica puede, por su parte, solicitar un Tribunal de Ética para el personal, estudiantes y preclears de la División de Calificaciones.

———————

Esta política no cambia ningún Código de Justicia de la HCO, sino que sólo los aumenta para propósitos de promover el entrenamiento y procesamiento pacíficos y eficaces con la tecnología exacta publicada.

LA ÉTICA Y LA TECNOLOGÍA DE ESTUDIO

El Porqué básico de la mayoría de los casos de falta de rendimiento en el puesto por parte de un miembro del staff y de la *tecnología fuera* en una org proviene de palabras malentendidas.

El punto primario que hay que poner dentro es la Tecnología de Estudio.

Esta es, también, nuestro puente a la sociedad.

Sin embargo, la Tecnología de Estudio es la tecnología que incluye la tecnología de la palabra malentendida.

Así pues, si la Tecnología de Estudio no está dentro, la gente en el staff no ve nada de malo en escuchar o leer órdenes que contengan palabras que no entienden, y no tienen ningún impulso por aclararlas. Es más, a menudo sienten que conocen palabras que de hecho no conocen.

Cuando existe esta situación, es casi imposible poner la Tecnología de Estudio y la Tecnología de Aclaración de Palabras dentro. Porque las órdenes con las que se pretende poner dentro la Tecnología de Estudio pueden contener palabras que la persona no entiende. De esa forma, ella no cumple realmente las órdenes y la Tecnología de Estudio no se pone *dentro*. De esa forma, la capacidad para escuchar o leer y comprender continúa ausente.

Por lo tanto, estas acciones de ética se convierten en parte de la ética estándar:

1. *Se puede citar a una persona ante un Tribunal de Ética o ante un Tribunal de Ética Ejecutivo si se descubre que ha pasado por alto una palabra que no comprendió al recibir, escuchar o leer una orden, un Boletín de la HCO, una Carta de Política o una cinta, todos y cada uno de los materiales escritos o impresos de LRH, lo que incluye libros, Boletines del Auditor Profesional (PAB, del inglés* Professional Auditor's Bulletin), *despachos, télexes y publicaciones mimeografiadas, que diera como resultado que no cumpliera con los deberes de su puesto, sin que la persona hiciera de inmediato un esfuerzo efectivo por aclarar sus palabras,*

ya fuera que supiera o no que el pasarlas por alto era la fuente de su inacción o de sus acciones dañinas.

El cargo es *no aclarar palabras no comprendidas.*

2. *A un miembro del staff que no usa la Tecnología de Estudio o no la da a conocer al estudiar o instruir, se le puede citar ante un Tribunal de Ética o un Tribunal de Ética Ejecutivo.*

El cargo es *no emplear la Tecnología de Estudio.*

3. *A un estudiante que haga alter-is o dé malos consejos a otros sobre el uso de la Tecnología de Estudio se le puede citar ante un Tribunal de Ética.*

El cargo es *abogar por el mal uso o abandono de la Tecnología de Estudio correcta.*

4. *A un auditor que no aclare todas y cada una de las palabras de cada orden o lista que use se le puede citar ante un Tribunal de Ética.*

El cargo es *tecnología fuera.*

5. *Cualquier persona de la División del Público, miembro del staff o scientologist al que se encuentre usando términos, circunstancias o datos con el público nuevo, en conferencias públicas, en la promoción o en relaciones públicas, que estén más allá de la capacidad del público para comprenderlos, sin hacer hincapié en la Tecnología de Estudio o tomar de inmediato medidas efectivas para aclararlos, o que dé a conocer ampliamente materiales a un público equivocado, puede ser citado ante un Tribunal de Ética si esto tiene como resultado cualquier conmoción o trastorno.*

El cargo es *no aplicar la Tecnología de Estudio en la diseminación.*

SUPRESIVO

Además, dado que la Tecnología de Estudio es nuestro puente primario hacia la sociedad así como la prevención básica de la tecnología fuera y el admin fuera, si se *repitiera* cualquier falta (como las de arriba) de la cual se haya encontrado culpable a la persona en un Tribunal de Ética y la persona ha tenido dos Tribunales similares por esta falta, la persona puede ser citada ante un Comité de Evidencia con el cargo de *cometer un acto u omisión realizado a sabiendas para suprimir, reducir u obstaculizar a Scientology o a los scientologists.* Y si se encontrara que es culpable más allá de ninguna duda razonable, podría ser declarada Persona Supresiva y expulsada con todas las sanciones.

AXIOMA 28

No enseñar o usar la Tecnología de Estudio, o las alteraciones de la Tecnología de Estudio son realmente delitos contra el Axioma 28 como se aplica internamente en una org en el admin y la tecnología, y desde la org a la sociedad.

La Tecnología de Estudio, incluyendo su tecnología de Aclaración de Palabras, es, de hecho, la tecnología del Axioma 28.

El Axioma (enmendado) sigue a continuación:

AXIOMA 28:

> LA COMUNICACIÓN ES LA CONSIDERACIÓN Y ACCIÓN DE IMPELER UN IMPULSO O PARTÍCULA DESDE EL PUNTO FUENTE A TRAVÉS DE UNA DISTANCIA HASTA EL PUNTO RECEPTOR, CON LA INTENCIÓN DE HACER QUE EXISTA EN EL PUNTO RECEPTOR UNA DUPLICACIÓN Y COMPRENSIÓN DE LO QUE EMANÓ DEL PUNTO FUENTE.

La Fórmula de la Comunicación es:

Causa, Distancia, Efecto, con Intención, Atención y Duplicación *con Comprensión.*

Las partes que componen la Comunicación son:

Consideración, Intención, Atención, Causa, Punto Fuente, Distancia, Efecto, Punto Receptor, Duplicación, Comprensión, la Velocidad del impulso o partícula, Nothingness o Somethingness. Una no-Comunicación consta de Barreras. Las Barreras constan de Espacio, Obstáculos (como paredes y pantallas de partículas en rápido movimiento) y Tiempo. Una comunicación, por definición, no es necesario que sea en dos direcciones. Cuando se devuelve una comunicación, se repite la Fórmula, y el Punto Receptor se convierte ahora en el Punto Fuente, y el que antes era el Punto Fuente ahora se convierte en Punto Receptor.

LA TECNOLOGÍA DE ESTUDIO Y EL PUESTO

Se ha descubierto que ciertos staff no podían ejecutar sus deberes porque pasaron por alto a sabiendas palabras malentendidas en los despachos y télexes.

Con este incumplimiento deliberado se habían desentendido de sus hats y le habían echado el muerto encima a sus superiores durante dos años.

Estaban hechos polvo en puesto, no podían evaluar o descubrir qué estaba sucediendo. Y pasaban la mayor parte de su tiempo durmiendo.

Por lo tanto:

6. *Cualquier persona que pasa palabras o abreviaturas malentendidas en los télexes o despachos o materiales que maneja en el puesto sin aclararlas será citada ante un Tribunal de Ética.*

El cargo es *incumplimiento del deber* y la sentencia mínima es Traición.

7. *Cualquier auditor que no escriba claramente en las hojas de trabajo o que no coloque suficiente texto como para hacer comprensible la hoja de trabajo será citado ante un Tribunal de Ética.*

El cargo es *no informe*.

8. *Cualquier Supervisor de Caso que permita que un auditor escriba incomprensiblemente u omita datos será citado ante un Tribunal de Ética.*

El cargo es *permitir el incumplimiento del deber*.

SANCIÓN ADICIONAL

Siempre que se encuentre que estos puntos están fuera en un área y no se hace que se cumplan, no puede haber alegato de ignorancia y los superiores del área están ellos mismos sujetos a Comité de Evidencia.

Las violaciones a la Tecnología de Estudio y el no usar esta tecnología son responsables de grandes pérdidas y tecnología fuera, admin fuera y sobrecarga de trabajo de los superiores.

El asunto se ha considerado demasiado a la ligera, ha causado grandes pérdidas y vuelos y ha impedido el progreso en este planeta.

PROCEDIMIENTOS DE JUSTICIA DE SCIENTOLOGY

La Administración de Justicia

ay algunas cosas a tener en cuenta firmemente cuando tengas que usar la función de Justicia de la HCO:

1. Sólo aquellos con tendencias criminales desean una sociedad en la que el criminal sea libre de hacer lo que le plazca.

2. Sólo aquellos con tendencias criminales temen tanto a la justicia como para protestar y quejarse de que exista.

3. Sin orden nada puede crecer o expandirse.

4. La Justicia es uno de los guardias que mantiene el canal de progreso siendo un canal y no un flujo detenido.

5. Todas las mentes reactivas pueden infligir dolor e incomodidad en un ser. Exigen la supresión de lo bueno y la producción de lo malo. Por lo tanto, al administrar la justicia, refrena sólo una pizca más de lo que un banco puede forzar a cometer una acción mala. La amenaza externa necesita ser justo la suficiente para hacer que la presión interna de obrar mal sea la menor de dos incomodidades. El juicio radica en cuánta restricción externa aplicar.

6. La gente decente está a favor de la justicia. No confundas la opinión de la mayoría que la desea con los gruñidos de los pocos que la temen.

7. Una persona que está dramatizando su intención criminal puede enfadarse mucho si no se le impide dañar a otros.

8. Un thetán es bueno. Inventó un banco para hacer que otros siguieran siendo buenos. Ese mecanismo salió mal. Y esa es la razón por la que estamos aquí.

9. En una sesión evitarías que un ladrón irrumpiera en la habitación y perturbara al preclear. En Scientology mantienes a los transgresores fuera para que podamos continuar con nuestra sesión con la sociedad.

10. Busca a la persona que más despotrica contra la justicia y tendrás al que has estado buscando.

11. El único acto hostil en el manejo de la justicia es no trabajar para el mayor bien del mayor número.

COMITÉS DE EVIDENCIA
LA JURISPRUDENCIA DE SCIENTOLOGY, SU ADMINISTRACIÓN

 ste sistema es para uso en todos los asuntos de justicia en Scientology.

No puede existir seguridad personal sin una justicia de fácil acceso, rápida e imparcial en un grupo.

La jurisprudencia empleada debe ser competente, aceptable para los miembros del grupo y efectiva en el logro de un buen orden para el grupo, así como en la consecución de los derechos personales y seguridad de cada uno de sus miembros.

La justicia usada como venganza, procurando ventajas para una camarilla, aumenta el desorden.

La justicia debería servir como medio para establecer la culpabilidad o inocencia y para adjudicarle daños y perjuicios al agraviado. El hecho de su uso no debería preestablecer la culpabilidad ni el premio. La justicia que por su solo empleo establece una atmósfera de culpabilidad o codicia es dañina y crea desorden.

La justicia debería clarificar. La buena justicia llevada a efecto borra los engramas de grupo. La mala justicia los genera.

He estado trabajando durante algún tiempo en un sistema de Justicia aceptable para los scientologists, y he desarrollado uno con los *Comités de Evidencia*. Estos funcionan de forma excelente según las pruebas mismas y satisfacen los requisitos de lo que es justicia.

Exijo que de inmediato se haga pleno uso de estos Comités en todos los asuntos relacionados con las organizaciones, grupos y cuestiones de Scientology.

337

No recomiendo que los individuos con autoridad actúen con medidas o funciones disciplinarias sin emplear los Comités de Evidencia.

DEFINICIONES

Comité de Evidencia:

Organismo investigador que está compuesto de personas imparciales, debidamente convocadas por una Autoridad Convocante, que escucha testimonios de personas que cita ante sí, llega a una conclusión, y hace un informe completo y una recomendación a su Autoridad Convocante para que esta actúe.

Autoridad Convocante:

Directivo de Scientology debidamente designado que designa y convoca un Comité de Evidencia para que le ayude a realizar y ejercer su autoridad con justicia, y que aprueba, atenúa o desaprueba el Fallo y las Recomendaciones del Comité de Evidencia que él o ella designa. La Autoridad Convocante no puede ser miembro del Comité y no puede reunirse con este, y no puede interferir en la conducción de sus asuntos ni con sus pruebas, pero puede disolver un Comité que convoque si este no está activo en la persecución de sus fines, y puede convocar otro Comité en su lugar. La Autoridad Convocante no debe aumentar las sanciones recomendadas por el Comité que convoque.

Ninguna Autoridad Convocante puede ser Presidente, Secretario ni miembro de ningún Comité de Evidencia que convoque, ni ser citada ni presentarse ante este.

Ningún directivo que esté autorizado para actuar como Autoridad Convocante, puede ser citado, ser designado como Parte Interesada ni testificar ante un Comité de Evidencia ni prestar servicio en este, en el nivel de Comité de Evidencia que él o ella está autorizado para convocar ni en cualquier Comité de nivel inferior; un directivo con derecho a actuar como Autoridad Convocante sólo puede ser citado, presentarse o ser Parte Interesada ante Comités de Evidencia de niveles superiores a los que él puede autorizar*.

Los diferentes niveles de Comités de Evidencia están contenidos y se describen en las Cartas de Política de la HCO y en directivas publicadas por Senior HCO Internacional.

Presidente del Comité:

El Presidente se nombra a discreción de la Autoridad Convocante que nombra el Comité. El nombramiento puede ser de naturaleza permanente, pero una vez más a discreción de la Autoridad Convocante. El Presidente no puede nombrar a los miembros que van a ser parte del Comité. El Presidente preside todas las reuniones, conduce la mayor parte del interrogatorio y se asegura de que el Comité ejecute adecuadamente sus deberes, en todos los aspectos, de forma digna y diligente. El Presidente no puede interferir con los votos de los miembros, y debe incluir cualquier divergencia de opinión sobre el Fallo por parte de los miembros que disientan. El Presidente se asegura de que el Fallo esté basado en la opinión de la mayoría. El Presidente sólo vota en caso de empate. El Presidente puede disentir de la opinión de la mayoría en el Fallo pero, si es así, lo incluye como una opinión aparte en el Fallo como cualquier otro miembro que disienta, y no puede rehusarse a enviar el Fallo a la Autoridad Convocante por esta razón. Si se destituye a un Presidente mientras esté en desarrollo cualquier caso ante el Comité, el Fallo no es válido y debe convocarse un nuevo Comité, y la comparecencia ante las audiencias inconclusas no impide aparecer ante el Comité recién convocado. Sin embargo, antes de que el Comité se pueda declarar nulo, se debe destituir a un Presidente antes de que se prepare el Fallo, y la destitución debe ser por un motivo bueno y suficiente. El Presidente aplica buen S-C-S (Comenzar-Cambiar-Parar, del inglés *Start-Change-Stop*) durante todo el proceso y consigue que se entreguen pruebas en lugar de poner Líneas Itsa. Logra que el trabajo se lleve a cabo.

Secretario:

Al Secretario lo nombra específicamente la Autoridad Convocante. El Secretario es un miembro característico del Comité y tiene voto. El Secretario prepara y emite todos los avisos de asistencia, asiste a todas las reuniones, lleva todas las notas, reúne todas las pruebas documentales presentadas en las audiencias, consigue cintas y una grabadora, hace toda la grabación en cinta y reúne a todos los miembros del Comité para las audiencias programadas. Todo esto además de sus deberes normales de staff.

Miembro:

Los Miembros del Comité son nombrados específicamente por la Autoridad Convocante. Además del Presidente y el Secretario, no pueden ser menos de dos ni más de cinco. Un miembro asiste a todas las audiencias, puede llevar sus propias notas, da su opinión sobre todos los Fallos y vota a favor o en contra de estos y de sus recomendaciones. Un miembro debe firmar el Fallo, lo apruebe o no, pero si lo desaprueba, puede hacer que el Presidente tome nota de ello. Las Partes Interesadas y los testigos no pueden objetar a ningún miembro o composición del Comité, dándose por sentado que la Autoridad Convocante ha sido tan imparcial en esto como sea posible. El miembro debería conducirse con cortesía y dignidad hacia los demás miembros del Comité, y en particular hacia el Presidente, y debería tratar a las Partes Interesadas y a los testigos con tanta cortesía como fuera posible, con el debido reconocimiento de la tensión bajo la que se pueden encontrar. Cualquier Parte Interesada que pudiera estar sujeta a cargos es tratada por el miembro como inocente hasta que se hayan escuchado los últimos testimonios y el Comité se reúna para discutir su Fallo y su preparación. El miembro puede hacer preguntas a cualquier Parte Interesada o testigo, pero por lo general, lo deja al Presidente. El miembro también puede escribir una pregunta que desee que se haga y entregársela al Presidente. Si un miembro realmente no entiende algún punto de los testimonios hacia el final de las audiencias, puede exigir que se vuelva a llamar a cualquiera para clarificar el asunto, pero no puede alargar indebidamente las audiencias usando esto como ardid. Un miembro no debería discutir las audiencias fuera de ellas ni formarse una opinión prematura y discutirla fuera de las audiencias como un hecho. No se debería permitir que un miembro exprese su propia opinión fuera de las audiencias, mientras duren estas, como si fuera la del Comité. Un Presidente puede sancionar a un miembro por no presentarse a las audiencias de su Comité, por ser descortés o por conducta grosera o descuidada o por deshonestidad, cuando esto ponga en peligro las funciones o los valores de un Comité de Evidencia.

Evidencia:

Lo que se ha dicho, los escritos y los documentos se deben considerar evidencias. El E-Metro no se debe usar para conseguir pruebas, pues no registra mentiras en las personas de tipo criminal y, por vital y fiable que sea como ayuda en la auditación, no siempre es válido en la detección del crimen o de actos. Puede reaccionar en el inocente desasosegado y no reaccionar en el culpable de sangre fría. La razón de esto es que no funciona durante rupturas de ARC severas, condición en la cual suelen estar las Partes Interesadas. Las ocultaciones de sesión no se pueden usar como evidencia, pero las pruebas no se pueden denegar debido a que también se hayan dado en una sesión. El testimonio de oídas (decir que uno escuchó que alguien dijo que algún otro lo hizo) no debe ser prueba admisible, pero las declaraciones de que uno escuchó a otro hacer comentarios perjudiciales o que vio a otro actuar o no actuar son admisibles.

Parte Interesada:

Persona, demandante o demandada, citada ante un Comité de Evidencia, para quien el Comité puede recomendar sanciones o adjudicar el veredicto. Una Parte Interesada no puede ser citada ante otro Comité o ante uno convocado después por el mismo delito o demanda después de haber sido citada y escuchada por ese delito o por su demanda en una o más reuniones del Comité en curso. Puede ser que el Comité no acuse de un delito a una Parte Interesada ni le adjudique el veredicto, pero de ser así, debe implicar o eximir totalmente a todas las Partes Interesadas en la audiencia y hacer las recomendaciones de acuerdo a ello en su Fallo. Es común tener nombrada a más de una Parte Interesada en cualquier asunto llevado ante un Comité. El ser nombrado como Parte Interesada no implica ser culpable, pero puede dar como resultado llegar a estar sujeto a una recomendación disciplinaria o a una adjudicación por parte del Comité. Para que finalmente el Comité pueda presentar cargos o adjudicar un veredicto, la persona debe haber sido nombrada como Parte Interesada en la Cédula de Pormenores *antes* de que el Comité celebre una audiencia acerca del asunto (excepto por no presentarse o por falso testimonio). Una Parte Interesada está expuesta a una recomendación de sanción por parte del Comité. Cuando la Parte Interesada no se presenta o se niega a hacerlo, esto resulta en una recomendación de la máxima sanción posible en el caso para esa Parte Interesada.

Una persona que no se nombra como Parte Interesada en la Cédula de Pormenores original, no puede convertirse en Parte Interesada debido a nuevas pruebas que se presenten ante el Comité. Tendría que ser acusada específicamente ante un nuevo Comité que se convocara.

Testigo:

Un testigo es cualquier persona a la que se llame ante el Comité para prestar declaración y que no sea una Parte Interesada. A un testigo no se le puede implicar ni se pueden presentar cargos contra él si no ha sido ya nombrado en la Cédula de Pormenores como Parte Interesada, excepto por no presentarse o cuando se encuentre que sea un testigo falso. A un testigo que se niegue a presentarse o a testificar, se le puede acusar por separado por esa omisión, y el Comité puede recomendar cualquier sanción apropiada para tal testigo que no se presente. En cuanto al *falso testimonio,* véase más adelante.

Cédula de Pormenores:

Un nombramiento de un Comité de Evidencia escrito y firmado, designando a (1) el Presidente, Secretario y miembros del Comité, (2) la Parte o Partes Interesadas, (3) el asunto que se va a oír y un resumen de la información disponible. Está debidamente firmada por la Autoridad Convocante, y una copia de esta se le proporciona a cada persona cuyo nombre aparezca en ella, así como al Archivo Jurídico local.

Fallo:

El informe completo del Comité acompañado de una grabación en cinta de las pruebas presentadas y una recomendación completa a la Autoridad Convocante para que actúe. El Fallo es un documento que da un rápido resumen de las audiencias, sus resultados y una recomendación completa. Debe estar escrito de tal forma que la Autoridad Convocante lo pueda publicar sin alteración. El resumen declara quién parece ser culpable y quién no y por qué. La recomendación le dice a la Autoridad Convocante exactamente qué medida disciplinaria debe tomarse y de qué forma, incluyendo cualquier solicitud de indulgencia o insistencia en una sanción completa. El Fallo se hace después de la última audiencia y después de la última reunión del Comité, que vota sobre la recomendación que hacer. Lo realiza el Secretario a partir de sus notas, pero con la orientación del Presidente. Se hace tan pronto como sea posible después de la última reunión del Comité, lo firman los miembros del Comité y se envía de inmediato a la Autoridad Convocante. Sólo se prepara y se envía una copia a la Autoridad Convocante. No se hacen ni se le dan a nadie otras copias. Todos los miembros del Comité así como el Presidente y el Secretario lo firman antes de enviarlo a la Autoridad Convocante. Se pone directamente en manos de la Autoridad Convocante acompañado de cualquier cinta o documento que haya. No debe ir por la línea de despachos ni por correo. No va acompañado de ninguna otra carta de transmisión, de delegación alguna ni del Comité en persona. Debe ser entregado por el Secretario, el Presidente o su mensajero especialmente asignado y sin más comentarios.

Ratificación:

Ahora se añade al Fallo la ratificación por parte de la Autoridad Convocante. El Fallo no tiene validez hasta que se le agregue la ratificación. La Autoridad Convocante hace la ratificación sobre el Fallo tan concisamente como sea posible. La Autoridad Convocante puede (1) aceptar el Fallo totalmente, (2) reducir la sanción recomendada o (3) suspender o cancelar la sanción por completo con un perdón. La Autoridad Convocante no puede hacer ninguna otra ratificación, excepto dar las gracias al Comité y a los testigos. En cuanto se ratifica el Fallo, tiene el efecto de una orden de acuerdo con la ratificación, y todas las personas bajo la autoridad de la Autoridad Convocante están obligadas a ejecutarlas y a atenerse a ellas.

Publicación:

El Fallo y su ratificación se publican de acuerdo a las instrucciones de la Autoridad Convocante. Primero se *mimeografían*. La publicación se hace de tres formas: (1) Colocando una *copia* en el tablero del staff o en el tablero del público, con copias para los ejecutivos; (2) Mediante su distribución en cualquier área afectada; (3) Mediante la revista continental u otros medios amplios. De cualquier forma que se publique, se hace llegar una copia mimeografiada a cada Parte Interesada o testigo y a cada miembro del Comité.

Archivos:

El original, todas las copias mimeografiadas sobrantes y cualquier documento y cinta se meten en un sobre grande y se archivan en el archivo de Documentos Valiosos de la organización. Su pérdida podría perjudicar a la Autoridad Convocante en cualquier revisión. Cualquier Comité superior que revise el caso puede pedir este sobre.

Revisión:

El Fallo y la Ratificación de la Autoridad Convocante de cualquier Comité de Evidencia pueden estar sujetos a revisión por cualquier Comité de nivel superior. La revisión debe estar solicitada por cualquier persona nombrada como Parte Interesada, pero por ninguna otra persona, y sólo si se recomendó una sanción (ratificada o no). Un Comité de Evidencia de Revisión se convoca y dirige exactamente de la misma manera que un Comité de Evidencia ordinario, pero no puede convocar ni testigos nuevos ni testigos antiguos ni a las Partes Interesadas. Todo lo que puede hacer es escuchar las cintas de las audiencias y examinar las pruebas presentadas en las audiencias originales, y recomendar a su propia Autoridad Convocante una de dos cosas: (1) que la Autoridad Convocante superior convoque un nuevo Comité en el lugar para examinar los puntos que se consideran dudosos; (2) que se modifique la sanción. Una Revisión de un Comité de Evidencia puede recomendar que se *aumente* o reduzca la sanción. En caso de una Revisión, la Autoridad Convocante del Comité de Revisión ratifica el Fallo de la Revisión, y esta nueva ratificación ahora tiene precedencia sobre la antigua ratificación, y la Autoridad Convocante original debe obedecerla. La Revisión debería ser rápida. El que solicita una Revisión debe comprender sus riesgos.

Testigo Falso:

Cualquiera a quien se descubra testificando en falso a sabiendas, se convierte de inmediato en Parte Interesada en las audiencias y puede recibir una sanción comparable a la que se hubiera recomendado para una Parte Interesada en esa audiencia.

Tipos de Cédulas:

Un Comité puede dar audiencia sobre cualquier asunto o disputa civil o criminal dentro del ámbito de Scientology, ya sea que las partes estén relacionadas con una organización o no. Puede darse audiencia sobre calumnias, separaciones entre cónyuges, despidos, deudas, robos, violencia deliberada, violaciones de los códigos, privación del ingreso o cualquier disputa o acción dañina e impropia de cualquier tipo. Los demandantes y demandados son Partes Interesadas por igual en cualquier audiencia así. Sólo se necesita que la Autoridad Convocante emita una Cédula de Pormenores sobre el asunto. La Autoridad Convocante siempre debería emitir una Cédula de Pormenores en todos los asuntos perjudiciales para las personas que se encuentran bajo su esfera de influencia, en lugar de intentar juzgar el asunto de manera independiente. Cualquiera puede poner un asunto así en conocimiento de una Autoridad Convocante, o la Autoridad Convocante puede actuar para convocar un Comité basándose en su propia observación sin que se le haya presentado una demanda a la Autoridad Convocante. La justicia independiente e improvisada por parte de una Autoridad Convocante debería reducirse al mínimo, y todos los temas de este tipo deberían ponerse en las manos de Comités de Evidencia.

RESUMEN

Propósito:

Un Comité de Evidencia lo convoca cualquier ejecutivo superior de Scientology, ya sea que alguien presente o no una demanda, con el fin de manejar todos y cada uno de los asuntos personales, de la organización o del campo que requieran Justicia.

Formación:

El Comité está compuesto por un Presidente, un Secretario y de dos a cinco miembros del Comité, nombrados por la Autoridad Convocante.

Procedimiento del Comité:

La Autoridad Convocante establece en sus instrucciones al Comité (Cédula de Pormenores) el asunto que se ha de investigar, y suministra cualquier información que ya esté disponible junto con los nombres de cualquier persona que se sepa que está involucrada o que pida justicia (Partes Interesadas).

El Comité se reúne tan pronto como sea posible y en los momentos en que cause menor interferencia con el trabajo normal. En la primera reunión se examinan las instrucciones y la información, y el Comité decide qué información adicional se requerirá para llegar a una conclusión y qué información requiere confirmación. Entonces decide a quién se convocará para proporcionar pruebas. Se instruye al Secretario de que avise a los testigos y les haga saber cuándo y dónde se requerirá su presencia.

En subsiguientes reuniones cortas, en las que los testigos se presentan ante el Comité, el Presidente debería hacer las preguntas y ceñirse al asunto. Cuando ha terminado sus preguntas, invita a otros miembros a hacer cualquier pregunta que consideren que ayudará al Comité. No están *obligados* a hacer preguntas, y sólo deberían hacer preguntas pertinentes. Finalmente, el Presidente pregunta al testigo si hay cualquier información adicional que quiera dar o si hay algo que quiera decir para corregir cualquier impresión incorrecta que considere que el Comité pueda tener.

El Secretario toma notas de estas diligencias, y además se puede hacer una grabación en cinta si la Autoridad Convocante o el Presidente lo consideran aconsejable, lo cual normalmente es así.

Cuando el Comité ha reunido todas las pruebas que necesita, tiene una reunión final para preparar un informe. Se verá que en la práctica es mejor que un miembro (el Presidente, el Secretario o un miembro nombrado por el Presidente) prepare un borrador del informe antes de la reunión final para que el Comité lo use como base para la discusión. El informe (el Fallo) debería incluir conclusiones y una recomendación, y se envía a la Autoridad Convocante junto con las pruebas y cualquier cinta que haya.

Acciones de la Autoridad Convocante:

A partir de las pruebas y del Fallo, la Autoridad Convocante juzga si las pruebas están completas o no y si el Fallo y las Recomendaciones están en conformidad con las pruebas. Asume que el Comité hizo su trabajo a consciencia y, a menos que haya un error de Justicia obvio y flagrante, ratifica el Fallo y le da instrucciones a un ejecutivo apropiado para que este lleve a efecto las recomendaciones y le da instrucciones también sobre cómo publicar el asunto.

Si alguien se siente agraviado por el Fallo de un Comité, la persona agraviada puede hacer que el caso sea revisado por la autoridad inmediata superior, pero se le debe informar del riesgo. Si después de una revisión continúan agraviados, pueden hacer que el caso sea revisado por Senior HCO Internacional y de ahí a L. Ronald Hubbard*.

---

* Para niveles de recurso adicionales, véase el capítulo Conducción de la Justicia y Formas de Resarcimiento.

JUNTA DE INVESTIGACIÓN

l propósito de una Junta de Investigación es:

Ayudar a LRH a descubrir la causa de cualquier conflicto, rendimiento deficiente o baja estadística.

COMPOSICIÓN

Una Junta de Investigación se compone de no menos de tres y no más de cinco miembros.

La mayoría de los miembros tienen que ser superiores a las personas a las que se está investigando, excepto cuando esto sea imposible.

CONDUCCIÓN

La Junta puede investigar, yendo a ver en grupo a las personas interesadas o sentándose reunidas citando testigos y personas principales.

FUNCIÓN

Una Junta de Investigación es un asunto mucho menos serio que un Comité de Evidencia.

Las personas que se presentan ante ella no están bajo coacción o castigo.

Todo el propósito es determinar los hechos.

No puede tener como resultado una medida disciplinaria, excepto por testificación falsa.

La Junta puede recomendar una Audiencia de Ética Ejecutiva o una Audiencia de Ética si se encuentran Crímenes o Altos Crímenes, pero no puede tomar medidas ante Errores o Faltas.

La testificación en falso ante una Junta debe tener como resultado una Audiencia de Ética Ejecutiva o una Audiencia de Ética.

FALLO

El Fallo de una Junta de Investigación se envía a la Autoridad Convocante y a partir de esto puede emitir órdenes, o la Autoridad Convocante puede solicitar acción o política de una autoridad superior. (El método de elaborar la política no se cambia).

FORMA

En todos los demás aspectos, la forma de una Junta, sus órdenes, su conducción y su recomendación son iguales a los de un Comité de Evidencia.

COMITÉ DE EVIDENCIA

Un Comité de Evidencia se convoca sobre el tema de un Crimen o Alto Crimen conocido, pues se puede considerar que es (y es) un juicio por jurado, existiendo un cargo.

Una Junta puede recomendar un Comité de Evidencia.

El conjunto completo de la Tecnología de la Ética y Justicia de Scientology sobre las Juntas de Investigación incluye reglamentos sobre quién las puede convocar y quién está sometido a su autoridad. Cualquier persona que convoque una Junta de Investigación tiene la obligación de atenerse a toda la política sobre el tema, y cualquier persona sometida a una Junta tiene acceso a toda la política sobre el tema.

TRIBUNALES DE ÉTICA Y AUDIENCIAS DE ÉTICA

 ualquier Oficial de Ética puede convocar un Tribunal de Ética.

Cualquier scientologist con una posición de Oficial o inferior puede ser citado ante un Tribunal de Ética.

La citación se emite como Orden de Ética de la HCO. Esta tiene que expresar cuándo y dónde debe comparecer la persona.

Un Tribunal de Ética se convoca en asuntos como los siguientes:

1. Cualquier Falta.

2. Cualquier Crimen.

A los Altos Crímenes no se les concede un Tribunal de Ética, pero se les puede conceder una Audiencia de Ética.

Un Tribunal de Ética puede imponer disciplina de la forma siguiente:

A. No ser entrenado o procesado durante ____ semanas o ____ meses.

B. Que se presente una Petición de Enmiendas.

C. Suspensión durante ____ semanas.

D. Devolución de préstamos o deudas.

E. Compensación de injusticias.

F. Pago de daños y perjuicios a terceros por una suma equitativa y acorde con la pérdida.

TRIBUNAL DE ÉTICA EJECUTIVO

Un Tribunal de Ética Ejecutivo se convoca de igual manera y tiene los mismos poderes y medidas disciplinarias, y lo convoca la Oficina de LRH a través del Secretario Ejecutivo de la HCO.

La persona que lo preside debe tener el mismo rango o un rango superior al de la persona citada.

Un Tribunal de Ética no puede citar a un Director, a un Secretario o a un Secretario Ejecutivo.

Un Tribunal de Ética Ejecutivo sólo puede ser convocado en relación con un Director, un Secretario o un Secretario Ejecutivo.

El Tribunal de Ética Ejecutivo lo preside un Secretario o un Secretario Ejecutivo nombrado para ese Tribunal y propósito concretos por la Oficina de LRH a través del Secretario Ejecutivo de la HCO.

Un Tribunal de Ética Ejecutivo también puede ser convocado a petición de un Secretario o de un Secretario Ejecutivo, en relación con cualquier miembro del staff, solicitándose a la Oficina de LRH a través del Oficial de Ética; pero se nombra a otro para presidirlo y no es necesario que la Oficina de LRH conceda esta solicitud.

AUDIENCIA DE ÉTICA

Un Oficial de Ética puede convocar una Audiencia de Ética con el fin de obtener información para tomar o no tomar medidas adicionales.

La orden se emite como una Orden de Ética de la HCO. En la orden se declara el lugar y la hora de la Audiencia de Ética. Se declara el propósito de la Audiencia.

Se nombran a las Partes Interesadas.

Una Audiencia de Ética puede nombrar testigos, pero no a los superiores inmediatos de la persona para que comparezcan personalmente contra ella; sin embargo, puede considerar una declaración escrita de un superior.

Una Audiencia de Ética no tiene poder para disciplinar, pero puede aconsejar acerca de las consecuencias.

Si existe duda en cuanto a que haya ocurrido o no una Falta, Crimen o supresión, lo usual será convocar una Audiencia de Ética o una Audiencia de Ética Ejecutiva, no un Tribunal de Ética.

AUDIENCIA DE ÉTICA EJECUTIVA

Nadie con el rango de Director o superior puede ser citado ante una Audiencia de Ética, sino sólo ante una Audiencia de Ética Ejecutiva, presidida por una persona de rango superior. La convoca la Oficina de LRH a través del Secretario Ejecutivo de la HCO. El mismo rango en una org superior es un rango superior.

ESTADÍSTICAS

Un Tribunal de Ética o un Tribunal de Ética Ejecutivo *no* es un Tribunal investigador.

Se convoca sólo basándose en estadísticas y pruebas conocidas.

Si no existen estadísticas adecuadas, entonces se convoca una Audiencia de Ética o un Comité de Evidencia para obtener o descartar las pruebas.

Las razones ordinarias para convocar un Tribunal de Ética serían:

a. Demasiados informes sobre la persona (véase *Informes de los Miembros del Staff*).

b. La comisión observada de una Falta o de un Crimen.

c. Exigencia del superior de la persona para que se maneje un Crimen.

d. Deuda.

e. Disputas entre dos scientologists de rango similar.

f. Continuar una Emergencia.

NO HAY DEGRADACIÓN, TRASLADO NI DESPIDO

Un Tribunal de Ética o un Tribunal de Ética Ejecutivo no pueden ordenar un traslado, descenso o despido. Sólo un Comité de Evidencia debidamente convocado puede hacer esto.

Sin embargo, un Tribunal de Ética o un Tribunal de Ética Ejecutivo pueden suspender a un miembro del staff de su puesto por un periodo razonable. En una suspensión, se puede ejercer un recurso y restituir la paga perdida si se convoca un Comité de Evidencia y este revoca la decisión.

NO HAY RECURSO CONTRA UN TRIBUNAL

No hay recurso contra la decisión de un Tribunal que se hace legítimamente y que se basa en estadísticas. Si un miembro del staff acumula demasiados informes adversos o si las estadísticas de su unidad, sección, departamento o división han permanecido bajas o si se continuó un Estado de Emergencia, no existe prueba aceptable que lo refute y que pudiera ser oída por un Comité de Evidencia, pues las evidencias son evidencias.

PTS Y SP

A las Fuentes Potenciales de Problemas y a las Personas Supresivas no se les concede necesariamente un Tribunal o una Audiencia. Pero lo pueden recibir si lo solicitan, aunque la única acción será determinar o confirmar el status real, y la acción ya está establecida por política firme e inalterable en cualquier caso.

TRIBUNAL DEL CAPELLÁN, AUDIENCIAS CIVILES

Debido a que se presentan ante Ética muchos asuntos que no son propiamente de Ética sino asuntos civiles (es decir, entre otras personas), se forma el Tribunal del Capellán en la División Pública*.

Un administrador de justicia permanente que presida, que tiene que ser ministro, se puede nombrar (llamado Árbitro), cuando las actividades lo justifiquen.

El Capellán (o el Árbitro asistente, sea permanente o a media jornada) preside todas las Audiencias del Tribunal y emite juicio.

La organización de esta actividad es similar a cualquier diligencia legal civil y puede, cuando las condiciones lo justifiquen, tener oficinistas y otro personal.

El Tribunal puede cobrar honorarios razonables y los tiene como estadística.

Sólo se pueden escuchar o juzgar asuntos civiles.

Todos los asuntos de ética se tienen que remitir a Ética.

En el sistema de Justicia de Scientology, el Tribunal del Capellán ofrece una resolución adecuada a asuntos civiles de disputa entre scientologists de forma individual, de modo que estos se mantengan fuera de los procedimientos legales habituales de los tribunales civiles (iniciar procedimientos legales en un tribunal civil contra otro scientologist es una violación de los Códigos de Justicia de Scientology [véase Los Códigos de Justicia de Scientology y su Aplicación]). Además, posteriormente se estableció el Instituto Mundial de Empresas de Scientology (WISE, del inglés World Institute of Scientology Enterprises) específicamente para manejar asuntos de disputas de negocios entre scientologists. La afiliación a WISE es un requisito, y, sin embargo, no ser miembro de WISE no exime al individuo de la política que prohíbe entablar demandas contra otro scientologist.

JUSTICIA

Una justicia con precios razonables y fácil de obtener es un requisito de cualquier civilización.

El propósito del Tribunal del Capellán es resolver asuntos de disputa entre individuos.

El personal del staff, los pcs, los estudiantes y los scientologists pueden utilizar este Tribunal para resolver sus propios conflictos o asuntos legales.

No se puede entablar demanda contra los miembros del staff debido al desempeño de sus obligaciones en la org, pues esto pertenece a Ética, donde deben presentarse dichas quejas.

Cualquier demanda que se presente debe ser contra la persona que, de hecho, conocía personalmente y dañó al individuo que presenta la demanda, con una acción dirigida personalmente en contra del demandante, excepto en demandas para retirar Órdenes de Ética.

Sólo se puede entablar demanda contra la org, división, departamento o sección para obtener la restitución del status, para revocar o alterar Órdenes de Ética, o para obtener un servicio que fue negado, como tiempo de auditación para corregir una omisión. No se puede entablar demanda contra la org o parte alguna de ella por daños y perjuicios financieros o reembolsos.

Por ahora, en asuntos de divorcio sólo se pueden dar audiencias preliminares, pues en estos debe haber una acción por parte del estado antes de que cualquier fallo de este tipo se pueda considerar legal a los ojos del estado. Sin embargo, se puede determinar una separación con el consentimiento de ambas partes.

Se puede solicitar al Tribunal que se paguen deudas y que se remedie el incumplimiento de una obligación.

DAÑOS Y PERJUICIOS EN LA IMPUGNACIÓN

Si la persona contra la que se ha entablado una demanda tiene una razón, puede, como demandado, exigir en su impugnación el pago de daños y perjuicios. Y estos pueden concederse si la demanda es falaz y el fallo es contra el demandante.

COSTES

Los costes se pueden recuperar como parte de los daños y perjuicios, es decir, los costes de la acción del Tribunal.

ALCANCE DE LOS DAÑOS Y PERJUICIOS

Cualquier pago de daños y perjuicios que el Tribunal asigne debe ser razonable y conforme a la realidad.

RELACIONES CON ÉTICA

Ética puede dirigir los asuntos civiles al Tribunal del Capellán.

A su vez, en asuntos de perjurio o en el cobro de daños y perjuicios concedidos por el Tribunal, el Tribunal puede remitir el asunto a Ética.

DEMANDAS DE REEMBOLSO

No pueden presentarse demandas de reembolso de pagos, pues esto es un asunto de Ética.

DEMANDAS CONTRA LRH

El Tribunal no acepta demandas contra LRH, contra Miembros de la Junta, Secretarios Ejecutivos o Secretarios.

ACCIONES DE ÉTICA INJUSTAS

Se puede entablar una demanda contra la HCO en el Tribunal por publicar erróneamente una Orden de Ética, y por ninguna otra acción. El pago de daños y perjuicios que se solicita no puede exceder a cinco dólares, a una orden pidiendo disculpas o a la restitución del status.

ACCIONES RELACIONADAS CON BONIFICACIONES

El Tribunal puede dar audiencia a todos los asuntos relacionados con bonificaciones o conflictos entre Técnica, Calificaciones, Tesorería o su personal.

DISPUTAS ENTRE MIEMBROS DEL STAFF

El Tribunal del Capellán puede dar audiencia a las disputas personales entre miembros del personal, aun cuando se trate de asuntos de la org.

DESACATO

El no acatar un fallo del Tribunal puede convertirse en asunto de Ética.

JURADO

Se puede elegir y usar un jurado de tres personas cuando el Capellán lo solicite y lo permita. Ambos litigantes deben estar de acuerdo respecto a las personas elegidas.

ABOGADOS

Cualquier persona puede actuar como abogado en el Tribunal.

Pueden presentarse ante él abogados profesionales.

No se requiere ningún abogado.

TRÁMITES

El Capellán desarrolla todos los trámites del Tribunal del Capellán y realiza todas las designaciones de magistrados mediante Directivas Ejecutivas de la División de Público. Todos los honorarios se establecen de esta manera. Las Directivas Ejecutivas del Capellán, del Tribunal y similares sólo pueden ser anuladas según se autorice en la política.

LA CONDUCCIÓN
DE LA JUSTICIA
Y
FORMAS DE
RESARCIMIENTO

Una Regla Estándar de Operación

 sto es política estricta, no un consejo:

No importa lo severa que sea la acción de ética que tengas que aplicar para mantener la función en marcha, recuerda esto:

Tienes que mantener la puerta abierta, aunque sólo sea un resquicio.

La expulsión sin esperanza de restitución pone a la gente en desesperación total. Esta incluso puede ser la razón de que los gobiernos al final experimenten revueltas. La expulsión sin derecho al recurso conduce a la desesperación y a la revuelta.

Siempre tiene que existir la esperanza de volver a estar en buenas relaciones, y todas las órdenes o acciones de Ética deben expresar lo que la persona tiene que hacer para que se le restituya una buena posición.

No practiques ni permitas la disciplina o expulsión sin ninguna esperanza de enmienda.

NIVELES DE ÉTICA Y ACCIONES DE JUSTICIA

as acciones de Ética por grado de severidad son las siguientes:

1. Observar algo no óptimo sin mencionarlo, sino sólo inspeccionándolo en silencio.

2. Observar algo no óptimo y comentárselo a la persona.

3. Solicitud de información por parte del personal de Ética.

4. Solicitar información e inferir que hay un potencial disciplinario en la situación.

5. Hablar con alguien sobre otro de forma despectiva.

6. Hablarle a la persona de forma despectiva.

7. Ética investiga directamente en persona.

8. Informar a Ética sobre una condición de puesto.

9. Informar a Ética sobre una persona.

10. Investigar a una persona interrogando a otros sobre ella.

11. Pedir pruebas a otros sobre una persona.

12. Publicar un interrogatorio sobre una persona que señale omisiones o comisiones de Delitos de Ética.

13. Asignar una condición inferior mediante una publicación limitada.

14. Asignar una condición inferior mediante una publicación de amplio alcance.

15. Investigar a fondo a una persona en su propia área.

16. Interrogación en la que se indica que conduce a un Tribunal de Ética.

17. Interrogación en un Tribunal de Ética.

18. Sentencia en un Tribunal de Ética.

19. Suspensión de la sentencia de un Tribunal de Ética.

20. Llevar a cabo una medida disciplinaria de un Tribunal de Ética.

21. Suspensión o pérdida de tiempo.

22. Ordenar un Comité de Evidencia.

23. Ordenar públicamente un Comité de Evidencia.

24. Realizar un Comité de Evidencia.

25. Fallo de un Comité de Evidencia.

26. Presentación del Fallo de un Comité de Evidencia para su aprobación.

27. Esperar a que el Fallo se apruebe o se lleve a efecto.

28. Suspender el Fallo durante un periodo para revisión.

29. Modificar el Fallo.

30. Llevar a efecto el Fallo.

31. Publicación del Fallo.

32. Degradación.

33. Pérdida de diplomas o premios.

34. Denegación de la auditación o el entrenamiento, mediante un Comité de Evidencia, durante un periodo considerable.

35. Despido.

36. Expulsión de Scientology.

Lo anterior es una guía aproximada de la severidad de la disciplina.

Observa que ninguna de estas acciones entraña ningún castigo físico ni detención.

La suspensión corta de entrenamiento o procesamiento, hasta de noventa días, está considerada bajo el número 18 anterior y no debe compararse con el 34, donde el tiempo se mide en años.

Sólo publicar los Códigos de Ética es, en sí, una especie de disciplina, pero se acepta más ampliamente de lo que se le protesta, pues significa una paz mayor y logros más rápidos.

Revisión de Ética

L as órdenes de auditación o entrenamiento no pueden darse como sentencia o usarse en un Tribunal de Ética, por un Comité de Evidencia o por cualquier otra razón. La auditación y el entrenamiento son premios.

El Director de Procesamiento, el Director de Entrenamiento, el personal de Ética u otras personas de una org, no pueden enviar a Revisión a un estudiante que subvierta la disciplina y actúe de forma contraria a los Códigos de Ética.

ORDENAR A ESTUDIANTES Y PCS

El personal de Técnica y Calificaciones, en particular el Secretario de Técnica, el Secretario de Calificaciones y el Director de Estimaciones, el Director de Procesamiento y el Director de Entrenamiento, el Director de Exámenes, el Director de Revisión y el Director de Diplomas pueden enviar a los estudiantes o pcs a Revisión, a curso o al HGC, o a cualquier lado dentro de estas dos divisiones y alrededor de ellas, sin que esto implique una acción de Ética. Simplemente es normal, se hace para poner a los estudiantes y pcs en el camino hacia niveles más elevados.

Las acciones de Ética sólo pueden suspender el entrenamiento o negar la auditación.

Por lo tanto, a un estudiante que se envía a Ética para que se le discipline, y que luego no promete adecuadamente ni da ejemplo de buen comportamiento y cumplimiento, se le tiene que investigar exhaustivamente, incluso en su propia área, y mientras tanto no se le debe entrenar ni procesar.

Sin embargo, no se debe despedir ni expulsar al estudiante, a menos que se hayan emprendido todos los procedimientos y las acciones de ética.

Todas las sentencias que impliquen una denegación de entrenamiento o procesamiento, deben conllevar un medio para restituir el derecho a ser entrenado o procesado en un tiempo determinado o bajo condiciones indicadas.

ESTUDIANTES Y PCS Y ÉTICA

La acción habitual de Ética es solicitar una reconsideración del comportamiento, y una promesa firmada de buen comportamiento durante un tiempo concreto. Si el estudiante o pc se rehúsa a hacer dicha promesa, entonces la siguiente acción de Ética es una investigación de la conducta del estudiante en curso o del pc en procesamiento. Cuando se le enfrenta después con los datos, si el estudiante aún se rehúsa a hacer la promesa, Ética emprende una investigación completa en la propia área del estudiante o pc. Si el estudiante o pc aún se rehúsa a cooperar, el estudiante comparece ante un Tribunal de Ética, el cual puede dictar una sentencia.

RECURSO

Sólo después de que dicte sentencia un cuerpo legal, como un Tribunal de Ética o un Comité de Evidencia, o después de una acción disciplinaria ilegal, puede el estudiante o pc presentar *recurso*.

Normalmente, antes de presentar recurso, el estudiante o pc hace una *petición* a la Oficina de L. Ronald Hubbard si no está dispuesto a aceptar la medida disciplinaria, pero esto tiene que hacerse de inmediato.

Si se toman medidas desfavorables a la petición, el estudiante o pc puede presentar recurso.

El recurso debe presentarse a la Autoridad Convocante que tenga jurisdicción local sobre el estudiante o pc, y no debe presentarse a una autoridad superior. Presentarlo a una autoridad superior a la entidad de Ética que dictó la sentencia, es una *petición,* no un recurso.

COMITÉ DE EVIDENCIA

Se considera que un Comité de Evidencia es la forma más severa de acción de ética.

Uno no debe amenazar con ello o solicitarlo a la ligera.

Sólo un Comité de Evidencia puede recomendar la suspensión o la privación de diplomas, premios o afiliaciones, o recomendar el despido.

La Oficina de LRH da su aprobación a todos los Fallos del Comité de Evidencia, antes de que puedan llevarse a efecto.

No se puede suspender, degradar ni transferir ilegalmente a un miembro del staff fuera de su división o despedirlo sin un Comité de Evidencia.

Sólo después de esa acción (o de una degradación, una transferencia o un despido injustos), como se indica antes, puede presentarse recurso.

Los estudiantes o pcs, sin embargo, pueden ser transferidos o descendidos de nivel o grado por un Tribunal de Ética. Y la acción de enviar a un estudiante o pc a un Tribunal de Ética es, por supuesto, un tipo de suspensión que puede prolongarse en caso de no cooperación.

Un estudiante o pc no es un miembro del staff en el sentido que tiene la palabra en Ética, por el solo hecho de estar inscrito en un curso, en un HGC o en Revisión.

A un miembro del staff que temporalmente sea estudiante o pc en la Academia, en Revisión o en el HGC, no lo protege como estudiante o pc su status de miembro del staff. Puede ser transferido de un lado a otro o degradado, como estudiante o pc, por el personal de Técnica y Calificaciones, o ser suspendido como estudiante o pc por Ética. Sin embargo, esto no puede afectar su status de miembro del staff como miembro del staff. Que sea transferido, degradado o suspendido por el personal de Técnica o por Ética, cuando sea un estudiante o pc, no quiere decir que se le pueda transferir, degradar o despedir de su puesto regular en el staff, a menos que el status de staff de la persona lo permita.

FUENTES POTENCIALES DE PROBLEMAS

A los miembros del staff que se encuentre que sean Fuentes Potenciales de Problemas, se les maneja como cualquier otra Fuente Potencial de Problemas pero, a menos que sean Provisionales o Temporales, esto no puede afectarles en su puesto del staff. Por supuesto, se les niega auditación o entrenamiento hasta que lo manejen o se desconecten, pero esta situación no puede hacer que sean suspendidos, transferidos o despedidos también (a menos que tengan status Provisional o Temporal).

Esta acción de Ética (la Fuente Potencial de Problemas) se lleva a cabo en lugar de cualquier disciplina; y cualquier medida disciplinaria que vaya más allá de una suspensión temporal del entrenamiento o procesamiento, debe emprenderla un Tribunal de Ética o un Comité de Evidencia hasta que el asunto se resuelva.

ESTUDIANTES O PCS CON RUPTURA DE ARC

Una ruptura de ARC no es una circunstancia atenuante en los asuntos de Ética o disciplinarios, y sólo se tiene en cuenta en la persona del auditor que causó la ruptura de ARC y no la reparó.

El pretexto de "tiene una ruptura de ARC" es inadmisible en cualquier asunto de Ética como defensa o justificación por Faltas, Crímenes o Altos Crímenes.

TOQUE SUAVE

La Ética de Scientology es tan poderosa en su efecto, como se determinó al observarla en su uso, que un poco llega muy lejos.

Trata de usar primero la forma más suave.

Por observación real, cuando se aplica, los estudiantes experimentan todo un cave-in debido a ella.

Nuestras líneas son demasiado potentes y directas, y lo que significamos para el futuro de una persona, aun cuando haga natter, se comprende tan bien, muy en el fondo, que la acción de Ética es una amenaza mucho peor que la de una simple ley wog.

El ser que es culpable, sabe con certeza que está atentando contra el futuro de todos, no importa cuáles sean sus manifestaciones superficiales o su conducta. Además, mientras que las leyes wog, en el peor de los casos pueden costarle algo de dolor y un cuerpo, mediante la ejecución, o la pérdida de la libertad de una vida, nosotros amenazamos su eternidad. Incluso cuando nos grita, en el fondo sabe esto.

Mi primer caso de esto fue una psicótica muy peligrosa que fue responsable en gran medida de una gran parte de la conmoción pública de 1950. Esta persona desistió e hizo cave-in en el momento en que un amigo, que no era dianeticista, le sugirió la idea de que estaba amenazando a toda la Humanidad. De repente lo vio como una verdad, y de inmediato desistió de todos los ataques y declaraciones.

Incluso el tipo que podría oprimir el botón en la guerra atómica, sabe que, en realidad, estaría destruyendo sólo una vida por persona:

sólo estaría destruyendo una fase en la existencia de la Tierra. El que nosotros existamos aquí podría, de hecho, refrenarlo. La mera destrucción de un planeta podría no hacerlo, pues es temporal.

Nuestra disciplina es muy capaz de hacer perder el juicio a una persona debido a lo que él o ella está atacando.

Por lo tanto, con un simple susurro podemos hacer demasiado fácilmente que la persona se sienta culpable.

He visto hace poco a un estudiante, al que Ética simplemente le hizo una pregunta, darse por vencido rápidamente y *pedir* su Comité de Evidencia y su expulsión. No había hecho más que un trabajo deficiente de auditación. Nadie hablaba de un Comité de Evidencia o de una expulsión, y él no se opuso a ello ni un poco. Simplemente hizo cave-in directamente.

Con la expulsión de Scientology, estás amenazando a alguien con el olvido para la eternidad. Date cuenta, pues, de que una acción de ética no necesita ser muy fuerte para producir los resultados más asombrosos.

Ellos saben esto en el fondo, aun cuando nos estén gritando.

Una Persona Supresiva que había cometido un Alto Crimen de bastante magnitud, se volvió bastante demente tras dejar Scientology y darse cuenta después de lo que había hecho.

Por lo tanto, usa la ética con suavidad. Es un relámpago fulminante.

INJUSTICIA

ualquier miembro del staff que no conozca la Política de Ética es un plato de tiro al blanco. Los "platos de tiro al blanco" se usan para lanzarlos al aire y dispararles.

Este es el ciclo: se mete la pata. El Porqué real no se localiza o maneja. Y cuando esto sucede, los ejecutivos enfadados, que tienen que resolver el asunto, empiezan a disparar.

Sí se espera que los miembros del staff hagan su trabajo, y no hay excusa que valga para no hacerlo.

Pero algunas veces sucede que ocurren injusticias. Ocurren meteduras de pata, luego se asignan condiciones, a las personas se las saca de sus puestos o se las vapulea de alguna otra manera.

Usualmente esto ocurre porque el miembro del staff es lastimosamente ignorante de sus derechos.

Se espera que haya justicia, y esta tiene un uso preciso. Cuando no existe un estado de disciplina, todo el grupo sufre un cave-in. Se ha visto continuamente que el fracaso de un grupo cualquiera comenzó con una falta o pérdida de disciplina. Sin ella, el grupo y sus miembros mueren.

La mayoría de la gente piensa que la disciplina es mala porque la mayor parte de la disciplina wog es simplemente injusticia cruel.

La mayoría de la gente ni siquiera sabe que *justicia* significa trato justo y equitativo, tanto para el grupo como para el individuo.

Las firmas comerciales y las compañías de crédito tienen un nivel de injusticia que es difícil de creer. Uno nunca es encarado por sus acusadores, y puede que ni siquiera sepa que está acusado hasta que se le ha fusilado.

La psiquiatría, según se expone en el brillante libro *La Fabricación de la Locura*, del Dr. Szasz, usa los procedimientos de "justicia" desarrollados en los días en que se quemaba a las brujas; con acusadores desconocidos, sólo opiniones, castigado antes de ser juzgado, etc. La influencia psiquiátrica en la forma de pensar de los tribunales contemporáneos pudiera muy bien ser una razón importante para la perturbada condición actual de la sociedad.

Dios no quiera que caigamos alguna vez en semejante barbarie nosotros mismos.

Es la injusticia lo que destruye la disciplina.

Cuando indicas la carga pasada por alto incorrecta en un caso, el caso sufre un cave-in. Cuando acusas equivocadamente y castigas injustamente, el grupo sufre un cave-in.

La verdad es que al Hombre realmente no se le puede confiar el "castigo". Con este, no busca realmente la disciplina, sino que siembra la injusticia.

Muchos gobiernos son tan susceptibles acerca de su divina rectitud en asuntos judiciales que, apenas abre uno la boca y estallan con violencia incontrolada. En muchos lugares, caer en manos de la policía es en sí una catástrofe, aun cuando uno sea simplemente el demandante, por no hablar del acusado. Así, los disturbios sociales están al máximo en esas zonas.

Sólo cuando un grupo tiene un parachoques contra la injusticia, el uso de la disciplina es seguro.

Los puestos son valiosos para el staff. Destituciones repentinas, asignación de condiciones falsas y otras acciones pueden causar más daño que el bien que hacen.

Por el contrario, no puedes esperar que un staff sea muy cortés con otro miembro del staff que está metiendo la pata y cuya falta de rendimiento trastorna las líneas y la producción. Dejar que continúe la situación sin tomar medidas causa muchísimo más daño que beneficio.

Entre los puntos de la injusticia cruel y la disciplina necesaria, hay un feliz terreno intermedio, donde la disciplina, no importa lo *severa* que sea, es justa, y donde no se toleran las meteduras de pata.

Alcanzar este terreno intermedio depende menos de educar y refrenar a los ejecutivos, que del conocimiento que el miembro del staff tenga de sus derechos y de que él mismo los use.

Es difícil hacer que esto se entienda, pues algún superior puede decir: "Esa política no se aplica en este caso" o "Tú informa de esto y te corto la cabeza" o "No me importa cuáles sean tus derechos, ¡estás *destituido*!".

Además, un Comité de Evidencia de Revisión puede ser tan lento que nunca maneja nada a tiempo o nunca se lleva a cabo.

Estamos viviendo, o tratando de vivir, en una cultura muy injusta. Así, mucho de nuestro entrenamiento básico fue en la injusticia, no en la disciplina correcta.

Así que no puedes buscar una perfección total de la justicia. Pero podemos hacerla mejor y menos injusta.

RECURSO

Recurso significa "recurrir a una persona o cosa, o solicitar de ellas ayuda o seguridad".

No sólo puede uno recurrir a una persona, sino que uno puede recurrir a una cosa o procedimiento para poner las cosas en orden.

Al investigar por qué ciertas personas a las que se había colocado en puesto no lo desempeñaban, se encontró que se les había dicho que hicieran algo diferente en su lugar. Habían hecho ese algo diferente. No sabían que tenían ningún "recurso". Al no buscar recurso alguno, se tuvo que dar por hecho que habían aceptado voluntariamente órdenes ilegales, y por lo tanto se les hizo un Comité de Evidencia.

Ahora, ¿cómo es eso de que "no buscaron ninguna corrección" para esta orden que era obviamente ilegal? Simplemente no lo hicieron saber. No tenían que ser irrespetuosos con la persona. No tenían que rehusarse.

El Comité de Evidencia debería haberles preguntado: "¿Buscaron algún recurso con relación a que se les diera una orden ilegal?". Si la respuesta fuera *no,* fueron partícipes del daño. Si la respuesta fuera *sí* y lo pudieran demostrar, se les tendría que encontrar inocentes en su intención, y el superior sería el que estaría en dificultades.

¿Qué forma habría tomado el recurso?

Un simple Informe de Conocimiento al Oficial de Ética, "Se me han dado varias órdenes diferentes en conflicto con los deberes de mi puesto, y lo he hecho saber, pero he tenido que seguir la orden ilegal", les habría hecho invulnerables a una acción severa.

Al *no* procurar obtener recurso, el subordinado *se hizo partícipe del acto.*

Lo anterior no es muy efectivo, pues no corrige la orden, y por lo tanto se le impondría a la persona *alguna* sanción.

En el otro extremo de *recurso máximo,* se habría enviado un télex a Senior HCO Continental o Internacional diciendo: "El ED Pepe Pérez no me permite tomar mi puesto como HAS, tal como se había ordenado, sino que me ha asignado como auditor".

Ya sea que se tomaran medidas al respecto o no, esto habría absuelto a la persona. Ella habría "dado el soplo" sobre el que dio la orden ilegal. No se le podría castigar por ello ni por tomar el puesto de auditor en lugar del puesto de HAS que se había ordenado.

Para comprender lo que es un *recurso,* uno tendría que conocer la jerarquía de las órdenes. La Política (contenida en las Cartas de Política de la HCO) y los Boletines de la HCO vienen primero. Después vienen Internacional, Continental y local por orden descendente.

El organigrama indica jerarquías en un nivel local. Los nombres que están más arriba son los de rango más alto.

Si una persona no *procura obtener recurso* ante una condición equivocada, una destitución, una orden ilegal, un Tribunal o un Comité de Evidencia, no importa lo *injusta* que sea la acción, la persona está en problemas.

No puedes seguir una orden ilegal y/o cometer otros males, recibir un Comité de Evidencia y esperar mucha ayuda.

Pero si un Tribunal o un Comité de Evidencia está equivocado en su fallo, la persona tiene *recurso*. Puede pedir un *Comité de Evidencia de Revisión* y *tiene* que recibirlo.

SECUENCIA INCORRECTA

Destituir de puesto a una persona y luego hacerle un Tribunal o un Comité de Evidencia está fuera de secuencia.

La persona debe recibir un Tribunal o un Comité de Evidencia *antes* de que se le pueda destituir.

Asignar una condición y hacer después un Comité de Evidencia también está fuera de secuencia. Uno asigna una condición o un Comité de Evidencia.

DESPIDOS

Despedir o echar a alguien, una vez que ha sido aceptado como miembro del staff, requiere un Tribunal o un Comité de Evidencia.

Si se protesta contra el Fallo, puede haber un Comité de Evidencia de Revisión.

El Comité de Evidencia puede mandar a la persona a una Junta de Aptitud, o una Junta de Aptitud puede mandar a una persona a un Comité de Evidencia.

Una Junta de Aptitud tiene el poder de impedir que se acepte a alguien como staff en primer lugar. No se requiere de un Comité de Evidencia para rechazarlos.

Pero la persona que ha sido rechazada de esa forma, puede pedir un Comité de Evidencia de Revisión.

Y si la persona está en el staff, no puede ser "destituida de puesto, mandada ante una Junta de Aptitud ni ser despedida". Se requiere un Tribunal o un Comité de Evidencia para destituirla de puesto y/o mandarla ante una Junta de Aptitud.

ESTADÍSTICAS

La mejor defensa contra *cualquier* acción de ética es buenas estadísticas. Si uno no tiene una estadística personal, está en mala posición y es un candidato muy cualificado para ser un plato de tiro al blanco si algo va mal.

Cuando una estadística personal se pone en duda como algo "irreal", "que no tiene sentido", "está falsificado", uno debería tener su estadística de sección, departamento o división en muy buenas condiciones, desde luego, y señalarla (y no permitir que la estadística sea mala), pues es más visible y fidedigna.

COMITÉ DE EVIDENCIA SOLICITADO

Cualquiera puede solicitar un Comité de Evidencia para sí mismo por cualquier cosa. Un ejemplo sería un interno al que se ha sacado de su curso que no cree haber fracasado. Él puede solicitar un Comité de Evidencia. Si puede probar que no falló, debe ser restituido.

Si a uno lo están acribillando o se le mira con desdén por falsas acusaciones, su primera acción debe ser solicitar del Oficial de Ética una investigación de Tercer Partido, y si esto no funcionara, solicitar un Comité de Evidencia para limpiar su nombre o reputación. O bien hacer que se le fusile de forma legítima en lo que a eso respecta.

Ejemplo: a alguien se le está tratando a patadas. Él no lo puede manejar por sí mismo. Así que solicita un Comité de Evidencia.

Se le *tiene* que dar. Y tiene que ser *rápido*.

SUPERIORES

Una persona tiene derecho a ser juzgada sólo por superiores en rango o posición.

Ejemplo: un Clase VIII, en un asunto de técnica, no podría ser juzgado legítimamente en un Comité de Evidencia cuyo Presidente fuera un Clase 0.

Ejemplo: el Secretario de Técnica no puede ser juzgado por un Comité de Evidencia que esté presidido por un Director de Procesamiento, o por un Tribunal encabezado por uno de sus auditores.

Un Director Ejecutivo o un Comunicador de LRH tiene que ser juzgado por la siguiente org superior, y de ninguna manera puede ser juzgado en su propia org.

Ha habido violaciones flagrantes de todas estas cosas. En una ocasión, se destituyó violentamente a un Director Ejecutivo y a un Comunicador de LRH y se les mandó a casa *diciéndoles* que era "una orden de LRH", la cual no era. Ellos *no* permanecieron en su puesto ni hicieron lo normal, como "déjame verlo por escrito y firmado". O "tenemos que cuestionarlo" o "pedimos un Comité de Evidencia". Al *no* quedarse en puesto, al dejar que se les destituyera violentamente, al no usar *ningún* recurso, de hecho fueron culpables de deserción de puesto. Se metieron en problemas por todos lados *por no usar sus derechos.*

RESUMEN

Esta no es una lista completa de procedimientos y legalidades.

Lo único que se está exponiendo aquí es que:

LA DISCIPLINA ES NECESARIA EN UN GRUPO.

LA INJUSTICIA DAÑA LA DISCIPLINA.

LA INJUSTICIA OCURRE CUANDO LA GENTE LA PERMITE, NO CONOCIENDO O IGNORANDO SUS DERECHOS Y NO PROCURANDO OBTENER RECURSO O RESARCIMIENTO DE LOS AGRAVIOS.

Cuando los ejecutivos y los Oficiales de Ética no conocen ni usan la Justicia correcta, y los miembros del staff desconocen sus derechos o no los usan, el escenario es penoso.

El resultado es una pérdida completa de la disciplina, ¡no importa a cuántos se cuelgue! Ni a cuántos no.

Así que, cuando la *ética está fuera,* en realidad uno sólo necesita hacer comprobaciones a los Ejecutivos y a los Oficiales de Ética sobre las Políticas de Ética, y hacer comprobaciones al staff sobre sus derechos, y cierto símil de orden hará acto de presencia en la situación más alborotada.

Este es el remedio para una mejor disciplina y prosperidad en un grupo. No más tiro al plato.

Se *puede* hacer de ese un escenario tranquilo y feliz.

Justicia: El Tercer Partido e Informes Falsos

Como una ampliación de la Tecnología del Tercer Partido (ver *La Ley del Tercer Partido*), he descubierto que los informes falsos y la supresión son muy importantes en la Tecnología del Tercer Partido.

Sabemos que es necesario un Tercer Partido para cualquier disputa. Básicamente es un universo de tres terminales.

Al revisar varios trastornos de las orgs, he descubierto que el Tercer Partido se puede pasar completamente por alto incluso en una investigación intensiva.

Un Tercer Partido contribuye a la supresión pasando informes falsos a otros.

En varios casos, una org ha perdido a varios miembros del staff que no tenían culpa alguna. Se les despidió o disciplinó en un esfuerzo por resolver la enturbulación. Pero la enturbulación continuó y el área se trastornó más a causa de los despidos.

Al llegar más al fondo de esto se descubre que el Tercer Partido real, finalmente sacado a la luz, hizo que se fusilara a la gente mediante *informes falsos.*

Una fuente de esto es la siguiente:

El miembro del staff X mete la pata. Está muy furioso y a la defensiva de ser acusado. Él echa la culpa de su metedura de pata a algún otro. Se disciplina a este otro. El miembro del staff X desvía la atención de sí mismo por varios medios incluyendo acusar falsamente a otros.

Esta es una acción de Tercer Partido que resulta en una gran cantidad de gente a quien se acusa y se disciplina. Y el Tercer Partido real permanece sin detectar.

El punto omitido de Justicia aquí es que a las personas disciplinadas *no se les confrontó con sus acusadores* y no se les dijo la acusación real de manera que no pudieron confrontarla.

Otro caso sería un Tercer Partido simplemente esparciendo rumores y haciendo acusaciones maliciosas o por algún motivo aún más malévolo todavía. Esta sería una acción normal de Tercer Partido. Normalmente se basa en informes falsos.

Otra situación ocurre cuando un ejecutivo que no puede conseguir que un área se enderece empieza a investigar, recibe informes falsos de Tercer Partido sobre esta, disciplina a la gente de acuerdo a estos y se le escapa por completo el verdadero Tercer Partido. Esto enturbia el área aún más.

La base de todas las actividades realmente problemáticas de Tercer Partido son, entonces, los *informes falsos.*

También puede existir la *percepción falsa.* Uno ve cosas que no existen e informa de ellas como un "hecho".

Por lo tanto vemos que podemos llevar a cabo una investigación fácilmente siguiendo una cadena de informes falsos.

En al menos un caso, el Tercer Partido (descubierto sólo después de que estuviera muy claro que sólo él podría haber destruido dos divisiones, una después de la otra) también tenía estas características:

1. Metía la pata en sus propias acciones.

2. Impugnaba furiosamente cualquier Informe de Conocimiento o Nota por Poner en Peligro el Trabajo sobre él.

3. Lo cambiaba todo obsesivamente al hacerse cargo de un área.

4. Daba informes falsos sobre acciones, acusando a otros.

5. Tenía un alto índice de bajas en el staff en su división o área.

Estas no son forzosamente comunes a todos los Terceros Partidos, pero te dan una idea de lo que puede pasar.

———————

Después de mucha experiencia con la ética y la justicia, yo diría que la fuente real de trastorno en un área sería que se aceptaran *informes falsos* y se actuara de acuerdo a estos sin confrontar al acusado con todos los cargos y con sus acusadores.

Un ejecutivo no debería aceptar ninguna acusación y actuar en base a esta. Hacerlo mina la seguridad de todos.

Lo que un ejecutivo debería hacer, cuando se le presenta una acusación o estadísticas bajas o "evidencia", es conducir una investigación de informes falsos y percepciones falsas.

———————

Un área tiene bajas estadísticas a causa de uno o más de los siguientes factores:

1. No hay personal.

2. Personal sin entrenar.

3. Órdenes cruzadas (órdenes superiores sin atender a causa de órdenes distintas subordinadas).

4. El área está haciendo otra cosa distinta de lo que se supone que debería estar haciendo.

5. Un área adyacente está deshaciéndose de su hat descargándolo en otros.

6. Percepción falsa que conduce a estadísticas falsas.

7. Informes falsos por rumores o malos entendidos.

8. Informes falsos de casos aislados y raros que llegan a ser aceptados como si fuera la condición general.

9. Informes falsos sobre otros con la intención de defenderse.

10. Informes falsos sobre otros con intenciones maliciosas (verdadero Tercer Partido).

11. Injusticias acumuladas y sin remediar.

12. Medidas que se toman sobre otros sin investigación y sin confrontarlos con sus acusadores o con los datos.

Esta es una lista de posibles causas para un trastorno o un área con bajas estadísticas.

SEGURIDAD

La seguridad del miembro del staff es tan valiosa para él que cuando se pone en peligro (mediante acusaciones falsas o injusticia) se vuelve menos servicial y menos eficiente y es la razón real de una condición PTS.

JUSTICIA

Lo único que puede realmente remediar una sensación de inseguridad general es una fe renovada en la justicia.

La justicia consistiría en un rechazo a aceptar informe alguno que no estuviera corroborado por datos reales e independientes, asegurarse de que todos esos informes se investigaran y que todas las investigaciones incluyeran una confrontación del acusado con la acusación y, cuando fuera posible, con el acusador, *antes* de que se llevaran a efecto cualesquiera medidas disciplinarias o se asignara cualquier condición.

Aunque esto puede que reduzca la velocidad del proceso de la justicia, la seguridad personal del individuo depende totalmente de establecer la verdad plena de cualquier acusación antes de que se tome medida alguna.

———————

La disciplina severa puede producir cumplimiento inmediato pero sofoca la iniciativa.

La disciplina positiva es en sí misma un dato estable. La gente es desdichada en un área que no está *bien* disciplinada porque no está segura del terreno que pisa.

Un área donde sólo se disciplina a aquellos que intentan hacer su trabajo anima a la gente a esconderse y estar inactiva.

Pero toda disciplina se debe basar en la verdad y debe excluir el actuar basándose en informes falsos.

Por lo tanto obtenemos una política: *cualquier informe falso que conduzca a que se discipline injustamente a otro es un acto de* Traición *de la persona que ha hecho el informe falso y se debe asignar la condición y se deben aplicar las sanciones plenamente.*

Se debe asignar una Condición de *Duda* a cualquier persona que acepte y discipline a otro injustamente basándose en un informe que posteriormente resulte haber sido falso.

———————

Este, entonces, es el punto de colapso principal de cualquier sistema de justicia: que actúa basándose en informes falsos, disciplina antes de tener pruebas y no confronta al acusado con el informe y con su acusador antes de aplicar disciplina, o que no tiene en cuenta el valor de una persona en general comparado con el valor del crimen que se alega, aun estando este probado.

Junta de Revisión

O casionalmente un organismo administrativo lleva a cabo una acción o publica una directiva u orden que:

a. Tiene como resultado un descenso en las estadísticas.

b. Causa la contracción de una zona.

c. Tiene como resultado una injusticia.

Esto generalmente es el resultado de un CSW incompleto, de actuar basándose en rumores sin una investigación apropiada y de violar la política básica.

La función de una Junta de Revisión es investigar injusticias, fallos técnicamente incorrectos y casos de flagrante injusticia o acciones fuera-de-ética que son destructivas para las estadísticas.

La Junta la convoca cualquier Comunicador de LRH o Custodio de la Tecnología (KOT, del inglés *Keeper of Tech*), que designa a un Presidente y a otros dos miembros. Los miembros de la Junta se designan en función de sus buenas estadísticas, alto nivel de ética y conocimiento de la Política de Ética y Justicia. Preferiblemente son graduados del Curso de Organización para Ejecutivos.

El Comunicador de LRH o el Custodio de la Tecnología pueden originar una Junta de Revisión, o se puede presentar un CSW al Comunicador de LRH o al Custodio de la Tecnología solicitando que se convoque una Junta.

La Junta, una vez convocada, revisa los datos acerca del asunto, utilizando procedimientos estándar de investigación, y basa sus decisiones únicamente en la política de LRH. No tiene autoridad para escribir o publicar nueva política o para publicar nuevas directivas u órdenes. La Junta sólo puede cancelar una acción, directiva u orden que se descubre que:

a. No es práctica.

b. Hace descender las estadísticas.

c. Causa contracción.

d. Tiene como resultado una injusticia.

e. Viola la política básica de LRH.

Se espera que se presenten muy pocas apelaciones y que se tengan que convocar pocas Juntas, pues la función de los Ejecutivos de la Org y de los Consejos Ejecutivos es implementar los programas con éxito que han existido durante mucho tiempo y que ya aparecen en las Cartas de Política de la HCO de LRH. Las directivas, las órdenes y las acciones que se realicen deben tener esta finalidad*.

*Para niveles más altos de recurso, existen Juntas de Revisión a cada nivel de la estructura eclesiástica de la Iglesia de Scientology. La función de estas y quién puede beneficiarse de tal recurso y cuándo están estas disponibles, se hace saber en directivas de la Iglesia.

PETICIÓN

l derecho a hacer una petición no se debe negar.

Es la forma más antigua de tratar de conseguir justicia y resarcimiento de las injusticias, y muy bien puede ser que cuando esta desaparezca, una civilización se deteriore debido a ello.

Por lo tanto, se aplican las siguientes políticas:

1. Cualquier individuo tiene derecho a hacer una petición por escrito a cualquier superior o autoridad, sin importar lo alto que esté y sin importar por qué conducto.

2. No se puede castigar a ninguna persona por presentar una petición.

3. Dos o más personas no pueden hacer simultáneamente una petición sobre el mismo asunto, y si lo hacen la persona a la que se hace la petición tiene que rechazarla de inmediato. La petición colectiva es un Crimen según la Ética, pues es un esfuerzo por ocultar al peticionario real. Y como no puede haber castigo por hacer una petición, la petición colectiva no tiene, pues, excusa de seguridad y se debe interpretar como un esfuerzo por abrumar, y no se puede considerar como una petición.

4. En una petición no se puede usar ninguna generalidad, como un informe de opinión colectiva en el que no se especifican identidades. Esto se debe interpretar como un esfuerzo por causar una ruptura de ARC a un superior, y la petición tiene que rechazarse.

5. Sólo una persona puede hacer una petición sobre un asunto o la petición tiene que rechazarse.

6. La inclusión de amenaza en una solicitud de justicia, de un favor o de resarcimiento priva a esta de la categoría de "petición" y esta tiene que rechazarse.

7. La descortesía o la malicia en una solicitud de justicia, favor o resarcimiento priva a esta de la categoría de "petición" y esta tiene que rechazarse.

8. Si una "petición" no contiene ninguna solicitud, no es una petición.

9. No debe existir ningún procedimiento especial para hacer una petición además de estas políticas.

10. Una petición que no pueda descifrarse o comprenderse debe devolverse al remitente con la solicitud de que se haga legible o comprensible, pero esto no debe interpretarse ni como un rechazo ni como una aceptación de la petición.

11. Se tiene que enviar una copia de una petición que busca justicia contra otra persona o grupo, a esa persona o grupo, para que a la solicitud se le considere como petición. La persona o grupo no puede tomar ninguna medida, pero él o ella debe adjuntar la copia a su propia declaración sobre el asunto y enviarla de inmediato al ejecutivo al que se hace la petición.

12. Las peticiones se dirigen normalmente a los jefes de las actividades, como al jefe de una porción de una org (las Divisiones de HCO, de Organización o de Público, en las personas del Secretario Ejecutivo de la HCO, el Secretario Ejecutivo de la Organización y el Secretario Ejecutivo del Público) o de orgs superiores o a L. Ronald Hubbard*.

13. Las peticiones no pueden exigir Comités de Evidencia o castigo para ejecutivos, sino que sólo pueden declarar qué ha sucedido y solicitar que se corrija el asunto.

14. Una petición es una petición y no es una forma de recurso, y hacer una petición no agota el derecho al recurso de una persona.

15. Se deben rechazar todas las peticiones entregadas en persona verbalmente o en persona con una nota, en particular cuando esto limita la libertad de movimientos de un superior.

16. Los Secretarios de la HCO o los Comunicadores que reciban peticiones con instrucciones de que se remitan a ejecutivos superiores, las cuales no se atengan a estas políticas, deben adjuntar un ejemplar de esta política a la petición y devolverla

*Las líneas eclesiásticas de autoridad están colocadas en los tableros de anuncios de las Iglesias de Scientology, e indican los diversos niveles de recurso.

al remitente. El remitente debe entonces cambiar la forma de la petición poniéndola en una forma aceptable y devolverla por los mismos conductos. Cuando reciba de vuelta su petición con esta política adjunta a ella, el remitente no debe dar por hecho que ha sido rechazada y caer en apatía. Él o ella debería darse cuenta de que se le ha hecho un favor: porque una petición que viole estas políticas *tendría* que ser rechazada por la persona a quien el peticionario la dirigió, y que volviéndola a redactar o ateniéndose a estas políticas, la petición tiene entonces una oportunidad e indudablemente se le prestará una atención amable. El peticionario debería considerarse afortunado si se le devuelve una petición descortés, colectiva o amenazadora, pues el ejecutivo al que se dirige no la consideraría una petición y podría empañar la opinión que tuviera del peticionario, quizás oscureciendo alguna injusticia real que bien podría haber recibido atención.

PETICIONES Y ACCIONES DE ÉTICA

Ninguna persona que esté bajo sentencia o a la espera de un Comité de Evidencia puede hacer una petición válida a la Oficina de LRH.

Sólo se puede presentar una petición o bien antes o bien después de que la Ética de Scientology haya recorrido todo su camino.

Como todas las acciones de Ética, tales como un Comité de Evidencia, se revisan, en efecto ya existe una línea, debido a esa acción de Ética, y los hechos constarán en esta.

Por lo tanto una comunicación de una persona que esté bajo sentencia legal de Oficiales de Ética, o de una persona nombrada en un Comité de Evidencia, no puede conformar una petición. Se tiene que permitir que las acciones de Ética sigan su curso.

Una protesta por acciones de Ética presentada como si fuera una petición normalmente causa una investigación adicional, pues el "peticionario" está en realidad sólo protestando las acciones de Ética y se le maneja como tal.

POLÍTICA DE AMNISTÍA

 mnistía:

> Perdón general de delitos pasados; la concesión de tal perdón; olvidar o pasar por alto intencionalmente; anular y cancelar el castigo por los delitos anteriores a la fecha de la amnistía, ya sean conocidos o desconocidos; indulto de acciones criminales o antisociales pasadas; eliminación de los nombres de criminales de los archivos de personas buscadas por la policía.

Una amnistía tiene una naturaleza general y cuando se emite incluye a todo el mundo.

Se emite una amnistía con la autoridad de L. Ronald Hubbard, Fundador, o del Presidente de la Junta Internacional, para señalar un acontecimiento de importancia extrema en Scientology.

Su propósito secundario es poner fin a molestias personales y riesgos a causa de ocultaciones, y hacer posible que los auditores auditen a las personas fácilmente.

Un propósito terciario es impedir la acumulación de rencor personal contra Scientology, las orgs y los individuos, pues las personas con esa tendencia siempre son críticas o maliciosas a causa de sus propias acciones hostiles y consiguientes ocultaciones, o simplemente porque temen lo que podamos descubrir sobre ellas. Esto termina el ciclo para las personas así.

Con una amnistía se quiere decir de forma evidente que se perdonan los actos de carácter criminal o sujetos a castigo, y se ponen fuera del alcance de represalias o castigo por parte nuestra.

Específicamente, una amnistía no significa obligaciones monetarias o de otro tipo, ni actos de lo que se llama de carácter "civil".

Los actos criminales resultan en castigo.

Los asuntos meramente civiles pueden resultar sólo en demandas civiles.

La amnistía tiene la clara intención de abarcar sólo los actos antisociales o anti-Scientology, y de forma clara no tiene la intención de abarcar deudas, contratos o tales acuerdos u obligaciones.

Los diplomas o clasificaciones suspendidos se restauran mediante una amnistía.

Todas las sentencias de Comités de Evidencia, excepto las financieras y la cancelación de diplomas quedan eliminadas por completo por una amnistía.

La cancelación de diplomas, clasificaciones y premios *no* puede ser cancelada por una amnistía, y por lo tanto una amnistía no los restaura.

Las cancelaciones de diplomas y premios ocurren sólo cuando la persona se ha separado de Scientology. Esto ocurre por falta de ganancia de caso. La ganancia de caso no puede darse en una persona que comete continuamente actos que son hostiles hacia sus semejantes. Se puede encontrar el origen de todos los casos crónicos sin ganancia y que no avancen a pesar de cualquier auditación en acciones hostiles recurrentes que la persona lleva a cabo en secreto contra sus semejantes, no en el pasado, sino en el presente, durante el periodo de tiempo de la auditación. Así que una amnistía es inútil en asuntos de cancelación. Las personas así tendrían que desistir primero de su conducta antisocial continua y ser entrenadas o procesadas otra vez.

Los delitos que ocurran después de la medianoche de la fecha de emisión de una amnistía, no los abarca la amnistía.

La frecuencia de las amnistías está determinada exclusivamente por la frecuencia de los nuevos triunfos de importancia general significativa para Scientology. Ayuda a que estos ocurran.

EPÍLOGO

UNA NUEVA ESPERANZA PARA LA JUSTICIA

La Tecnología de Ética de Scientology funciona cuando se aplica, pero aplicarla significa que las condiciones se tienen que asignar correctamente y las fórmulas se tienen que aplicar honestamente.

Los informes falsos y los datos falsos están a la orden del día en esta sociedad y la Justicia se ha usado demasiado a menudo para ganancias políticas o para quitarse a rivales de encima o para impulsar los propósitos de alguna camarilla. La idea de usar la justicia para enderezar al individuo o para proteger a la sociedad no parece que se le haya ocurrido a nadie.

OBSERVACIÓN

Las sociedades de hoy en día parecen estar montadas para que cualquier tipo asqueroso con estadísticas bajas pueda torpedear a cualquier persona con estadísticas altas, y en esto se ve ayudado incluso por las autoridades establecidas.

Esto por sí solo podría causar el declive de una civilización, pues la recompensa por tener estadísticas altas se vuelve inadecuada a causa de las penalizaciones que disparan como con una metralleta y de manera caprichosa los criminales, vagos y seres degradados con bajas estadísticas favorecidos por sus protectores y patrocinadores: el "sistema de justicia" y los gobiernos modernos.

Como ellos mismos están contaminados por sus asociados de calaña criminal, la policía y los sistemas judiciales están, en su mayoría, compuestos de gente con bajas estadísticas que no podrían tener éxito de ninguna otra manera en la vida.

Las sociedades tradicionalmente sufren un cave-in a causa de sus sistemas de policía y de justicia, pues estos proporcionan un conducto de contaminación entre los malvados y los que no acatan la ley, y la gente decente. Al final, tales sistemas policiales y de justicia, ayudados por los consejos de profesionales criminales como los psicólogos y psiquiatras, llegan a hundirse en la creencia de que todos los hombres son criminales. Esto inmediatamente justifica sus propias prácticas malvadas, y sirve de excusa a sus injusticias despiadadas contra todos los hombres.

Los pocos oficiales y jueces decentes en estos sistemas se encuentran a sí mismos siendo incapaces de hacer frente a este escenario, rodeados como están de colegas malvados, y conectados como están en su trabajo diario con la escoria minoritaria de la sociedad. Pronto se hunden en una apatía sin esperanza, y el peso de su sentido común rara vez lo pueden sentir los demás en medio del cenagal en el que se revuelcan.

La policía y los tribunales ofrecen la oportunidad con los brazos abiertos al malvado y al corrupto para establecerse en una posición de seguridad mientras satisfacen sus extraños apetitos de perversa malicia hacia sus semejantes.

Se piensa poco en administrar justicia con el fin de que los individuos puedan mejorar. Se piensa muchísimo en castigar y crear miseria.

Los sistemas de justicia se convierten así en un tipo de cáncer que mina todos y cada uno de los espléndidos logros y ambiciones del ciudadano decente.

El Hombre nunca ha inventado antes un remedio para esta corrosión en nombre de la "justicia". Incluso la Inquisición Española estaba dirigida, por exigencia de la Reina Isabel, por su propio tutor para evitar que se convirtiera en una mancha en su reinado. ¿Y quién era el tutor? Era este elemento, Torquemada, que se hundió hasta el punto de forrar sus libros con piel humana y cuyo nombre ha pasado a través de los siglos como sinónimo de sadismo cruel y sin sentido. La Inquisición hizo más por destruir la reputación y el poder de la Iglesia Católica que ninguna otra maquinación.

Aparentemente no se puede confiar la "justicia" en manos del Hombre.

Los estatutos del FBI maúllan acerca de salvaguardar a la población, pero esconden una organización cuyos principios están cuidadosa y totalmente planeados basados en el terrorismo, y que se conduce haciendo menos caso a las leyes que ningún criminal al que haya listado alguna vez como Enemigo Público número uno. ¿Quién es el Enemigo Público número uno hoy? ¡El FBI! ¡Su blanco obvio son todos y cada uno de los líderes de opinión y grupos dedicados al bien común que existen en América! Para el FBI, sus propios estatutos no sólo son tema de hilaridad, sino que la propia Constitución (que ellos juran defender) no es más que "basura" que obstaculiza su fervor desenfrenado por el terror. En nombre de la "justicia" (y hasta haciéndose llamar el Departamento de *Justicia*), practica toda perversión concebible de la injusticia. Con sus herramientas de terror, prefiriendo las mentiras a los hechos, han creado un estado policial en el que ningún hombre, mujer o niño o ni siquiera un político está seguro, ni frente a las personas con bajas estadísticas *ni* frente al FBI. Para el FBI, todos los hombres son culpables y no se puede demostrar que son inocentes y, tras sus ojos vendados, la Justicia misma llora. En nombre de la "justicia" han condenado a muerte a esta sociedad.

––––––––––

La tolerancia, la compasión, la comprensión y el manejo real del individuo por medio de una Tecnología de Ética efectiva y decente es una nueva esperanza para la justicia.

No puedes convertir a cada hombre en una bestia inhumana y esperar que de ello se haga acopio de beneficio alguno para la sociedad en general, aun cuando esto sea lo que los sistemas de justicia contemporáneos intentan hacer (lo cual es, desde luego, su propio tipo de demencia).

Debemos protegernos de las prácticas injustas y apresurarnos a remediar todas las injusticias. Debemos estar comprometidos de forma acorde o nunca lo lograremos.

Mientras tanto, debemos hacer frente a la ciénaga social en la que nos encontramos y elevarnos por encima de ella. Porque, si nos atenemos a los hechos, estas generaciones no tienen ninguna esperanza, ni como personas ni como sociedad, a menos que nosotros logremos de hecho triunfar.

Apéndice

GLOSARIO EDITORIAL
DE PALABRAS, TÉRMINOS Y FRASES

Las palabras tienen a menudo varios significados. Las definiciones usadas aquí sólo dan el significado que tiene la palabra según se usa en este libro. Los términos de Dianética y Scientology aparecen en negrita. Al lado de cada definición encontrarás la página en que aparece por vez primera, para que puedas remitirte al texto si lo deseas.

Este glosario no está destinado a sustituir a los diccionarios estándar del idioma ni a los diccionarios de Dianética y Scientology, los cuales se deberían consultar para buscar cualesquiera palabras, términos o frases que no aparezcan a continuación.

—Los Editores

abdicar: renunciar (un puesto alto) a su cargo formal u oficialmente. Pág. 154.

aberración: desviación respecto al pensamiento o comportamiento racional. Del latín, *aberrare,* desviarse de; alejarse de; del latín, *ab,* lejos, y *errare,* andar errante. Básicamente significa errar, cometer errores o, más concretamente, tener ideas fijas que no son verdad. La palabra se usa también en su sentido científico. Significa desviación de una línea recta. Si una línea debiera ir de A a B, entonces, si está "aberrada" iría desde A a algún otro punto, a algún otro punto, a algún otro punto, a algún otro punto, a algún otro punto y finalmente llegaría a B. Tomada en su sentido científico, significaría también falta de rectitud o ver las cosas de forma torcida. Por ejemplo: un hombre ve un caballo, pero cree ver un elefante. La conducta aberrada sería conducta incorrecta o conducta no apoyada por la razón. Cuando una persona tiene engramas, estos tienden a desviar lo que sería su capacidad normal para percibir la verdad y producen una visión aberrada de las situaciones que luego causaría una reacción aberrada ante ellas. La aberración se opone a la cordura, que sería su opuesto. Pág. 16.

aberrado: sujeto a, o afectado por la *aberración.* Pág. 26.

abracadabra: en sentido figurado, actividad o charla innecesariamente misteriosa o enrevesada para encubrir un engaño. Pág. 41.

absoluto: 1. Completo o perfecto en cuanto a cualidad o naturaleza; que incluye todos los elementos o partes de una cosa. Pág. 16.
2. Que no está limitado por ninguna restricción, condición. Pág. 160.

Academia: departamento de una organización de la Iglesia de Scientology en el que se imparten los cursos de entrenamiento, incluyendo el entrenamiento de auditor, el entrenamiento administrativo, la co-auditación y otras acciones de entrenamiento técnicas. Pág. 231.

aclaración de palabras, hacer: acción de deshacerse de la ignorancia, los malentendidos y las definiciones falsas de las palabras y las barreras para el uso de estas. Pág. 64.

activarse: ponerse en acción. Pág. 5.

acto hostil: a una acción dañina o transgresión del código moral de un grupo, se le llama "acto hostil" u "overt". Cuando una persona hace algo que es contrario al código moral con el que se ha puesto de acuerdo, o cuando omite hacer algo que debería haber hecho según ese código moral, ha cometido un acto hostil. Un acto hostil viola lo que se acordó. Es un acto hecho por una persona o individuo, que produce lesión, reducción o degradación de otro u otros, o de sus beingnesses, cuerpos, posesiones, asociaciones o dinámicas. Puede ser intencional o no intencional. Pág. 35.

acto hostil de omisión: dejar de actuar lo cual da como resultado daño, reducción o degradación de otro u otros o de sus beingnesses, sus personas, sus posesiones o dinámicas. Pág. 36.

acuñar: referido especialmente a una expresión o palabra, crearla o formarla. Por ejemplo, la palabra MEST. Pág. 422.

Addresso: sección de una organización de la Iglesia de Scientology que mantiene al día los archivos de direcciones de los scientologists para envíos y suministra direcciones o sobres con la dirección ya escrita a otras áreas de la organización. El término *Addresso* viene de *Addressograph,* marca registrada de una máquina que imprime automáticamente direcciones en sobres, etc. Pág. 313.

aderezar: condimentar, sazonar o añadirle elementos a algo, salpicarlo de algo. Se usa en sentido figurado. Pág. 247.

aderezos, con todos los: con extras y elementos accesorios; sin que falte ni se omita nada. Los *aderezos* son cosas con que se adorna o embellece algo. Se usa sentido figurado. Pág. 238.

admin: abreviatura de la palabra *administración. Admin* se usa para indicar las acciones implicadas en administrar una organización. Las decisiones, acciones y deberes relacionados con el trabajo de oficina y ejecutivo necesarios para dirigir una organización, como originar y contestar la correspondencia, mecanografiar, archivar, escribir comunicados, aplicar la política y todas aquellas acciones, grandes y pequeñas que constituyen una organización. Pág. 137.

administrador de justicia: alguien que mantiene o lleva a cabo la justicia. Pág. 354.

adoctrinamiento: enseñanza de los principios de una doctrina o de una ideología, para intentar inculcar determinadas ideas o creencias al igual que desalentar pensamiento individual o la aceptación de otras opiniones. Pág. 457.

afinidad: sentimiento de amor o de agrado por algo o alguien. La afinidad es un fenómeno del espacio en el sentido de que expresa la disposición para ocupar el mismo espacio que la cosa que se ama o que le gusta a uno. Lo contrario de ello sería la antipatía (desagrado) o rechazo que sería la renuencia a ocupar el mismo espacio que algo o la renuencia a acercarse a algo o alguien. Viene del francés, *afinité,* afinidad, semejanza, alianza, proximidad y también del latín *affinis,* que significa cercano, junto a. Pág. 39.

agotar el infierno: consumirse la fuerza del dolor o el sufrimiento de alguien de tal modo que ya no tenga poder de afectarle a uno. Pág. 56.

agravar el delito: empeorar una situación; aumentar una dificultad, problema o crimen. La expresión se refiere a una persona que realiza alguna acción que hace que un crimen sea más grave de lo que ya era. Pág. 124.

agriar: volver una cosa agria. En sentido figurado significa causar que algo se estropee o se deteriore. Pág. 156.

ahí está la sartén, ahí está el fuego: referencia a solventar un problema sólo para encontrarse inmerso en uno todavía más grande. Proviene de la expresión *salir de la sartén para ir a parar al fuego,* una referencia a un pescado que salta de una sartén sólo para caer en el fuego que calienta la sartén para cocinar. Pág. 132.

ajenjo: bebida alcohólica muy fuerte, hecha a base de vino mezclado con un aceite amargo, verde oscuro que se obtiene del arbusto del mismo nombre (natural de Europa). El ajenjo fue creado por un médico francés en el siglo XVIII y se utilizó como medicina para ayudar a la digestión y también para recuperar la fuerza y vigor. Se hizo popular entre los soldados franceses y acabo siendo de uso común. Esta bebida era muy tóxica y adictiva; su uso excesivo causaba el *absintismo,* enfermedad caracterizada por manifestaciones psicóticas. El ajenjo fue prohibido en Francia en 1915, y después en los Estados Unidos y otros países. Pág. 244.

Alcanzar y Retirarse: proceso en el que una persona alcanza las cosas y después se retira de ellas. Alcanzar y Retirarse es un método para hacer que una persona se familiarice y se ponga en comunicación con los objetos que hay en el entorno y pueda así estar más en causa sobre ellos y controlarlos. Pág. 142.

aliados: grupo de veintiséis naciones, incluyendo Gran Bretaña, los Estados Unidos y la Unión Soviética, que se oponían al Eje: los países, entre ellos Alemania, Italia y Japón, que lucharon juntos durante la Segunda Guerra Mundial. Pág. 5.

alter-is: alteración; acción de alterar o cambiar la realidad de algo. *Isness* significa la forma en que algo es. Cuando alguien lo ve de forma diferente, esa persona está haciendo un *alter-is,* en otras palabras, está *alterando* la forma en que es. Pág. 272.

Alter-isness: consideración que introduce cambio, y por tanto tiempo y persistencia, en un As-isness para obtener persistencia. *Isness* viene del inglés y significa la manera en que algo es. Pág. 64.

amalgama: combinación de distintos elementos o asociaciones, en un todo uniforme. Pág. 222.

amasar: reunir una gran cantidad de dinero u otro tipo de bienes para uno mismo, generalmente poco a poco y durante un periodo largo de tiempo. Pág. 24.

Americana, Declaración de Derechos: adición que se hizo a la Constitución de los Estados Unidos en 1791, que garantiza ciertos derechos a la gente, incluyendo la libertad de expresión y la libertad de religión. También prohíbe a la policía y a otros oficiales del gobierno que registren los hogares u oficinas de la gente o que confisquen propiedades sin una buena razón y autorización pertinente. Pág. 205.

amonestación: advertencia severa que se dirige a alguien. Pág. 299.

anarquía: estado o condición de la sociedad en la que no hay gobernante y donde las diversas funciones del estado o bien se llevan a cabo de forma inadecuada o no se llevan a cabo en absoluto. De ahí, confusión, desorden o caos social y político. Pág. 150.

Andes: las principales montañas de Sudamérica, uno de los sistemas montañosos más grandes del mundo, que incluye algunos de los picos más altos del mundo. Más de 50 de ellos se elevan por encima de los 6,000 metros sobre el nivel del mar (sólo los picos del Himalaya en la parte central del sur de Asia son más altos) y por ello representan una barrera formidable para el transporte y las comunicaciones entre el este y el oeste. La extensión de los Andes es de más de 8,000 kilómetros, en una estrecha franja a lo largo del borde occidental del continente sudamericano, desde la costa del Mar del Caribe en el norte hasta la Tierra de Fuego en el extremo sur. Las montañas alcanzan a siete países: Venezuela, Colombia, Ecuador, Perú, Bolivia, Chile y Argentina. Pág. 157.

año luz: gran trecho de distancia, tiempo o alguna otra cantidad o cualidad. Un *año luz* es la distancia que viaja la luz durante un año, que es aproximadamente 9.46 billones de kilómetros. Pág. 145.

anticuado: que no es aceptable conforme a los estándares actuales; obsoleto. Pág. 25.

apartarse: desviarse de una norma; descarriarse o alejarse de un curso aceptable. Pág. 27.

apogeo, en pleno: en su momento de mayor esplendor o desarrollo; con la mayor fuerza, en pleno funcionamiento. Pág. 259.

arbitrario: basado en juicios o percepciones personales en lugar de en la naturaleza invariable de algo; decidido al azar. Pág. 12.

ARC: palabra formada con las iniciales de Afinidad, Realidad y Comunicación, que juntas equivalen a Comprensión. Se pronuncia diciendo sus letras: A-R-C. Para los scientologists esto ha llegado a significar un sentimiento bueno, amor, o simpatía como en "Él tenía ARC con su amigo". Sin embargo, no se dice "salirse" de ARC, sino tener una ruptura de ARC. Pág. 196.

Archivos Centrales (CF): sistema de archivos en una organización de la Iglesia de Scientology que tiene el propósito de recoger y mantener todos los nombres, direcciones, datos pertinentes y correspondencia enviada y recibida de cualquiera que haya comprado alguna vez un libro o haya donado para un servicio. La abreviatura CF proviene del inglés, *Central Files.* Pág. 323.

arrebatar: conseguir algo mediante acción violenta o por la fuerza. Pág. 154.

artes de curación: profesiones en las que uno cura, sana o le devuelve a alguien la buena salud. Por ejemplo, los médicos, doctores, cirujanos, dentistas, quiroprácticos, etc. *Arte,* aquí significa oficio artesanal o profesión, ocupación que requiere una cierta habilidad. (Del latín *ars,* destreza). Pág. 216.

artes mecánicas: ocupaciones que requieren destreza y formación manuales o mecánicas; oficios en los que se emplean trabajadores especializados. *Arte,* aquí significa oficio o profesión, ocupación que precisa de una cierta destreza. (Del latín *ars,* destreza). Pág. 186.

asesinar y salir impune: en sentido figurado, cometer un acto por el que a uno se le podría censurar (desaprobar, reprochar), sin que se le castigue. Pág. 238.

As-isness: condición de la existencia que ocurre cuando una persona hace un duplicado perfecto, lo cual es crear una cosa otra vez en su mismo tiempo, en su mismo espacio, con su misma energía, masa, movimiento o continuidad. Todo lo que el As-isness hace es aceptar la responsabilidad por haber creado algo. Pág. 64.

asterisco, comprobación de: comprobación de asterisco indica una comprobación muy precisa que verifica el conocimiento pleno y minucioso del estudiante de una parte de los materiales de estudio y pone a prueba su comprensión plena de los datos y su capacidad para aplicarlos. Pág. 314.

atenuante: que reduce la aparente gravedad de algo (como un crimen, delito o falta) o la medida de la responsabilidad de alguien, proporcionando una base para excusas; que sirve para hacer que una falta, ofensa, etc. parezca menos grave. Pág. 368.

atestigua, como lo: se usa para introducir algo que aporta evidencia sobre un hecho, o que demuestra una declaración que se acaba de hacer. Pág. 256.

Audiencia: cualquier procedimiento de Justicia de Scientology en el que se obtienen datos para adoptar una acción o inacción adicionales, o en el que se presentan pruebas con el propósito de establecer la culpabilidad o inocencia, como en: *"La condición no se acaba cuando se acaban las Audiencias. Se acaba cuando esa porción de la org se ha recuperado visiblemente según las estadísticas".* Pág. 131.

audiencia: en el sistema judicial americano, un examen preliminar de las pruebas básicas y de las acusaciones para determinar si un caso se debería llevar a juicio (un examen formal de los hechos y de los preceptos legales ante un tribunal para emitir una decisión judicial), como en: *"A las personas que intentan llevar a juicio a Scientology en audiencias, o que intentan investigar Scientology, no se les debería dar ninguna importancia indebida".* Pág. 219.

Audiencia de Ética: una Audiencia de Ética la puede convocar un Oficial de Ética para obtener datos para acción o inacción adicionales. No tiene poder para disciplinar pero puede aconsejar acerca de las consecuencias. Pág. 238.

auditación: lo mismo que *procesamiento,* la aplicación de los procesos y procedimientos de Scientology o Dianética en alguien por parte de un auditor. La definición exacta de auditación es: la acción de hacerle una pregunta a un preclear (que él pueda comprender y responder), obtener una respuesta a esa pregunta y darle acuse de recibo por esa respuesta. Pág. 44.

auditor: persona que está entrenada y cualificada para aplicar la auditación en individuos, para su mejoramiento. *Auditor* significa alguien que escucha, del latín *audire* que significa "oír o escuchar". Es un ministro o está en entrenamiento para ser ministro de la Iglesia de Scientology. Pág. 40.

automaticidad: cualquier cosa que sigue funcionando fuera del control del individuo. Pág. 5.

Axiomas de Scientology: enunciados de leyes naturales de la misma categoría que las leyes de las ciencias físicas. Hay cincuenta y ocho Axiomas de Scientology además de los ciento noventa y cuatro Axiomas de Dianética que les precedieron. Pág. 63.

azote: en sentido figurado, persona o cosa que causa dolor físico o mental o actúa como un estímulo para la acción. Pág. 48.

Babilonia: capital del Imperio *Babilónico,* antiguo imperio del sudoeste asiático (situado en la zona que ahora se llama Irak) que floreció alrededor de 2100–689 a. C. Babilonia, la ciudad más importante en Asia occidental durante ese periodo de tiempo, fue famosa por sus esplendorosos templos y palacios. Pág. 184.

banco: mente reactiva, la porción de la mente de una persona que funciona según una base de estímulo-respuesta total (dado cierto estímulo, da cierta respuesta), que no está bajo el control voluntario, y que ejerce fuerza y poder de mando sobre su consciencia, propósitos, pensamientos, cuerpo y acciones. (Un *banco* es un lugar de almacenamiento de información, como en las primeras computadoras, en los que se almacenaban los datos en un grupo o serie de tarjetas llamado banco). Pág. 5.

base: fundamento o apoyo principal de algo, sobre lo que puede avanzar o desarrollarse. Pág. 97.

bastidores, entre: refiriéndose a cosas que ocurren en un asunto, sin trascender al público. Pág. 155.

batalla campal: la dada entre dos ejércitos completos, especialmente si es en campo abierto y se considera decisiva. Se emplea en sentido figurado, refiriéndose a una pelea o una discusión muy encarnizadas o en que toma parte mucha gente. Pág. 257.

batallón: cuerpo grande de soldados organizado para actuar conjuntamente. Pág. 161.

Bedlam: viejo manicomio (cuyo nombre completo es, *St. Mary of Bethlehem*) en Londres, conocido por su trato inhumano y ambiente asqueroso. Los internos eran encadenados a las paredes o a pisos y cuando se volvían inquietos o violentos, se les golpeaba, daba latigazos o sumergía en agua. Pág. 192.

beingness: palabra formada a partir del inglés *being,* ser, y *-ness,* condición de. La condición de ser se define como "el resultado de haber asumido una identidad". Se podría decir que es "el papel en un juego". Un ejemplo de beingness sería el nombre de uno. Otro ejemplo sería la profesión de uno. Otro ejemplo serían las características físicas de uno. Cada una de estas cosas o todas ellas podrían llamarse el beingness de uno. El beingness lo asume uno mismo, o se le da a uno mismo o se obtiene. Por ejemplo, al jugar un juego cada jugador tiene su propio beingness. Pág. 35.

benefactor: alguien que da ayuda o servicio bondadoso a otros, alguien que ayuda amistosamente; alguien que fomenta los intereses de una causa o institución, un patrocinador. Pág. 41.

¡bingo!: expresión usada para expresar satisfacción por un repentino suceso favorable o resultado positivo de algo. Pág. 255.

bienhechor: persona que intenta corregir los males sociales de manera idealista pero normalmente poco práctica o superficial. Pág. 61.

blasfemia: algo que se dice o se hace que muestra falta de respeto a Dios. Pág. 44.

Bligh, Capitán: William Bligh (1754–1817), almirante y capitán del barco *Bounty,* cuya tripulación se adueñó del barco y le dejó a la deriva en un pequeño bote, justificando este amotinamiento por la severidad de Bligh como oficial al mando. Pág. 248.

boletín: publicación periódica informativa sobre algún tema especializado. Pág. vii.

Boletín de la HCO: publicación técnica escrita por L. Ronald Hubbard. Representan la línea de publicaciones técnicas. Son válidos desde su publicación por primera vez a menos que se cancelen específicamente. Todos los datos de la auditación y de los cursos están contenidos en los HCOBs. Van en tinta roja sobre papel blanco, por orden cronológico. Pág. 329.

bombo y platillo, apoyar a: promocionar o hacer publicidad de algo enérgicamente; anunciar algo, darle apoyo o discutir ruidosamente en favor de ello. Pág. 246.

botas (heredar un par de): se usa en sentido figurado con el significado de heredar un puesto o posición. Pág. 122.

brecha: abertura hecha en una porción de un cuerpo sólido como una pared. De ahí, grieta, ruptura o interrupción de algo. Pág. 159.

Bulgravia: nombre inventado de un lugar. Pág. 165.

"buenas carreteras, buen tiempo": comunicación sobre las cosas, actividades o temas acerca de los que todos están a favor. Pág. 199.

Búsqueda y Descubrimiento: procedimiento que se usa para encontrar las supresiones que la persona ha sufrido en su vida. Localiza a los Supresivos en el caso y se usa para anular la influencia de las cosas o Personas Supresivas en un caso de modo que a la persona se le pueda procesar y ya no esté PTS. Pág. 181.

bypass: condición en la que a uno se le está ignorando mientras algún otro lleva a cabo las tareas y deberes que se le han asignado a uno. Proviene del inglés, que significa *pasar por alto.* Pág. 105.

cable: telegrama que se transmite mediante un cable submarino (de ahí su nombre: *cable*). Pág. 304.

cacería de brujas: investigación llevada a cabo supuestamente para destapar y poner al descubierto alguna deslealtad, deshonestidad, o algo similar, usualmente basada en pruebas dudosas o irrelevantes. La frase se refiere a las cacerías de brujas en Salem, Massachusetts, en 1692, que condujeron a la ejecución de veinte personas, acusadas de haber practicado brujería, basándose en escasas pruebas. Pág. 182.

Caldea: el antiguo nombre que se le daba a las tierras en el extremo del Golfo Pérsico, al sur de Babilonia. Los caldeos conquistaron Babilonia en el siglo VII a. C., estableciendo el Imperio Caldeo (aprox. 625–539 a. C.). Caldea se expandió y se convirtió en el centro del mundo civilizado hasta que fue conquistada por los persas en 539 a. C. Pág. 285.

Calificaciones: forma abreviada de *División de Calificaciones,* la división de una organización de la Iglesia de Scientology que examina apropiadamente a los estudiantes y pcs para asegurarse de que realmente hayan logrado su objetivo, emite los diplomas a los que lo hayan logrado y hace revisiones a los que no, hasta que puedan conseguirlo; se ocupa del staff como miembros individuales del staff; corrige a la organización entera corrigiendo a su staff con el resultado de una elevada cantidad y calidad de producción para la consecución de una org en expansión. Pág. 190.

Callao: fortaleza que defendía el *Callao,* el mayor puerto marítimo de Perú y puerta de entrada a Lima. Fue el último bastión de las fuerzas realistas españolas en Sudamérica. El general español Rodil se negó a entregar el fuerte, a pesar de las generosas condiciones ofrecidas por Simón Bolívar. Rodil resistió hasta 1826 a pesar de que Perú había conseguido la independencia de España en 1821. Pág. 155.

calumniar: publicar declaraciones falsas y maliciosas sobre alguien. Pág. 42.

camarilla: pequeño grupo de personas involucradas en planes secretos, como en contra de una persona o gobierno, especialmente para obtener poder económico o político. Pág. 156.

campaña: estrategia o maniobra empleada por un individuo o grupo, usando influencia y presión para hacerse con el control, autoridad o mando de algo. Pág. 218.

campo: zonas geográficas en general, individuos y grupos a los que una organización de la Iglesia de Scientology da servicio. Pág. 43.

candado: momento analítico en el que los percépticos se asemejan a los de un engrama, reestimulando así el engrama o haciendo que entre en acción, al interpretar erróneamente la mente reactiva que los percépticos de tiempo presente significan que otra vez está cerca esa misma condición que una vez produjo dolor físico. Los candados se describen por completo en *La Ciencia de la Supervivencia.* Pág. 198.

candileja: fila de luces en la parte anterior del escenario de un teatro. Pág. 165.

cañoneo: descarga continua de cañones o de artillería dirigida contra un enemigo. Pág. 156.

canto del cisne: última acción o manifestación de alguien o algo antes de morir. Proviene de la creencia de que los cisnes moribundos emiten un canto antes de morir. Pág. 184.

cara de la moneda, la otra: el otro lado, el otro aspecto o punto de vista de algo. Esta frase viene del hecho de que una moneda tiene dos caras o superficies que, por lo general, tienen distinto aspecto. Pág. 150.

carga pasada por alto: carga que se ha reestimulado pero que no han visto ni el auditor ni el preclear. La *carga* es fuerza o energía dañina acumulada y generada en la mente reactiva, resultante de los conflictos y experiencias desagradables que la persona ha sufrido. Pág. 202.

cargársela: recibir las consecuencias desagradables de algún acto propio o ajeno; ser castigado, regañado o meterse en problemas. Pág. 376.

Carta de Política de la HCO: tipo de publicación escrita por L. Ronald Hubbard. Esta es una publicación permanentemente válida de toda la Tecnología Administrativa y de Organización de Tercera Dinámica. Estas publicaciones, independientemente de su fecha o antigüedad, constituyen la pericia sobre cómo dirigir una organización o grupo o empresa. El grueso de los materiales de hat está formado por HCO PLs. Están impresas en papel blanco con tinta verde. Se archivan por orden cronológico. Pág. 255.

Carta de Política: *Carta de Política de la HCO,* tipo de publicación escrita por L. Ronald Hubbard. Esta es una publicación de validez permanente de toda la tecnología organizativa y administrativa de Tercera Dinámica. Estas, sin importar la fecha o antigüedad, forman la pericia de cómo dirigir una organización o grupo o empresa. El grueso del material de hat está constituido por HCO PLs. Están impresas en tinta verde sobre papel blanco. Se archivan por orden consecutivo de fecha. Pág. vii.

Carta Ejecutiva de la HCO: tipo de publicación escrita por L. Ronald Hubbard entre 1964 y 1966. Las Cartas Ejecutivas de la HCO eran usualmente una orden ejecutiva directa o una petición de informes o datos o novedades o meramente información. No eran política. Van en papel verde con tinta azul. Pág. 280.

cartera: objeto de forma rectangular hecho de cuero u otra materia generalmente flexible, que se usa para llevar en su interior documentos, papeles, libros, etc. En sentido figurado, empleo de ministro (jefe de un departamento ministerial) que tendría la cartera del puesto con los documentos, papeles, etc., relacionados con esa esfera de responsabilidad. Por extensión, entonces, cualquier posición oficial similar. Pág. 160.

caso: 1. Término general para una persona a la que se está a punto de auditar o a quien de hecho se está auditando. Pág. 42.
2. Todo el contenido de la mente reactiva. Pág. 49.

Cataratas del Niágara: famosa cascada situada en el río Niágara, en la frontera entre Canadá y Estados Unidos. Estas cataratas han sido escenario de varias hazañas peligrosas, incluyendo personas que se han tirado por las cataratas dentro de un barril. Las *cataratas del Niágara* también se usan en sentido figurado en frases como *lanzar algo por las cataratas del Niágara,* para indicar que se lleva algo a la ruina. Pág. 259.

cave-in: *cave-in* es un término del oeste de Estados Unidos para expresar un colapso físico o mental, en comparación con el hecho de estar en el fondo del pozo de una mina, o en un túnel, cuando cedían los soportes y la persona quedaba bajo toneladas de escombros (a lo cual en inglés se llama de la misma manera: "cave-in"). *Cave-in* significa un colapso mental y/o físico hasta el punto en que uno no puede funcionar de manera causativa. Pág. 27.

cenagosa corriente que es la historia: referencia a la serie de sucesos sin interés, pesados, sosos o estúpidos que componen la historia. Pág. 53.

censurablemente: merecedor de censura (fuerte reprobación o crítica de algo). Pág. 23.

censurar: juzgar negativamente o desaprobar el comportamiento de una persona, una acción u otra cosa. Pág. 188.

centellas, desatar truenos y: en sentido figurado, reprochar, regañar, reprender con severidad. Pág. 236.

cero a la izquierda, ser un: ser ignorado por los demás, no ser tomado en cuenta en absoluto. Pág. 107.

chifladura: locura; situación demencial. Pág. 19.

chispas, saltar: expresión que indica que va a haber acción o actividad con una gran excitación, fricción o palabras acaloradas como resultado de alguna circunstancia, situación, confrontación, etc. La expresión es una variación de *echar chispas,* que significa "estar muy enfadado, indignado o colérico". Pág. 198.

Christie: John Reginald Christie (1898–1953), asesino inglés. Se le condenó y colgó por el asesinato de su mujer. Confesó haber asesinado a otras mujeres y se piensa que llegó a asesinar hasta a ocho, cuyos cuerpos se encontraron en las paredes, bajo las maderas del suelo y en el jardín de su casa. Pág. 177.

ciclo del cuerpo: referencia al ciclo que se repite del nacimiento, crecimiento, deterioro y muerte. Pág. 150.

ciclo-de-acción: secuencia por la que pasa una acción, en la que la acción se comienza, se continúa durante el tiempo que haga falta y luego se completa según se planeó. Pág. 180.

ciencia: conocimiento; comprensión o entendimiento de hechos o principios, clasificados y puestos a disposición de cualquiera en el trabajo, la vida o la búsqueda en pos de la verdad. Una ciencia es un cuerpo conexo de verdades demostradas o hechos observados organizados de forma sistemática y unidos bajo leyes generales. Incluye métodos fiables para el descubrimiento de nuevas verdades dentro de su propia esfera de acción y denota la aplicación de métodos científicos en campos de estudio previamente considerados abiertos sólo a teorías basadas en criterios subjetivos, históricos o no demostrables y abstractos. La palabra *ciencia,* cuando se aplica a Scientology, se usa en este sentido, el significado más fundamental y tradicional de la palabra, y no en el sentido de las ciencias *físicas* o *materiales.* Pág. 230.

cisne, canto del: última acción o manifestación de alguien o algo antes de morir. Proviene de la creencia de que los cisnes moribundos emiten un canto antes de morir. Pág. 184.

civil: que tiene que ver o se relaciona con los deberes o actividades de los ciudadanos en contraposición a lo militar. Pág. 152.

cizañero: persona que esparce informes falsos o dañinos acerca del carácter o la reputación de otros. Pág. 179.

Clase 0: auditor que ha completado el Nivel 0 de la Academia, el primero de los niveles de clasificación de auditor, y que es capaz de auditar a otros hasta los grados de Liberado en Recuerdo por ARC Línea Directa y Liberado en Comunicaciones de Grado 0. Pág. 375.

clase ociosa: estrato social compuesto de las personas que se pueden permitir no trabajar; los ricos o acaudalados. Pág. 243.

Clase VIII: auditor (Especialista Hubbard en Tecnología Estándar) que ha completado el Curso de Clase VIII. El Curso de Clase VIII entrena al auditor hasta el estándar de una comprensión y aplicación perfectas de los *fundamentos* de la auditación. En el curso, el auditor desarrolla un estándar de aplicación *exacto e invariable* de cada *fundamento* de la auditación y la mente, para conseguir resultados estelares en *cualquier* preclear. Pág. 375.

clasificación: premio que se da a los auditores, que requiere ciertas acciones y condiciones como completar un curso, aprobar un examen, y demostrar competencia y resultados en ese nivel de auditación. Pág. 299.

Clear: ser que ya no tiene su propia mente reactiva. Pág. 42.

Código del Auditor: las reglas específicas que sigue un auditor cuando audita a alguien, para asegurar que el preclear obtenga la mayor ganancia posible de la auditación. Incluye cosas como no evaluar por el preclear o no invalidarlo, cumplir todas las citas de auditación una vez que hayan sido acordadas, no procesar a un preclear que no haya comido o descansado suficiente, y entregar sólo tecnología estándar a un preclear y de la manera estándar, entre otras cosas. Pág. 300.

código moral: código acordado de conducta correcta e incorrecta. Es esa serie de acuerdos a los que una persona se ha suscrito para garantizar la supervivencia de un grupo. El origen de un código moral es cuando se descubre tras experiencias reales que algunas acciones son más contra-supervivencia que pro-supervivencia. La prohibición de esta acción pasa entonces a formar parte de las costumbres de la gente y al final puede convertirse en ley. Pág. 25.

cognición: originación de un pc que indica: "Que se ha dado cuenta". Es una declaración como: "¡Qué te parece! Yo...". Un nuevo descubrimiento acerca de la vida. Esto da como resultado un grado más alto de consciencia y en consecuencia una mayor capacidad para tener éxito en los esfuerzos de uno en la vida. Pág. 96.

cohete, ascender como un: condición en la que alguien o algo asciende o se eleva rápidamente, a imagen y semejanza de un cohete. Pág. 116.

colonia: país o área gobernada o controlada políticamente por otro país. Pág. 5.

colonialismo: sistema o principio por el que una compañía o cuerpo de personas emigra a otro nuevo país o área para habitarlo y explotar sus recursos económicos para sí mismos y para el estado del cual proceden. La palabra se usa con frecuencia en el sentido de explotación de gente débil o atrasada por parte de alguien con mayor poder. Pág. 246.

color (de un enemigo): referencia a la bandera (el símbolo) del enemigo en cualquier lucha o batalla. La palabra *color* es una variación de "los *colores*", expresión con la que se hace referencia a la bandera de un regimiento o un barco. Pág. 102.

comisión parlamentaria: grupo legislativo compuesto por miembros del Congreso (el cuerpo legislativo más alto de los Estados Unidos) que llevan a cabo investigaciones y consideran, evalúan y recomiendan acciones sobre legislación. Pág. 6.

Comité Asesor: comité en cada división de una organización de la Iglesia de Scientology compuesto por los Jefes de Departamento de la división y presidido por el Secretario Divisional. El Comité Asesor se ocupa de las estadísticas de la división en un esfuerzo por mejorarlas, asigna condiciones para sus departamentos, secciones e individuos de la división de acuerdo con las estadísticas, y confirma cualesquiera nombramientos, transferencias o despidos de personal. Pág. 238.

Comité de Evidencia: en una organización de Scientology, un grupo cuya función es encontrar hechos, formado por personas imparciales a las que una Autoridad Convocante ha citado, el cual escucha las pruebas de las personas a las que convoca ante él, llega a una conclusión y hace un reporte completo y una recomendación a su Autoridad Convocante para que esta tome medidas. Pág. 289.

compeler: ordenar comportarse de una manera determinada; imponer autoritariamente. Pág. 150.

comprar su pan: hacer suficiente dinero, obtener con qué vivir. Pág. 158.

compulsivo: relacionado con la *compulsión,* un impulso irresistible de realizar un acto que es contrario a la voluntad de uno. Pág. 60.

computación: cálculo o evaluación que se mantiene en la mente para tratar con alguna situación o solucionar algún problema. Pág. 17.

computación: cálculo o procesamiento de datos (para conseguir respuestas); pensamiento, como en: *"La lógica no es ni buena ni mala en sí misma, es el nombre de un procedimiento de computación: el procedimiento de la mente en su esfuerzo por alcanzar soluciones a los problemas".* Pág. 45.

Comunicador de LRH: ejecutivo de la División Ejecutiva que se asegura de que la Iglesia se adhiera a las políticas y los materiales técnicos de L. Ronald Hubbard. El Comunicador de LRH de cada iglesia también mantiene la Oficina de LRH en buen estado y segura y con todas sus pertenencias inventariadas, como muestra de respeto por el Fundador de la religión. Pág. 375.

comunicador: el que mantiene las líneas (personas, comunicados, cartas, teléfonos, el sistema de intercomunicación) en marcha o bajo control para el ejecutivo. Pág. 107.

condición de juego: condición similar a un juego. Con *juego* queremos decir competencia de persona contra persona, de equipo contra equipo. Un juego consta de libertades, barreras y propósitos. La participación en cualquier juego (ya sea un partido de tenis, de fútbol o una discusión con el vecino) es preferible a no tener ningún juego. Todos los juegos aberrativos deben contener el elemento del desconocimiento. Pág. 45.

Confesional: procedimiento de Scientology por el cual un individuo es capaz de confesar sus ocultaciones y los actos hostiles que subyacen a estas como un primer paso hacia tomar responsabilidad por ellos y tratar de hacer las cosas correctamente de nuevo. Pág. 41.

confiscar: apoderarse de la propiedad de un enemigo. Pág. 160.

confront: capacidad para hacer frente a algo sin echarse atrás ni evitar encararlo. Pág. 207.

Consejo Ejecutivo Continental: grupo dentro de Scientology responsable de la coordinación y la expansión de todas las organizaciones de la Iglesia de Scientology en su continente. Pág. 85.

Consejo Ejecutivo: consejo gobernante más alto de una organización de la Iglesia de Scientology compuesto por el Director Ejecutivo y los tres Secretarios Ejecutivos (el Secretario Ejecutivo de la HCO, el Secretario Ejecutivo de la Organización y el Secretario Ejecutivo del Público) que es responsable de la conducción con éxito de la organización como un todo. Pág. 252.

Consorte: esposa, marido o compañero sentimental. Pág. 149.

conspiración: plan secreto por parte de dos o más personas, con el fin de hacer algo ilegal o dañino. Pág. 316.

Constantinopla: antiguo nombre de Estambul que fue la capital del Imperio Romano de Oriente y sobrevivió a la caída de Roma en el siglo V d. C. Pág. 161.

contemporizar: actuar de acuerdo al momento o la ocasión o según los deseos de otro; ceder temporalmente a la opinión general o las circunstancias inmediatas. Pág. 151.

contienda de insultos: intercambio de insultos y lenguaje ofensivo entre dos partes. Una *contienda* es una disputa, pelea. Pág. 278.

contra-postulado: postulado (decisión de que algo sucederá) que es contraria a un postulado existente. Pág. 134.

contra-supervivencia: término formado a partir de *contra-*, prefijo que indica negación o ausencia de algo, y *supervivencia*. De ahí, *contra-supervivencia* significa una negación o ausencia de supervivencia (la acción de continuar vivo, de continuar existiendo, de estar vivo). Pág. 19.

convalecencia: estado de la persona que está en vías de recobrar o recuperar gradualmente el vigor y la salud después de haber padecido una enfermedad o de haberse sometido a un tratamiento médico, o el periodo en que la persona se recupera. Pág. 179.

cordura, test legal de la: referencia a un "test" empleado por muchos tribunales para determinar la responsabilidad penal de un acusado que alega estar demente. Según este test, para estar "cuerdo" y por tanto ser responsable, la persona debe haber sido capaz de distinguir entre el bien y el mal en el momento de la comisión del delito. Pág. 58.

corolario: conclusión que sigue a otra que se acaba de demostrar y que no requiere ninguna prueba adicional, sino que es una consecuencia o resultado natural. Pág. 205.

correo certificado: método de enviar correo en el que se registra el envío en la oficina de correos, y en cada punto sucesivo de reenvío, para garantizar una entrega segura. El correo que se envía de esta manera está asegurado en caso de pérdida, robo o daño durante el envío. Pág. 300.

corte: conjunto de personas que forman parte del equipo que acompaña a un personaje importante o famoso. Pág. 159.

crisis del petróleo: escasez de petróleo que ocurrió en los Estados Unidos y ciertos países europeos a comienzos de la década de los 70. La escasez la causaron principalmente las restricciones impuestas por la Organización de Países Exportadores de Petróleo (OPEP) sobre el comercio de petróleo que regulaba la cantidad de petróleo producido por sus países miembros y fijaba los precios para su exportación. Las restricciones pretendían castigar a los Estados Unidos y algunos de sus aliados por su apoyo a Israel en su conflicto de 1973 con los estados árabes. La situación causó un amplio pánico, una grave escasez de gasolina y un enorme aumento en los precios. La crisis continuó a niveles variables a lo largo de los años sucesivos y para 1980 el precio del petróleo era diez veces más alto que en 1973. Pág. 22.

Crosby, Bing: (1904–1977) famoso cantante americano y estrella de cine. De sus más de 1,000 discos se han vendido más de 300 millones de copias y también ha aparecido en más de 50 películas. Pág. 243.

ciclo del cuerpo: referencia al ciclo que se repite del nacimiento, crecimiento, deterioro y muerte. Pág. 150.

C/S: abreviatura de *Supervisor de Caso* (del inglés *Case Supervisor*). Pág. 211.

C/S-1 de PTS: Instrucción Número Uno del Supervisor de Caso, llamada así porque es la primera acción que se lleva a cabo con el preclear antes de que se empiece la auditación para manejar la condición PTS. La Instrucción Número Uno del Supervisor de Caso instruye al preclear en las definiciones y procedimientos básicos de una acción de auditación que él está a punto de comenzar. Pág. 211.

CSW: abreviatura de *Trabajo Completo del Staff* (del inglés *Completed Staff Work*), un lote de información que se ha recopilado sobre cualquier situación, plan o emergencia dada, y que se envía a un ejecutivo de una manera lo bastante completa como para que sólo requiera del ejecutivo un "aprobado" o "desaprobado". El Trabajo Completo del Staff (1) expone la situación, (2) proporciona todos los datos necesarios para su solución, (3) aconseja una solución y (4) contiene una línea para aprobación o desaprobación por parte del ejecutivo con su firma. Pág. 316.

cuerpo político: gente de una nación o cualquier estado políticamente organizado, considerada como un grupo. Pág. 248.

curación, artes de: profesiones en las que uno cura, sana o le devuelve a alguien la buena salud. Por ejemplo, los médicos, doctores, cirujanos, dentistas, quiroprácticos, etc. *Arte,* aquí significa oficio artesanal o profesión, ocupación que requiere una cierta habilidad. (Del latín *ars,* destreza). Pág. 216.

Custodio de la Tecnología: abreviación de *Custodio del Conocimiento de la Tecnología y de la Política,* puesto de la División Ejecutiva que tiene el propósito de ayudar a LRH a establecer la tecnología y la política en las orgs de manera plena y precisa y en uso pleno y a mantenerla ahí. Pág. 382.

daños y perjuicios: pago de una cantidad de dinero a una persona para compensar un daño o perjuicio que se le ha causado. Pág. 269.

dar qué pensar: hacer vacilar o reconsiderar algo, como por sorpresa o duda. Pág. 61.

dato: pedazo de información aislado, como un hecho. Pág. 72.

dato estable: ese hecho, detalle, o dato concreto seleccionado que impide que las cosas estén en confusión y conforme al cual se alinean otros datos. Pág. 380.

Declaración de Derechos Americana: adición que se hizo a la Constitución de los Estados Unidos en 1791, que garantiza ciertos derechos a la gente, incluyendo la libertad de expresión y la libertad de religión. También prohíbe a la policía y a otros oficiales del gobierno que registren los hogares u oficinas de la gente o que confisquen propiedades sin una buena razón y autorización pertinente. Pág. 205.

dedicado a los galones: un *galón* es una banda de material (normalmente de color dorado o plateado) que se usa al decorar un uniforme, gorra, etc., y para indicar el rango (normalmente alto), como en el ejército o en la armada. La expresión *dedicado a los galones* se usa para referirse a alguien que se entusiasma con el status y las condecoraciones y se dedica a estos en vez de a las acciones y deberes de su puesto. Pág. 151.

Definición Mecánica: se llama "mecánica" porque se define en términos de distancia y posición. *Mecánico* en este sentido significa que interpreta o explica los fenómenos del universo con relación a fuerzas físicas determinadas causativamente; mecanicista. Mecánico también se aplica a "que actúa o funciona como una máquina: automático". Así, una Definición Mecánica sería aquella que definiera en términos de espacio o ubicación, como "el coche que está junto al viejo roble" o "el hombre que vive en la casa grande". Aquí, "el viejo roble" y "la casa grande" son objetos fijos, y los objetos no fijos ("coche" y "hombre") son una especie de punto de vista. Uno ha identificado las cosas por ubicación. Pág. 64.

deificar: considerar como un dios; venerar o adorar (como se haría con un dios). Pág. 150.

delatar: informar sobre alguien que ha hecho algo incorrecto o ilegal. Pág. 316.

delito, agravar el: empeorar una situación; aumentar una dificultad, problema o crimen. La expresión se refiere a una persona que realiza alguna acción que hace que un crimen sea más grave de lo que ya era. Pág. 124.

delusión: creencia fija falsa; percepción que se percibe de forma diferente a como es en realidad. Pág. 104.

demandante: persona que demanda o inicia un caso judicial contra otra persona (el demandado), para conseguir amparo frente a un agravio de sus derechos. Pág. 6.

democracia: forma de gobierno en la que el poder supremo le es conferido al pueblo y lo ejercen ellos directamente o mediante sus representantes electos. Pág. 47.

demostración en plastilina: modelo hecho de plastilina para clarificar cosas estudiadas, definiciones o confusiones. Pág. 141.

denominador común: algo que es común a una serie de personas o cosas o característico de ellas; característica compartida. Pág. 258.

dentro: cosas que deberían estar ahí y lo están o que habría que hacer y se hacen, se dice que están "dentro". Por ejemplo: "Tenemos el horario dentro". Pág. 3.

departamento: porción o sección de una organización con su propio staff encabezada por un ejecutivo y responsable del desempeño de ciertas funciones o de la producción de ciertos productos. Por ejemplo: el Departamento de Comunicaciones. Pág. 72.

depravar: hacer que el carácter o la calidad sea peor; corromper o pervertir. Pág. 150.

desasosegado: alguien a quien se le ha quitado el sosiego (tranquilidad, quietud o serenidad). Pág. 341.

desatar truenos y centellas: en sentido figurado, reprochar, regañar, reprender con severidad. Pág. 236.

descarriar: apartar del carril, echar a alguien o algo fuera de este. En sentido figurado, apartar de la condición, funcionamiento o conducta correcta, normal o usual. Pág. 4.

desconocimiento: incomprensibilidad de algo; también es la consideración de que algo no se puede conocer. Pág. 64.

desdeñar: tratar con desprecio como algo de poco valor o importancia o indigno de uno. Pág. 248.

desgaste, guerra de: literalmente, *desgaste* significa consumir una parte de la superficie de una cosa a causa del uso, el roce o la erosión. Por tanto, una *guerra de desgaste* se refiere a un bando agotando y debilitando al otro bando por medio de presión, acoso, privaciones, etc., continuas, como en el caso de un asedio. (Un *asedio* es la acción o proceso de rodear y atacar un lugar fortificado aislándolo de forma que no pueda recibir ayuda ni suministros, con la intención de disminuir la resistencia de los que la defienden, posibilitando así la conquista o captura). Pág. 154.

despotricar: hablar sin consideración, diciendo insultos o barbaridades contra alguien o algo, o atacándolo. Pág. 336.

desquiciarse: trastornarse, volverse loco. Pág. 226.

determinismo: poder de elección o de decisión. Pág. 3.

Dev-T: abreviatura de *Tráfico Desarrollado* (del inglés *Developed Traffic*). Es condenatorio. El sello Dev-T en un despacho significa: "Este despacho existe únicamente porque su originador no ha manejado una situación, un problema o una orden ejecutiva". También significa: "Responsabilidad por tu puesto muy baja". También significa: "Deberías estar manejando esto sin más tráfico". También significa: "Estás fabricando tráfico nuevo porque no estás manejando tráfico viejo". También significa: "¡Por el amor de Dios!". Cada vez que se desarrolla el tráfico, alguien ha errado. Tráfico *"Desarrollado"* no significa tráfico usual y necesario. Significa *tráfico inusual e innecesario.* Pág. 107.

Dianética: del griego *dia:* a través, y *nous:* mente o alma; lo que el alma le está haciendo al cuerpo. Véase *Dianética: La Ciencia Moderna de la Salud Mental* y *La Ciencia de la Supervivencia.* Pág. 3.

Dianética Expandida: aquella rama de Dianética que usa Dianética de formas especiales para propósitos específicos. Algunos pcs, en particular los casos duros de drogas, o que están discapacitados físicamente o crónicamente enfermos o que han tenido problemas para recorrer engramas (por mencionar unos pocos), requieren tecnología adaptada especialmente. Dianética Expandida se ajusta muy específicamente al preclear. Pág. 199.

diatriba: censura violenta o enojada en contra de alguien o algo. Pág. 60.

difamación: acción de contar una historia o informe falso que se explica maliciosamente con la intención de dañar la reputación de otra persona. Pág. 42.

Dillinger: John Dillinger (¿1902?–1934), infame atracador de bancos y asesino americano a quien la Oficina Federal de Investigación (FBI, del inglés *Federal Bureau of Investigation*) declaró "enemigo público número uno" en 1933 por su participación en numerosos atracos a bancos y una serie de asesinatos. En julio de 1934, agentes del FBI lo abatieron a tiros. Pág. 177.

Diógenes: (aprox. de 412–323 a. C.) filósofo griego del que se decía que vivía en la pobreza, mendigaba la comida y usaba un barril como vivienda para mostrar su indiferencia hacia las posesiones. De acuerdo a la tradición, una vez fue con un candil a plena luz del día por las calles de Atenas buscando un hombre honesto. Pág. 173.

Directiva Ejecutiva: tipo de emisión usada por los ejecutivos en las organizaciones de la Iglesia de Scientology que contiene varias órdenes inmediatas, programas, etc. Son en tinta azul sobre papel azul. Pág. 357.

Director de Diplomas: jefe del Departamento de Diplomas y Premios, el Departamento 15 en la División de Calificaciones. Pág. 365.

Director de Entrenamiento: jefe del Departamento de Entrenamiento en la División Técnica, responsable de producir gente entrenada de manera eficaz, que pueda aplicar diestramente lo que ha aprendido y que lo aplicará. Pág. 226.

Director de Estimaciones: jefe del Departamento 10 en el organigrama de la División Técnica de 1965, responsable de las entrevistas y los tests. Al preceder al Departamento 11 (Entrenamiento) y al Departamento 12 (Procesamiento), todos los estudiantes y preclears entraban y salían de la División Técnica pasando por el Departamento de Estimaciones. Pág. 365.

Director de Exámenes: jefe del Departamento de Exámenes (Departamento 13) en la División de Calificaciones del organigrama de 1965. Pág. 365.

Director de Procesamiento: jefe del Departamento de Procesamiento en la División Técnica, a cuyo cargo están todos los casos del público y que es responsable de las salas de auditación, los auditores y la asignación de pcs a los auditores. Pág. 226.

Director de Revisión: jefe del Departamento de Revisión en la División de Calificaciones, responsable de la reparación y corrección de las dificultades con la auditación y el entrenamiento. Pág. 226.

Director de Técnica: antigua designación del ejecutivo a cargo de la División Técnica de la org y que coordinaba todas las actividades de entrenamiento y procesamiento. Pág. 293.

Director Ejecutivo: jefe de una organización de la Iglesia de Scientology responsable de la planificación y de la dirección de la organización así como de sus estadísticas y viabilidad. Pág. 85.

discernimiento: acto de distinguir; percepción de la diferencia entre una o más cosas. Pág. 15.

diseminación: acción de *diseminar:* extender o esparcir de forma amplia. Viene del latín *disseminare* que significa "esparcir ampliamente". Cuando hablamos de la diseminación de Dianética y Scientology nos referimos a dar a conocer ampliamente la información sobre Dianética y Scientology, así como sus servicios y resultados, por medio de libros, material promocional, cartas, películas u otros medios o actividades, incluyendo la difusión "de boca en boca". Pág. 330.

disminuir: decrecer, reducir, hacer menor o menos importante. Pág. 196.

disparar: en sentido figurado, dirigir una acción disciplinaria, censura, etc., contra alguien. Pág. 231.

dispararse: iniciarse o ponerse en marcha; ocurrir como si se accionara un gatillo (mecanismo disparador) y "se disparara". Pág. 5.

dispensario: sala o lugar donde se dispensan o entregan medicinas, como el dispensario de un hospital. Pág. 166.

divergencia: falta de acuerdo entre dos o más personas en un asunto concreto. Pág. 339.

divina rectitud: referencia al derecho divino de los reyes, la creencia de que los reyes y las reinas tenían un derecho a gobernar otorgado por Dios, que no podían equivocarse y que sólo respondían ante

Dios por sus acciones y no ante la gente a la que gobiernan. Se usa en sentido figurado. Pág. 6.

división: 1. Una de las nueve divisiones de una organización de la Iglesia de Scientology, responsable de una de las principales funciones de la organización. Una división está compuesta por tres o cuatro departamentos y encabezada por un Secretario Divisional. Pág. 85.

2. Cualquiera de las tres divisiones de la Junta Internacional (junta que controlaba toda Scientology) a principios de 1965. Cada división estaba encabezada por un miembro de la Junta y consistía en su staff y todo el staff de esa división en todas las organizaciones. La División 1 (HCO) estaba dirigida por el Presidente; la División 2 (Entrenamiento y Procesamiento) estaba dirigida por el Secretario, y la División 3 (Materiales y Cuentas) la dirigía el Tesorero. El modelo de organización de tres divisiones se duplicó en todas las organizaciones y el personal que actuaba como ayudantes de los miembros de la junta encabezaban estas divisiones en cada organización. *Véanse también* **Miembro Ayudante de la Junta** y **Junta Internacional.** Pág. 299.

División Técnica: división de una organización de la Iglesia de Scientology que programa a los estudiantes y a los pcs para entregarles su servicio, entrena de manera efectiva y rápida a los estudiantes que están en los cursos hasta el nivel de la clase de la org, produce auditores y graduados de curso competentes, entrega auditación intensiva de alta calidad a los pcs en todos los niveles y acciones hasta la clase de la org y crea una abundancia de Supervisores de Caso y de auditores completamente entrenados y con internado. Pág. 229.

División del Público: la porción de una organización de la Iglesia de Scientology que es responsable de tener un campo amplio, expandiéndose y controlado. Estas tres divisiones son la División 6A, que es una actividad de contacto para interesar a la gente, entregar servicios introductorios gratuitos, vender libros y conferencias grabadas de LRH; la División 6B, que entrega servicios pagados y ofrece cursos y auditación a los scientologists para mantenerlos activos, interesados y comprometidos; y la División 6C, que dirige todo tipo de grupos y Miembros del Staff en el Campo (FSMs, del inglés *Field Staff Members*), celebrando eventos, manejando las relaciones públicas y ocupándose de los muchos aspectos de mantener un campo activo e interesado. Pág. 330.

doingness: actividad, acción, la creación de un efecto mediante una serie de acciones. Pág. 47.

don: aptitud o cualidad particular para algo, que se considera que se posee de manera natural (en vez de lograda mediante el trabajo, la práctica o la ejercitación). Pág. 151.

dosis para dormir: una *dosis* es una toma de medicina que se le da a un enfermo. En este caso se refiere a una droga que se supone que ayudará a alguien a dormir. Pág. 194.

dotado: (dicho de alguien) que posee aptitudes o cualidades particulares para algo, que se considera que se poseen de manera natural (en vez de logradas mediante el trabajo, la práctica o la ejercitación). Pág. 149.

dramatizar: imitar, expresar o representar algo, como lo haría un actor en un drama u obra teatral representando el papel que tiene en el guión. Pág. 6.

drástico: radical, riguroso o severo. Pág. 294.

Dr. Szasz: referencia al Dr. Thomas Szasz, (1920–) psiquiatra, profesor universitario y escritor americano, bien conocido por sus puntos de vista sumamente críticos sobre las prácticas de la psiquiatría. Szasz ha escrito más de 200 artículos y varios libros, uno de los cuales es *The Manufacture of Madness* (*La Fabricación de la Maldad,* 1971). Pág. 371.

duras penas, a: con gran dificultad y poco logro. Pág. 240.

echar: despedir a alguien del trabajo o servicio. Pág. 374.

eclesiástico: relacionado con la iglesia, especialmente como institución formal y establecida. Pág. 313.

ED: abreviatura de *Director Ejecutivo* (del inglés *Executive Director*), el jefe de una organización de la Iglesia de Scientology, responsable de planificar y dirigir la organización así como sus estadísticas y viabilidad. Pág. 129.

elemento: uno de los factores que desempeñan un papel o que determinan el resultado de algún proceso o actividad. Pág. 46.

embriagante: que pone borracho, como cuando uno ingiere bebidas con un alto porcentaje de alcohol; que produce un efecto eufórico y de exaltación. Pág. 152.

embrollado: enredado en conflictos y problemas. Pág. 31.

embrollar: enredar algo o hacer que resulte más complicado de lo normal. Pág. 102.

Emergencia, Estado de: estado asignado a una organización o parte de esta cuando tiene estadísticas constantemente bajas o numerosos incumplimientos o delitos. Este se puede asignar a una unidad, subsección, sección, departamento, división o a toda la organización. No se le asigna a una persona. Para terminar una

Condición de Emergencia, la porción de Scientology a la que se le asigne tiene que seguir estrictamente la Fórmula de Emergencia. Pág. 110.

E-Metro: instrumento especialmente diseñado que ayuda al auditor y al preclear a localizar áreas de sufrimiento o angustia espiritual. Pág. 41.

emoción equivocada: emoción que es inapropiada a las circunstancias reales de la situación. Decir que una carta contenía emoción equivocada indicaría que la persona que escribió la carta no mostró las emociones adecuadas según las condiciones reales de la situación. Manifestar emoción equivocada sería sinónimo de ser irracional. Pág. 209.

Emoción y Reacción Humanas: contra-emociones y reacciones que expresan los seres humanos aberrados cuando se les guía hacia objetivos de supervivencia. Por lo general están por debajo de 2.0 en la Escala Tonal. Pág. 199.

empañar: causar que algo sea borroso u oscuro. La palabra proviene del uso de una tela (un paño) para cubrir algo, haciéndolo así borroso u oscuro. Pág. 55.

emprendedor: que muestra iniciativa e inventiva, osadía o resolución en proyectos o actividades. Pág. 161.

empuje: impulso interno que estimula la actividad, la energía y la iniciativa. Pág. 12.

encaminamiento B: método de encaminamiento en una organización de la Iglesia de Scientology en el que la partícula va a su destino pasando por conductos establecidos. Una comunicación por encaminamiento B sube a través de los superiores del área de alguien, cruzando hasta el superior del terminal a quien está dirigida la comunicación, y baja hasta el destinatario final. Pág. 271.

enfilar: dirigir hacia cierto sitio algo como un cañón, etc., para abarcar toda la extensión de un objetivo, como una línea de soldados. Pág. 156.

enfrentar: encarar; confrontar; aparecer ante alguien o encontrarse cara a cara. Pág. 61.

engrama: cuadro de imagen mental que constituye una grabación de un momento de dolor e inconsciencia. Más tarde, una palabra o un entorno similar pueden poner en acción esta grabación y hacer que el individuo actúe como si estuviera en peligro. Obliga al individuo a adoptar pautas de pensamiento y comportamiento que no son necesarias según una estimación razonable de la situación. Véase *Dianética: La Ciencia Moderna de la Salud Mental* y *La Ciencia de la Supervivencia*. Pág. 196.

engrama de grupo: engrama mutuo para un grupo. La anatomía de un engrama de grupo consiste en órdenes falsas, informes falsos y percepciones falsas. Causan que un grupo baje de tono y tenga bajas estadísticas. Pág. 337.

entheta: palabra compuesta que significa *theta enturbulada,* theta en estado turbulento, agitado o trastornado. (*Theta* es la energía del pensamiento y la vida. Theta es razón, serenidad, estabilidad, felicidad, emoción alegre, persistencia y el resto de factores que el Hombre normalmente considera deseables. La descripción completa de theta se encuentra en *La Ciencia de la Supervivencia*). Pág. 203.

enturbulación: agitación o perturbación; conmoción o trastorno. Pág. 233.

E/O: abreviatura para *Oficial de Ética* (del inglés *Ethics Officer*), la persona en una organización de Scientology que tiene el siguiente propósito: ayudar a Ronald a limpiar a las organizaciones y al público de entheta y enturbulación si es necesario, para que se pueda llevar a cabo Scientology. Pág. 254.

eón: periodo de tiempo inmenso o indefinidamente largo. Pág. 27.

epopeya: largo poema narrativo, de lenguaje elevado y que celebra los logros heroicos y nobles de un héroe legendario, de una manera que supera a la realidad en tamaño y magnitud. Pág. 167.

equivaler: ser semejante en efecto o valor; ser casi lo mismo. Pág. 44.

era de la máquina: época notable por su amplia utilización de aparatos mecánicos, en sustitución de la mano de obra humana y de los productos caseros. Pág. 51.

Era de Oscurantismo: periodo de grave declive dentro de una civilización en el que el conocimiento y la cultura se encuentran ausentes; periodo caracterizado por una falta de actividad intelectual y espiritual, a menudo en referencia especialmente al periodo de la historia europea que va desde el siglo V hasta comienzos del siglo XIV, periodo en el que la sociedad carecía de gran cantidad de habilidades artísticas y técnicas y en el que el conocimiento de la civilización Romana y la civilización Griega virtualmente desapareció. Pág. 243.

ermitaño: persona que vive sola y evita salir afuera o hablar con otras personas. Pág. 163.

esbirro: seguidor que se gana el favor o la gracia mediante medios indignos, como estar dispuesto a hacer cualquier acción degradante que se le pida. Pág. 155.

Escala Tonal: escala de tonos emocionales que muestra los niveles del comportamiento humano. Estos tonos, ordenados desde el más alto hasta el más bajo son, en parte, entusiasmo, aburrimiento, antagonismo, enojo, hostilidad encubierta, miedo, pesar y apatía. La Escala Tonal se describe por completo en *La Ciencia de la Supervivencia*. Pág. 57.

escoplo: herramienta para labrar la madera que consiste en una hoja rectangular de hierro unida a un mango de madera; generalmente se usa golpeando la base del mango con una maza. Pág. 136.

escoria: sustancia de desecho en forma de masa esponjosa que queda, aparte de las cenizas, al quemar algunas cosas, como por ejemplo, el carbón de las locomotoras. Se usa en sentido figurado en referencia a la parte más desagradable, despreciable o de menos valor de algo, especialmente de un grupo de personas. Pág. 392.

especie: grupo o clase de animales o plantas que tienen ciertas características comunes y permanentes que les distinguen claramente de otros grupos y que pueden reproducirse entre ellos. Pág. 21.

espiral descendente: cuanto más empeora alguien (o algo), más capacidad tiene para empeorar. *Espiral* se refiere aquí a un movimiento progresivo hacia abajo, e indica un deterioro implacable de la situación que se considera que adopta forma de espiral. El término proviene de la aviación, donde se usa para describir el fenómeno de un avión que desciende describiendo una espiral con círculos cada vez más cerrados, como en un accidente o en un número de acrobacia, que si no se maneja puede resultar en la pérdida de control y en que el aparato se estrelle. Pág. vii.

espíritu emprendedor: (referido a una persona) ímpetu o impulso de emprender nuevas acciones y llevarlas a cabo de forma diligente, enérgica, especialmente cuando las acciones van encaminadas hacia la supervivencia. Pág. 182.

estadísticas altas: 1. una persona que tiene estadísticas altas. Pág. 240. **2.** (referido a una persona o área) que tiene sus estadísticas hacia arriba o en un nivel elevado. Pág. 268.

estadísticas bajas: en Scientology, expresión acuñada para referirse a una persona o área que tiene estadísticas bajas, en declive. Pág. 268.

estampar: imprimir o marcar algo con un dispositivo. Pág. 242.

estático: condición fija o estacionaria, que carece de movimiento. Pág. 114.

estrangulación: acción o proceso de reprimir, ahogar o arruinar el crecimiento, desarrollo o actividad naturales, normales o deseables de algo. Pág. 47.

estratosfera: capa de la atmósfera terrestre que se extiende entre los 10 y los 50 km de altitud aproximadamente. Pág. 176.

Ética: la Sección de Ética de una organización y toda su tecnología. Pág. vii.

evaluar: examinar o juzgar la importancia o condición de algo. Pág. 16.

evaluar: el acto de decirle a una persona lo que anda mal con ella o lo que debe pensar acerca de su caso. Pág. 60.

exaltarse: reaccionar ante algo con furia, cólera o ansiedad, grandes o incontroladas. Pág. 173.

exclaustrado: (referido a un religioso) que ha abandonado o se le ha echado del *claustro* (convento, monasterio). De ahí, privar a un sacerdote, monje, etc. de su autoridad o rango eclesiástico. Pág. 152.

exhumar: restablecer el status de alguien. Literalmente, sacar de la tierra algo que estaba enterrado; particularmente, los restos de un difunto. Pág. 256.

ex lobo: referencia a gente con carácter cruel, voraz y feroz como el de un lobo, y que dañó a las organizaciones de Scientology. Como ex lobo, se considera que ha cambiado y que ya no es maliciosa y maligna. Pág. 260.

exponerse: arriesgarse a algo; actuar como si se estuviera intentando provocar algo dañino, desagradable, etc.; abrir la puerta a algo perjudicial de manera insensata. Pág. 59.

extorsionar: obtener algo de alguien, en especial dinero, por medio de la intimidación o el abuso de autoridad legal u oficial. Pág. 155.

extraspectivo: que tiene o usa la capacidad de ver lo que es externo. Pág. 151.

fallo: la palabra "fallo" se describe por completo en el Capítulo 13. Pág. 342.

faltar a la palabra: violar la palabra o promesa dada; actuar como un traidor. *Palabra* en este sentido significa una promesa verbal; el deber de cumplir con una obligación. Pág. 23.

fantasmagórico: que se puede sentir o experimentar, pero que no está físicamente ahí. Pág. 53.

Fase I: cuando comienza una nueva actividad, un ejecutivo lo maneja todo él mismo mientras entrena a su staff. Cuando tiene a gente produciendo, funcionando bien y entrenada en el hat, él entonces entra en la siguiente fase, Fase II: dirigir una actividad establecida; un ejecutivo hace que la gente haga el trabajo. Con "manejarlo todo él mismo" se quiere decir hacerlo él mismo, siendo él el responsable de realmente manejar las cosas. La Fase I ocurre cuando un ejecutivo está formando a su personal. Pág. 106.

faz de la Tierra, sobre la: expresión que significa "en el mundo entero" y se usa para enfatizar una declaración. La *faz de la Tierra* es la superficie completa del planeta Tierra. Pág. 116.

FBI: siglas de la Oficina Federal de Investigación (del inglés *Federal Bureau of Investigation*), agencia gubernamental americana fundada para investigar las infracciones de las leyes federales y salvaguardar la seguridad nacional. Pág. 181.

FCDC: siglas de *Founding Church of Scientology, Washington, D.C.,* (Iglesia Fundacional de Scientology, en Washington, D.C.), constituida en 1955. (Una *iglesia fundacional* es la que funda otras iglesias y de la que se deriva la autoridad de estas). Pág. 222.

federal: que está formado por territorios que se gobiernan por leyes propias, aunque se unen en determinadas funciones. Pág. 154.

fehaciente: que prueba o da fe de algo de forma indudable. Pág. 3.

fenómeno: hecho o suceso observable. Pág. 39.

Fenómenos Finales: indicadores en el preclear y el E-Metro que muestran que un proceso o acción se ha completado. Pág. 315.

fidelidad: cualidad de ser fiel; lealtad firme e inquebrantable hacia una persona. Pág. 159.

fiduciario: relativo a la confianza que se pone en una persona que administra el dinero o los bienes de otra persona o grupo de personas. Pág. 313.

Floyd, Pretty Boy: Charles Arthur Floyd (1904−1934), gángster, ladrón de bancos y asesino americano. Le pusieron el apodo de "Pretty Boy" (niño bonito) porque llevaba el pelo engominado y nunca iba sin un peine de bolsillo. Cometió su primer crimen importante a la edad de dieciocho años, y siguió así hasta atracar más de trcinta bancos, asesinando por lo menos a diez hombres, la mitad de los cuales eran policías. En 1934, agentes del gobierno de los Estados Unidos le dispararon hasta matarlo. Pág. 177.

Flujo Triple: (respecto a un proceso) que se hace abordando tres flujos (un ser tiene un mínimo de tres flujos). *Flujo* significa un pensamiento, energía o acción direccionales. Los tres flujos son: (1) hacia dentro de uno mismo; (2) afuera hacia otro u otros; y (3) de manera cruzada, de otros a otros. Un ejemplo sería: Flujo 1, a uno mismo, beber; Flujo 2, de uno mismo a otro u otros, el preclear dándoles bebidas; Flujo 3, de otros a otros, personas dándole bebidas a otras personas. Pág. 196.

fólder: carpeta o archivo. Proviene de la palabra inglesa *folder.* Pág. 235.

fólder de pc: registro de todas las acciones de auditación y otras acciones efectuadas al preclear según va subiendo por El Puente. Pág. 209.

Freud: Sigmund Freud, (1856−1939) fundador del psicoanálisis, nacido en Austria, que hacía hincapié en que los recuerdos escondidos e inconscientes de naturaleza sexual controlan el comportamiento de una persona. Pág. 60.

frito: estar a punto de sufrir consecuencias desagradables, especialmente por sus propias acciones u omisiones. Pág. 107.

Fuente Potencial de Problemas (PTS): persona que está relacionada con una Persona Supresiva que la está invalidando, que invalida su beingness, su vida. La persona es una Fuente Potencial de Problemas (PTS, del inglés *Potential Trouble Source*) porque está relacionada con una Persona Supresiva. Fuente Potencial de Problemas significa que la persona va a subir y va a caer. Y es una fuente de problemas porque se va a trastornar y porque va a causar dificultades. Y realmente causa dificultades. Se ha nombrado con mucho cuidado. Pág. vii.

fuera: cosas que deberían estar ahí y no lo están, o que deberían hacerse y no se hacen, se dice que están "fuera". Pág. 22.

fuera-de-ética: acción o situación en la que está involucrado un individuo, o algo que el individuo hace, que es contrario a los ideales, los mejores intereses y la supervivencia de sus dinámicas. Pág. 5.

fuera-de-línea: forma de Dev-T que se genera cuando se envía un despacho a la persona incorrecta, más comúnmente cuando un miembro del staff escribe un despacho que debería ir destinado a sí mismo pero lo encamina a alguna otra persona. También son despachos u órdenes que se transmiten de manera que impidan que quede constancia de la información. Pág. 272.

fuera-de-origen: forma de Dev-T que se genera cuando un terminal origina algo que no es su hat. Pág. 272.

fuera-de-política: 1. Relativo a la no aplicación de los procedimientos de Scientology. Pág. 269.
2. Forma de Dev-T que se genera cuando un despacho lo origina o lo transmite alguien que debería saber que el asunto ya está contemplado en la política. Pág. 272.

fuera, punto: dato que se presenta como si fuera verdad que, en realidad, se encuentra que es ilógico. "Soy ciudadano suizo", como declaración hecha por alguien al que se le encuentra un pasaporte alemán en su equipaje, sería un ejemplo. Pág. 144.

fuerte, mantener el: mantener las cosas funcionando, mantener una actividad en marcha, actuando como sustituto de alguien. *Fuerte* en esta expresión se refiere a una fortificación, como durante un asedio, y *mantener* significaría resistir a cualquier ataque y asedio y conseguir que las cosas siguieran funcionando y la fortificación no cayera. Se usa en sentido figurado. Pág. 228.

fulana: término ofensivo para una mujer a la que se considera una prostituta o que se comporta como una. Pág. 40.

función: acción o actividades propias de algo. Pág. 136.

galones, dedicado a los: un *galón* es una banda de material (normalmente de color dorado o plateado) que se usa al decorar un uniforme, gorra, etc., y para indicar el rango (normalmente alto), como en el ejército o en la armada. La expresión *dedicado a los galones* se usa para referirse a alguien que se entusiasma con el status y las condecoraciones y se dedica a estos en vez de a las acciones y deberes de su puesto. Pág. 151.

ganancia de caso: las mejoras y resurgimientos que experimenta una persona con la auditación. También es cualquier mejora de caso según el pc. Pág. 67.

géiser: abertura de origen volcánico en la corteza de la Tierra de la cual brotan vapor, gases y agua muy caliente de manera intermitente y generalmente turbulenta. Se usa en el texto en sentido figurado como algo o alguien que lanza, emite o gasta cosas a una gran velocidad y en grandes cantidades. Pág. 53.

Gengis Kan: (1162–1227) general y emperador mongol. Conquistó grandes porciones de territorio de China y del sudoeste Asiático. Su ejército eliminó sin piedad a cualquier enemigo; se les conocía por masacrar sistemáticamente la población de ciudades enteras que se les resistían. Pág. 251.

gobierno por la mayoría: decisión de acuerdo con los deseos o los votos de la mayoría de los miembros de un grupo u organización. Pág. 182.

godo: palabra española que se usa en Sudamérica como término insultante hacia los españoles, especialmente durante la guerra de independencia entre Sudamérica y España a principios del siglo XIX. La palabra, en sentido literal, se refiere a los godos, una tribu germánica, rica y poderosa, que invadió la península ibérica en el siglo V y gobernó hasta el siglo VIII. Pág. 155.

gracia, restituir la: *gracia* es el estado o condición de ser bien considerado por alguien. *Restituir la gracia* sería devolver a alguien a un estado anterior, como si se le hubieran perdonado sus transgresiones. Pág. 260.

Gran Depresión: gran reducción de la actividad económica americana, la más grave de la historia del país, que empezó con un enorme descenso en los precios de las acciones en la bolsa en octubre de 1929, y duró a lo largo de los años 30. Durante este periodo, los negocios, el empleo y el precio de los valores bursátiles (participaciones en empresas que se compran y venden en la bolsa) cayeron enormemente y permaneció en un nivel muy bajo. Muchos bancos y empresas quebraron, y millones de personas perdieron sus empleos. Pág. 243.

gravar: imponer un impuesto, tasa u otra carga sobre un bien o una actividad. Pág. 153.

grito en el cielo, poner el: clamar en voz alta quejándose vehementemente de algo. Se refiere, en sentido figurado, a alguien que se queja de algo gritando tan fuerte que se puede escuchar en un sitio tan lejano como el cielo. Pág. 207.

grupo disidente: grupo de personas u organización que ha tomado una ruta, línea de acción o de pensamiento diferente de Scientology. Pág. 312.

Guayaquil: ciudad portuaria de Ecuador, históricamente destacada por ser el lugar de encuentro en julio de 1822 entre Simón Bolívar y el General José de San Martín (líder revolucionario sudamericano y protector de Perú). Guayaquil era el único puerto en buenas condiciones en miles de kilómetros. Quien lo controlara controlaría la totalidad de Ecuador y Gran Colombia (área que incluía las actuales Colombia, Panamá, Venezuela y Ecuador). Bolívar estaba decidido a controlar Guayaquil; sin embargo, San Martín tenía el poder en Perú y se había comprometido con su gobierno a apoderarse de Guayaquil. Ambos hombres tenían el interés común de liberarse de España, pero Bolívar no quería ayudar a Perú mientras San Martín estuviera al mando. San Martín, por tanto, dimitió de su puesto, dejando a Bolívar pleno poder para apoderarse de Guayaquil y liberar Perú. Pág. 157.

guerra de desgaste: literalmente, *desgaste* significa consumir una parte de la superficie de una cosa a causa del uso, el roce o la erosión. Por tanto, una *guerra de desgaste* se refiere a un bando agotando y debilitando al otro bando por medio de presión, acoso, privaciones, etc., continuas, como en el caso de un asedio. (Un *asedio* es la acción o proceso de rodear y atacar un lugar fortificado aislándolo de forma que no pueda recibir ayuda ni suministros, con la intención de disminuir la resistencia de los que la defienden, posibilitando así la conquista o captura). Pág. 154.

HAS: abreviatura de *Secretario de la HCO del Área. Véase* **Secretario de la HCO del Área (HAS)**. Pág. 373.

hat: término de jerga para el título y funciones de un puesto en una organización de la Iglesia de Scientology. Proviene del inglés *hat*, que significa "gorra, sombrero". Tomado del hecho de que en muchas profesiones, como en la ferroviaria, el tipo de sombrero o gorra (hat) que se usa es el distintivo del oficio. Pág. 111.

hat, dar entrenamiento instantáneo en el: (referido a alguien que ocupa un puesto y se hace cargo de sus funciones) decirle cuál es el nombre de su puesto y lo que se supone que debe hacer en ese puesto, colocarlo en el organigrama, proporcionarle un espacio de trabajo, suministros, decirle cuál es su título y lo que significa, el sistema de comunicaciones de la organización y lo que se supone que debe producir en su puesto. Al miembro del staff se le pone de inmediato a producir en cierto volumen aquello que debe producir. Pág. 140.

HCO: siglas de la *Oficina de Comunicaciones Hubbard* (del inglés *Hubbard Communications Office*). HCO es la división de la org que construye, mantiene, dota de personal y controla a la organización. Contrata personal, asigna puestos y hace que el staff se entrene en el hat; encamina las comunicaciones de entrada y de salida; y mantiene la ética y la justicia entre los scientologists en el staff y en el área. Pág. 42.

HCOB: abreviatura de *Boletín de la HCO* (del inglés *HCO Bulletin*). *Véase* **Boletín de la HCO**. Pág. 132.

HCO PL: abreviatura de *Carta de Política de la HCO* (del inglés *HCO Policy Letter*). *Véase* **Carta de Política de la HCO**. Pág. 255.

HE&R: siglas de *Emoción y Reacción Humanas* (del inglés *Human Emotion and Reaction*). *Véase* **Emoción y Reacción Humanas**. Pág. 199.

hectárea: medida de superficie equivalente a 100 áreas. Un área es una unidad de superficie equivalente a 100 metros cuadrados. Por tanto, una hectárea es una superficie de 10,000 metros cuadrados, más o menos como un campo de fútbol. Pág. 164.

Hershey: Milton Hershey (1857–1945), hombre de negocios y filántropo americano que fundó la empresa que llegó a ser la mayor fabricante de productos de chocolate del mundo. En 1903 Hershey construyó una fábrica en Pennsylvania para producir tabletas de chocolate de cinco centavos; el negocio prosperó de tal modo que "Hershey" llegó a ser prácticamente sinónimo de chocolate en los Estados Unidos. Para satisfacer su necesidad, en continua expansión, de mano de obra fiable, la empresa comenzó a construir una ciudad entera cerca de la fábrica, incluyendo tiendas, escuelas, instalaciones recreativas y un gran parque de atracciones. En 1909 construyó una escuela de formación profesional para niños huérfanos. Hershey a menudo fue criticado por su paternalismo y por regentar una "ciudad-compañía". Pág. 40.

HGC: siglas de *Centro de Guía Hubbard* (del inglés *Hubbard Guidance Center*), el Departamento de Procesamiento de una organización de la Iglesia de Scientology, donde se entrega auditación a los preclears. Pág. 129.

hilo sutil de una telaraña: fino hilo formado por las arañas que se ve sobre la hierba o flotando en el aire en tiempo calmado. Pág. 53.

Hitler: Adolf Hitler (1889–1945), dictador alemán que soñaba con la creación de una raza dominante que regiría el mundo durante mil años. Dio inicio a la Segunda Guerra Mundial (1939–1945), asesinó a millones de judíos y a otros que consideraba "inferiores" y dejó en ruinas a Alemania. Se suicidó en 1945 cuando su derrota era inminente. Pág. 5.

hojas de trabajo: registro consecutivo y completo de una sesión de principio a fin. Las hojas de trabajo siempre se hacen en papel de tamaño de 20 cm x 33 cm (tamaño carta) o de 22 cm x 36 cm (tamaño oficio). Se escribe en ambas caras de la hoja, a dos columnas en cada cara y con todas las hojas numeradas por delante y por detrás. El nombre del pc se escribe en cada una de las hojas. Pág. 269.

hoja de verificación: lista de materiales, a menudo dividida en secciones, que presenta los pasos de teoría y práctica que, cuando se terminan, le dan a uno una terminación en el estudio. Los ítems que contiene se seleccionan para dar como resultado el conocimiento que se requiere del tema. Están dispuestos en la secuencia necesaria para proporcionar un gradiente en aumento de conocimiento sobre un tema. Después de cada ítem hay un espacio para las iniciales del estudiante o de la persona que le hace una comprobación al estudiante. Cuando se ha firmado con iniciales por completo la hoja de verificación, esta se ha completado, lo que significa que el estudiante debe presentarse a un examen y se le debe otorgar su diploma de terminación de curso. Pág. 315.

Hombre: género o especie humana; Humanidad. Pág. vii.

hombre: 1. Ser humano, sin importar su sexo o edad; persona. Pág. 4. 2. Varón que ha llegado a la edad adulta, por contraposición a un niño o a una mujer. Pág. 11.

Homo sapiens: ser humano, especialmente en un estado aberrado. Pág. 67.

humanoide: en sentido literal, alguien que parece o tiene la forma o apariencia de un ser humano. Pág. 150.

hurtadillas, a: furtivamente, de forma deliberadamente lenta o cuidadosa y silenciosa para que nadie lo note. Pág. 54.

idea, no tener ni la menor: no saber nada respecto a algo. Pág. 150.

imaginario: relativo a una idea u opinión que tiene poco fundamento; ilusorio. Pág. 182.

imán: en sentido figurado, persona que atrae. Pág. 180.

imperialismo: a menudo se usa en sentido negativo para referirse a la política de extender la autoridad de un grupo o nación mediante adquisiciones territoriales o mediante el establecimiento de una autoridad política o económica sobre otros individuos, grupos o naciones. Pág. 221.

imperio: país, región o unión de estados o territorios bajo el control de un emperador u otro líder poderoso o gobierno. Un *imperio* es una colección de estados conquistados o colonizados, cada uno con su propio gobierno bajo el imperio como un todo. Una *colonia* es un país o área separada de otro país pero gobernada por ese. Pág. 241.

importunar: incomodar o molestar con preguntas, solicitudes u objeciones hechas con la intención de molestar. Pág. 305.

improvisado: sin pensamiento, estudio, preparación, ni investigación previos. Pág. 345.

inadvertidamente: sin darse cuenta; sin ser consciente de ello. Pág. 20.

incertidumbre: falta de certidumbre (certeza). Pág. 187.

incontable: que no puede contarse ni medirse; numerosísimo. Pág. 210.

índice: número que se obtiene de la relación entre dos o más cantidades. Por ejemplo: el índice de criminalidad de un país expresa la relación entre el número de criminales y la población de ese país, en un momento dado. Pág. 19.

indicio: indicador que permite conocer o deducir la existencia de otro fenómeno no percibido. Por ejemplo: la fuga del sospechoso fue un indicio de su culpa. Pág. 184.

indigencia: pobreza extrema, en la que no se tienen cubiertas las necesidades básicas de la vida. Pág. 47.

infanticidio: práctica de asesinar a los niños recién nacidos. Pág. 19.

infierno, agotar el: consumirse la fuerza del dolor o el sufrimiento de alguien de tal modo que ya no tenga poder de afectarle a uno. Pág. 56.

infinito: 1. Cualidad o estado de una extensión de tiempo, espacio o cantidad ilimitada. Pág. 13.
2. Cualidad de tener una duración ilimitada. Pág. 16.

Inglaterra Victoriana: periodo de la historia de Inglaterra durante el reinado de la Reina Victoria, desde 1837 hasta 1901, el reinado más largo de la historia de Inglaterra. El Imperio Británico, que comenzó en los siglos XVI y XVII con el establecimiento de colonias en Norteamérica, alcanzó su máxima extensión al final de la Era Victoriana e incluía Australia, Canadá, India, Nueva Zelanda, grandes porciones de África y muchos territorios más pequeños repartidos a lo largo del mundo. Esta expansión y las vastas posesiones británicas de ultramar estuvieron en gran parte alentadas por el deseo de establecer rutas comerciales lucrativas así como por los recursos de las colonias adquiridas. Pág. 246.

inmemorial: tan antiguo, que no hay memoria, registro o conocimiento de cuándo empezó. Pág. 3.

Inquisición Española: tribunal nombrado por la Iglesia Católica Romana para descubrir y suprimir la herejía (creencias religiosas que la Iglesia Católica Romana consideraba falsas) y castigar a los herejes (los que practicaban la herejía). La Inquisición Española estuvo en funcionamiento desde finales del siglo XV hasta 1834, y se caracterizaba por la extrema severidad y crueldad de sus procedimientos. Se empleaba la tortura para obtener "confesiones" y pruebas contra los acusados. Miles de personas a las que se calificó de herejes fueron azotadas, estranguladas o ejecutadas en la hoguera, a menudo en base a pruebas discutibles aportadas por sus enemigos. Pág. 392.

insidiosamente: de forma que produce un efecto destructivo gradual, acumulativo y habitualmente encubierto. Pág. 32.

insidioso: que contiene un engaño oculto o disimulado con el fin de perjudicar a alguien. Pág. 275.

insultos, contienda de: intercambio de insultos y lenguaje ofensivo entre dos partes. Una *contienda* es una disputa, pelea. Pág. 278.

interno: auditor que se encuentra en aprendizaje bajo un Supervisor de Caso experimentado para convertirse en un auditor impecable. Un *interno* es un graduado avanzado o un graduado reciente de algún campo profesional que está adquiriendo experiencia práctica bajo la supervisión de un trabajador experimentado. Pág. 314.

intravenoso: que se administra inyectándolo en las venas. Pág. 193.

introspectivo: que tiene la capacidad de ver claramente dentro de la naturaleza de una situación o un tema. Pág. 151.

invalidar: privar a alguien o algo de su fuerza, valor o efectividad; disminuir o anular. Pág. 171.

invulnerable: que no es susceptible de verse afectado o dañado; resistente. Pág. 373.

iracundo: que se deja llevar fácilmente por la ira o está dominado por ella. Pág. 60.

irresponsabilidad: negación de cualquier participación, acuerdo o autoría en el pasado. Pág. 37.

irrevocable: que no se puede cambiar; inalterable. Pág. 163.

-ismo: terminación que forma sustantivos que suelen significar creencias, teorías, sistemas o prácticas, como en: colonialismo, parasitismo y similares. Pág. 246.

ítem: elemento de una pareja de cosas, personas, ideas, significaciones, propósitos, etc., de igual masa y fuerza, cuya significación está en oposición a las propias intenciones del thetán. Pág. 62.

Itsa, Línea: línea de comunicación hacia el auditor en la que el preclear está diciendo lo que es, lo que hay, quién está ahí, dónde está, qué aspecto tiene, ideas acerca de ello, decisiones sobre ello, soluciones, cosas en su entorno. Pág. 339.

jabalina: larga y delgada vara de madera o de metal con una punta afilada que se usa como arma; lanza. Pág. 42.

jefe de estado: posición más alta del gobierno de una nación. Pág. 184.

Jefe de Justicia Continental: ejecutivo responsable de la aplicación estándar de las políticas de Justicia de Scientology para el staff y el público en su zona continental. Pág. 316.

Jefe de Justicia Internacional: ejecutivo de la Senior HCO Internacional, que es responsable de la aplicación estándar de las políticas de Justicia de Scientology al staff y al público. Es el protector de la Iglesia, de sus principios y de sus miembros. Sus deberes incluyen la revisión y aprobación o denegación de cualquier acción mayor de justicia para garantizar que no se cometan injusticias. Le ayudan los Jefes de Justicia Continental de cada Senior HCO Continental. Pág. 269.

Jiménez, político: nombre inventado para un político. Un *político* es una persona que ocupa un cargo público o aspira a él, y se preocupa más de ganarse el favor del público o de retener el poder que de mantener unos principios. Pág. 165.

judo: sistema japonés de combate y autodefensa en el que uno utiliza el equilibrio y el peso del cuerpo, con un esfuerzo físico mínimo, para derribar o inmovilizar al oponente. Del japonés *ju,* delicado, y *do,* manera. Pág. 250.

jugar con: dirigir o maniobrar algo inteligente o hábilmente. Pág. 115.

jugarse el todo por el todo: aplicarse o utilizar los propios recursos al máximo; hacer o emprender una cosa en que lo mismo puede encontrarse la salvación que perderse todo. Pág. 46.

Junta de Aptitud: grupo oficial de personas que existe en la Organización del Mar para determinar la aptitud mental y física de su personal. Pág. 374.

Junta Internacional: junta que controlaba Scientology por completo a mediados de los años 60. Estaba compuesta por tres miembros de la junta: Presidente, Secretario y Tesorero, y tenía tres divisiones. Cada miembro era jefe de una división: el Presidente (División 1, HCO); el Secretario (División 2, Entrenamiento y Procesamiento); y el Tesorero (División 3, Materiales y Cuentas). Había Miembros

Ayudantes de la Junta a cargo de estas mismas divisiones en todas las organizaciones de Scientology. *Véase también* **Miembro Ayudante de la Junta** y **división**. Pág. 302.

jurisprudencia: conjunto de leyes y disposiciones legales sobre cierta materia; sistema legal. Pág. 337.

Justicia: medidas adoptadas por el grupo sobre el individuo cuando este deja de actuar por sí mismo para "poner su propia ética dentro". La ética consiste simplemente en las medidas que un individuo toma sobre sí mismo. Es algo personal. Cuando uno es ético o "tiene su ética dentro", es por su propio determinismo y lo hace él mismo. Pág. vii.

justificación: mecanismo social que una persona usa cuando ha cometido un acto hostil y lo ha ocultado. Es un medio por el que una persona puede apaciguar su consciencia de haber cometido un acto hostil tratando de *empequeñecer el acto hostil.* Esto se hace criticando o echando la culpa a otras personas o cosas. Es dar explicaciones de las equivocaciones más flagrantes. Las razones de que los actos hostiles no sean actos hostiles para la gente constituyen las *justificaciones.* Pág. 36.

Justiniano I: (483–565 d. C.) emperador romano desde el 527 d. C. hasta el 565 d. C., conocido como "Justiniano el Grande" y famoso por su codificación de las leyes romanas y por recuperar los territorios romanos anteriormente perdidos. Cuando se convirtió en emperador, hizo de su esposa, Teodora, cosoberana. Pág. 161.

key-out, hacer que (alguien) tenga un: causar que alguien se libere o se separe de la mente reactiva o de alguna porción de ella. Pág. 198.

KGB: siglas de *Comité para la Seguridad del Estado* (del ruso *Komitet Gosudarstvennoj Bezopasnosti*), organismo de policía secreta, espionaje y seguridad, de la antigua Unión Soviética. Sus responsabilidades incluían operaciones encubiertas de inteligencia, protección de los líderes políticos soviéticos y la policía de fronteras (para mantener a los intrusos fuera y a los ciudadanos dentro). Pág. 256.

knowingness: conocimiento auto-determinado y con certeza. Pág. 48.

lealtad: cumplimiento de lo que exigen las leyes de la fidelidad y del honor; ser fiel a una promesa. Pág. 155.

legión: gran número de cosas. Originalmente una *legión* era un grupo sumamente disciplinado compuesto de entre 3,000 y 6,000 soldados romanos. Pág. 159.

Lenin: Vladimir Ilyich Lenin (1870–1924), líder ruso de la revolución comunista de 1917 quien, por medio de la fuerza y del terror, se convirtió entonces en dictador de la URSS (Unión de Repúblicas Socialistas Soviéticas, grupo de estados anteriormente controlados por Rusia) desde 1917 hasta 1924. Pág. 287.

leñadores, lucha de: ruda pelea entre *leñadores,* hombres cuyo trabajo duro y físicamente exigente consiste en cortar árboles y transportar la madera (los troncos) para su utilización en la construcción. Una lucha de leñadores se describe a menudo como carente de reglas, empleando sus participantes empujones, patadas, puñetazos y todo tipo de maniobras para vencer a su oponente. Pág. 250.

Libertadora: mujer que libera a un país de un gobierno opresivo o de la dominación o el control opresivos de una potencia extranjera. Pág. 149.

libertinaje: desconsideración abusiva por lo que se considera correcto, apropiado, etc.; libertad abusiva o excesiva. Pág. 25.

liderazgo, test de: test desarrollado para servir de orientación en los nombramientos de personal dentro de las organizaciones de la Iglesia de Scientology. Consiste en preguntas que determinan la capacidad de liderazgo actual y potencial de una persona. Pág. 133.

limpiar: (en relación con la mente o el espíritu) liberar de actos hostiles y ocultaciones. Pág. 42.

línea de comunicación: línea por la cual fluyen partículas; cualquier secuencia a través de la cual puede viajar un mensaje o cualquier símbolo. Pág. 104.

Línea Itsa: línea de comunicación hacia el auditor en la que el preclear está diciendo lo que es, lo que hay, quién está ahí, dónde está, qué aspecto tiene, ideas al respecto, decisiones al respecto, soluciones, cosas que hay en su entorno. Pág. 339.

línea temporal: registro consecutivo de cuadros de imagen mental que se acumulan a lo largo de la vida o vidas del preclear. Pág. 62.

líquido corrector: líquido por lo general blanco que se puede aplicar sobre el papel para tapar errores de escritura o tipográficos y que proporciona una superficie sobre la que se puede volver a escribir. Pág. 136.

lista: lista preparada, una recopilación de la mayoría de las cosas que pueden andar mal en un caso o en una acción de auditación o en una sesión. Los tipos generales de listas preparadas incluyen: (a) *Una lista de análisis:* esta es un tipo de lista preparada que analiza un caso ampliamente o analiza una sesión. (b) *Una lista de auditación directa:* hay listas preparadas que proporcionan preguntas u órdenes directas de auditación que al recorrérselas al preclear producen un resultado de auditación. (c) *Una lista de corrección:* este tipo de listas corrigen una acción que se está llevando a cabo. Pág. 96.

Lista de Verificación: lista de acciones o inspecciones para preparar una actividad, maquinaria u objeto para su uso o para estimar las reparaciones o correcciones necesarias. Pág. 96.

Lista Uno: lista de Scientology que consta de ítems que incluye a Scientology, las organizaciones de Scientology, un auditor, el Clearing, la auditación, los scientologists, una sesión, un E-Metro, y cosas así. Las personas que tienen un Rock Slam en el tema de Scientology o en ítems relacionados son un riesgo de seguridad. *Lista Uno* significa un auténtico R/S en uno de los ítems de esta lista. Pág. 261.

listar: acción del auditor de escribir ítems dichos por el preclear como respuesta a una pregunta del auditor. Pág. 197.

litigante: persona en una disputa o pleito sometido a juicio. Pág. 357.

litigar: disputar un juicio sobre algo ante un tribunal, con el propósito de que se remedie algo, que se haga valer un derecho o de resolver una disputa. Pág. 154.

livingness: acción de continuar adelante siguiendo un cierto curso, impulsado por un propósito y con algún lugar al que llegar. Pág. 71.

llevar por delante: atropellar, destruir o hacer desaparecer cualquier cosa que se interpone en el camino. Pág. 50.

lodazal: lugar lleno de lodo (mezcla de tierra y agua, especialmente la que resulta de las lluvias en el suelo). En sentido figurado, un estado de confusión, incertidumbre o desorganización; una condición caótica. Pág. 145.

lógico: que tiene que ver con la *lógica,* escala de gradiente de asociación de hechos de mayor o menor similitud que se hace para resolver algún problema del pasado, del presente o del futuro, pero principalmente para resolver y predecir el futuro. La lógica es la combinación de factores para llegar a una respuesta. Pág. 15.

logrado: bien hecho, realizado de forma hábil o que denota conocimiento. Pág. 149.

lomo, partirse el: trabajar o esforzarse mucho. Pág. 113.

LRH: abreviatura de L. Ronald Hubbard. Pág. 194.

luz de, a la: forma de considerar algo, especialmente un asunto, teniendo en cuenta algo que se acaba de decir, como en: *"A la luz de esto".* Pág. 41.

luz del día, ver la: ser producido, salir a la luz; aparecer y comenzar a existir. Pág. 7.

luz, sacar a la: hacer pública una cosa. Pág. 253.

Madison Avenue: calle de la ciudad de Nueva York, donde en cierta época tenían su sede muchas de las principales agencias publicitarias y compañías de relaciones públicas de los Estados Unidos. Con los años, Madison Avenue ha llegado a ser sinónimo de la industria publicitaria en general y de los métodos, prácticas, principios y actitudes de los medios de comunicación y publicitarios. Pág. 243.

magnetizar: someter a alguien o ganarse a alguien mediante encanto personal. Pág. 152.

malaria: enfermedad infecciosa que se transmite por la picadura de mosquitos infectados, común en países cálidos y que se caracteriza por escalofríos y fiebres intensos. Si no se trata puede causar la muerte. Pág. 6.

malhechor: alguien que comete maldades, especialmente alguien que comete actos que van en contra de la ley. Pág. 61.

mancha: algo que echa a perder la reputación de algo; algo vergonzoso. Pág. 392.

mano, de la: se dice de las cosas que van inseparablemente unidas o interrelacionadas. Pág. 20.

manos, llegar a las: en una disputa, llegar a pegarse los contendientes. Pág. 286.

mantener el fuerte: mantener las cosas funcionando, mantener una actividad en marcha, actuando como sustituto de alguien. *Fuerte* en esta expresión se refiere a una fortificación, como durante un asedio, y *mantener* significaría resistir a cualquier ataque y asedio y conseguir que las cosas siguieran funcionando y la fortificación no cayera. Se usa en sentido figurado. Pág. 228.

Máquina de Tiempo: sistema para seguir el rastro de las órdenes de un ejecutivo y asegurarse de que se cumplen. La Máquina de Tiempo consiste en una serie de canastillas. Se pone una copia de la orden del ejecutivo en la canastilla de hoy y se le hace avanzar una canastilla cada día. Cuando la orden original llega cumplida, se pone junto con la copia, se las pone juntas con un clip y se le envían al ejecutivo que emitió la orden. Si la original no llega a la Máquina de Tiempo, la copia caerá fuera de ella al aparecer en la canastilla que se vacía hoy. (Se llenó hace una semana y avanzó una canastilla cada día). Las órdenes que caen fuera de la Máquina de Tiempo se copian y se envían a Ética para que se archiven en el fólder de ética del miembro del staff. Pág. 236.

marcha, poner (algo) en: causar que una actividad progrese o que los planes se lleven a efecto. Pág. 164.

marcha, poner la función en: hacer que una organización, plan, proyecto, etc., dé comienzo y se ponga en acción; poner en movimiento una estrategia, idea, etc. Pág. 237.

masas: referencia a las *masas mentales*. La *masa mental* es la masa contenida en los cuadros de imagen mental de la mente reactiva. Tiene peso; muy diminuto, pero peso; y ciertamente tiene tamaño y forma. Su peso, en comparación, sería enormemente pequeño comparado con el objeto real del que la persona está haciendo el cuadro. Pág. 67.

maullar: emitir el débil y agudo sonido de un gato o un gatito. Se usa en sentido figurado. Pág. 392.

mecanismo: 1. Recurso o medio mediante el que se produce o se lleva a cabo un efecto o se alcanza un propósito, a semejanza de la estructura o sistema de piezas de un dispositivo mecánico destinadas a llevar a cabo alguna función o hacer algo. Pág. 5.
2. Estructura o sistema (de partes, componentes, etc.) que juntos llevan a cabo una función en particular como ocurriría en una máquina. Pág. 150.

medalla: en sentido figurado, un acuse de recibo a un gran logro. Una *medalla* es una condecoración que se otorga como premio por un gran logro, de ahí el uso figurativo como en: *"Te ganarás unas cuantas medallas"*. Pág. 199.

mentalista: referencia a los psiquiatras. Pág. 175.

mente reactiva: esa porción de la mente de una persona que funciona completamente a base de estímulo-respuesta (dado un cierto estímulo da una cierta respuesta), que no está bajo su control voluntario, y que ejerce fuerza y poder de mando sobre su consciencia, propósitos, pensamientos, cuerpo y acciones. Pág. 319.

MEST: palabra formada por las primeras letras de Materia, Energía, Espacio y Tiempo (del inglés *Matter, Energy, Space* y *Time*). Palabra acuñada que quiere decir universo físico. Pág. 13.

Miembro Ayudante de la Junta: uno de los tres miembros (Presidente, Secretario o Tesorero Ayudantes) de un modelo organizacional de tres divisiones que existía a nivel de las orgs a principios de 1965. Este modelo era análogo al de la Junta Internacional (junta que controlaba toda Scientology). Los Miembros Ayudantes de la Junta encabezaban las tres divisiones: Presidente (División 1, HCO); Secretario (División 2, Entrenamiento y Procesamiento); Tesorero (División 3, Equipo y Cuentas). Los Miembros Ayudantes de la Junta ayudaban a los Miembros de la Junta Internacional a llevar sus hats. Ellos no tenían poder para tomar una resolución, pero tenían poder para recomendar una. Y tenían plenos derechos, por autoridad delegada, para dirigir las divisiones de sus propias áreas. *Véanse también* **división** y **Junta Internacional**. Pág. 302.

misión: las misiones de Scientology son grupos que administran servicios introductorios y básicos de Dianética y Scientology en ciertos territorios. Son una actividad de diseminación de primera línea, que existe para impartir la religión a nivel de la gente común y corriente. Pág. 302.

mock-up, hacer: crear. En Scientology, la palabra *mock-up* se usa para referirse, en esencia, a algo que una persona crea o hace por sí misma. El término proviene de una expresión de la Segunda Guerra Mundial para denotar una maqueta de algún arma (barco, avión, etc.) o de un área de operaciones bélicas. Pág. 5.

moneda, la otra cara de la: el otro lado, aspecto o punto de vista de algo. Esta frase viene del hecho de que una moneda tiene dos caras, normalmente diferentes una de la otra. Pág. 150.

monógamo: que está casado con una sola persona a la vez. Pág. 205.

monta, de poca: de poca importancia. Pág. 163.

Montaña Rusa: caso que mejora y luego empeora. La persona va bien o no va bien, y luego va bien, y luego no va bien. Eso es Montaña Rusa. Y cuando no va bien, a veces está enferma. Una persona que hace Montaña Rusa *siempre* está relacionada con una Persona Supresiva y no tendrá ganancias estables hasta que se encuentre el Supresivo en el caso. Pág. 172.

montaña rusa, hacer: moverse (pronunciadamente) arriba y abajo, elevarse y caer. Una montaña rusa, en sentido literal, es una vía férrea estrecha y con subidas y bajadas empinadas con vagones de pasajeros abiertos que funciona a altas velocidades y que se suelen encontrar en los parques de atracciones. Pág. 117.

moral: relativo a la capacidad de distinguir lo correcto de lo incorrecto; de decidir y actuar a partir de esa comprensión. Pág. 3.

mordaz: muy crítico, despreciativo. Pág. 46.

morir como un perro: en sentido figurado, quedar abandonado y sin que a nadie le importe; morir. Pág. 243.

motivador: acto recibido por la persona o individuo que causa daño, reducción o degradación de su beingness, de su persona, de sus relaciones o dinámicas. Un motivador se llama "motivador" porque tiende a provocar un acto hostil. Le da a una persona un motivo, razón o justificación para un acto hostil. Cuando una persona comete un acto hostil o un acto hostil de omisión sin motivador, tiende a creer o finge que ha recibido un motivador que en realidad no existe. Esto es un *motivador falso.* Los seres que padecen de esto se dice que tienen "hambre de motivadores" y a menudo se ofenden por nada. Pág. 5.

mujer despreciada: referencia a la frase: *"En el infierno no hay furia como la de una mujer despreciada",* que significa que nadie tiene más furia o cólera que una mujer cuyo amor se ha rechazado o que piensa que su valía o dignidad han sido insultadas, desdeñadas, etc. Pág. 46.

nacionalismo: política o doctrina de insistir en los intereses de la nación de uno, considerados como distintos de los intereses de otras naciones o de los intereses comunes de todas las naciones. El *nacionalismo* a menudo se asocia con la creencia de que un país es superior a todos los demás. Pág. 243.

Napoleón: Napoleón Bonaparte (1769–1821), líder militar francés. Se alzó al poder en Francia mediante la fuerza militar, se declaró emperador y llevó a cabo campañas de conquista por toda Europa hasta su derrota final a manos de ejércitos aliados contra él en 1815. En las Guerras Napoleónicas (1799–1815) murieron medio millón de hombres. Pág. 27.

natter, hacer: gruñir o quejarse de algo; sacar defectos o quejarse de una persona, lugar, situación, etc. Pág. 166.

natteroso: inclinado a hacer natter; quejumbroso o gruñón. Pág. 67.

negrura de los casos: referencia a un caso que ve negrura cuando tiene los ojos cerrados. La persona no ve imágenes. El caso tiene un pobre nivel de realidad. Pág. 64.

neurosis: cualidad de ser neurótico. *Véase* **neurótico.** Pág. 49.

neurótico: referencia a una persona que es principalmente dañina para sí misma debido a sus aberraciones, pero no hasta el punto del suicidio. Pág. 175.

ni mucho menos: expresión de negación enérgica de algo afirmado o dado por supuesto por otro. Pág. 22.

Niveles de OT (secciones, cursos, etc.): acciones de entrenamiento y auditación avanzados de Scientology que capacitan a un Clear para alcanzar el estado de Thetán Operante. Pág. 264.

noble: que muestra admirables cualidades o principios morales e ideales elevados. Pág. 41.

non plus ultra: se refiere al límite extremo al que uno puede llegar o alcanzar. La expresión proviene del latín y significa "no más allá". Pág. 151.

no sólo eso, y: expresión usada para introducir una declaración más fuerte sobre la veracidad de algo. Pág. 59.

Not-isness: acción de tratar de hacer que algo que uno sabe con antelación que existe deje de existir, por medio de un postulado o por medio de la fuerza. Pág. 45.

notoriedad: estado de ser conocido amplia y públicamente; fama. Pág. 219.

novela romántica: novela que retrata hechos heroicos o maravillosos, hazañas románticas, usualmente en un marco histórico o imaginario. Pág. 23.

obsesivo: relativo a una obsesión (condición en que una idea, imagen, deseo, etc., domina persistentemente los pensamientos o sentimientos de uno). Pág. 176.

obstáculo: impedimento, dificultad, inconveniente, en concreto para el progreso o la comprensión de algo. Pág. 195.

obstinación: terquedad o tenacidad en mantener una opinión, una doctrina o la resolución que se ha tomado, especialmente cuando esta doctrina o resolución son equivocadas. Pág. 45.

obstruir: impedir que alguien tenga éxito o que sus planes se lleven a cabo con éxito. Pág. 67.

ocultación: transgresión no expresada ni mencionada contra un código moral al que la persona se ha comprometido. Una *ocultación* es un acto hostil que la persona ha cometido del cual no habla. Es algo que la persona cree que si se revelara, pondría en peligro su propia preservación. Toda ocultación viene *después* de un acto hostil. Pág. 37.

oficial: referencia a un ejecutivo de una organización de Scientology. Un *ejecutivo* se define como cualquiera que esté a cargo de una org, parte de una organización, una división, un departamento o una sección. Pág. 289.

Oficial de Ética: persona en una organización de Scientology que tiene el siguiente propósito: ayudar a Ronald a limpiar a las organizaciones y al público de entheta y enturbulación si es necesario, para que se pueda llevar a cabo Scientology. Pág. vii.

Oficial de Inspecciones: puesto del Departamento de Inspecciones e Informes, en la Oficina de Comunicaciones Hubbard cuyo deber es inspeccionar el estado de diversos proyectos y órdenes e informar de esto al Secretario de la división afectada. Pág. 274.

Oficial de la Sección del Staff (SSO): (del inglés *Staff Section Officer*) miembro del staff en la División de Calificaciones con el propósito de ayudar a Ronald a crear verdaderos miembros del staff. El Oficial de la Sección del Staff tiene completa autoridad sobre quién va a recibir procesamiento y en qué se van a procesar, quién se va a entrenar y en qué se va a entrenar, y tiene autoridad sobre todas aquellas personas que se dedican a esos deberes o en el momento en que se dedican a esos deberes. Pág. 262.

Oficina de LRH: departamento de la División Ejecutiva encabezado por el Comunicador de LRH, que es responsable de velar por que la organización se adhiera a las políticas y a los materiales técnicos de L. Ronald Hubbard para que la organización se expanda. Parte de sus deberes incluyen la autorización de órdenes, directivas, programas y promoción necesarios para la expansión, así como los Fallos de los organismos de justicia convocados localmente. Pág. 279.

ogro: persona insociable o de mal carácter, persona que es como un monstruo. El término proviene de los gigantes que, según las mitologías de los pueblos del norte de Europa, se alimentaban de carne humana. Pág. 173.

OIC: siglas de *Centro de Información de la Organización* (del inglés *Organization Information Center*), un gran tablero que muestra las gráficas de cada una de las estadísticas clave de una organización de Scientology y es una solución a los problemas de dirigir una organización multi-departamental. Se actualiza semanalmente y lo usan los ejecutivos para tener una imagen completa de la organización, prevenir emergencias, corregir pequeños atascos, etc. Pág. 228.

oneroso: que ocasiona un gran gasto o resulta molesto o pesado. Pág. 25.

operación oscura: acción o campaña organizada que es maligna, deshonesta o deliberadamente dañina. Pág. 52.

oportunista: persona que obtiene alguna ventaja o adquiere algo de valor; normalmente algo material. En su uso aquí, se refiere a alguien que saca ventaja de un periodo de escasez (como durante un desastre natural, una guerra, etc.) para sacar un provecho excesivo de aquellos artículos considerados vitales o necesarios para la supervivencia, como armas, comida, suministros médicos, etc. Pág. 153.

orden del día, a la: expresión que significa que algo es la moda o forma de proceder habitual. Pág. 182.

org: abreviatura de *organización,* con lo que se quiere decir una Iglesia de Scientology. Pág. 71.

organigrama: tablero de organizar que se usa en las Iglesias de Scientology que muestra las funciones, los deberes, la secuencia de acciones y las autoridades de la organización. Está trazado con un patrón exacto que consta de nueve divisiones con cada una de ellas subdividida en tres o cuatro departamentos que a su vez están compuestos de un cierto número de secciones y después unidades. Pág. 140.

organismo: cosa viva o cualquier cuerpo organizado y semejante a una cosa viva. Pág. 15.

Organización Central: organización principal de Scientology fundada en áreas estratégicas del mundo, responsable de todas las actividades de Dianética y Scientology en su zona o área geográfica y que entrega entrenamiento y procesamiento de primera calidad a su público. Pág. 218.

Organización del Mar: hermandad religiosa formada por scientologists que han prometido servir eternamente a Scientology y lograr las metas y el propósito de esta religión. El nombre de la Organización del Mar procede de sus comienzos en 1967 cuando L. Ronald Hubbard, habiéndose retirado de su puesto de Director Ejecutivo en 1966, se hizo a la mar con un puñado de scientologists veteranos para continuar su investigación en los niveles superiores de capacidad y consciencia espiritual. Inicialmente, los miembros de la Organización del Mar vivían y trabajaban a bordo de un flota de barcos. Hoy en día la mayoría de los miembros de la Organización del Mar están destinados en tierra. En correspondencia con su alto nivel de dedicación y compromiso, los miembros de la Organización del Mar cargan con una responsabilidad excepcional dentro de Scientology. Son los únicos scientologists a quienes se confía el ministerio de los niveles avanzados de entrenamiento y de auditación y los únicos individuos que pueden ocupar los puestos eclesiásticos más altos en la jerarquía de Scientology. No existe una estructura formalizada para la Organización del Mar. En su lugar, cada miembro está sujeto a las líneas establecidas de mando y jerarquía tanto corporativas como organizativas de la organización de la iglesia en la que trabaja cada miembro. A pesar de su nombre, la Organización del Mar no es una "organización" ni una "entidad". Es, en su lugar, la manifestación de un compromiso. Pág. 432.

Orioles de Baltimore: equipo de béisbol profesional de Estados Unidos formado en 1872 en Baltimore, Maryland. El nombre del equipo viene de la *oropéndola* (*oriole* en inglés), un pájaro de color naranja y negro que se encuentra comúnmente en esa región. Pág. 163.

oropel, de: relacionado con alguien que tiene una apariencia engañosamente brillante o valiosa, con poca valía real; atractivo o llamativo pero sin un valor real. El *oropel* es una lámina muy fina de latón que imita al oro. Pág. 162.

oscuro: caracterizado por una ausencia de moralidad o iluminación espiritual; caracterizado por una perversidad de carácter incesante. Pág. 42.

OT: siglas de *Thetán Operante* (del inglés *Operating Thetan*), un ser que es causa a sabiendas y a voluntad sobre la vida, el pensamiento, la materia, la energía, el espacio y el tiempo. Pág. 67.

overt: *véase* **acto hostil.** Pág. 35.

PAB: siglas de *Boletín del Auditor Profesional* (del inglés *Professional Auditor's Bulletin*), serie de boletines escritos por L. Ronald Hubbard entre el 10 de mayo de 1953 y el 15 de mayo de 1959. El contenido de los boletines informaba sobre los más recientes avances técnicos, reimpresiones de los últimos procesos y publicaciones técnicas que se habían emitido. Su propósito era darle al auditor profesional y a sus preclears el mejor procesamiento y los mejores procesos posibles en cuanto estuvieran disponibles. Pág. 329.

pagar: dar u ofrecer, como contraprestación o a cambio de algo recibido, como en *"pagan sólo con muerte"*. Se usa en sentido figurado. Pág. 251.

pájaro de mal agüero: persona que acostumbra anunciar que algo malo sucederá en el futuro. Pág. 179.

pandemónium: confusión agitada o desorden ruidoso. Pág. 192.

panfleto: obra escrita que consiste en unas pocas páginas cosidas o grapadas. El término también puede referirse a un corto ensayo o escrito sobre un tema polémico (sujeto a debate) de interés temporal que aviva la atención del público en el momento de su aparición; de ahí, un escrito que tiene la intención de publicar los puntos de vista de alguien sobre una cuestión concreta, o en algunos casos atacar los puntos de vista de otro. Pág. 160.

papel carbón: papel que en una de sus caras contiene un preparado (de carbón, tinta, etc.) y que, puesto entre dos hojas de papel, sirve para calcar y crear así una copia de un escrito original. Pág. 136.

papel del color distintivo: papel del color designado para una división concreta según el sistema de colores distintivos usado en las organizaciones de la Iglesia de Scientology. Cada división usa un papel de color diferente para sus cartas, comunicados y órdenes. Pág. 271.

paquete de hat: término usado para describir los escritos, las hojas de verificación y paquetes que delinean los propósitos de un puesto, su pericia y deberes. Está formado por carpetas y paquetes (de referencias) y sirve para entrenar a la persona en ese puesto. Pág. 141.

par, sin: singular, que no tiene igual o semejante. Pág. 150.

parasitismo: práctica de vivir a expensas de otro. Pág. 246.

parásito: relativo a algo que sobrevive tomando su energía de otra fuente sin contribuir con nada a cambio. Pág. 222.

paredón, llevar al: un *paredón* es un sitio, generalmente delante de un muro, donde se da muerte por fusilamiento. En sentido figurado, llevar a alguien al paredón significa desafiarle, confrontarle con severidad o castigarle con dureza. Pág. 249.

pasada por alto, carga: carga que se ha reestimulado pero que no han visto ni el auditor ni el preclear. La *carga* es fuerza o energía dañina acumulada y generada en la mente reactiva, resultante de los conflictos y experiencias desagradables que la persona ha sufrido. Pág. 202.

pasión dominante: el objeto principal o predominante de intenso interés en un tema o actividad concretos. Pág. 19.

pasividad: cualidad o condición de obedecer o someterse sin ofrecer resistencia. Pág. 251.

patología: cualquier situación que sea una desviación de la condición saludable normal, como una enfermedad. También, conjunto de síntomas de una enfermedad. Pág. 196.

patrón: nombre informal que se le da al capitán o jefe de cualquier embarcación, especialmente en un barco pequeño dedicado a la pesca o al comercio o transporte marítimo. Se usa este término informalmente para referirse al jefe de cualquier actividad. Pág. 166.

patrulla costera: organización de policía militar de la Marina americana que es responsable de la conducta de los marinos en tierra. Esta organización asiste al personal militar, les protege de daño e investiga accidentes o delitos en los que pudieran verse involucrados. Pág. 166.

pautas de energía pesada: referencia a incidentes de la línea temporal en los que se usaba una fuerte energía eléctrica para abrumar, impresionar y atrapar a un thetán. Pág. 175.

Pavlov: Ivan Petrovich Pavlov (1849–1936), fisiólogo ruso, famoso por sus experimentos con perros. Pavlov le enseñaba comida a un perro, mientras hacía sonar una campana. Después de repetir este proceso varias veces, el perro (anticipadamente) segregaba saliva al sonar la campana, tanto si había comida como si no. Pavlov concluyó erróneamente que todos los hábitos adquiridos, incluso las actividades mentales superiores del Hombre, dependían de tales reflejos condicionados (movimientos automáticos e involuntarios como resultado de algún estímulo). Pág. 60.

pc: abreviatura de *preclear,* de *pre-* y *Clear,* una persona que todavía no es Clear; generalmente una persona que está recibiendo auditación y, por lo tanto, está en camino de llegar a Clear; una persona que, mediante el procesamiento de Scientology y Dianética, está descubriendo más sobre sí misma y sobre la vida. Pág. 46.

pensar, dar que: hacer vacilar o reconsiderar algo, como por sorpresa o duda. Pág. 61.

perder el juicio: perder la serenidad, trastornarse; volverse loco o demente. Pág. 369.

permisividad: cualidad o estado de completa tolerancia o indulgencia sin control, como dejar que alguien haga lo que se le antoje. Pág. 267.

perpetrar: referido especialmente a una falta o a un delito, realizarlo o cometerlo. Pág. 26.

Persona Supresiva (SP): persona que suprime a otra gente en su alrededor. Una Persona Supresiva estropeará o despreciará cualquier esfuerzo por ayudar a alguien y en particular atacará con violencia a todo aquello que esté destinado a hacer a los seres humanos más poderosos o más inteligentes. El razonamiento total subyacente de la Persona Supresiva (SP, del inglés *Suppressive Person*) se basa en la creencia de que si alguien mejorara, el SP estaría prácticamente acabado, pues entonces los demás podrían vencerlo. Está librando una batalla que libró alguna vez y nunca terminó de librar. Está en un incidente. Confunde a la gente de tiempo presente con enemigos del pasado que desaparecieron hace mucho. Por lo tanto, nunca sabe en realidad contra qué está luchando en tiempo presente, así que simplemente lucha. "Persona Supresiva" es otro nombre para "Personalidad Antisocial". Pág. 171.

personalidad básica: el individuo mismo. El individuo básico no es un desconocido enterrado o una persona diferente, sino una intensificación de todo lo mejor y más capaz en la persona. Pág. 20.

pescado, arrojar un: expresar desprecio o burla. La expresión proviene de la jerga teatral en la cual "Arrójale un pescado" se usaba como manera de ridiculizar a un intérprete inepto. Pág. 164.

peso: influencia, importancia o autoridad. Pág. 324.

pestañas, quemarse las: estudiar mucho. Pág. 113.

pez gordo: persona con poder e influencia. Pág. 119.

pies, parar los: hacer que alguien o algo pare, cese o finalice. Pág. 251.

pintar de blanco a los lobos: hacer que los *lobos* (animales considerados feroces y dañinos) parezcan *blancos,* moralmente puros e inocentes, como si estuvieran pintados con una capa que encubre lo que hay debajo. Pág. 260.

pisotear: destruir, eliminar, acabar con algo, como si se le pisara repetida y fuertemente con el pie. Pág. 240.

pizca, una: una pequeña cantidad; un poquito. Pág. 335.

placas de direcciones: referencia a las placas que se usan en una máquina de la marca Addressograph. La máquina pone una dirección en la placa o la impresiona en esta. Entonces se aplica tinta a la placa y esta se presiona contra una tarjeta, una hoja de papel o un sobre donde la dirección queda impresa. Pág. 254.

plan de batalla: término militar usado para describir un plan de cómo abordar una batalla para lograr ejecutar con éxito una estrategia general en una guerra. Una batalla es algo que ocurre en un periodo corto de tiempo y se libran muchas batallas con el fin de ganar una guerra. A partir de esta idea, el término *plan de batalla* ha llegado a usarse de manera informal en el campo de la administración para significar una lista de objetivos que un miembro del personal o un administrador tiene intención de llevar a cabo en el futuro a corto plazo (como en el día o semana siguientes) que pondrán en práctica o harán realidad alguna porción del plan estratégico de la organización. Pág. 127.

plato de tiro al blanco: disco de arcilla u otro material que se lanza al aire y sirve de blanco en las pruebas de tiro al plato. En este caso se usa en sentido figurado para referirse a una persona que, como un plato de tiro al blanco, se ha puesto en una posición vulnerable o de desventaja y por ello está expuesta a ser el "blanco" de alguna crítica, disciplina, etc. Pág. 370.

político Jiménez: nombre inventado para un político. Un *político* es una persona que ocupa un cargo público o aspira a él, y se preocupa más de ganarse el favor del público o de retener el poder que de mantener unos principios. Pág. 165.

poner (algo) en marcha: hacer que una actividad avance y progrese o que los planes se lleven a cabo. Pág. 164.

poner la función en marcha: hacer que una organización, plan, proyecto, etc., dé comienzo y se ponga en acción; poner en movimiento una estrategia, idea, etc. Pág. 237.

ponerse las pilas: frase acuñada que significa empezar a actuar rápido y con ganas, con energía y eficiencia; estar en un estado de alerta. Las *pilas* son unas baterías pequeñas con las que se accionan ciertas máquinas, de ahí que *ponerse las pilas* signifique ponerse en marcha y empezar a actuar con ganas y energía. Pág. 113.

Porqué: la verdadera razón básica de una situación que, al encontrarse, abre la puerta al manejo; el punto fuera básico encontrado que conducirá a una recuperación de las estadísticas. Un Porqué no es una mera explicación de por qué existe una situación no óptima. Es el principal punto fuera que explica todos los otros puntos fuera como común denominador. Y siempre es un pedazo grande y enorme de estupidez. Si todavía puedes preguntar: "¿Cómo puede ser?", sobre un Porqué que se ha encontrado, no podría ser un Porqué de nivel básico. Siempre que puedas preguntar: "¿Cómo puede ser?", es que no tienes un Porqué. El *verdadero* Porqué, cuando se encuentra y se corrige conduce directamente a que las estadísticas vuelvan a mejorar. Pág. 145.

posar: permanecer en determinada postura para retratarse o servir de modelo para un pintor o escultor. Referencia a comportarse de un modo que es artificial o afectado, como para intentar impresionar a los demás. Pág. 162.

postulado: conclusión, decisión o resolución tomada por el propio individuo, basándose en su propio auto-determinismo, según datos del pasado, conocidos o desconocidos. El postulado es siempre conocido. El individuo lo hace basándose en evaluación de datos o en un impulso sin datos. Resuelve un problema del pasado, decide sobre problemas u observaciones del presente o establece una pauta para el futuro. El tema de los postulados se describe en *Procedimiento Avanzado y Axiomas.* Pág. 45.

práctica, en la: en términos de acción; prácticamente, de hecho. Pág. 201.

practicar el libertinaje: abuso de la propia libertad, sin respetar la ley, la moral o la libertad de los demás. Pág. 25.

preclear (pc): abreviatura de *preclear,* de *pre-* y *Clear,* una persona que todavía no es Clear; generalmente una persona que está recibiendo auditación y por lo tanto, está en camino de llegar a Clear; una persona que, mediante el procesamiento de Scientology y Dianética, está descubriendo más sobre sí misma y sobre la vida. Pág. 39.

pre-OT: thetán que está más allá del estado de Clear y que, mediante la auditación de nivel superior, está avanzando hacia el estado pleno de Thetán Operante (OT). Pág. 67.

Pretty Boy Floyd: Charles Arthur Floyd (1904–1934), gángster, ladrón de bancos y asesino americano. Le pusieron el apodo de "Pretty Boy" (niño bonito) porque llevaba el pelo engominado y nunca iba sin un peine de bolsillo. Cometió su primer crimen importante a la edad de dieciocho años, y siguió así hasta atracar más de treinta bancos, asesinando por lo menos a diez hombres, la mitad de los cuales eran policías. En 1934, agentes del gobierno de los Estados Unidos le dispararon hasta matarlo. Pág. 177.

previsor: que prevé las necesidades y hace planes y previsiones para satisfacerlas; sensato y cuidadoso en proveer los medios para satisfacer las necesidades futuras; ahorrativo. Pág. 153.

principios morales: código de buena conducta establecido a partir de la experiencia de la raza para que sirva como modelo para la conducta de individuos y grupos. Pág. 3.

problema de tiempo presente (PTP): problema especial que existe en el universo físico "ahora" y en el que el pc tiene fija su atención. Es cualquier conjunto de circunstancias que absorben tanto la atención del preclear que siente que debería estar haciendo algo al respecto en lugar de recibir auditación. Pág. 218.

procesamiento: un *proceso* es una serie sistemática y técnicamente exacta de pasos, acciones o cambios para producir un resultado concreto y preciso. En Scientology, el *procesamiento* es la aplicación de una serie precisa de técnicas o ejercicios por un profesional para ayudar a una persona a descubrir más acerca de sí misma y de su vida y mejorar su condición. Pág. 53.

procesar: aplicarle procesos de Dianética y Scientology a alguien. Pág. 41.

proceso: serie sistemática y técnicamente exacta de pasos, acciones o cambios para producir un resultado concreto y preciso. En Scientology, una serie precisa de técnicas o ejercicios aplicados por un profesional para ayudar a una persona a descubrir más acerca de sí misma y de su vida y mejorar su condición. Pág. 37.

Proceso de Verificación: otro nombre para un *Confesional,* un procedimiento de Scientology en el que el individuo puede confesar sus ocultaciones y los actos hostiles que subyacen a estas. Pág. 56.

prole: conjunto de los hijos de una persona. Pág. 21.

propensión: tendencia o inclinación natural hacia algo. Pág. 200.

propenso: que tiene una tendencia o inclinación natural hacia algo; que es probable que haga algo. Pág. 182.

pro-supervivencia: de *pro-,* a favor, y *supervivencia.* De ahí, *pro-supervivencia* es algo a favor o en apoyo de la supervivencia, el acto de seguir vivo, de continuar existiendo, de estar vivo. Pág. 25.

Provisional: status de un miembro del staff que ha completado el estudio y examen del Staff Status 1 (política básica sobre el organigrama y las reglas del staff). Un miembro del staff al que se da una categoría de Provisional puede obtener recurso ante Ética y recibir una Audiencia de Ética si se le despide. Puede ser transferido a otras divisiones sin una Audiencia si su división está dotada de excesivo personal. Pág. 367.

psicopático: caracterizado por un grave comportamiento antisocial y un deseo obsesivo de destruir. Pág. 251.

psicótico: persona que es dañina física o mentalmente para aquellos que la rodean desproporcionadamente a lo útil que es para ellos. Pág. 190.

PTP: abreviatura de *problema de tiempo presente,* problema especial que existe en el universo físico "ahora" y en el que el pc tiene fija su atención. Es cualquier conjunto de circunstancias que absorben tanto la atención del preclear que siente que debería estar haciendo algo al respecto en lugar de recibir auditación. Pág. 308.

PTS (Fuente Potencial de Problemas): persona que está relacionada con una Persona Supresiva que la está invalidando, que invalida su beingness, su vida. La persona es una Fuente Potencial de Problemas (PTS, del inglés *Potential Trouble Source*) porque está relacionada con una Persona Supresiva. Fuente Potencial de Problemas significa que la persona va a subir y va a caer. Y es una fuente de problemas porque se va a trastornar y porque va a causar dificultades. Y realmente causa dificultades. Se ha nombrado con mucho cuidado. Pág. vii.

PTS, C/S-1 de: Instrucción Número Uno del Supervisor de Caso, llamada así porque es la primera acción que se lleva a cabo con el preclear antes de que se empiece la auditación para manejar la condición PTS. La Instrucción Número Uno del Supervisor de Caso instruye al preclear en las definiciones y procedimientos básicos de una acción de auditación que él está a punto de comenzar. Pág. 211.

pub: establecimiento en el que se toman bebidas y se escucha música, y que generalmente tiene una decoración más cuidada que la de un bar y mobiliario más cómodo. Pág. 113.

Puente, El: la ruta a Clear y OT, también llamada El Puente a la Libertad Total. En Scientology existe la idea de un puente sobre el abismo. Viene de una antigua idea mística de un abismo entre el lugar donde uno está ahora y un plano superior de existencia, y el hecho de que mucha gente que intenta llegar a ese plano superior, cae en el abismo. Hoy en día, sin embargo, Scientology tiene un puente que cruza el abismo y que está concluido y por el cual se puede caminar. Está representado en los pasos de la Tabla de Grados. Pág. 67.

pulverizar: someter a alguien a una derrota aplastante. Literalmente, *pulverizar* significa moler algo hasta convertirlo en polvo. Pág. 250.

punto débil: área o tema en el que a uno le falta percepción, comprensión o capacidad de manejo; algo que uno no es capaz de confrontar, comprender o solucionar, o no está dispuesto a ello. Pág. 4.

punto fuera: dato que se presenta como si fuera verdad que, en realidad, se encuentra que es ilógico. "Soy ciudadano suizo", como declaración hecha por alguien al que se le encuentra un pasaporte alemán en su equipaje, sería un ejemplo. Pág. 144.

puñalada rápida, pagar por una: referencia a la acción de asesinar a alguien, como contratando a un asesino a sueldo especializado en liquidar gente con un cuchillo o puñal. Pág. 160.

pútrido: podrido, putrefacto, maloliente. Pág. 42.

quiebra, irse a la: arruinarse; fracasar completamente. Pág. 72.

quinina: medicamento de sabor amargo que se usa para bajar la fiebre en el tratamiento de ciertas formas de malaria (enfermedad infecciosa que puede resultar mortal si no se trata). Pág. 6.

racional: que emplea o muestra razonamiento o sano juicio; sensato. Pág. 19.

racionalidad: capacidad de extraer conclusiones que le permiten a uno comprender el mundo a su alrededor y relacionar ese conocimiento para la consecución de fines personales y comunes; capacidad de razonar o estar en conformidad con lo que dicta la razón que es correcto, prudente, sensato, etc. Pág. 4.

ratificar: aprobar o confirmar actos, palabras o escritos dándolos por ciertos. Pág. 154.

razonable: 1. Apropiado o adecuado a las circunstancias o al propósito. Pág. 15.
2. Que permanece dentro de los límites de la razón; no extremo; no excesivo. Pág. 216.
3. Que se caracteriza por dar o aceptar explicaciones defectuosas. La gente que es "razonable" no puede reconocer los puntos fuera cuando los ve y así intentan hacer que todo lo que es ilógico parezca lógico. Pág. 256.

razonamiento: idea o principio que subyace o explica un fenómeno o curso de acción concretos. Pág. 171.

reactivamente: irracionalmente; de una manera que muestra que uno está afectado por la mente reactiva. Pág. 26.

realista: referencia a una persona que apoya una forma de gobierno en que el poder supremo corresponde a un monarca, en especial en tiempos de revolución o guerra civil. En este caso se refiere a los partidarios de los reyes de España. También se usa para designar a algo perteneciente o relativo a tales personas. Pág. 152.

recorrido: serie de pasos que son acciones y procesos de auditación diseñados para manejar un aspecto específico de un caso y que tienen unos Fenómenos Finales conocidos. Ejemplo: el Recorrido de Introspección. Pág. 194.

Recorrido de Introspección: recorrido de auditación que ayuda a un preclear a localizar y corregir aquellas cosas que causan que tenga su atención fija en su interior. Entonces él se vuelve capaz de mirar hacia fuera de modo que pueda ver su entorno, manejarlo y controlarlo. Pág. 194.

Recorrido de la Persona Suprimida: procedimiento de auditación de Scientology que se hace si, después de haber hecho el Recorrido de PTS, la persona se siente bien pero las personas que la suprimen están aún causando problemas. El Recorrido de la Persona Suprimida puede producir el resultado maravilloso de cambiar la disposición de un terminal antagonista a distancia, a base de auditar al preclear que está PTS. Pág. 209.

recriminaciones: acusaciones que se hacen contra alguien que previamente ha hecho acusaciones contra uno. Pág. 288.

recurrente: que ocurre, aparece o se realiza con cierta frecuencia o de manera continua. Pág. 48.

recurso: cualquier medio disponible para manejar una circunstancia difícil. Pág. 153.

redil, volver al: retomar la actitud o ideología correcta, volver al camino correcto de salvación espiritual. Un *redil* es un recinto cercado en el que se guarda el ganado. Se usa en sentido figurado. Pág. 260.

reestimulación: reactivación de un incidente del pasado por la aparición de algo similar al contenido del incidente del pasado. Pág. 47.

reestimulador: algo que se percibe en el entorno del organismo similar al contenido de la mente reactiva o alguna parte de ella. Pág. 150.

Registrador: miembro del staff en la División de Diseminación que ilustra a los individuos sobre los servicios de Dianética y Scientology y los inscriben para entrenamiento y auditación. Pág. 120.

Registrador por Carta: miembro del staff de la División de Diseminación que tiene el propósito de ayudar a LRH a guiar a los individuos mediante cartas hacia los canales apropiados para que obtengan Scientology y para aumentar el tamaño de las organizaciones. Pág. 238.

regla inalterable: referencia a reglas, estándares, costumbres, etc., que se mantienen de una manera rígida e inflexible. Pág. 40.

Reina Isabel: Isabel I (1451–1504), reina de Castilla (antiguo reino que abarcaba la mayor parte de España) y esposa de Fernando V (1452–1516), rey de Aragón (que incluía varias regiones españolas a finales del siglo XV y principios del XVI). En 1480, Isabel y Fernando establecieron la Inquisición en España, poniéndola bajo el control de la corona. Pág. 392.

relámpago fulminante: metáfora para expresar algo que actúa con gran fuerza y rapidez, como en el caso un rayo. Pág. 369.

rencor: resentimiento profundo. Pág. 387.

reprender: expresar una desaprobación fuerte y directa; regañar. Pág. 407.

reprimir: someter por la fuerza; mantener bajo control. Pág. 174.

resplandor, hacer que las cosas salgan bien con su: expresión que significa hacer que algo ocurra o que tenga éxito simplemente debido al magnetismo de la presencia de uno, más que debido a los pasos organizativos o preparatorios necesarios para conseguir logros políticos o personales. Pág. 151.

responsabilidad: el no-reconocimiento y la negación del derecho de intervención entre uno mismo y cualquier ser, idea, materia, energía, espacio, tiempo o forma, y la asunción del derecho pleno de determinación sobre este. La Responsabilidad Total no es *culpa,* es el reconocimiento de ser *causa.* Pág. 37.

Responsabilidad (Proceso): proceso que aborda la capacidad de uno para ser responsable. Pág. 42.

restituir la gracia: *gracia* es el estado o condición de ser bien considerado por alguien. *Restituirle la gracia* a alguien sería devolverle a un estado anterior, como si se le hubieran perdonado sus transgresiones. Pág. 260.

retardo de comunicación: periodo de tiempo que transcurre entre el momento en que a un individuo se le hace una pregunta y el momento en que este responde de hecho a esa pregunta exacta, sin importar lo que ocurra entretanto. Pág. 141.

retractarse: confesar abiertamente un error. Pág. 316.

revisión: acción que se hace en el *Departamento de Revisión* para reparar o corregir dificultades de auditación o de entrenamiento. Pág. 131.

Revisión: forma abreviada de *Departamento de Revisión,* el departamento de la División de Calificaciones que tiene como su entero propósito la reparación y corrección de las dificultades en la auditación y el entrenamiento. Pág. 132.

revocado: detenido o prohibido por medio de una orden contraria. Pág. 273.

revuelta francesa: alusión a la *Revolución Francesa* (1789–1799) que derrocó la monarquía y la aristocracia francesas, y el sistema de privilegios del que disfrutaban. La revolución fue en parte una protesta contra la monarquía absoluta de Francia, la afianzada e improductiva nobleza y la consiguiente falta de libertad de la clase media. Durante la revolución se arrestó a 300,000 personas y 17,000 fueron decapitadas en la guillotina. Pág. 152.

Rock Slam: movimiento de la aguja *a derecha e izquierda,* loco, irregular y con sacudidas, en el dial del E-Metro. Los Rock Slams repiten las sacudidas a derecha e izquierda, irregular y salvajemente, más rápido de lo que el ojo puede seguir con facilidad. La aguja está frenética. Un Rock Slam (R/S) indica una intención maligna oculta en el tema o pregunta que se está auditando o tratando. Pág. 261.

Rodil, General: José Ramón Rodil (1789-1853), general español y comandante del último baluarte (la fortaleza del Callao) de las fuerzas realistas españolas en Sudamérica, durante su liberación de España en el siglo XIX. El baluarte defendía el Callao, principal puerto marítimo de Perú. Aunque Perú había sido liberado del control español en 1821 por Simón Bolívar, Rodil, que asumió el mando de la fortaleza en 1824, rehusó entregar su posición. Bolívar ofreció términos generosos de rendición, pero Rodil se rehusó. Bolívar, por tanto, asedió militarmente la fortaleza hasta que Rodil fue finalmente derrotado en 1826. Pág. 155.

Rodríguez, Simón: sacerdote y amado maestro de Simón Bolívar. Rodríguez vivió en muchos países y dominaba con maestría muchos idiomas. Se involucró de manera superficial con la revolución mientras era sacerdote y fue apresado y exiliado. Hombre de una vasta cultura, Rodríguez conoció a Bolívar cuando este era muy niño y se convirtió en su tutor. Bolívar dijo de su maestro: "Rodríguez imbuyó en mi corazón las ideas de libertad, justicia, grandeza y belleza". Pág. 152.

Roosevelt: Franklin Delano Roosevelt (1882-1945), trigésimo segundo presidente de los Estados Unidos (1933-1945). La etapa temprana de su presidencia se recuerda por un grupo de programas gubernamentales conocidos como el Nuevo Acuerdo, diseñado para mejorar las condiciones de la gente durante la depresión económica en los Estados Unidos (que comenzó en 1929 y perduró a lo largo de los años 30). Estos programas expandieron el control gubernamental sobre la economía americana, pero no produjeron la recuperación económica que se esperaba. Pág. 243.

Rousseau: Jean Jacques Rousseau (1712-1778), escritor y filósofo político francés. Mantenía que el Hombre era bueno por naturaleza, e igual, en su estado natural, pero que había sido corrompido por la civilización (la introducción de la ciencia, el comercio, la propiedad, etc.) Rousseau creía que había una voluntad general que sería escogida por los hombres racionales para el bien común. El gobierno entonces produciría una coordinación o armonía de esta voluntad general con los deseos de la gente, pero la soberanía y el poder del gobierno residirían en el pueblo. Los principios de Rousseau inspiraron a los revolucionarios que derrocaron (derribaron) la monarquía francesa, justificando un reinado de terror que desembocó en un caos para Francia. Pág. 158.

Rudimentos de la Org: acciones organizativas administrativas y técnicas básicas que cuando se llevan a cabo ponen una organización ahí y hacen que se expanda rápidamente. Hay diecisiete Rudimentos de la Organización y se hacen por orden, poniendo uno dentro antes de pasar al siguiente. Pág. 256.

ruptura de ARC: caída o corte repentino de la afinidad, realidad o comunicación con algo o alguien. Los disgustos con gente o cosas suceden debido a una disminución o rotura de la afinidad, la realidad, la comunicación o la comprensión. Se llama ruptura de ARC en lugar de disgusto porque si se descubre cuál de los tres vértices, o la comprensión, se ha reducido, se puede producir una recuperación rápida en el estado de ánimo de la persona. Se pronuncia con sus letras: ruptura de A-R-C. Pág. 227.

sable, a punta de: se usa en sentido figurado para expresar algo que se produce o se crea con mucho esfuerzo, fuerza o incluso violencia, como si se emplease un sable para conseguirlo. Un *sable* es un arma semejante a la espada, pero algo curvada y por lo común de un solo corte (corta por un solo lado de la hoja o cuchilla). Pág. 164.

sacar a la luz: revelar; dar publicidad a algo, ponerlo en conocimiento del público en general. Pág. 253.

sadismo: tipo de comportamiento en que una persona obtiene placer al dañar a otros y al hacerlos sufrir física o mentalmente. Pág. 6.

salida: referencia a una rápida retirada de un grupo de tropas de una posición sometida a asedio, atacando a aquellos que les asedian. Se usa generalmente en referencia a cualquier ataque o acoso rápido llevado a cabo por tropas (en una posición defensiva) contra un enemigo que las está atacando. Pág. 156.

salir impune, asesinar y: en sentido figurado, cometer un acto por el que a uno se le podría censurar (desaprobar, reprochar), sin que se le castigue. Pág. 238.

San Martín: José de San Martín (1778–1850), líder revolucionario argentino que condujo un ejército a través de los Andes y derrocó a los españoles en Chile en 1818. En 1820 condujo una expedición para liberar Perú. Derrotó al ejército español y ocupó Lima, la capital, donde declaró la independencia y fue nombrado protector del país. Pero una resistencia adicional del ejército español un año más tarde le obligó a pedir ayuda militar a Simón Bolívar. Pág. 157.

Santander: Francisco de Paula Santander (1792–1840), revolucionario colombiano que sirvió bajo el mando de Simón Bolívar en la liberación de Colombia del poder español. Más tarde llegó a vicepresidente y minó la autoridad de Bolívar, creó agitación con el fin de lograr un motín y se le encontró detrás de un intento fallido de asesinarlo. Pág. 154.

Scientology: Scientology se dirige al thetán (el espíritu). Scientology se usa para aumentar la libertad espiritual, la inteligencia, la capacidad, y para producir inmortalidad. Scientology se define adicionalmente como "el estudio y manejo del espíritu en relación consigo mismo, los universos y otra vida". Pág. 3.

Scotland Yard: nombre de la sede de la Policía Metropolitana de Londres, situada en el centro de Londres, Inglaterra. El emplazamiento original era un palacio del siglo XII usado en sus visitas por la realeza escocesa; por eso las instalaciones de la policía se hicieron conocidas como *Scotland Yard.* Pág. 256.

S-C-S: siglas del inglés *Start-Change-Stop (Comenzar-Cambiar-Parar).* "Aplicar buen S-C-S" significa controlar algo bien y de forma positiva. Pág. 339.

Sección de Autoridad de Ética: sección en la Oficina de LRH en una Iglesia de Scientology cuyos deberes incluyen la autorización de emisiones locales de ética y el manejo de peticiones que pertenecen a asuntos de ética. Pág. 280.

Secretario: título que designa al jefe de una división en una organización de la Iglesia de Scientology. Pág. 278.

Secretario de Calificaciones: el jefe de la División de Calificaciones. El Secretario de Calificaciones corrige a toda la org y sus productos y al campo dotando de personal la División de Calificaciones y entrenando al staff de Calificaciones y haciendo que se lleven realmente todas las funciones de Calificaciones. Pág. 328.

Secretario de Diseminación: jefe de la División de Diseminación, la división de una Iglesia de Scientology que se asegura de que los materiales de Dianética y Scientology se diseminen ampliamente y estén fácilmente disponibles, se asegura de que se obtenga público para darles servicio y que los archivos de los feligreses, la espina dorsal de la obtención de personal y público, se mantengan exactos y en orden y se usen. Pág. 257.

Secretario de la HCO: otro nombre para el *Secretario de la HCO del Área. Véase* **Secretario de la HCO del Área (HAS).** Pág. 323.

Secretario de la HCO del Área (HAS): jefe de la Oficina de Comunicaciones Hubbard. El HAS es responsable de los hats (escritos, hojas de verificación y paquetes) y de las carpetas de hat, organigramas, nombramientos de personal, reclutamiento de personal y preparación del personal para sus puestos; el encaminamiento de las personas dentro de la organización y de los impresos de encaminamiento para ellas; y es responsable de las comunicaciones internas y externas, el transporte de personas y cosas, así como de los vehículos, la inspección de la organización, las líneas de comunicación, los puestos y actividades; de compilar las estadísticas y ponerlas en el OIC (el Centro de Información de la Organización, del inglés *Organization Information Center;* un tablero en el que se muestran las estadísticas más importantes de la organización); de ocuparse de que la ética esté dentro en la organización, y de todas las acciones de ética. Pág. 279.

Secretario de Técnica: jefe de la División Técnica, división de una Iglesia de Scientology que entrega entrenamiento y auditación en volumen y de alta calidad, con resultados excelentes en cada pc y estudiante, de manera que la org entregue servicio de manera estándar y en gran volumen. Pág. 325.

Secretario Ejecutivo: cualquiera de los tres ejecutivos de una organización de la Iglesia de Scientology, directamente bajo el Director Ejecutivo, que son expertos en las principales porciones de la organización y las encabezan: el Secretario Ejecutivo de la HCO (por encima de las Divisiones 7, 1 y 2), el Secretario Ejecutivo de la Organización (por encima de las Divisiones 3, 4 y 5) y el Secretario Ejecutivo del Público (por encima de las Divisiones 6A, 6B y 6C). Pág. 85.

Secretario Ejecutivo de la HCO: ejecutivo encargado de las funciones de las tres primeras divisiones de una organización de la Iglesia de Scientology. División 7 (División Ejecutiva), División 1 (Oficina de Comunicaciones Hubbard), y División 2 (División de Diseminación). Pág. 276.

Secretario Ejecutivo de la Organización (OES): ejecutivo en una organización de la Iglesia de Scientology que está a cargo de las funciones de la División 3 (División de Tesorería), la División 4 (División Técnica) y la División 5 (División de Calificaciones). Pág. 259.

Secretario Ejecutivo del Público (PES): el ejecutivo a cargo de las funciones de las Divisiones Públicas: División 6A, División 6B y División 6C. La abreviatura PES proviene del inglés *Public Executive Secretary.* Pág. 385.

secuencia acto hostil-motivador: cuando alguien comete un acto hostil, creerá entonces que tiene que tener un motivador o que ha tenido un motivador. Por ejemplo, si él golpea a alguien, te dirá inmediatamente que esa persona lo ha golpeado a él, incluso cuando no haya sido así. O cuando uno tiene un motivador, es probable que se ahorque él solo, cometiendo un acto hostil. Si Pepe le pega a Guillermo, ahora cree que Guillermo debería pegarle a él. Y lo que es más importante, en realidad tendrá un somático para demostrar que Guillermo le *ha* pegado a él, aun cuando Guillermo no lo haya hecho. Él hará que esta ley se haga realidad a pesar de las circunstancias reales. Y la gente va por ahí todo el tiempo justificándose, diciendo que: "Guillermo le ha pegado, Guillermo le ha pegado, Guillermo le ha pegado". Pág. 36.

sedante: droga que se usa principalmente para provocar somnolencia y sueño. Los sedantes causan hábito y pueden causar severos problemas de adicción. Pág. 29.

seguir (una teoría): ser partidario o defensor de una teoría, una ideología, una persona, etc. Pág. 4.

sembrar: desparramar, esparcir. También, dar motivo, causa o principio a algo, especialmente en referencia a algo malo, como un daño. Pág. 6.

Senior: (anglicismo) de posición o rango mayores. Como en: *"Senior HCO Internacional"*. Pág. 338.

Senior HCO: red que existe para establecer, proteger y mantener las HCOs y asegurar que se aplique la política de LRH sobre las funciones de las HCOs. La Red de Senior HCO está encabezada por el Senior HAS Internacional y consta del Senior HCO Internacional y de las oficinas de Senior HCO en cada continente. Pág. 338.

séquito: grupo de personas que acompaña a otra más importante. Pág. 161.

ser degradado: ser que está en una condición de efecto hasta tal punto que evita las órdenes o instrucciones de cualquier manera posible, encubierta o manifiesta, porque las órdenes de cualquier tipo se confunden con adoctrinamientos dolorosos del pasado. Pág. 391.

sesión: *sesión de auditación,* periodo en el que un auditor y un preclear están en un sitio tranquilo y donde no se les molesta. El auditor le da al preclear órdenes concretas y exactas que el preclear puede cumplir. Pág. 39.

severo: estricto y riguroso al aplicar una ley o una regla. Pág. 114.

símbolo del infinito (∞): símbolo matemático que representa el infinito. Pág. 13.

sin par: singular, que no tiene igual o semejante. Pág. 150.

sistema de niveles jerárquicos: sistema compuesto de pasos o grados en una progresión o serie de niveles administrativos u organizativos en un gobierno, país, o algo similar. Pág. 154.

sobornar: corromper a alguien con regalos para conseguir de él algo; inducir a alguien de forma ilegal o secreta para que lleve a cabo alguna fechoría o para que cometa un crimen; inducir mediante métodos poco honrados o encubiertos para que alguien haga algo inmoral o ilegal. Pág. 154.

socialismo: sistema económico en el que la producción y la distribución de los bienes están bajo el control del gobierno en lugar de los individuos. Pág. 221.

socializada: establecida o desarrollada conforme a las teorías o principios del socialismo. La *medicina socializada* es un sistema de atención médica que está financiado y administrado por el estado. Pág. 222.

sociedad tecnoespacial: sociedad que tecnológicamente está avanzada hasta el punto de los viajes espaciales. *Tecno* significa tecnología. Pág. 51.

soldado raso: soldado de la más baja categoría. Los soldados rasos suelen cobrar una cantidad muy pequeña de dinero por sus servicios y disfrutan de muy pocos privilegios. Pág. 155.

somático: *somático* significa, en realidad, "del cuerpo" o "físico". Como la palabra *dolor* es reestimulativa, y en el pasado ha inducido a confusión entre el dolor físico y el dolor mental, se usa el término *somático* para referirse a cualquier tipo de dolor o incomodidad físicos. Puede significar dolor real, como el causado por un corte o un golpe; o puede significar incomodidad, como por calor o frío; puede significar picor… en resumen, cualquier cosa físicamente incómoda. No incluye la incomodidad mental, como el pesar. Respirar con esfuerzo no sería un somático. *Somático* significa un estado físico de ser que es contra-supervivencia. Pág. 36.

sórdido: que muestra los peores aspectos de la naturaleza humana, como la inmoralidad, el egoísmo y la avaricia. Pág. 45.

sostener: mantener; hacer que algo continúe existiendo. Pág. 254.

SP: abreviatura de *Persona Supresiva* (del inglés *Suppressive Person*), persona que suprime a otra gente en su alrededor. Una Persona Supresiva estropeará o despreciará cualquier esfuerzo por ayudar a alguien y en particular atacará con violencia a todo aquello que esté destinado a hacer a los seres humanos más poderosos o más inteligentes. El razonamiento total subyacente de la Persona Supresiva (SP, del inglés *Suppressive Person*) se basa en la creencia de que si alguien mejorara, el SP estaría prácticamente acabado, pues entonces los demás podrían vencerlo. Está librando una batalla que libró alguna vez y nunca terminó de librar. Está en un incidente. Confunde a la gente de tiempo presente con enemigos del pasado que desaparecieron hace mucho. Por lo tanto, nunca sabe en realidad contra qué está luchando en tiempo presente, así que simplemente lucha. "Persona Supresiva" es otro nombre para "Personalidad Antisocial". Pág. vii.

squirrel: 1. Persona que se desvía a prácticas extrañas o altera Scientology. Pág. 299.

2. Se dice de los materiales, procedimientos, etc., a los que se les ha hecho alter-is y por tanto no son funcionales. Pág. 311.

squirrel, hacer: desviarse a prácticas extrañas o alterar Scientology. Pág. 309.

status de staff: número que da el valor y la *elegibilidad* para ascenso de un miembro del staff de una organización de la Iglesia de Scientology. Los números van desde el cero hasta el diez. Designan el tipo de puesto al que una persona puede ser ascendida o el status de la persona. Los números de status más importantes para un nuevo miembro del staff son el 0 (cero), el 1 y el 2 (0 = Temporal; 1 = Provisional; y 2 = Permanente). Por encima de eso están los números de ascenso que deben ganarse mediante estudio y experiencia en la organización. Pág. 367.

subordinar: sujetar a alguien o algo a la dependencia de otra persona o cosa. Pág. 51.

sumirse en el vertedero: caer en un estado de fracaso o ruina, deterioro o colapso. Un *vertedero* es un lugar en el que se lanza basura y otros deshechos. Se usa en sentido figurado. Pág. 5.

Supervisor: forma abreviada de *Supervisor de Curso,* la persona a cargo de un curso de Dianética o Scientology, que es responsable del entrenamiento de los estudiantes y de que se gradúen auditores y otros graduados con un nivel alto de tecnología que puedan aplicar los materiales que han aprendido. Pág. 227.

Supervisor de Caso: auditor consumado y con sus diplomas pertinentes que además está entrenado para supervisar casos. El C/S (del inglés *Case Supervisor*) es quien maneja al auditor. Él le dice al auditor lo que tiene que hacer, le corrige técnicamente, mantiene las líneas como deben y mantiene al auditor tranquilo y dispuesto y ganando. El C/S es el director del caso del pc. Pág. 194.

supresión: intención o acción dañina contra la que uno no se puede defender. Por lo tanto, cuando uno puede hacer *alguna cosa* al respecto, se vuelve menos supresiva. La supresión, en su sentido más fundamental, es eliminar el beingness o la ubicación de otro u otros. Pág. 134.

suprimir: aplastar, impedir, minimizar, rehusarse a permitirle alcanzar, hacer que esté incierto acerca de su alcance, anular o reducir en cualquier forma posible, por cualquier medio posible, para perjuicio del individuo y para la protección imaginaria del supre*sor*. Pág. 20.

TA: abreviatura de *Tone Arm Action* (Acción del Brazo de Tono). Un término técnico para una medida cuantitativa de la ganancia de caso en el procesamiento de un preclear en Scientology durante una unidad determinada de tiempo. El *tone arm (brazo de tono)* es la manija de control del E-Metro que registra la densidad de masa en la mente del preclear. Pág. 234.

Tabla de Grados: Tabla de Niveles y Diplomas de Clasificación, Gradación y Consciencia, la ruta a Clear y OT (también llamada El Puente a la Libertad Total o El Puente). Publicada por primera vez en 1965, es el programa general para todos los casos. *Clasificación* se refiere al entrenamiento y al hecho de que se requieren ciertas acciones o la consecución de ciertas destrezas, antes de que una persona esté clasificada para un nivel de entrenamiento concreto y se le permita avanzar a la siguiente clase. *Gradación* se refiere al mejoramiento gradual que ocurre en la auditación de Scientology. *Consciencia* se refiere a la consciencia de una persona, que mejora conforme progresa hacia arriba. Scientology contiene el mapa completo para llevar a un individuo a través de los diversos puntos de esta escala de gradación, pasándolo a través del Puente y llevándolo a un estado de existencia más elevado. Pág. 67.

tanque General Sherman: tanque de las fuerzas armadas de los Estados Unidos, así como de las fuerzas francesas e inglesas, en la Segunda Guerra Mundial (1939–1945). Se le llamó así por William Tecumseh Sherman (1820–1891), un famoso general de la Guerra Civil Americana (1861–1865). La expresión "tanque General Sherman" se usa también en sentido figurado en referencia a la razón real detrás de una situación o de alguien que está intentando parar las cosas. Pág. 235.

"teatro", hacer un: dramatización, espectáculo o demostración exterior, que carece de verdadera sustancia o realidad. Se usa en sentido figurado en referencia a hacer una acción fingida y exagerada. Pág. 156.

Técnica: forma abreviada de *División Técnica. Véase* **División Técnica.** Pág. 190.

técnico: persona que posee conocimientos o habilidades especializados en una ciencia o actividad determinada. Pág. 137.

tecnoespacial, sociedad: sociedad que tecnológicamente está avanzada hasta el punto de los viajes espaciales. *Tecno* significa tecnología. Pág. 51.

tecnología (tech): métodos de aplicación de un arte o ciencia en contraste con el mero conocimiento de la ciencia o arte como tales. En Scientology, el término *tecnología* se refiere a los métodos de aplicación de los principios de Scientology para mejorar las funciones de la mente y rehabilitar los potenciales del espíritu, desarrollados por L. Ronald Hubbard. Pág. vii.

Tecnología de Estudio: término dado a los métodos desarrollados por L. Ronald Hubbard que capacita a los individuos para estudiar con eficacia. Es una tecnología exacta que cualquiera puede usar para aprender un tema o para adquirir una nueva destreza. Proporciona una comprensión de los principios fundamentales de cómo aprender y da maneras precisas de vencer las barreras y las trampas que uno puede encontrarse durante el estudio, como pasarse palabras o símbolos malentendidos. Pág. 329.

télex: comunicación urgente relativa a las operaciones. El término *télex* se formó a partir de las palabras inglesas *teletypewriter* (teletipo: instrumento telegráfico parecido a una máquina de escribir que se utiliza para transmitir mensajes escritos) y *exchange* (*intercambio* en inglés). *Télex* también se refiere al mensaje en sí que se envía por medio de un aparato de télex o un ordenador. Pág. 304.

telón cae, el: expresión que significa que el final ha llegado. El *telón* es un trozo grande de tela que cuelga de la parte delantera de un escenario en un teatro, y que cuando se baja tapa el escenario por completo. Cuando una obra teatral se acaba, se baja el telón *(cae el telón)* y eso indica el fin de la obra. Pág. 55.

temporal, línea: registro consecutivo de cuadros de imagen mental que se acumulan a lo largo de la vida o vidas del preclear. Pág. 62.

Temporal: status de un miembro del staff recién contratado en una organización de la Iglesia de Scientology. A la persona se le clasifica como *Temporal* hasta que él o ella consiga una nota de su superior inmediato que diga que le va bien en puesto y se le presente al HAS. El HAS puede requerir que la persona tenga conocimiento del organigrama, de las líneas de comunicación y de su propio departamento antes de darle su aprobación. Mientras sea Temporal, un miembro del staff puede ser despedido con o sin causa por su superior inmediato o por el HAS, un Secretario o cualquiera que esté por encima de Secretario. Pág. 193.

tenso: en estado de tensión física, moral o espiritual. Pág. 31.

Teodora: (¿502?–548 d. C.) esposa y consejera de Justiniano I, emperador romano del año 527 al 565 d. C. Hija de un domador de animales de circo, Teodora era actriz y prostituta cuando conoció a Justiniano. Pronto se convirtió en su amante, esposa y después emperatriz cuando Justiniano asumió el trono en el año 527. Pág. 161.

Tercer Partido: alguien que mediante informes falsos crea problemas entre dos personas, una persona y un grupo, o un grupo y otro grupo. Pág. 259.

terciario: tercero en orden de importancia; que va precedido de otros dos. Pág. 387.

terminal: persona que recibe, transmite o envía comunicaciones. Pág. 45.

terminales, universo de tres: referencia al descubrimiento del hecho de que aunque comúnmente se piensa que se requieren dos personas para ocasionar una pelea, un tercer partido debe existir y ha de desarrollar la pelea para que ocurra un conflicto real. Pág. 377.

Tesorería: división de una organización de la Iglesia de Scientology que es responsable de recibir y registrar las donaciones a la organización, pagar sus facturas y cuidar de sus bienes. Pág. 107.

test legal de la cordura: referencia a un "test" empleado por muchos tribunales para determinar la responsabilidad penal de un acusado que alega estar demente. Según este test, para estar "cuerdo" y por tanto ser responsable, la persona debe haber sido capaz de distinguir entre el bien y el mal en el momento de la comisión del delito. Pág. 58.

theta: la energía del pensamiento y la vida. *Theta* es razón, serenidad, estabilidad, felicidad, emoción alegre, persistencia y los otros factores que el Hombre normalmente considera deseables. Pág. 222.

thetán: la persona misma, no su cuerpo ni su nombre, el universo físico, su mente ni ninguna otra cosa; aquello que es consciente de ser consciente; la identidad que *es* el individuo. Pág. 45.

theetie-weetie: término de jerga de Inglaterra que quiere decir "dulzura y luz". Se dice de la persona que no puede confrontar el MEST ni ningún punto fuera. Pág. 257.

tiempo presente: el tiempo que es el ahora y que se convierte en el pasado casi tan rápidamente como se observa. También es un término que se aplica en general al entorno existente en el ahora como en "el preclear vino a tiempo presente", para indicar que el preclear se hizo consciente de la materia, energía, espacio y tiempo existentes en el ahora. Pág. 97.

tierra yerma: áreas extensas de tierra incultivable, altamente erosionada y con poca vegetación. Pág. 285.

tipo, todos del mismo: de la misma clase o de una clase similar. Pág. 246.

Torquemada: Tomás de Torquemada (1420–1498), monje español que fue confesor y asesor de la reina Isabel la Católica desde la infancia de esta. Torquemada, un fanático, organizó y fue el jefe de la Inquisición española. Su severidad pronto alarmó al Papa y a otros líderes eclesiásticos, pero él ignoró sus quejas y torturó, encarceló, desterró o dañó de otras maneras a decenas de miles de personas. Más de dos mil personas fueron quemadas en la hoguera durante su mandato y el nombre de *Torquemada* ha llegado a simbolizar una persecución despiadada. Pág. 392.

trabado en combate mortal: que se encuentra luchando en una contienda o pelea hasta la muerte; *mortal* significa que la intención es que se continúe hasta que alguien muera. Se usa en sentido figurado. Pág. 222.

traficar: dedicarse a actividades irregulares, como vender algo ilegalmente, especialmente drogas. Pág. 24.

traste (dar al traste con): estropear o echar a perder una cosa. Pág. 128.

tribulación: dolor o sufrimiento resultante de un sufrimiento mental o físico. Pág. 176.

tribunal: grupo de personas ante quienes se llevan a cabo casos judiciales; también el lugar donde se reúne este. Pág. 24.

Tribunal de Ética: acción de justicia convocada por Faltas o Crímenes. No es un tribunal para encontrar hechos. Sólo se convoca basándose en estadísticas y pruebas conocidas. Pág. 235.

tropezar: dar con los pies en un obstáculo al caminar, con lo que uno se puede caer. En sentido figurado, toparse con una obstrucción o impedimento; toparse con algo que le hace fracasar. Pág. 102.

truco publicitario: truco o maniobra con los que se pretende engañar a alguien o conseguir algo. Pág. 219.

truenos y centellas, desatar: en sentido figurado, reprochar, regañar, reprender con severidad. Pág. 236.

tuberculosis: grave enfermedad infecciosa en la que aparecen inflamaciones en los pulmones y otras partes del cuerpo, y que anteriormente era una de las causas más comunes de mortandad en el mundo. Pág. 42.

turbulencia: estado o condición de confusión, agitación, perturbación o conmoción. Pág. 220.

universo de tres terminales: referencia al descubrimiento del hecho de que aunque comúnmente se piensa que se requieren dos personas para ocasionar una pelea, un tercer partido debe existir y ha de desarrollar la pelea, para que ocurra un conflicto real. Pág. 377.

unmock, hacer: anular, descrear, convertir algo en nada. Pág. 131.

uno por uno: en todos y cada uno de los casos. Pág. 144.

1.1: valor numérico asignado al estado emocional de hostilidad encubierta en la Escala Tonal. Pág. 45.

urdir: planear algo o llevarlo a cabo, especialmente de una manera ingeniosa o secreta. Pág. 159.

Vallejo: General Mariano Guadalupe Vallejo (1808–1890), líder político en California que sirvió al gobierno mexicano hasta 1846. En 1836

Vallejo apoyó a su sobrino en una rebelión que dio lugar a la proclamación del "estado libre" de California. Pág. 155.

vaquero de sombrero blanco: tipo que respeta la ley, héroe; persona ética, de moral recta. En muchas películas del Oeste, los buenos llevaban sombreros blancos, y los malos llevaban sombreros negros. Pág. 173.

vaquero de sombrero negro: tipo malo que infringe la ley; persona no ética y de moral corrupta. En muchas películas del Oeste, los buenos llevaban sombreros blancos y los malos llevaban sombreros negros. Pág. 173.

vehemencia, atacar con: hablar o escribir con gran hostilidad al criticar algo. Pág. 264.

venirse abajo: entrar en colapso, fracasar, derrumbarse. Pág. 19.

ver la luz del día: ser producido, salir a la luz; aparecer y comenzar a existir. Pág. 7.

verificación al E-Metro: verificación realizada por un Oficial de Ética, usando un E-Metro. El Oficial de Ética prepara el E-Metro y entrega las latas al miembro del staff. Al miembro del staff no se le hace ninguna pregunta. El Oficial de Ética registra la posición del Brazo de Tono y la condición de la aguja, y eso es todo. Pág. 300.

verificación, proceso de: otro nombre para un *Confesional,* un procedimiento de Scientology en el que el individuo es capaz de confesar sus ocultaciones y los actos hostiles que subyacen a ellas. Pág. 56.

Veronal: marca de un fármaco usado como sedante. Un uso habitual de este puede causar adicción, y una sobredosis puede causar un estado de coma y la muerte. Pág. 42.

vertedero, sumirse en el: caer en un estado de fracaso o ruina, deterioro o colapso. Un *vertedero* es un lugar en el que se lanza basura y otros deshechos. Se usa en sentido figurado. Pág. 5.

Victoria: el estado más pequeño de Australia. Se encuentra en el sudeste de la isla. Su población es 5 millones, con la mayor densidad del país. Pág. 295.

Victoriana, Inglaterra: *véase* Inglaterra Victoriana. Pág. 246.

Vietnam: país tropical del sudeste asiático, escenario de una grave guerra desde 1954 hasta 1975 entre Vietnam del Sur y Vietnam del Norte (este último controlado por los comunistas). Estados Unidos entró en esta guerra a mediados de los años 60 dándole su apoyo al sur. A finales de los años 60, debido a la duración de la guerra, al alto número de bajas americanas, y a la participación de Estados Unidos en crímenes de guerra contra los vietnamitas, la participación americana se hizo más y más impopular en Estados Unidos y fue objeto de duras protestas. En 1973, a pesar de que continuaban las hostilidades entre Vietnam del Norte y del Sur, Estados Unidos retiró todas sus tropas. Para 1975, los comunistas habían invadido el Sur de Vietnam y la guerra se dio oficialmente terminada. Pág. 22.

vigente: que tiene validez o está en uso en el momento del que se está hablando. Pág. 123.

violar: no cumplir una ley, norma, pacto, etc., o ir en contra de ellos. Pág. 6.

violencia deliberada: daño violento causado a una persona o cosa; destrucción violenta e intencionada. Pág. 302.

viruela: enfermedad infecciosa y contagiosa, causada por un virus, que se caracteriza por provocar fiebre y por la aparición de ampollas de pus en la piel que al secarse quedan en forma de costras y al caer dejan cicatrices permanentes en la piel. Pág. 182.

virulencia: violencia y agresividad. Pág. 41.

wog: término de argot que fue empleado originalmente por la Fuerza Aérea Británica para referirse a los egipcios; abreviatura de "worthy oriental gentleman" ("respetable caballero oriental"). No tenía ningún sentido despectivo. En Scientology significa un humanoide común y corriente; con lo cual se quiere decir un individuo que considera que él es un cuerpo y que no sabe en absoluto que existe como espíritu. Pág. 248.

yerma, tierra: áreas extensas de tierra incultivable, altamente erosionada y con poca vegetación. Pág. 285.

yugo: ley o dominio superior que sujeta y obliga a obedecer; algo que es opresivo, que impone una forma cruel o ruda de dominación. Desde el siglo XVI hasta el siglo XIX, Sudamérica estuvo dominada por España, de ahí la expresión el *"yugo de España"*. Literalmente, un *yugo* es un instrumento de madera que se coloca en el cuello de los animales que tiran de una carga o sobre el cuello de una persona derrotada, un esclavo o algo así, indicando su supresión. Durante el periodo de Simón Bolívar, Sudamérica se encontraba bajo el control y dominio de España. Pág. 149.

ÍNDICE TEMÁTICO

473

475

G

493

P

Q

R

501

S

T

505

U

V

Guía de los Materiales

¡Estás en una Aventura! Aquí está el Mapa.

- Todos los libros
- Todas las conferencias
- Todos los libros de consulta

Todo ello puesto en secuencia cronológica con descripciones de lo que cada uno contiene.

Tu viaje a una comprensión completa de Dianética y Scientology es la aventura más grande de todas. Pero necesitas un mapa que te muestre dónde estás y adónde vas.

Ese mapa es la Guía de los Materiales. Muestra todos los libros y conferencias de Ronald con una descripción completa de su contenido y temas, de tal manera que puedas encontrar exactamente lo que *tú* estás buscando y lo que *tú* necesitas exactamente.

Como cada libro y conferencia aparece en secuencia cronológica, puedes ver *cómo* se desarrollaron los temas de Dianética y Scientology. ¡Y lo que eso significa es que simplemente estudiando esta guía te esperan una cognición tras otra!

Las nuevas ediciones de cada libro incluyen extensos glosarios con definiciones de todos los términos técnicos. Como resultado de un programa monumental de traducciones, cientos de conferencias de Ronald se están poniendo a tu alcance en disco compacto con transcripciones, glosarios, diagramas de conferencias, gráficas y publicaciones a los que se refiere en las conferencias. Como resultado, obtienes *todos* los datos y puedes aprenderlos con facilidad, consiguiendo una comprensión *conceptual* completa.

Y lo que eso supone es una nueva Edad de Oro del Conocimiento que todo dianeticista y scientologist ha soñado.

Para conseguir tu Guía de los Materiales y Catálogo GRATIS, o para pedir los libros y conferencias de L. Ronald Hubbard, ponte en contacto con:

HEMISFERIO OCCIDENTAL:
Bridge
Publications, Inc.
4751 Fountain Avenue
Los Angeles, CA 90029 USA
www.bridgepub.com
Teléfono: 1-800-722-1733
Fax: 1-323-953-3328

HEMISFERIO ORIENTAL:
New Era Publications
International ApS
Store Kongensgade 53
1264 Copenhagen K, Denmark
www.newerapublications.com
Teléfono: (45) 33 73 66 66
Fax: (45) 33 73 66 33

Libros y conferencias también disponibles en las Iglesias de Scientology.
*Véase **Direcciones**.*

Direcciones

S cientology es la religión de más rápido crecimiento en el mundo hoy en día. Existen Iglesias y Misiones en ciudades de todo el mundo y se están formando nuevas continuamente.

Para obtener más información o localizar la Iglesia más cercana a ti, visita la página web de Scientology:

www.scientology.org
e-mail: info@scientology.org

También puedes escribir a cualquiera de las Organizaciones Continentales, que aparecen en la siguiente página, que te dirigirán directamente a una de las miles de Iglesias y Misiones que hay por todo el mundo.

Puedes conseguir los libros y conferencias de L. Ronald Hubbard desde cualquiera de estas direcciones o directamente desde las editoriales que aparecen en la página anterior.

ORGANIZACIONES CONTINENTALES DE LA IGLESIA:

LATINOAMÉRICA
IGLESIA DE SCIENTOLOGY
OFICINA DE ENLACE CONTINENTAL
DE LATINOAMÉRICA
Federación Mexicana de Dianética
Calle Puebla #31
Colonia Roma, México, D.F.
C.P. 06700, México
info@scientology.org.mx

ESTADOS UNIDOS
CHURCH OF SCIENTOLOGY
CONTINENTAL LIAISON OFFICE
WESTERN UNITED STATES
1308 L. Ron Hubbard Way
Los Angeles, California 90027 USA
info@wus.scientology.org

CHURCH OF SCIENTOLOGY
CONTINENTAL LIAISON OFFICE
EASTERN UNITED STATES
349 W. 48th Street
New York, New York 10036 USA
info@eus.scientology.org

CANADÁ
CHURCH OF SCIENTOLOGY
CONTINENTAL LIAISON OFFICE
CANADA
696 Yonge Street, 2nd Floor
Toronto, Ontario
Canada M4Y 2A7
info@scientology.ca

REINO UNIDO
CHURCH OF SCIENTOLOGY
CONTINENTAL LIAISON OFFICE
UNITED KINGDOM
Saint Hill Manor
East Grinstead, West Sussex
England, RH19 4JY
info@scientology.org.uk

ÁFRICA
CHURCH OF SCIENTOLOGY
CONTINENTAL LIAISON OFFICE AFRICA
5 Cynthia Street
Kensington
Johannesburg 2094, South Africa
info@scientology.org.za

EUROPA
CHURCH OF SCIENTOLOGY
CONTINENTAL LIAISON OFFICE EUROPE
Store Kongensgade 55
1264 Copenhagen K, Denmark
info@scientology.org.dk

**Church of Scientology
Liaison Office of Commonwealth
of Independent States**
Management Center of Dianetics
and Scientology Dissemination
Pervomajskaya Street, House 1A
Korpus Grazhdanskoy Oboroni
Losino-Petrovsky Town
141150, Moscow, Russia
info@scientology.ru

**Church of Scientology
Liaison Office of Central Europe**
1082 Leonardo da Vinci u. 8-14
Budapest, Hungary
info@scientology.hu

**Iglesia de Scientology
Oficina de Enlace de Iberia**
C/ Miguel Menéndez Boneta, 18
28460; Los Molinos
Madrid, España
info@spain.scientology.org

**Church of Scientology
Liaison Office of Italy**
Via Cadorna, 61
20090 Vimodrone
Milano, Italy
info@scientology.it

AUSTRALIA, NUEVA ZELANDA Y OCEANÍA
CHURCH OF SCIENTOLOGY
CONTINENTAL LIAISON OFFICE ANZO
20 Dorahy Street
Dundas, New South Wales 2117
Australia
info@scientology.org.au

**Church of Scientology
Liaison Office of Taiwan**
1st, No. 231, Cisian 2nd Road
Kaoshiung City
Taiwan, ROC
info@scientology.org.tw

AFÍLIATE
A LA ASOCIACIÓN
INTERNACIONAL DE SCIENTOLOGISTS

La Asociación Internacional de Scientologists es la organización de afiliación de todos los scientologists unidos en la cruzada de más importancia sobre la Tierra.

Se otorga una Afiliación Introductoria gratuita de Seis Meses a cualquiera que no haya tenido ninguna afiliación anterior de la Asociación.

Como miembro tienes derecho a descuentos en los materiales de Scientology que se ofrecen sólo a Miembros de la IAS. Además recibirás la revista de la Asociación llamada *IMPACT,* que se emite seis veces al año, llena de noticias de Scientology alrededor del mundo.

El propósito de la IAS es:

"Unir, hacer avanzar, apoyar y proteger a Scientology y a los scientologists de todas las partes del mundo para lograr las Metas de Scientology tal y como las originó L. Ronald Hubbard".

Únete a la mayor fuerza que se dirige a un cambio positivo en el planeta hoy día y contribuye a que las vidas de millones de personas tengan acceso a la gran verdad contenida en Scientology.

513

ÚNETE A LA ASOCIACIÓN
INTERNACIONAL DE SCIENTOLOGIST.

Para solicitar la afiliación,
escribe a la Asociación
Internacional de Scientologists
c/o Saint Hill Manor, East Grinstead
West Sussex, England, RH19 4JY

www.iasmembership.org

DE CLEAR A LA
ETERNIDAD

$\mathcal{E}$n este momento y en este lugar (posiblemente durante sólo un corto periodo de tiempo) tenemos esta oportunidad. La oportunidad de liberarnos y lograrlo. Los planetas y las culturas son cosas frágiles.

No perduran. No puedo prometerte que lo vas a lograr. Sólo puedo proporcionar el conocimiento y darte tu oportunidad.

El resto depende de ti.

Te aconsejo con firmeza que trabajes duro en ello: no desperdicies este breve respiro en la eternidad.

Porque ese es tu futuro: LA ETERNIDAD.

Será buena o mala para ti.

Y en tu honor, mi más querido amigo, he hecho lo que he podido para lograr que sea buena para ti.

L. Ronald Hubbard

DA TU SIGUIENTE
PASO EN EL PUENTE